別冊 環 ⑲

KAN: History, Environment, Civilization

日本の「国境問題」——現場から考える

岩下明裕編

岩下明裕　黒岩幸子　天野尚樹　松原孝俊　松田良孝　山上博信　石原俊
古川浩司　井潤裕　工藤信彦　加峯隆義　外間守吉　吉澤直美　渋谷正昭
本間浩昭　長谷川俊輔　相原秀起　財部能成　上妻毅　木村崇　延島冬生
長嶋俊介　伊藤一哉　中川善博　新井直樹　佐道明広　可知直毅
佐藤由紀　本田良一　佐藤秀志　金京一　吉川博也　南谷奉良
鈴木勇次　遠藤輝宣　藤田幸洋　比田勝亨　小濵啓由　ダニエル・ロング
田村慶子　鈴木寛和　武末聖子　今村圭介
竹内陽一　久保浩昭　久保実　小西潤子
木山克彦　松崎誉　越村勲

藤原書店

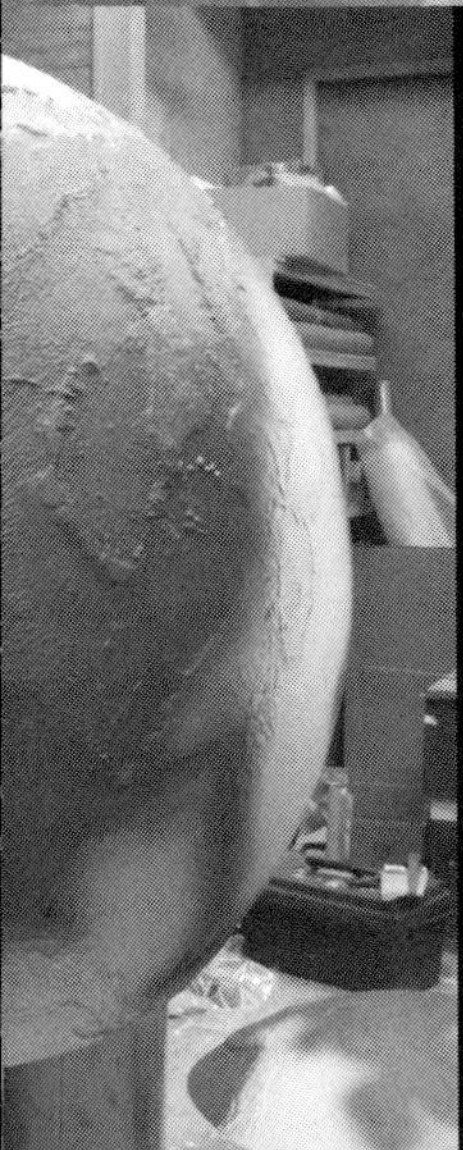

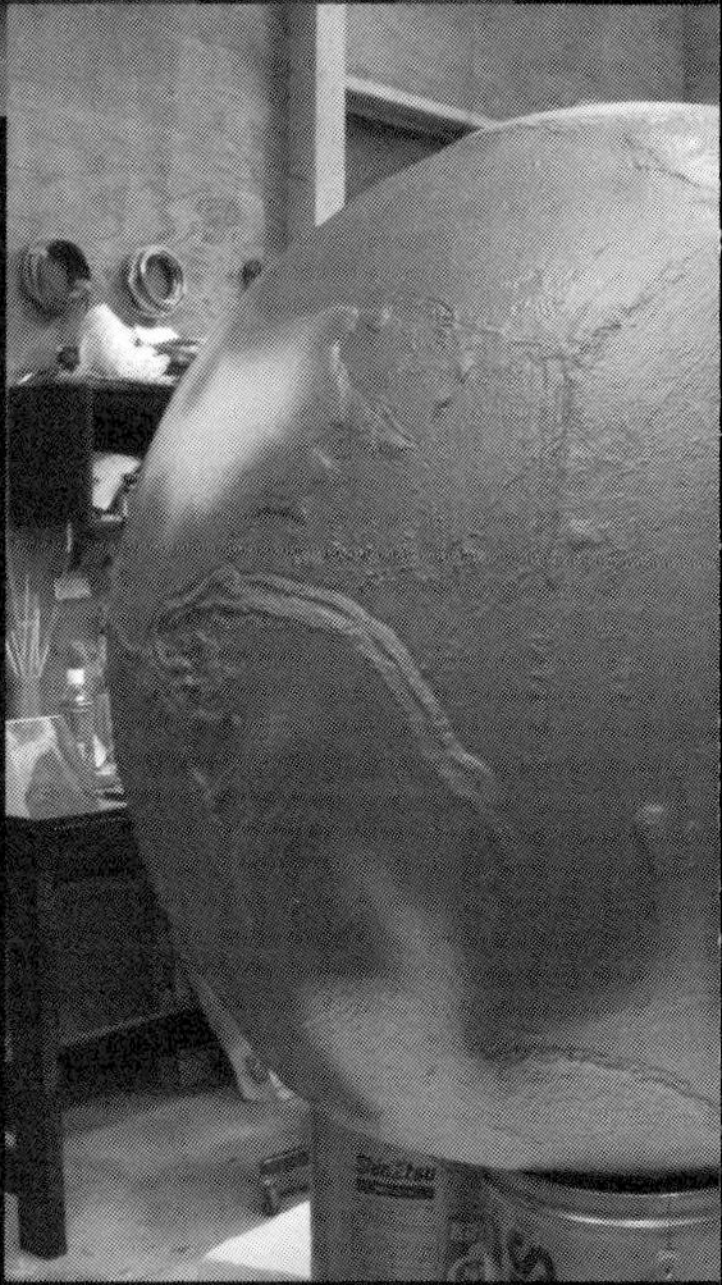

I 総論

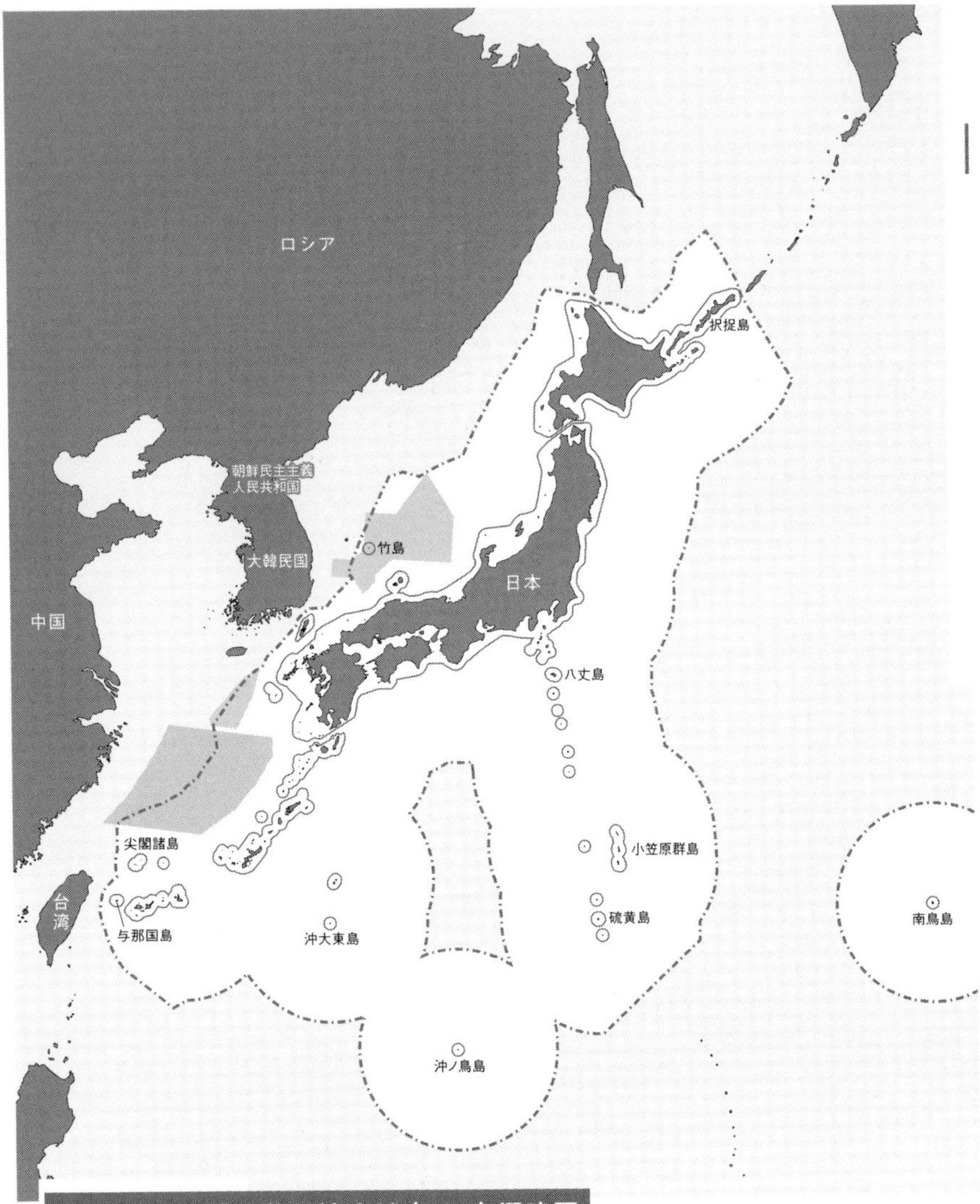

日本の領海と排他的経済水域（EEZ）概略図

2012年2月現在

日本が主張する領海（12海里≒22.2km）
※特定海域（宗谷・津軽・対馬海峡西・東水道
・大隅の五海峡）は3海里（≒5.55km）

日本が主張する排他的経済水域（EEZ）
（200海里≒370km）

日韓暫定水域

日中暫定措置水域

国境から世界を包囲する

岩下明裕

●いわした・あきひろ 一九六二年熊本県生。北海道大学スラブ研究センター教授。境界地域研究ネットワークJAPAN(JIBSN)副代表。専門・関心領域、ボーダースタディーズ、ユーラシアの国際関係。著書『北方領土問題』(中公新書、大佛次郎論壇賞)、編著『国境・誰がこの線を引いたのか――日本とユーラシア』『日本の国境・いかにこの「呪縛」を解くか』(いずれも北海道大学出版会)など。

納沙布・鰐浦・西崎

「粘り抜く 熱意と対話で 四島返還」。北海道庁前に長年、掲げられているスローガン。道行く人に訊ねてみる。「四島を知っている?」「択捉、国後、色丹、歯舞」。

地図をみると北海道の東端、根室から連なる島々、私たちが「固有の領土」と呼ぶ北方領土が描かれている。だが、島の数は四つではない。択捉、国後、色丹以外に、少なくとも水晶、秋勇留、勇留、志発、多楽の五つの島がみてとれる。

夏のある日、根室の先、納沙布岬に立ってみよう。わずか七キロ先に水晶島があるはずだが霧が深く見えない。岬の先には海しか広がっていないかのように。冬に再訪するといくつもの島影がくっきりみえる。水晶島の右隅に貝殻島と呼ばれる灯台があり、その横に見えるのは萌茂尻島という。オドケ岩もある。市販の地図の風景とは少し違っている。根室半島の漁港から船に乗り、水晶島へ向かう。岬からわずかに二―三キロの距離だが大揺れでとても立っていられない。手の届くところに島があるが、この先に進むとロシアに拿捕される見えない壁(中間ライン)が立ちはだかる。壁は空までそびえている。中標津空港から納沙布岬へ飛ぶと、自衛隊のレーダー基地から警告が届く。最初は英語なのだが、途中から日本語に変わる。「(ラインまで) あと一マイル。ただちに旋回せよ」。

根室の長谷川俊輔市長は言う。「日本政府は固有の領土と言っていながら立ち入りを禁止する。……(国境が) 確定していないがゆえに (ロシアと) つきあえない。いろんなファジーな部分を国が押付けてきます。国境交流がまだ出来ていない、それ以前の問題です」[1]。

「対馬が危ない」。テレビでは韓国に近い九州・対馬の特番が放映され、大勢の韓国人観光客が押し寄せる姿が繰り返し映し出される。四万弱の人口の倍もの数が一年を通じて、島に来るそうだ。映像では、ハングル文字が並ぶ街角、狭い道を横一杯に広がって集団で闊歩する韓国人、ゴミを投げ捨てる悪態がクローズアップされる。まるで島には韓国人しかいないかのように。

対馬の玄関口、厳原を散歩してみる。市内に韓国人は見当たらない。ハングル文字も思ったほど多くはない。喧噪は船が港に入った一瞬の騒ぎだ。観光客のマナーも最近よくなったという町の声。島が韓国に占領されるなどと言う住民には会えなかった。車で三時間、上対馬鰐浦の展望公園に立つ。足下には海栗島の自衛隊基地がみえる。そのむこうには釜山の街影がうっすらと。晴れた夜には釜山の港にかかる橋と夜景が美しい。ここからわずか五〇キロの距離だ。

「歴史を考えれば良い時も悪い時も関係は常にあるわけです。しかし、その悪い時もお互い隣の家は仲良くしなければなりません。喧嘩しながらも付き合っていかなければならない。引っ越すことは無理なのです」。対馬の財部能成市長の言葉だ。

「尖閣列島を守れ」。沖縄・八重山の海をめぐって昨今、繰り返されるスローガン。中国のプレゼンスの拡大に対抗して、台湾から一一〇キロの日本最西端の島、人口一七〇〇人程度の与那国に一〇〇名ほどの陸上自衛隊沿岸監視部隊の配備が計画されている。経済が疲弊し人口減少が続く島の活路をここに見いだそうとする誘致派と、部隊配備により島内外の政治状況が一変することを危惧する反対派が島を二分する。自衛隊配備によって果たして島が活性化しうるのか。この程度の部隊配備が軍事的有意性をもち、果たして中国や台湾の懸念を巻き起こして島の安全保障を脅かすのか、論議はかみあわない。

与那国の西崎に立つと、天気の良い日はそびえ立つほどの台湾の山々がみえるという。戦前の台湾と与那国は一衣帯水。いや与那国の人々こそが台湾へと惹かれていた。当時、この海を自由に往来した住民たち。日本の敗戦の後、ここにも突然、見えない壁が立ちはだかった。

「外国人登録しなさい、十五歳位の時に (突然、言われた)。拇印全部よ。台湾人といえば台湾人ではない。小さい時しか向こうを知らないから。純粋な日本人でもない。親が台湾人だし」(一九四四年に石垣島に移住した台湾雲林省出身の芳沢佳代さん）、「台湾に働きにお金もうけにいった。カジキ突き棒をおぼえお金を儲けて土地と家を買ったよ」（台湾東海岸の港でカジキ漁をやっていた与那国出身の松川政良さん）、「台湾行くときは夢があって、石垣は（船で）一〇時間だけど乗る前から気分が悪い、基隆には一三時間かかるけど船に酔わないの。台湾ってどんなだろうなって」（与那国在住の池間苗さん）。

　ここに国境が引かれた意味こそが問い直されるべきだと私は思う。

「もともとここにはパスポートとかビザなんてなかったわけです。国がラインを引いた上に我々が疲弊していった。そういうことです」（外間守吉与那国町長）。

「国境」という名の言説

『別冊「環」⑲　日本の「国境問題」――現場から考える』は、日本の境界地域に焦点をあて、現地からの声をコラムで、現場の眼差しにこだわる研究者やジャーナリストの見方をエッセイのかたちで編んでみた。特集タイトルは「国境問題」としているが、本特集は主権国家間で法的に確定された、狭い意味での国境ではなく、歴史的に文化的に様々に織りなすラインや空間を分断する壁、境界（ボーダー）に対してより焦点をあてている。これらの境界がある日、突然、なんらかの理由で国境になる。逆にそれまで国境であった場所が単なる通過点になる。後述するが、日本の歴史を紐解いても、国境は絶えず変動してきた。

　私が境界という言葉を好む意味は他にもある。もし、厳密に国境という言葉にこだわるならば、例えば、ロシアが支配する北方領土と根室の間に立ちはだかる壁は、「国境」とは呼べない。実際には自由に往来しうる択捉とウルップの間に、本来の国境があるはずだと日本政府は言うからだ。同様に韓国が支配する竹島（独島）の周囲に日本の船は自由に入れないのが実情だが、これも「国境」とは呼べない。逆に尖閣列島は日本が実効支配しているから、尖閣の向こう側に「国境」はあるはずだ。だが、世界の国境画定問題を研究するInternational Boundaries Research Unit（ＩＢＲＵ）の海域地図は、これを北方領土、竹島と並ぶ係争島嶼とみなす。要するに日本がたとえそう主張したとしても、台湾や中国が自国領だと主張している限り、ここには法的に認められたラインが存在するとはいえないのだ。奇妙なことはさらにある。日本が支配し「固有の領土」と主張されているにもかかわらず、（物理的に入れない北方領土と同じように）自国民の尖閣への自由な立ち入りは禁じられている。これを「国境地域」と呼ぶかどうかは別にしても、尖閣列島と石垣、与那国との間にはやはり見えない壁があるのだ。要するに「国境」という表現そのものが、国家権力みずからが操作する言説やイデオロギーから自由ではなく、言葉の罠に陥らないためにも、境界という言い回しが望ましい。

他にも理由はある。近接する諸国家が法的に認めあうラインのなかに、国境という言葉になじまないケースがある。排他的経済水域（ＥＥＺ）の境界がそれだ。ＥＥＺでは資源管理や軍事的意味合いにおいて、沿岸国の排他的な権利が保障される一方で、水域には航行の自由など公海に準ずる位置づけもまた与えられている。その範囲についても、基線から二〇〇海里とされつつ、大陸棚が続くかぎり三五〇海里まで延伸するのも可能とされる。すなわち、ＥＥＺの空間的性格及びその空間幅の双方がグレーのままだ。海の秩序を定めた国連海洋法条約（ＵＮＣＬＯＳ）がこの点を曖昧にしていることで、中国は大陸棚延伸を使って二〇〇海里を越えるＥＥＺを主張し、ＥＥＺでの他国の軍事活動に反発する。とはいえ、中国の海洋進出を懸念する米国はＵＮＣＬＯＳそのものに、海の自由に制限をかけるものとして参加していない。

しかしながら、制限される権利の程度については論争があるとはいえ、主権の制約自体は明らかだから、ＥＥＺのボーダーを国境と呼ぶのはやはりそぐわない[2]。

言説の現実――北方領土の場合

とはいえ、様々な境界問題のなかでも、特に領域主権、つまり国境問題にこそ、国家言説の虚構は読み取りやすい。例えば、冒頭でとりあげた「北方領土」。北方領土問題とは、当事者の一方的な言説から距離を置いて定義すれば、日本の敗戦後、日ソ間で平和条約を結ぼうとしたものの、領域をめぐる折り合いがつかないことで発生し、条約を結べないまま今日まで棚晒しにされ続けてきた問題であると整理できる。領域をめぐり、日本が「四島」を求め、ロシア（ソ連）が「返還なし」もしくは「歯舞・色丹の引き渡し」による最終決着の線を譲らないことが対立点だが、日本の「四島返還」の主張の虚構性はいまではよく知られている。「四島返還」がスローガンになるのは、一九五〇年代半ば以降であり、当初はサンフランシスコ講和条約で放棄した千島諸島に択捉・国後が含まれると外務省自ら認めていたことも有名だ。

北方領土問題で日本の立場を正当化する「不法占拠」と「固有の領土」の主張もまたさほど説得力のあるものではない[3]。ソ連が日ソ中立条約を無視して攻め込んだ行為の不法性は明らかだが、対日戦争終結日を日本が降伏文書に調印した一九四五年九月二日とみなす米英など連合国の観点からみれば、日本のポツダム宣言受諾（一九四五年八月十四日）後に北方領土を占領したから「不法」だと断罪するのは難しい。九月二日までに色丹島までソ連はすでに掌握しており、かろうじて占領完了が五日までかかった歯舞群島にのみ当てはまるに過ぎない。ポツダム宣言受諾後の八月十八日、北千島の占守（しゅむしゅ）島で激しい戦闘が行われたことも忘れてはならない。事態を重くみた第五方面軍の投降命令を経た後に、ソ連は北から南にかけて他の島々を無血で武装解除できたのである。

米国の責任も問われるべきだろう。そもそもヤルタ会談でソ連の対日参戦を要請したのは米国である。戦後処理のプロセスにおいても、サンフランシスコ講和条約で日本に南樺太と千島の放棄を明文化させたにもかかわらず、この条約に積極的にソ連を引き入れようとせず、放棄された島の帰属先は明記されなかった。この空白を埋めるべく、一九五五年から五六年にかけ、色丹と歯舞群島の引き渡しによる決着という条件で日ソ間の平和条約交渉がまとまりかけたとき、以前の立場を変えて、択捉・国後を放棄するのであれば、日本に沖縄を還さないことを示唆することで交渉を頓挫させるべく圧力をかけたのは国務長官ダレスであった。

「固有の領土」はどうだろう。外務省は一八五五年に択捉とウルップの間に線を引いた下田条約をもとに「一度も外国の領土になったことがない」ことをそのまま「固有」と読み替える。だから「返せ」と。しかし、一八七五年の樺太千島交換条約により、日露国境はカムチャッカと北千島の間に押し上げられる。同時代の視座にたてば、択捉とウルップにラインが置かれたのはわずか二〇年間にすぎず、その後敗戦までの七〇年、カムチャッカと占守島の間が国境であった[4]。

そうであるから、日本政府は敗戦直後、択捉とウルップの間に線をひく発想も、国後と択捉を千島ではないとする主張も持たなかった。日本の空間は北海道から占守島まで一直線に伸びていたのであり、その千島と北海道を繋ぐ結節点が根室であった。戦前の根室は国境の町ではなく、戦後直後に突然、国家空間の前線に置かれることになった。しかも、それまでの生活空間であった歯舞や国後などと切り離されるかたちで。そして、以後七〇年近く、事実上の国境地域になってしまったにもかかわらず、いまだ自らを国境と呼べない現実にさらされつづけている。いくつもの新しい条約で上書きされた国境線の存在を無視して、日本側が一六〇年近く前の下田条約を持ち出すのは、日ロ関係の出発点に戻ろうという主張なのだろうが、そうであれば、先住民たるアイヌの存在を無視することはできないだろう。もともと北方領土は日本の「固有の領土」なのだろうか。

「生来の」「元来の」という「固有の」の本来の意味よれば、「固有の領土」は「昔から元来の日本領」たるべきだ。だが、そう言い切るにはためらいもあろう。元来、北海道の大半でさえ、この意味での日本の「固有の領土」ではないからだ。「固有の」を「父祖伝来の（inherent）」と説明するむきもあるが、どの世代の父祖を指すか自問すれば、それほど昔ではないことは明らかである。この場合、多くの開拓民が切り開いた満州もまた「父祖伝来の」領土だと主張すべきだ。

さらに「固有」は外国語での表現が難しい。「父祖伝来」以外に「欠くことのできない（integral）」と訳される場合も多いが、これはまったく「固有」の意味を持たない。国境線の変更が多く、そもそも「固有」なる理屈をあまり使わないヨーロッパ諸国が自領だとするときの表現と同じである。要するに、「固有の領土」という主張は対外的にあまり説得力がないどころか、主張そのものが理屈に過ぎない。つまり、これは内向きにナショナリズムを煽る表現でしかない。

知られざる日本の境界

「固有の領土」は、西や南の国境地域でも近年、よく主張される。竹島や尖閣諸島は日本の「固有の領土」だという。だがそもそも、土地や海に「固有」など存在するのだろうか。すべては人間が観念として投影したものではないのか。尖閣を例に取ろう。島は日本の「昔から元来の領土」ではない。独自の王朝をもっていた琉球の存在を考慮すれば、ここは固有の日本ではない。だが島は沖縄の「昔から元来の領土」でもない。石垣島や与那国島を含む八重山諸島はもともと琉球王朝の版図ではなかった。そして島は八重山の「固有の領土」でさえなかろう。当時の支配者が果たして島を領有していたといえるのか。もちろん、中国や台湾の「固有の領土」であるはずもない。海原に小島や岩があり、人はそれを横目で眺めていたのが実態だろう。

「固有」の日本とは何だろうか。北海道も沖縄も描かれていない平山郁夫の一枚の絵が、外務省の飯倉公館に掲げられている。この絵は、私には前近代史研究者たちがいう「中の文化」が「北」と「南」へ支配を拡大していくプロセス、つまりヤマトのなかに「固有」の日本を見いだそうとする象徴のように見える[5]。その抽象的な「固有」さは、納沙布、鰐浦、そして西崎といった境界から眺める風景とは異なっている。現場から見えるこのシーンのなかに、日本という国家の身体性を問い直す契機があるのではないかと私は考える。

かつて、私は「沖縄問題」について次のように書いたことがある[6]。

私は歴史研究を重視するが、空間に対する歴史的拘束を過剰に評価する本質主義を否定する。対象の固有性を強調することで、ディテールに固執し、他者のまなざしを排除し、比較分析を忌み嫌う独りよがりの論法を拒否する。地理的に「中央」に対置されるものが境界（地域）、ボーダー（ランド）である。今日の境界研究（ボーダースタディーズ）は、世界中のボーダー（ランド）を予断や前提なく比較し、その違いと共通点を抽出し議論する。……

日清戦争による台湾の、日露戦争による南樺太の、第一次世界大戦による南洋諸島の取得といった帝国空間の拡大は、その都度、日本の境界を大きく揺り動かしてきた。

そして敗戦のプロセスで、択捉、国後などの千島列島も、沖縄も、「捨て石」とされ、ソ連と米国の違いはあれ、占領された。米国は島を日本に返したが、基地を残したままロシアは今も居座りつづける。状況は異なるが、(眼前の壁の先に自由に行けない)南北の「境界地域」で暮らす住民たちの苦しみは変わらない。「本土」の人々から見て、日頃は、現地の実態を知らないばかりか、関心さえない対象なのに、何かがあるとナショナリズムの道具に利用されるのが「境界」だ。そしてかつての「境界」は、いまや人々の意識から完全に忘れ去られてしまっている。

近代日本の国家のかたちが確定されたプロセスは、おおよそ次のようである。

南:小笠原の確保、琉球処分・沖縄県の誕生、台湾併合
北:蝦夷の領有・北海道の誕生、南北千島の確保、樺太への進出

さらに近代日本は、その「境界」を以下のように拡大していった(順不同)。

海:南シナ海、日本海、オホーツク海、北太平洋
陸:朝鮮半島、満州、インドシナ

このような帝国の版図拡大の過程で、沖縄や北海道は、「境界」から、むしろ「拠点・中継基地」へと変化していった。この時、沖縄は、むしろ大日本帝国の地理的「中心」に位置していたのである(**地図**参照)。

境界地域から日本国家を問い直す

私はこのような問題意識に立ち、過去と現在の国境、そしてその境界の変更に翻弄される地域とそこに暮らす人々の声を集めてみたいと考えた。これらをすべて現地の視座から再構成することを通じて、私たちが普段、(無意識のうちに)東京を軸に権力の側から描いている国家とは異なる日本の実態を描きだしたいと思ったからだ。

本誌では北海道の稚内と根室、九州の対馬と五島、沖縄の八重山と大東島、そして東京の小笠原とその隣接地域に焦点を当てている。南樺太が日本領となる一九〇五年からの四〇年間、稚内は国境の町ではなかったが、北海道と樺太をつなぐある種の境界として機能をもたされていたことは確かだ。そしてその四〇年間以外は常に国境地域としてユニークな性格をもっている。根室の場合は、既に述べたように状況が違う。根室には長い間、国境は置かれてなかったし、言説の上では今も存在しない。だが戦後七〇年近くも事実上の国境地域となっている。稚内と根室の違いは私たちにとって、境界が様々に直面する挑戦を浮き彫りにしてくれる。

対馬と与那国は離島である。台湾と与那国には日清戦争以後五〇年間、対馬と朝鮮半島には韓国併合以後三五年間、国境はなかっ

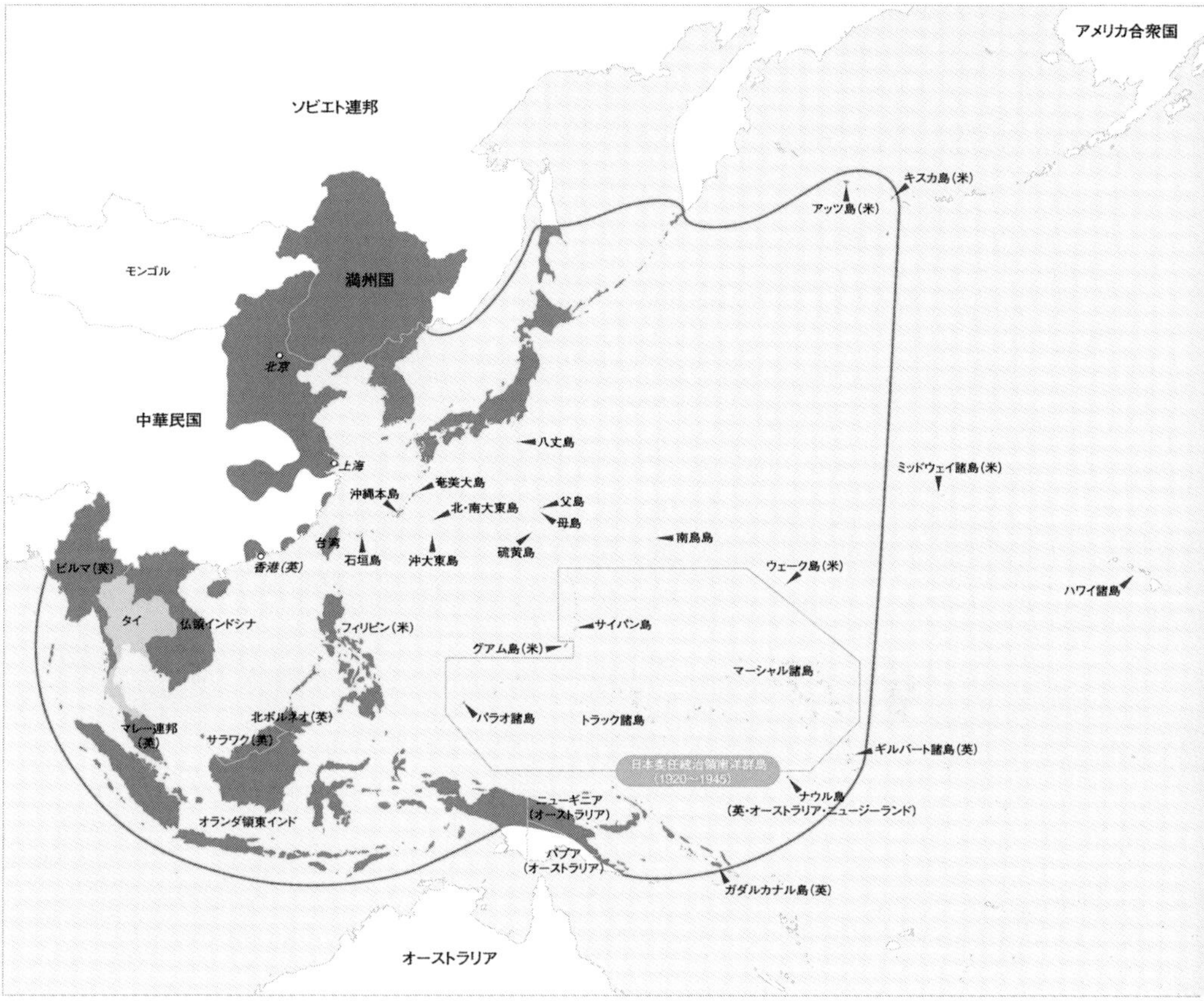

図１　帝国日本の最大勢力圏

（米国ニューオリンズ　D-day ミュージアムより）

た。だが近代より前に遡れば、対馬藩と朝鮮王朝、琉球と清の間に（あるいはそれ以前の関係において）境界意識はあったようだが、それは今日のような排他的な壁ではなかったはずだ。[7] 戦後、それぞれの間に国境が置かれたはずだが、この両地域の意識は微妙に異なっている。

対馬は、神話として日本書紀にも描かれ、早い段階から日本国家の防人の島と位置づけられ（対馬藩が幕府と王朝の間で国書の改ざんをするなど両者の「橋渡し」もしていたが）、元寇を始めとするいわゆる「国難」の前線に立っていたことを自負する。島の様相は九州の「田舎」であり、そこから日本国家そのものを問い直す契機はあまり見いだせない。しかし、他方で韓国人との交流にも違和感をもたず、日本の国境の島としてあるべき自然な姿が見いだせる。また対馬周辺の海域は、日本の西側の海域で、大陸棚も含めてただひとつ境界が確定している場所である。福岡・釜山の「超広域経済圏」構想の展開も含めて、日本における国境交流の先進地であり、欧米の経験を学ぼうとする意欲であふれている。翻って、この国境地域の発展は日本の他地域の交流のモデルとなりうる。対馬に関して問題点を挙げるとすれば、福岡・釜山間の活発な交流が島を素通りしていること、対馬に訪れる日本人観光客が少なく韓国人のみが大勢訪れるというバランスの悪さにある。しかしながら、福岡・釜山が近年進めるアジアゲートウェイ構想は、対馬をこの交流圏に位置づける意味を見い出しつつあり、二〇一二年十一月に福岡・釜山で連続して開催されるＢＲＩＴ（Border Regions in Transition:「移行期の境界地域」、詳細は後述）第一二回大会は、中日に予定されている国境移動フィールドワークに対馬縦走を予定しており、この地域の新たな結びつきと発展に一石を投じるに違いない[8]。メディアに注目されがちな対馬の影に隠れている感が強いが、同じ長崎県には国境離島として存在感をもつ五島列島がある。五島は日本海から東シナ海へ切り替わる海域の入り口にあり、中国との関係における日本の最前線であり続けた。遣唐使、隠れキリシタンなどのユニークな歴史をもつ五島だが、台風などで中国船が一斉に避難する港をもつなど、西からの動向には大きな影響を受けている。無人であるが、その南西一〇〇キロ海上には男女群島もある。

他方で与那国・八重山は、ヤマトに「処分」された琉球王朝の一部である。従って、そもそも日本国家の最前線であるという意識に乏しい。とくに戦後、突然それまで自らの生活圏として大きく依拠していた台湾から切り離されてしまったがゆえに、自らが異なる民族との交流の最前線に立たされているとは感じていても、国境地域であるという意識はもちにくかったように思う。敗戦後の米国統治下で、台湾とのいわゆる「密貿易」で一万人を越えるといわれた人口を有し、経済的繁栄を享受した与那国は朝鮮戦争にともなう米軍の取り締まり強化でその境界地域としての利益の集積を失い、一九七二年の「本土復帰」以後、台湾との国境は深く閉ざされることになった[9]。一九八〇年代に入り、「地方の国際化」のもと、石垣と台湾の交流はチャーター便の往来などで復活するものの、（二〇〇〇メートルの滑走路を有する立派な空港を持ちながら）出入国・税関・検疫のＣＩＱを欠き、また直航しうる船や飛行機の機材繰りが難しい与那国は、台湾にもっとも近接する日本でありながら、直接往来の実現にいまだ苦闘している。冒頭の与那国町長の台湾に対する思いの深さは、単なる「本土」に対する「沖縄」というひとくくりの言葉では理解できないものである。

「沖縄そのもの」の多様性は何よりも離島に見い出せる。役場を置く石垣島に近接する、竹富島、黒島、小浜島、西表島などから構成される竹富町は、外洋への関わりをもつ国境離島としての自身を強く意識し、とくに海洋環境の保全と新しい秩序づくりを目指す先進的な政策づくりに邁進している。本誌が与那国と並んで竹富を取り上げるのは、その試みのユニークさとともに竹富の境界地域研究ネットワーク参画への並ならぬ決意に注目すべきと考えたからである。

同じ沖縄に属するものの、違う意味でのユニークさをもつ国境離島が、EEZにも大きく貢献する沖大東（無人）及び東西の大東島である。大東島は、八丈島を通じた関東からの移民の流れを起源に有し、沖縄と本土の興味深い融合の場を形成する。この島はボロジノというロシア語の名前を冠するのだが、本誌ではその名前が付けられたルーツの謎解きも試みた。日本の外洋諸島と世界の関わりの深さがその名前のなかに込められている。

ボニンという名前をもつ小笠原諸島もまた世界との関わりの深い外洋諸島である。沖ノ鳥島、南鳥島を含む小笠原が日本の広範なEEZの基点となっているのはよく知られた事実だが、小笠原が戦前は南洋諸島への中継地であり国境地域ではなかったこと、一般住民が暮らす父島、母島が境界そのものには近くなく、また境界を越えて結ぶパートナーが不可視であることから、住民たちはこれまで国境意識をあまり持ってこなかった。日米戦争の決戦地であり、自衛隊などの訓練場で一般市民が立ち入れない硫黄島をもつとともに、欧米系の住民も暮らすこの島の境界地域としての存在感は日本にとって近年、大きくなりつつある。

本誌はこれら境界地域からの声、地域にむけられた眼差しをなるべく生のまま収録した。それぞれの地域に暮らす生活の様態、地域に対する関わり方などから、同じ地域で同じテーマを取り上げても見方や考え方は様々だ。その多士済々ぶりに、一読してもなかなか腑に落ちない読者も多いだろう。しかし、境界地域の声はそもそもモノトーンではない。「島は還ってこなくてもいい」「自衛隊大賛成」「韓国人には来てほしくない」、そのような声があるのも当然だ。むしろ、国境地域を一つの墨絵で塗りつぶしてとらえようとする中央の目線こそ単純すぎる。

日本の境界地域をなぜ今、取り上げなければならないのか

ところで、日本の境界をこのようなかたちで問い直さなければならない、火急の理由もある。そもそもどうして今、「北方領土」「竹島」「尖閣」などがこれほどまでに同時に大きな問題として注目されるのだろうか。私はユーラシア大陸とその周辺海域で大きな地殻変動が起こりつつあるからだと考えている。

かつてユーラシアの中域帯は、いわば紛争ベルトとでもいえる地域を構成しており、とりわけ旧ソ連と中国にかかわるものが、南アジアや朝鮮半島の係争にも影響をあたえ、ユーラシアのあり方を強く規定していた。一九五〇年代から七〇年代後半までは、ユーラシア大陸のアジア空間で境界をめぐって多くの軍事衝突が引き起こされた。

一九八〇年代に入ると、かかる衝突は鎮静化する兆候が見え始め、九〇年代になると一挙に国境問題の解決の機運が高まる。とくに中ソ東部国境協定を皮切りに、旧ソ連空間と中国の国境の安

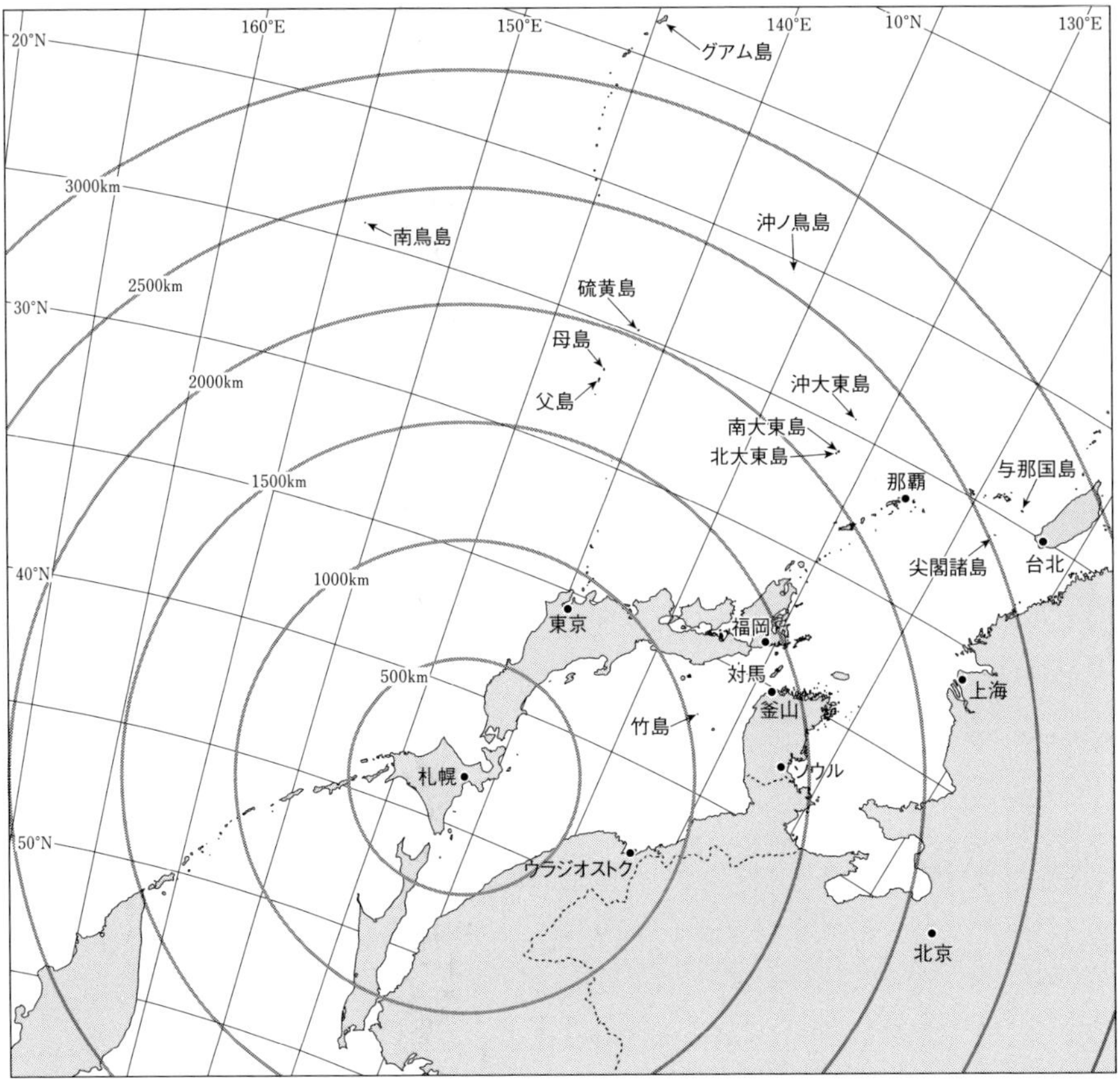

図2　札幌から見た海疆ユーラシア

定化は劇的に進展し、これは中国とベトナムの陸域などにも波及した。中印の紛争でさえ、いまだ解決の見込みはないにもかかわらず、以前に比べれば、はるかに統御可能な状況が生まれている。この現象を一言で整理すれば、多様な民族、文化、言語、宗教などが散在するがゆえに、第二次世界大戦終了後の新たな国家形成プロセスのなかで衝突と紛争が絶え間なかったユーラシアにおいて、人間の生存にかかわる様々な活動が拡大・深化することで、紛争のコストがはるかに生存の利益を上回ったがゆえに、紛争回避や妥協によって問題を解決しようとする機運が高まり、平和と安定のもとでの利益の享受が指向されたのだと整理できよう。いずれにせよ、ユーラシア陸域の境界をめぐる紛争は、以前に比べて、格段に平穏化したことは疑いがない(10)。

他方で、陸域の安定と対照的に、近年、紛争の複雑化、激化がみられるの

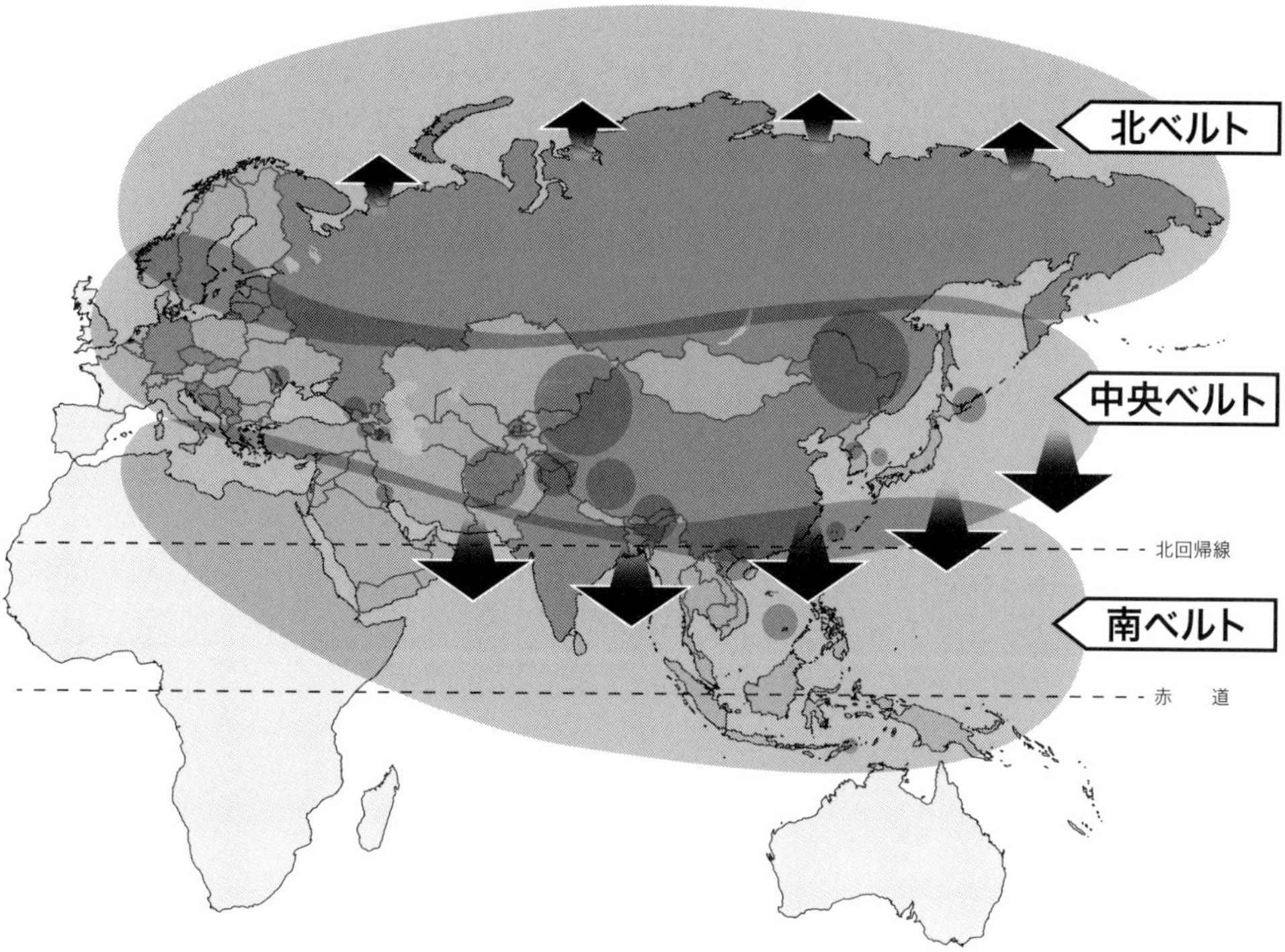

図3　ユーラシアをめぐる3つのベルト

が、ユーラシアをとりまく海域である。南シナ海をめぐる中国とASEAN諸国の紛争（南沙諸島）、冒頭で触れた東シナ海をめぐる中国と日本あるいは韓国との紛争（尖閣諸島・離於島／蘇岩礁）、日本海をめぐる日韓の紛争（竹島／独島）、オホーツク海をめぐる日露の紛争（北方領土）など一連の状況が悪化しているが、経緯はそれぞれ歴史的に違うにもかかわらず、これらの紛争の激化はこれを個別事象としてとらえるより、共通した一連の事象として理解すべきだと私は考えている。これらの海を地理的に考えると、ベーリング海峡から南シナ海までは、一連のユーラシア大陸が延長した棚にのった「内海」といえる。私はこれを「海疆ユーラシア」と整理するが、いわば、ユーラシアの陸域から海域へと紛争がシフトしていることが政治地理学的な分析を通じて見て取れる。国境問題を個別の諸国間の歴史的紛争として、自らの「正しさ」と相手の「悪」を本質的なものとして主張するよりは、空間を共有する隣人としてこれらの紛争にどう対処して、協力していくか、このような視座が今、求められている。

地域と国家を越えたネットワークの邂逅

今、ユーラシアの海に紛争がシフトしている理由として、第一に深海や大陸棚などへの（エネルギー採掘など）人類の生産活動を十分にまかなえる技術と資金が蓄積されたこと、第二に一九七〇年代からの海洋秩序の変化があげられる（領海一二海里、排他的経済水域ＥＥＺの導入、それにともなうＵＮＣＬＯＳなど法制がまだ未整備であること）。陸域で国境問題の解決方法として適用された「フィフティ・フィフティ」（係争地を相互の利益を考慮して、分け合って解決する）は海域でも適用が可能だと思われる。中国とベトナムとの間で、トンキン湾の係争が相互の主張の間の線をとるかたちで分け合って解決された事例はよく知られており、日露の間でも係争地となっている北方四島を、歴史や法的な議論にかかわらず、海域の利益や境界地域の住民たちの考え方を考慮して、分け合って解決しようという主張も力を得つつある。日中、中韓、日韓などの海をめぐる難しい問題も、解決できないとあきらめることなく、世界の事例を研究しながら、建設的なかたちで折り合いを見つけようとする姿勢を私たちは捨ててはならない。

そうであるならば、世界のネットワークとの接合が大事である。世界には、一九七六年、北米に結成されたＡＢＳ（Association for Borderlands Studies）、すでに紹介した世界の国境問題を比較分析する英国ダーラム大学のＩＢＲＵ（International Boundaries Research Unit）、冷戦の終結とともに欧州の研究者がたちあげたネットワークＢＲＩＴ（Border Region in Transition）やその活動を支えるナイメーヘン（オランダ）やカレリア（フィンランド）などがあり、世界各地の研究所に多くの仲間がいる。日本、東アジアを含むユーラシア地域のボーダースタディーズはこれまで個別には行われてきたが、相互に関係を結ぶことは乏しく、またネットワークも存在していなかった。[11] この地域的なネットワークを作り、これを世界のつながりのなかで育むことが、現在、私たちが地域で直面している様々な困難に立ち向かう新しい羅針盤と海図を手にするために不可避の道だと私は考えている。

眼にみえる係争への対応も重要だが、「不可視」の境界地域への日常的な関わりも重要である。例えば、かつて尖閣諸島の一つである魚釣島（中国名・釣魚島）にはかつお節工場があったことが知られているが、島が無人にならなければ今のようなかたちで領有権問題は生じなかっただろう。近年、日本の数多くの離島は経済的に疲弊し、人口減が続く。高校や十分な医療施設がなく、安心して出産もできない島から人が流出していくのは当然だ。日本の境界と関わりの深い外洋離島において、これは致命的な問題になりかねない。島が空になれば、それだけ日本のプレゼンスは下がるからだ。実際、政府が一九七二年の復帰後から与那国島をずっと重視していたら、自衛隊誘致問題で島が二分されることもなかっただろう。中央は島々に目配りをせず、かといって当事者たちは様々な壁の存在に阻まれ、「国境を越えた隣接地域との交流もままならない」「国からの十分な支援もなく、にもかかわらず自立のための自由も享受できない」などなど、袋小路に追いつめられた叫びが地域から聞こえてくる。私たちが普段、意識していない、様々な境界地域の声を受けとめ、それを紡ぐ作業は急務といえる。

私の眼には近未来が浮かぶ。北方領土問題が解決したとする。色丹島と石垣島はほぼ同じ面積である。だが、色丹がいまの石垣のように発展するとは思えない。片方で離島の生活を十全に支えようとしない政府が、返還後の北方領土の島々の発展をどの程度まで本気で支えるだろうか。北方領土返還の達成が、一部の元外交官が言うような、ロシアに対する国家のメンツとプライドの問題だとすれば、返還までは熱意を持続したとしても、返還後の島々の行方まで長期にわたって本気で責任をもてるのだろうか。私には色丹に移り住んだ日本人が日本の他の離島と同じ苦しみを背負う様子がみえる。[12] 歴史的経緯が違う。この一言で相互に関連し、比較しうる問題群を大きな枠組で考えようとしないのであれば、それは知的怠惰だろう。

それぞれに状況は異なるとはいえ、日本の外洋離島や境界地域を結ぶことを通じて、それぞれの経験や教訓を参照しながら、当事者たちが主体となって自らの生活と発展にむけた方向を打ち出せるような情報交換と交流の場をつくろう。その思いをもとに、境界にかかわる自治体及び研究者を結ぶネットワークとして設立されたのが、境界地域ネットワークJAPAN（JIBSN：Japan International Border Studies Network 代表：外間守吉与那国町長）だ。与那国、小笠原、根室、対馬で持ち回り開催された「国境フォーラム」が発展したこのネットワークは、内向きにならないよう、それぞれの「固有」な殻に閉じこもらぬよう、欧米のボーダースタディーズの専門家、隣接地域の研究者などを交えるかたちで会議を持ち続けてきた。

二〇〇九年の根室でのフォーラムには、インド、イギリス、フィンランドから、二〇一〇年の対馬でのフォーラムには、韓国の研究者のみならず、カナダ、デンマークから専門家が参加した。二〇一一年五月には与那国でのセミナー後、復興航空をチャーターして台湾・花蓮でもセミナーを行った。二〇一二年夏には稚内・サハリンを結ぶ国境越えセミナー、そして前述したように十一月のBRIT第一二回大会で予定されている対馬フィールドワークはJIBSNの企画として行う予定だ。

本誌の企画や境界地域を結ぶネットワークの構想に対して、「みな異なっていて、ばらばらだ」「違うものを結んでも意味がない」と否定的な識者もいよう。だが、それは境界地域が突きつけられている困難な現実を自分の問題としてとらえようとはしない机上のディレッタンティズムだ。「ソ連崩壊後、稚内にその人口を越えるロシア人が押し寄せた経験をあらかじめ共有できていたら、対馬の韓国人旅行者との交流は違うかたちで始まったに違いない」。「対馬を含む福岡と釜山の経済圏構築にむけた経験は稚内とサハリンの将来の参考となる」。「小笠原返還後の帰島事業に根室は絶えず注目してきた」。「与那国と台湾の交流のヒントは対馬と韓国のそれの中にある」。私は幾たびとこう繰り返してきた。違うことを前提にしながらも、互いの情報交換と共有を通じて、それぞれが新しいアイデアやプランをもって前に進めばいいのだ。二〇一二年二月、境界地域研究ネットワークＪＡＰＡＮ（ＪＩＢＳＮ）の最初のワークショップが小笠原で開催され、これに根室、竹富、与那国、福岡、北海道の行政関係者・外郭団体の実務者及び諸大学の研究者が参加し、現地の視察も行った。石田和彦小笠原副村長はその会議の席で、「国境の島」としての小笠原の意味を何度も強調したが、これは今までになかったことである。中国の海洋進出を始めとする海域の係争が東シナ海から太平洋へと広がるとき、小笠原にとって与那国の経験が意味をもつことになろう。

　国境問題に馴じみのない読者も、最初は本誌の趣旨にピンとこないかも知れない。そのときには、是非、ご自身に身近な地域のパートから読み始めて欲しい。そして、様々な地域の声に触れた後、これら多様性のなかに通底した境界の意味を読み解こうとする古川浩司氏の論文をもう一度読み返すことをお勧めしたい。

　本誌はまさにこの境界地域ネットワークＪＡＰＡＮ（ＪＩＢＳＮ）が誕生していくプロセスのなかでその成果として誕生した。境界自治体の実務者と研究者を結ぶという類例のないこのネットワークの設立事業を支援してくださった茶野順子理事を始めとする笹川平和財団の助成プログラム、このネットワークに若手研究者を糾合することを可能とした北大グローバルＣＯＥプログラム「境界研究の拠点形成」の存在がなければ、そして境界地域の発展を願う多くの方々の積極的な関わりがなければ本誌は生まれなかった。読者の皆さんが、本誌を手にとることで、私たちの思いを共有し、境界地域の声を束ねることで日本を新しい国へと作りかえようとするこの生まれたばかりのプロジェクトに参加してくださることを切に願う。

注

（1）「国境は涙を信じない――知られざるボーダーからの問いかけ」二〇一一年十二月三十日、北海道放送放映分。以下、とくに断りのないインタビューは同番組から。

（2）ＥＥＺをめぐる紛争（日中ガス田問題や日韓の離於島／蘇岩礁の領有）は、北方領土、竹島、尖閣などの領有権をめぐる問題と、本来、論理構成が違うのだが、国家間の接触線、空間間を切りむすぶ線をめぐる係争としては共通の意味合いを昨今、帯びつつある。要するに、ある国家が自国のスペースを外に拡大する、あるいは外からこれを守る論理として、領有権とＥＥＺの場合でアプローチは違っても、国家と通底する行動規範が読み取れる。例えば、中国は東シナ海での（日本に対する）尖閣の領有権及びガス田に対する主張、（韓国に対する）蘇岩礁の主張はともに大陸棚の延伸をよりどころにする一方で（もちろん前者については歴史経緯論争も重要だが）、南シナ海についてはU字線（九段線）という伝統的権益をアピールすることで自国に不利になる大陸棚延長論をとらない。他方でベトナムとのトンキン湾をめぐる境界画定では、日韓と同じ中間線主義の立場で妥協するなど、きわめて便宜主義的な対応をとっている。だがこれは中国だけではない。境界をめぐる国家の言説はきわめて自国に都合の良いつまみ食い的性格を持ち、日本もその例外ではない。

（3）「不法占拠」と「固有の領土」の言説批判については、岩下明裕「北方領土――『不法占拠』と『固有領土』の呪縛をどう乗り越えるか」別冊『世界』八一六号（岩波書店、二〇一一年）で詳しく行っている。

（4）日本政府は現在、択捉の北に国境があると主張するが、戦争を挟んで実に一四〇年近く、ここには実体的な境界はない。実際、ロシア（ソ連）側も択捉とウルップの間の境界については理解が容易ではないようだ。択捉・国後を還せという日本人に対して、択捉の住民が「占守の戦闘」を持ち出して自分たちの支配を正当化するやりとりを見聞したことがあるが、日本側は択捉がどうして占守の話と関係があるのか理解できなかった。翻って、ロシア側はなぜ択捉以南が全千島から切り離されるのかがわからない。ロシア人にとって択捉・国後のみならず、色丹でさえ北千島と一体としたイメージで捉えられている。このロシア人のパーセプションについては、NHK北海道クローズアップ「秘蔵映像が語る北方領土」（二〇一一年一月二十七日放映分）を参照。

（5）ブルース・バートンや村井章介、藤本強らは、本州、四国、九州のみから日本が語られてきたことを批判する。ブルース・バートン『日本の「境界」――前近代の国家・民族・文化』（青木書店、二〇〇〇年）、村井章介『国境を超えて――東アジア海域世界の中世』（校倉書房、一九九七年）、『中世日本の内と外』（筑摩書房、一九九九年）、『境界をまたぐ人びと』（山川出版社、二〇〇六年）、藤本強『もう二つの日本文化――北海道と南島の文化』（東京大学出版会、一九八八年）、『日本列島の三つの文化――北の文化・中の文化・南の文化』（同成社、二〇〇九年）など。

（6）『「沖縄問題」とは何か』（藤原書店、二〇一一年）九五―一〇六頁。

（7）長嶋俊介「島嶼と境界」『ボーダースタディーズの胎動』（『国際政治』一六二号）有斐閣、二〇一〇年。

（8）BRIT XII 福岡・釜山大会については http://www.borderstudies.jp/brit2012/flyer/BRIT_2012-flyer-jpn.pdf を参照。

（9）奥野修司『ナツコ――沖縄密貿易の女王』（文藝春秋、二〇〇五年）など。なお、現地では、「密貿易」といった国家目線の表現ではなく、「復興貿易」と呼ぶべきだとの議論が根強い。

（10）中露を中心としたユーラシア中域帯の国境紛争の様相及びそれが「フィフティ・フィフティ」で解決されるプロセスについては、岩下明裕『北方領土問題』（中公新書、一九九五年）、岩下明裕編『国境・誰がこの線を引いたのか――日本とユーラシア』（北海道大学出版会、一九九五年）などを参照。

（11）世界のネットワークの現状については、岩下明裕「ボーダースタディーズの胎動」『ボーダースタディーズの胎動』（『国際政治』一六二号、有斐閣、二〇一〇年）を参照。またユーラシアのネットワーク形成の試みについては、http://borderstudies.jp/ をみよ。

（12）日本の国境を紡ぐネットワークの意義については、岩下明裕「『辺境』からの問いかけ」岩下明裕編『日本の国境・いかにこの「呪縛」を解くか』（北海道大学出版会、二〇一〇年）を参照。JIBSNについては、http://www.borderstudies.jp/jibsn/。

「境界自治体」とは何か

【その機能から考える】

古川浩司

●ふるかわ・こうじ 一九七二年生。中京大学法学部准教授。著書(共著)に『日本の国境・いかにこの「呪縛」を解くか』(北海道大学出版会)、『平成異変』(勉誠出版)など。

はじめに

日本における境界問題と言えば、真っ先に北方領土、竹島、そして尖閣諸島が取り上げられる。例えば、二〇一〇年も中国漁船の尖閣諸島周辺海域での海上保安庁巡視船衝突事件や、メドジェーベフ・ロシア大統領の国後島訪問をはじめ、センセーショナルにマスコミで連日報道された(ただし、一時的であるが)。また、数年前には長崎県対馬島への韓国人観光客問題も取り上げられたが、現地でいつも感じるのは東京との温度差である。言い換えれば、上記以外の地域でも、日本には境界を有する自治体があるにもかかわらず、その自治体も含めて、境界意識はなかなか感じられていない場合が多い(詳細は佐藤由紀氏の論文を参照されたい)。以上のことから、日本において境界自治体が論じられることはほとんどなかったと言える。この背景には、第二次世界大戦後に敗戦国・日本がその領域の縮小を余儀なくされ、かつて境界を有していなかった自治体が突如それを有してしまったことやかつては中央政府より地方自治体へ潤沢な補助金を付与することができたことなどがあげられよう。しかしながら、近年、日本の周辺諸国の活発な経済・外交・軍事等の活動に伴い、「境界自治体」

において「境界自治体」としての意識が高まりつつある。

では、そもそも「境界自治体」とは何か。文字通りに解釈すれば、境界地域にある自治体が「境界自治体」となる。なお、「境界」よりも「国境」という言葉の方が一般的であるが、本論ではあえて「境界自治体」という用語を用いたい。というのも、「国境」という言葉それ自体に国の主観性が入ってしまうからである。例えば、北方領土（択捉島・国後島・歯舞群島・色丹島）は「日本固有の領土」と日本政府は主張している。しかし、実際には、北方四島はロシアの実効支配下にあり、根室地域と北方領土との間には「中間ライン」という境界線が存在している（詳細は本田論文を参照）。そのため、後述する根室市のように、日本政府の立場から考えると、「国境の町（自治体）」とは認められないが、境界自治体としては定義できる自治体が存在する。これが「国境自治体」ではなく、「境界自治体」とした理由である。

そもそも日本国内の「境界自治体」を限定するのは困難である。というのも、周囲を海に囲まれた島国・日本は地理的には多くの境界地域を有すると同時に、単に地理的に境界線を有しているだけでは境界自治体とは言えないからである。一方、地理的特性を全く無視し、交流人口のみに着目した場合、境界自治体は人口の多い都市部（特に東京）のみとなるが、東京＝境界自治体と言えるのであろうか。そこで、地理的特性以外の機能面にも焦点を当てる必要もあるが、その際、他の地域（欧州・北米）の境界地域理論から何らかの示唆が得られることも考えられる。

以上の問題意識から、本論では、日本における「境界自治体」を定義するために、国境離島に関する報告書及び欧米・北米の境界地域理論が示唆するところを紹介する。その上で、日本における境界自治体の具体例として、北海道根室地域及び稚内市、東京都小笠原村、長崎県対馬市、そして沖縄県大東地域及び八重山地域の概要を紹介した上で、その機能（安全保障・国際交流）及び地政学的視点から見た検討を行う。そして最後に、今後の見通しも含めた機能面に焦点を当てた日本における「境界自治体」論を提起してみたい。

「境界自治体」の機能とは

ここでは、「境界自治体」の機能として、「平成二十年度国境周辺有人離島等の担う国家的役割の評価及び人材育成に関する調査報告書」及び境界地域理論から検討してみたい。

（1）国境周辺有人離島等の担う国家的役割の評価及び人材育成に関する調査報告書

本報告書は、国土交通省離島振興課により二〇〇九年三月に作成された。

報告書によれば、「国境周辺有人離島等の役割」として、①領域・

排他的経済水域等の確保［国土の確保、海岸線の維持・管理、海域の確保］、②国境管理（治安の維持）［国土の防衛、治安維持］、③海上の安全確保［シーレーンの安全確保、海域活動の安全確保］、④海洋資源の利用（研究・開発・活用）［海洋資源の確保、各種技術開発・改良の場］、⑤自然環境の保全［海象・気象・天体観測の拠点、生態系の多様性の維持・保全、自然環境の浄化・維持］、⑥国際交流の拠点［文化の多様性の維持・継承］を掲げた上で、これらのうち、①②及び③のシーレーンの安全確保を「国境周辺であるがゆえに果たすべき役割」としてあげている（**表1**）。

なお、この報告書では、A領海の基線となっている島でかつ離島振興法等の指定離島（八八島）と上記Aの島の周辺にあって一体的な生活圏を形成しているなどの離島振興法等の指定離島（五〇島）を国境周辺有人離島としている（**図1**）。

（2）境界地域理論

Brunet-Jailly（2007）は、境界地域理論として、①地元の越境文化（親近感、共通言語もしくはエスニック、宗教、社会経済的背景）、②地元の越境する政治的影響力（積極的な地元の市民的政治的な組織や個人による地元レベルの関係、政策ネットワーク、政策共同体、象徴的な体制の主導・拡大）、③市場の力と貿易の流れ（モノ・ヒト・投資の流れ）を、境界地域で同時発生する本質的役割としてあげる。[1] その上で、①②③の流れがより完全になればなるほど、境界地域はより浸透し合う、という仮説に基づく実証研究をしている。これは先述した報告書では「国際交流の拠点」に当たるものと思われる。

（3）小　括

上記報告書及び境界地域理論より、境界自治体の機能としては、主に安全保障と国際交流といった機能を抽出することができる。そこで、次に、上記の機能に特に焦点を当てつつ、北海道根室地域及び稚内市、東京都小笠原村、長崎県対馬市、そして沖縄県大東地域及び八重山地域の現状を説明したい。

日本の境界地域

（1）北海道根室地域

北海道根室地域は、日本の北東部に位置し、根室市、別海町、標津町、中標津町、羅臼町より構成される。先述したように、この地域に隣接する北方四島はロシアにより占拠されているため、事実上の国境地域であるが、歯舞群島は根室市に属している。この地域の人口は約八万人である。

根室地域は、一九四五年に北方四島がソ連（現在のロシア）に占領されて以来、北方領土返還要求の最前線地域であるが、ロシアに占拠されている北方四島とはビザなし交流や自由訪問などに

表１　国境周辺有人離島等の果たしている役割

外海離島の国家的役割とその内容		＜国境周辺有人離島等の果たしている役割＞ ◎印－国境周辺であるがゆえに果たしている役割 ○印－国境周辺であるほうがより果たせる役割	国境周辺有人離島等の役割▽
国土の確保	◎	離島における経済活動や行政行為等の明確な存在と持続的実施により、離島地域の領有権を明確にしている。	①領域・排他的経済水域等の確保
海岸線の維持・管理	◎	海岸線の維持・管理により、海岸の保全を行い、領海・経済水域の確保、国土の保全に寄与している。	
海域の確保	◎	離島地域を領土とすることにより、その周囲に領海、接続水域、200カイリ排他的経済水域が確保される。	
国土の防衛・治安維持	◎	自衛隊や海上保安庁の活動拠点として治安維持に貢献するとともに、不法入国の早期発見や密航・密輸等を監視することで国土の防衛・治安の維持に寄与している	②国境管理（治安の維持）
シーレーンの安全確保	◎	離島地域周辺の海域を領海や接続水域とし管理することにより、船舶の安全な航路が確保されており、シーレーンの安全確保に寄与している。	③海上の安全確保
海域活動の安全確保	○	船舶のランドマークとしての役割、外船舶へのサービス提供、航行船舶の避難・寄港先、離島住民による緊急時の海難救助など、海域活動の安全確保に寄与している。	
海洋資源の確保	○	国境周辺有人離島等が経済水域を確保することにより、そこに存在する各種資源の利用が可能になる。特に、大陸棚の海底下に存在する石油や天然ガスの存在が指摘されており、資源のポテンシャルが高い。また、水産資源が豊富であることから食糧の確保にも寄与している。	④海洋資源の利用（研究・開発・活用）
各種技術開発・改良の場	○	海洋資源を管理・活用したり、共同利用する拠点となることで我が国の発展に寄与している。	
海象・気象・天体観測の拠点	○	日本列島の外縁に広く分布するという地理的特性や清浄な大気環境であることにより、海象・気象・天体観測に適しており、観測拠点として機能している。	⑤自然環境の保全
生態系の多様性の維持・保全	○	特に国境周辺有人離島等の周辺は、本土から遠く離れ外部との接触が少なく独自の進化をしてきたことで、固有の生態系が残り、日本における生態系の多様性の豊かさを形づくっている。	
自然環境の浄化・維持	○	漂着ゴミ対策や周辺海域の自然再生事業を行うことで、国境と接する沿岸海域の環境管理に寄与している。 また、サンゴ礁や藻場等の保護・育成により、自然環境の浄化・維持に寄与している。	
文化の多様性の維持・継承	○	国境周辺有人離島等は、国境となる海を介して世界の国々とつながってきた歴史をもつ地域が多く、今なおそれを背景とする地域文化が残り、日本文化の多様性を形づくっている。	⑥国際交流の拠点
国際交流の拠点	○	歴史的つながりが現在の両国の交流の源となっており、それにより国境となる海域の安全保障に貢献しているほか、国民の国境に対する意識の醸成に寄与している。	

（出所）国土交通省都市・地域整備局離島振興課「平成二十年度国境周辺有人離島等の担う国家的役割の評価及び人材育成に関する調査」（平成二十一年三月）、本編六頁。

図１　国境周辺有人離島の位置図

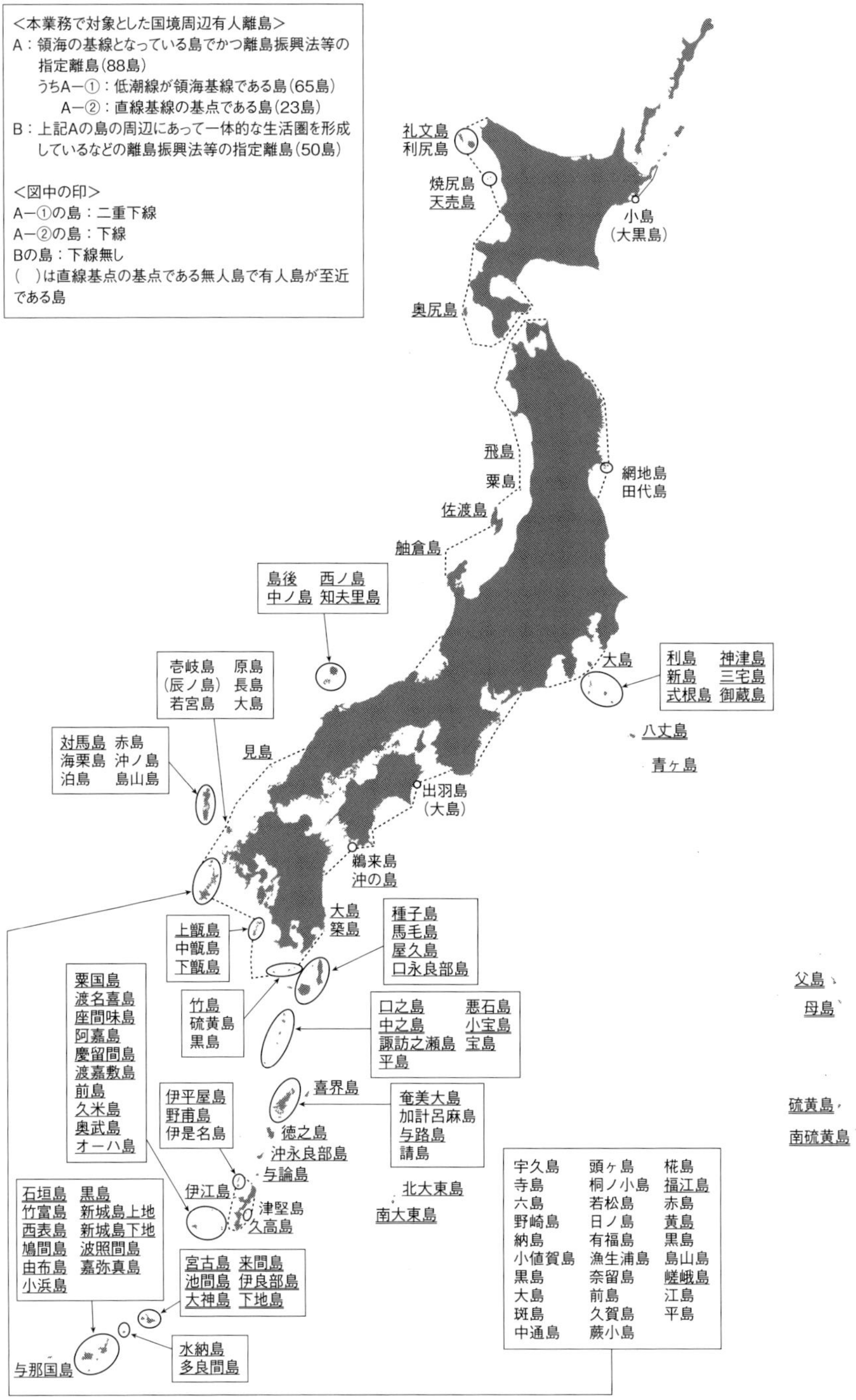

(出所)同上、本編九頁。

より、多少の行き来がある。しかしながら、これらの交流事業に参加する日本人が限られていると同時に、一九八九年の閣議了解により、上記交流事業以外での日本人の北方四島訪問並びに経済交流は自粛することが要請されているため、この地域の自治体の経済交流は事実上凍結されている。なお、二〇一〇年の根室港へのロシア人入国者は三四八人である。ただし、後述する稚内市と同様に、ロシアの漁船がこの地域の港にも入港し、カニ・ウニなどを水揚げしている（詳細は本田良一氏の論文及び伊藤一哉氏と遠藤輝宣氏のコラムを参照されたい）。

(2) 北海道稚内市

北海道稚内市は、北海道本島の最北端に位置する人口約四万人の市である。稚内市は札幌市まで約二六〇キロメートルであるのに対し、サハリン（旧樺太）までわずか約四三キロメートルの距離にある。

稚内と樺太は、日露戦争の結果、一九〇五年に南樺太が日本の領土になった後、一九二三年に稚内—樺太間に定期航路が開設されてから交通運輸としての発展を続けた。第二次世界大戦後、稚内—サハリンの交流は中断していたが、一九七二年にネベリスク市と友好都市提携した後、一九九一年にコルサコフ市、二〇〇一年にユジノサハリンスク市とも友好都市提携をし、友好交流（研修・派遣事業・文化交流・スポーツ交流など）を中心に行ってきた。

現在、稚内市とサハリン州のコルサコフの間には、一九九九年以来、定期船（アインス宗谷）が運航されている。この定期便は、一九九九年の「サハリン2プロジェクト」生産開始及び二〇〇二年の「サハリン1プロジェクト」商業化宣言により、最盛期の二〇〇六年度は一二〇便・旅客六六八一人・貨物六五二五・〇トンまで増加した。しかし、上記プロジェクトの進展及び完了により、その後は減少に転じ、二〇一〇年度は五六便・旅客三九〇三人・貨物七三三・三四トンとなっている。また、ロシアとの輸出入に伴う経済効果も二〇〇五年には過去最高の四〇〇億円を記録したが、二〇一〇年には一二〇億円まで減少している。ただし、この額は、稚内市の一般予算の半分程度を占めている。

なお、稚内市とサハリン州の上記三市との関係としては、二〇〇二年にユジノサハリンスク市内に稚内市サハリン事務所が開設されたことに加え、二〇〇七年八月に、稚内市代表団がサハリンを訪ね、コルサコフやユジノサハリンスクで稚内・コルサコフ定期航路利用促進合同会議、友好都市水産問題連絡会議、友好都市経済交流促進会議（農業）、友好都市経済交流促進会議（観光）を行った結果、水産、農業、観光に関しては、幅広く友好都市間の経済交流の途を探ることを目的とした『友好都市経済交流促進会議』が設立されたこともあげられる。なお、この会議はその後毎年一回開催されている（詳細は中川善博氏の論文及び佐藤秀志氏と藤田幸洋氏のコラムを参照されたい）。

(3) 東京都小笠原村

小笠原村は東京都小笠原支庁に所在する小笠原諸島、硫黄島、西ノ島、そして日本最東端の南鳥島と日本最南端の沖ノ鳥島を行政区域とする人口約二五〇〇人の自治体である。なお、上記の島々のうち、一般住民が住んでいるのは父島と母島のみである。

上記の行政区域のうち、沖ノ鳥島に関しては、「島」の定義をめぐって、中国との考え方の相違が見られ、中国の海洋調査船が沖ノ鳥島周辺で調査を行うことに日本が抗議する事態も生じている。また、父島へは、東京の竹芝埠頭から週一便定期船が運航されているだけなので、外国との直接的な交流はほとんど見られないが、かつて欧米からの移民がこの島に住むようになった後に日本から移民が住むようになり現在も共存していることや、太平洋島嶼諸国の文化として取り上げられる南洋踊りがこの地域でも行われていることがあり、そこに越境文化を見ることができる(詳細は小西潤子氏の論文及び渋谷正昭氏の小論を参照されたい)。

(4) 長崎県対馬市

長崎県対馬市は、二〇〇四年三月に対馬島内六町(厳原町、美津島町、豊玉町、峰町、上県町、上対馬町)が合併して出来た人口約三・五万人の市で、東京二三区(六二一平方キロメートル)より大きい面積(七〇八平方キロメートル)を持つ対馬島をその行政範囲としている。対馬島は、日本海の西にあり、北は対馬海峡西水道をはさんで朝鮮半島に面し、南は対馬海峡東水道をはさんで壱岐島、九州本土に面している。また、対馬から福岡まで海路は一三八キロメートルであるが、対馬から韓国の釜山までのその半分以下の距離(四九・五キロメートル)である。

このため、歴史的に朝鮮半島との結びつきが強く、例えば、江戸時代は対馬藩が朝鮮通信使の窓口となり、活発な交流が行われてきた。二十世紀に入り、対馬と韓国の交流は一時期中断していたが、一九九九年七月の韓国企業の大亜高速海運の高速船(シーフラワー)の釜山〜韓国間就航を境に韓国からの旅行者が年を追う毎に大幅に増加した。すなわち、対馬〜釜山国際航路による韓国人入国者数(実数)は、一九九九年が二〇一七人であったのに対し、二〇〇八年は七万二三四九人と、対馬市の人口の約二倍まで増加した。その後、二〇〇八年九月以降のリーマンショックに伴うウォン安の影響があったとは言え、二〇一〇年も五万八五六一人であった[2]。また、長崎県によれば、二〇〇七年の韓国人観光客による対馬市来訪による経済効果は約二一億円(土産品約八・二億円、飲食約六・八億万円、宿泊約四・九億円など)で、市内への直接波及額は約一七・三億円と推計されている(『西日本新聞』二〇〇九年四月二十九日:詳細は新井直樹氏の論文を参照されたい)。

以上の背景から、一九八六年五月に対馬島と釜山広域市影島区との間で姉妹島の縁組みが締結され、一九九四年に釜山広域市影島区と対馬町村会で「行政交流に関する協定書」が締結されたことを契機として対馬と韓国の行政交流が開始され、二〇〇三年より釜山に対馬釜山事務所が開設されている。

（5）沖縄県大東地域

沖縄県大東地域は、沖縄県の東部（沖縄本島から約三四〇キロメートル）に位置し、北大東村と南大東村から構成される人口約二千人の地域である。これらの地域には外国との定期直行便はなく、那覇からの定期船と定期航空路のみである。ただし、これらの島々の由来がロシアの村の名前（ボロジノ）にあり、島の文化としてその地名が浸透していることから、近年、ボロジノ村との交流を模索しつつある（詳細は木村崇氏の論文及び吉澤直美氏のコラムを参照されたい）。なお、大東地域にある島々（南大東島、北大東島、沖大東島）は、日本の領海線及び排他的経済水域（二〇〇海里線）等を形成している。

（6）沖縄県八重山地域

沖縄県八重山地域とは、沖縄県の南西部に位置し、石垣市、竹富町及び与那国町から構成される人口約五・五万人の地域である。ちなみに、石垣市の中心である石垣島は、那覇から四一一キロメートルであるが、台湾（台北）からは二七七キロメートルの地点に位置し、与那国町に至っては台湾（花蓮市）まで約一一一キロメートルである。また、中国・台湾がその領有権を主張する尖閣諸島は石垣市の行政区域に属している。

八重山地域と台湾との関係は深く、特に石垣市と台湾宜蘭縣蘇澳鎮は、古い時代から双方の漁民を中心とした人びとの往来が頻繁に行われ、同じ水域で利益を分け合いながら生活を営み、また第二次世界大戦時には、戦時中に台湾に疎開していた八重山の人々が蘇澳港から引き上げる際に、蘇澳住民のお世話になったという深い繋がりがある。第二次世界大戦後も、台湾から石垣市の嵩田地区に多数の移民がなされ、パイナップルの種苗等の導入が図られ、石垣市の基幹産業の振興に大きな役割を果たした。その結果、現在では多くの台湾からの移民が日本国籍を取得しつつも、母国台湾との幅広い交流が活発に続けられている（詳細は松田良孝氏の論文を参照されたい）。

石垣市は、船舶の中台間直行が禁じられているため、中国と台湾を結ぶ貿易港となっていた。このような中台貿易船は「クリアランス船」と呼ばれ、外国貿易船の大部分を占めていた。その結果、二〇〇六年には外国貿易船の数が五八七三隻に達したが、二〇〇八年五月に親中派である国民党の馬英九政権が発足し、同年十二月に海運の直行も解禁された結果、二〇一〇年には一〇八四隻と激減している（沖縄地区税関資料）。また、石垣から台湾への定期便は、クルーズフェリーを運航していた有村産業が破産手続きを開始したため、現在はなくなっている（『琉球新報』二〇〇八年七月十三日）。その一方で、観光クルーズ船やチャーター便により、二〇一〇年は台湾より六万二五四五人が石垣港または石垣空港より入国している（法務省入国管理局資料）。

石垣市と蘇澳鎮の交流は、一九八二年の蘇澳鎮青年商会と八重山青年会議所の姉妹締結調印により進展し始めた。その後、一九九二年に林棋山蘇澳鎮長以下二〇名、石垣市企画室、商工会、観光協会など地元関係者も参加した「蘇澳鎮友好都市に関する会議」で、両市の友好都市締結が建議され、一九九四年には林棋山蘇澳鎮長、蘇澳鎮青年商会関係者が石垣市を訪問し、姉妹親善都市提携の合意式を行った。そして一九九五年に石垣市・蘇澳鎮双方の議会において姉妹都市提携について審議・決議された結果、両自治体の間で姉妹都市提携を締結した。また、与那国町も一九八二年に花蓮市と姉妹都市提携を結んでおり、二〇一〇年より中学校の修学旅行の訪問先を花蓮市にし、交流を進めている。

その後、八重山圏域では、二〇〇九年四月に三首長がそろって訪台し、蘇澳や花蓮など台湾東部地域との間で「国境交流推進共同宣言」に調印し、交流の深化を図っている（『八重山毎日新聞』二〇〇九年四月二十二日）。

理論的検討

(1) 安全保障の視点

先述した国土交通省の報告書に基づき、①領域・排他的経済水域等の確保［国土の確保、海岸線の維持・管理、海域の確保］、②国境管理（治安の維持）［国土の防衛、治安維持］、及び③海上の安全確保［シーレーンの安全確保］に着目した場合、上記で紹介した全ての自治体が「境界自治体」と定義できよう。上記の自治体のうち、この定義に該当するのは対馬市、沖縄県大東地域及び八重山地域である。ただ、この定義の場合、上述した自治体のみならず、瀬戸内海地域を除く日本の領海の基線をその行政区域とする全ての自治体を境界自治体と定義しなければならない。すなわち、この定義には、国境周辺の有人離島のみならず、基線を有する本州、北海道、四国、九州、沖縄本島にある自治体も含まれよう。

(2) 国際交流の視点

先述した境界地域理論に基づき、特に境界地域をより浸透させる要因である①地元の越境文化、②地元の越境する政治的影響力、③市場の力と貿易の流れに着目した場合、先に紹介した自治体の中で該当するのは、根室地域、稚内市、対馬市、八重山地域である。ただし、日本の場合、外国と陸地でつながっている境界地域がないと同時に、グローバル化に伴う交通機関（特に航空機）の発達に伴い、上記の機能のみで考察した場合、境界地域よりもむしろ大都市の方が当てはまると思われる。例えば、①に関しては多文化共生政策は大都市の方が積極的に推進されているし、③に関し

図2　日本の200海里水域概念図

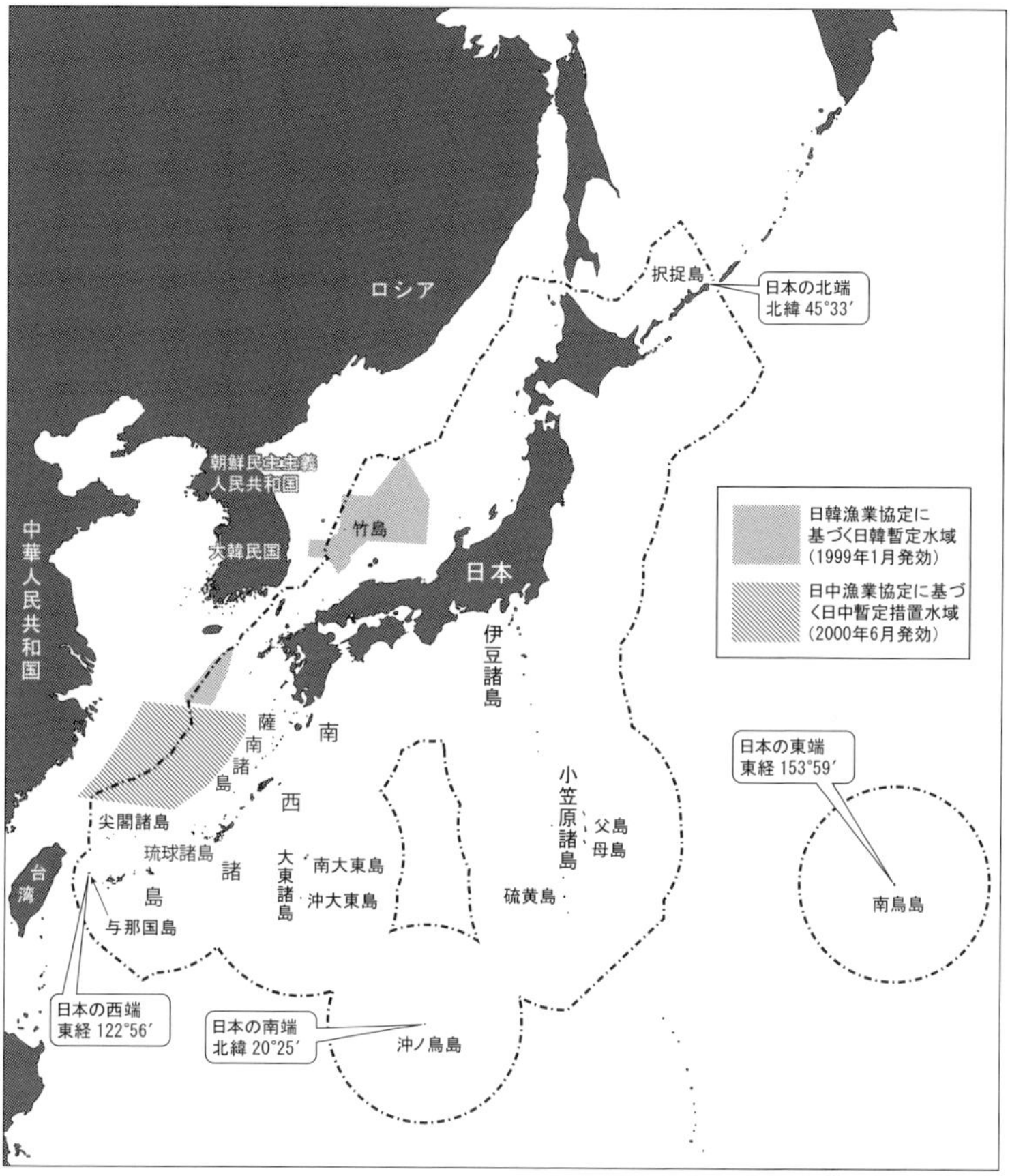

（出所）「日本の200海里水域概念図」（JF全漁連ホームページ：http://www.zengyoren.or.jp/kids/oshiete/sub/2gyogyou_W/pdf/200suiiki.pdf）をもとに作成。

ても規模の大きい港湾・空港を有する大都市圏の方が活発である。

（3）地政学的視点

（1）（2）も境界地域における重要な機能でもあるが、島国・日本の場合は必ずしも境界地域にのみ当てはまる機能ではない。そこで、地政学的視点から考察してみたい。先述したように、島国・日本には二〇〇海里線、暫定水域線など多くの海の境界線が存在する（**図2**）。この視点から境界地域の定義を試みると、境界自治体とは、境界線を二〇〇海里線、暫定水域の外縁及びいわゆる「中間ライン」等と定義した場合、「①行政区域（海域も含む）内に外国と接する境界線を有している自治体、②境界線を形成している離島の自治体のうち、北海道、本州、四国、九州、沖縄本島よりも境界線の方が近い自治体及び境界線を形成している自治体」と定義することができる。この定義には該当するのは本論で取り上げた全ての自治体である。

まとめに代えて

本論では、日本の「境界自治体」を定義するために、その機能に焦点に当てて論じてきた。陸の境界中心の欧州や北米と異なり、周囲を海に囲まれた島国・日本において、そもそも「境界自治体」を定義することそれ自体が困難である。また、必ずしも境界隣接地域でなくても境界自治体となりうることも指摘できるが、その場合、首都圏や大都市の自治体も「境界自治体」となってしまう。したがって、やはり地政学的視点も必要になると思われる。

そこで、暫定的に、「境界自治体」を、「①外国と接する境界線を有している自治体」及び②「離島のうち、北海道、本州、四国、九州、沖縄本島よりも境界線に近い自治体及び境界線を形成している自治体」と定義したい。この定義を本論に当てはめた場合、①に該当する自治体として、根室地域、稚内市、対馬市、八重山地域があげられる。また、②に関しては、小笠原村、大東地域が当てはまる。さらに、本論では取り上げなかったが、①の自治体としては長崎県五島地域（詳細は久保実氏のコラムを参照されたい）、②の自治体としては北海道の利礼三町（利尻町・利尻富士町・礼文町）、東京都八丈地域、島根県隠岐地域、鹿児島県奄美地域及び沖縄県宮古地域なども当てはまろう。

しかし、本論の定義はあくまで暫定的なものである。この定義をさらに精緻化するためには地政学的視点のさらなる検討が求められる。また、福岡市が釜山市と二国三制度を目指している（詳細は加峯隆義氏の論文を参照されたい）ように、今後の政府や地方自治体による施策によっては新たな「境界自治体」の出現も考えられる。そこでこれらの点を今後の課題として、本論を締めくくりたい。

参考文献

岩下明裕編『日本の国境・いかにこの「呪縛」を解くか』北海道大学出版会、二〇一〇年。

国土交通省都市・地域整備局離島振興課「平成二十年度国境周辺有人離島等の担う国家的役割の評価及び人材育成に関する調査」（二〇〇九年三月）。

Emmanuel Brunet-Jailly, *Borderland: comparing border security in North America and Europe*, University of Ottawa Press, 2007.

注

（1）Brunet-Jailly（2007）は、上述した三つの要因に加え、多層なレベルの政府による政策活動（多層のガバナンス）をあげ、それが多くなればなるほど、境界地域は浸透し合わなくなる、という仮説に基づく実証研究もしている。

（2）二〇一一年三月十一日の東日本大震災に伴い、同年三月末に上記定期船は運休を余儀なくされたが、六月末より運行が再開された。また、上記運休中に臨時寄港していたJR九州が同年十月より新たに比田勝—釜山間の運航を開始、さらに韓国の未来高速が厳原—釜山間の運航を開始、二〇一二年二月現在では三社が競合している（『長崎新聞』二〇一一年十月二日）。

追記

本論は、二〇一〇年度中京大学特定研究助成（課題名：国境地域ガバナンスに関する研究）の研究成果の一部である。そこで最後に改めて中京大学に感謝申し上げる。

境界＝「見えない壁」を見つめて

【根室・対馬・与那国の比較】

本間浩昭

●ほんま・ひろあき　一九六〇年東京都生。一九八五年、同志社大文学部卒業。毎日新聞報道部・根室記者。専門・関心領域、ボーダーの生態系保全。共著に『知床・北方四島』(岩波書店)『環境　設計の思想』(東信堂)『エゾシカを食卓へ』(丸善プラネット)など。

海のボーダー

根室海峡の中央部を左右に隔てる想像上のラインのことを「見えない壁（invisible wall）」と呼ぶ。東西ドイツの間をコンクリートで分断していた「ベルリンの壁」、北朝鮮と韓国とをいまも鉄条網で遮っている「三八度線」とは異なり、硬質の壁ではない。だが、ひとたび「壁」を越えようとすれば、銃撃されかねない点では変わりはない。

地図で見れば、海峡の真ん中に便宜上引かれた架空の線にすぎない。しかし、コンクリートや有刺鉄線で侵入を阻む国境よりも、目に見えない分、たちが悪いかもしれない。どのような構造で、どれくらいの高さや強度、厚みがあるのかさえ皆目分からないのだから。海に「見えない鉄のカーテン」が立ちはだかっているのも同然だった。

「壁」の成り立ちは、巨大な池に向かって左右の端から同時に石を投げたときの波紋のせめぎ合いに似ている。仮に左からの波紋が強ければ、右寄りの場所で接する。ひとたびそこに線が引かれても、さらに石を投げ合えば、「壁」はゆがむ。辺境で暮らす人々は、ときには故郷を追われ、ときには生活様式の激変を強いられ

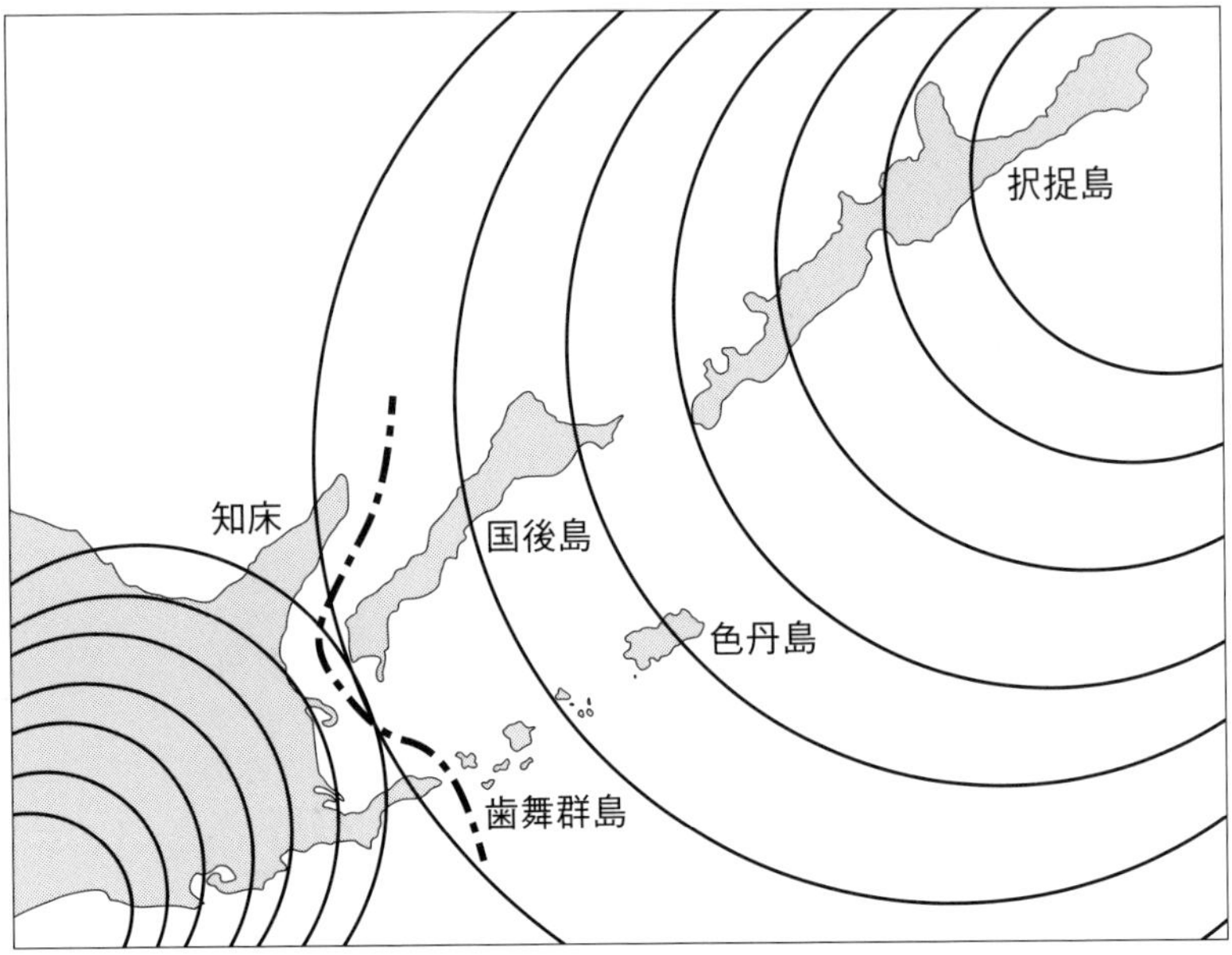

図１　根室海峡の「見えない壁」と波紋のせめぎ合い

る。侵略や戦争のたびに繰り返されてきたボーダーの悲劇を為政者は知るよしもない。

根室海峡にそびえ立つ「見えない壁」。それは、「ポツダム宣言受諾後のソ連軍千島列島侵攻」というモスクワから投げた石の波紋が、根室海峡の中央部まで押し寄せ、そのまま居座っているという現実を静かに物語る。

実は、ほんの二〇年前まで「壁」の向こう側でどのような暮らしが営まれているのか、互いに知らなかった。見えそうで見えない。それだけに、シースルーの向こう側に住んでいる人間をも計りかねていた。仮想敵国のように憎しみ合っていた感さえある。「壁」が人間の心理をも遮断していた。

当時の状況を物語る象徴的な会話を覚えている。「海の向こうに知床が見える。あの山の麓にはどんな人々が暮らしているのだろうかとずっと思っていた」。日ソの青年が海峡のほぼ中央に互いの船を横付けしてボーダーの将来を語り合ったとき、ソ連の青年の口から発せられた言葉だ。「僕らも同じ気持ちでいた」。日本の青年もそう答えた。

日本側は「光のメッセージ交流会」（中田千佳夫会長）、ソ連側は国後島の「コムソモール青年同盟」（アレクセイ・ザジラコ第一書記）。そもそもの始まりは九〇年四月一日の晩に中標津町の開陽台から約三六キロ離れた国後島へ向けて発した光のモールス信号だった。伝えたかったメッセージは「LOVE AND PEACE」である。

「船を使えば、どちらも『壁』までは行ける。接触のチャンスはゼロではない」。そう考え、双方が行動に移した。「ガラス越しのキス」ならぬ「壁越しの握手」は、そうして実現した。旅券（パスポート）と査証（ビザ）を使わない形の相互訪問「ビザなし交流」は九二年にスタートしたが、「壁越しの交流」は、その二年前に始まっていた。おそらくこれが、根室海峡の「見えない壁」をはさんだ隣人交流の嚆矢である。

一九八九年の十一月、ベルリンの壁が崩壊した。ほぼ時を同じくして約八五〇〇キロ離れた極東の係争地でも「見えない壁」を越えようというエネルギーがみなぎっていた。共時性（シンクロニシティ）のように。

写真１　「LOVE AND PEACE」の思いを込めて国後島へ向けて発せられた光のモールス信号

気まぐれな「壁」の力学

海峡の中央をいびつに分断する一本のライン。その「壁」は実に気まぐれで、いともたやすく通り抜けることのできる「いいかげんさ」も兼ね備えている。国境警備隊の監視はひどく厳しいときもあれば、異常なほど緩いときもある。当然のことながら、そうした緩さをかいくぐって「壁」を越えようとするつわものが現れる。

ボーダーには一攫千金の夢があり、リスクもまた紙一重でつきまとう。「へたをしたら撃たれるかもしれない」という多少の懸念があっても、漁業者は「自分だけは撃たれまい」と信じ込んでいる。だからこそ、「危険推定ライン」とまで呼ばれている「壁」を越えようという誘惑が働く。自動車の運転にたとえれば、スピード違反の感覚に近い。

漁業者にとって、「壁」の東側は豊饒の海。資源状態の良くない前浜と比べれば、信じられないほどの「魚の湧く海」が温存されていた。一攫千金の夢を可能にしているのもまた「壁」なのである。

そして銃撃や拿捕が繰り返された。被弾死こそ二人だが、拿捕された日本人は九三〇〇人余り、二九人が収容所などで命を落とした。壁の向こう側を「赤い海」と呼んだ人もいる。もちろんソ連の国旗とオーバーラップさせての命名だ。

フィッシュ・マネーロンダリングの温床

「見えない壁」をめぐるこうした不透明さが、やがて「機を見るに敏」な人々にとって、格好の抜け穴となった。日本の関税法とその施行令には、北方四島を「当分の間、外国とみなす」という例外規定が盛り込まれている。いわゆる「みなし条項」で、日本固有の領土からの〝輸入〟を可能にしている。

そもそもソ連人は、根室市や稚内市などオホーツク海沿岸のボーダーに立ち入ることができなかった。一九九一年のゴルバチョフ大統領来日に先立ち、相互主義に基づく立ち入り制限の緩和が行われてはじめて、北方四島周辺などで漁獲された水産物が「壁」を通り抜けるようになったのである。

八カ月後、ソ連が崩壊した。社会主義経済に長年支えられてきたシステムが、資本主義経済へと一気に転換できようはずがない。そしてカニやエビなどの水産物を現金に換える錬金術が始まった。小さな〝抜け穴〟は、たちまち灰色の太いトンネルと化した。ついこの間まで日本の漁業者が体を張って密漁していた水産物が、こともあろうに「合法的に」入って来るようになったのである。

「外貨獲得魚種」。荒井信雄・北海道大学前教授はそう呼ぶ。だが、その大半は密漁とＴＡＣ（漁獲可能量）を無視した乱獲によ

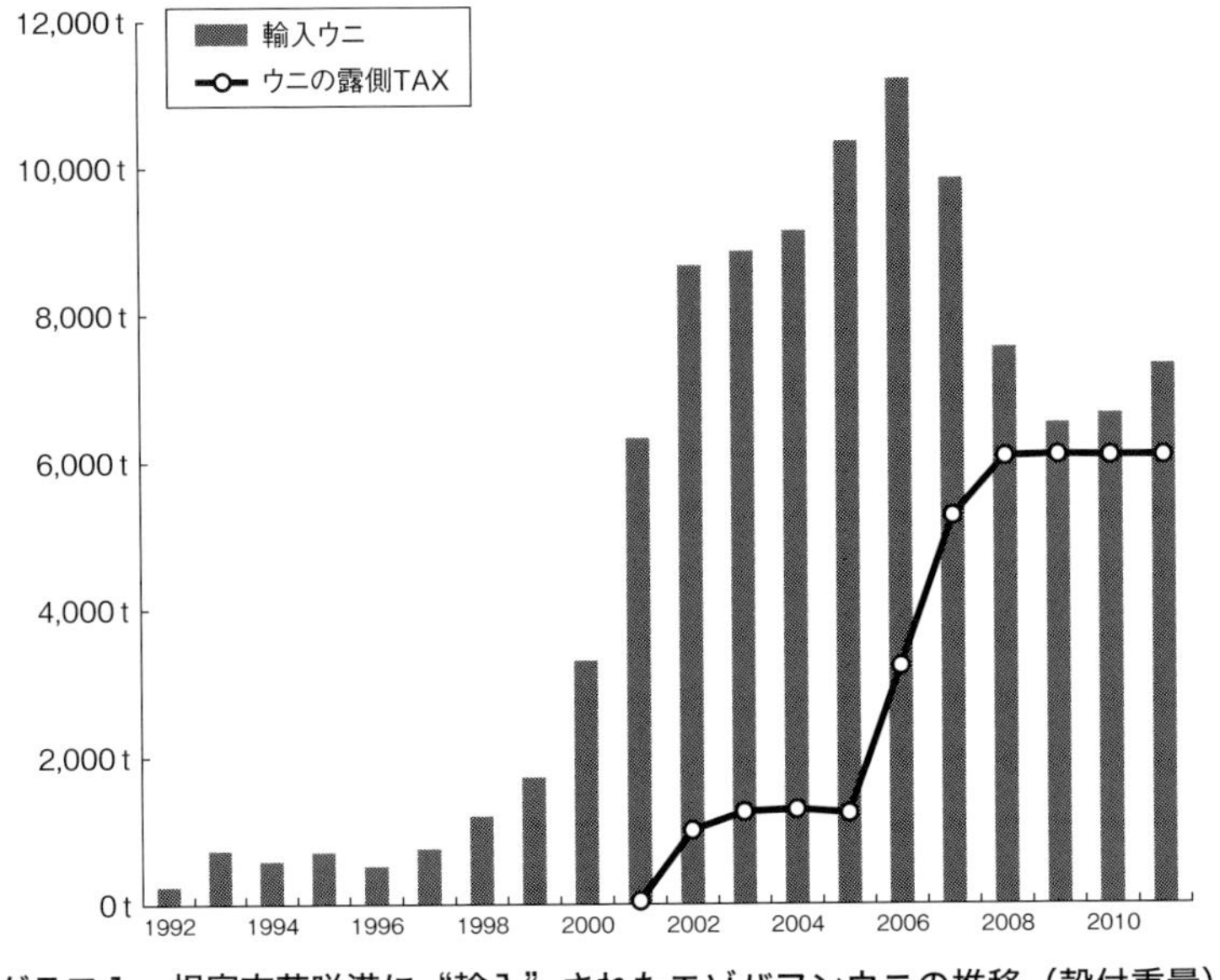

グラフ１　根室市花咲港に“輸入”されたエゾバフンウニの推移（殻付重量）

根室税関支署、ロシア側公表の TAX などのデータより本間が作成。
輸入ウニは殻つきの重量。

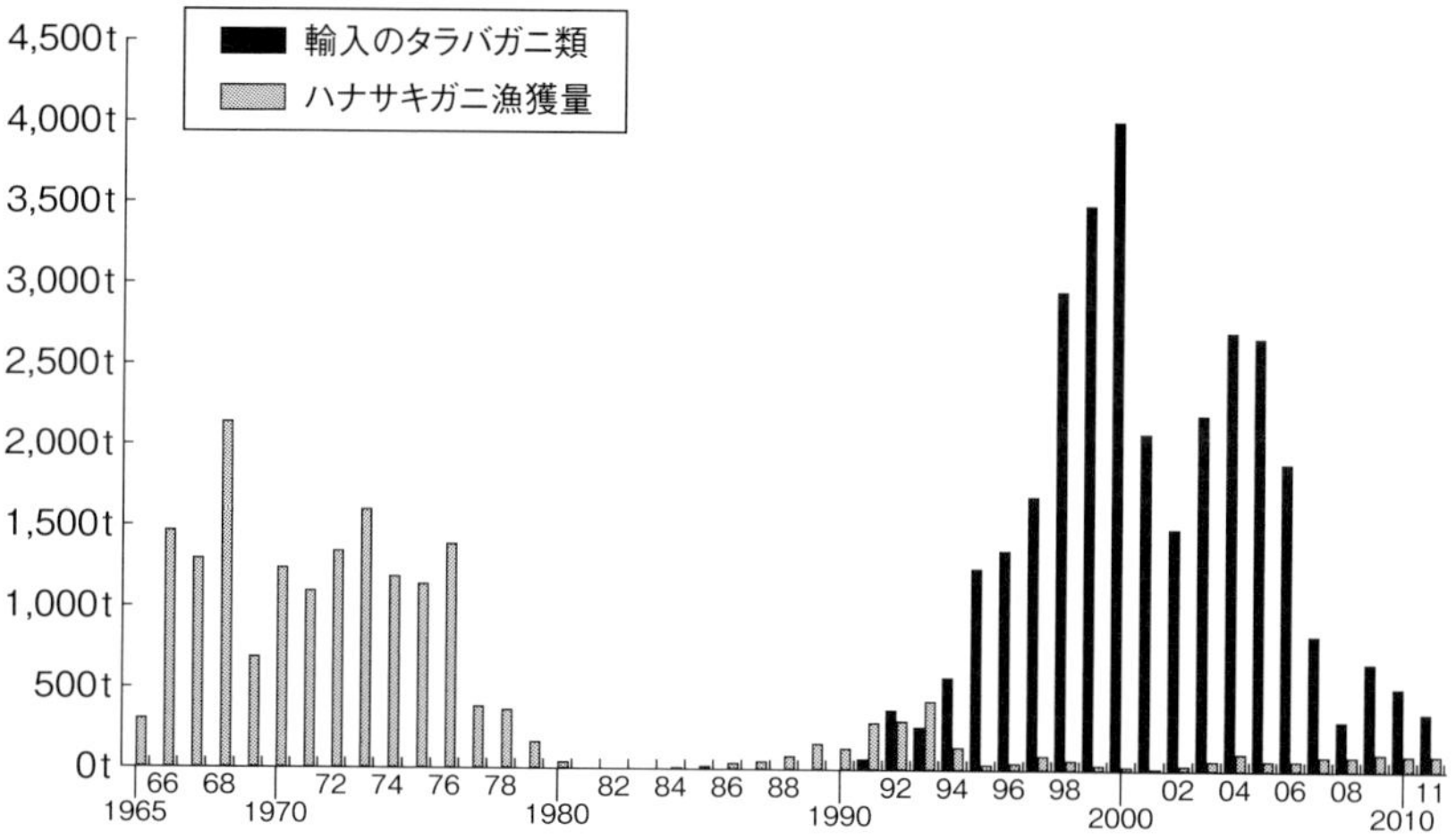

グラフ２　花咲ガニの漁獲量とロシアからの輸入タラバガニ類の推移

根室市役所、根室税関支署、市場に出回った取扱量など各種データより本間が作成。
「輸入タラバガニ類」は花咲ガニ、タラバガニ、イバラガニモドキ３種の合計で、北方四島産だけでなくカムチャツカ産、サハリン産も含まれている。

る。しかも漁場と根室市花咲港とをピストン輸送してロシア当局の関税を逃れ、法人税もごまかす無法ぶりだ。乗組員は引き返す船に中古車や電化製品を満載して運んだ。彼らは漁船員であり、同時に「かつぎ屋」でもあった。

利潤をむさぼったのは主に日露の水産マフィアで、たちまち資金洗浄（マネーロンダリング）の温床と化した。カニやエビ、ナマコなどの資源は激減し、頼みの綱だったウニも「もはや水深二〇メートル近くまで潜水しないと見つからない」とロシア人ダイバーが嘆く。おそらくこうした水産資源の涸渇が、「壁」に穴が開いた弊害の筆頭であろう。

北方四島を囲む外輪山のような壁

根室海峡の中央を左右に隔てる「見えない壁」。これが、いつのころからか私の目に、北方四島をぐるりと取り囲む外輪山のように見え始めた。

村上春樹の小説に、『世界の終りとハードボイルド・ワンダーランド』という作品がある。SFでよく使われる「パラレル・ワールド」という手法を用い、波瀾万丈の冒険譚「ハードボイルド・ワンダーランド」と静寂で幻想的な「世界の終り」の物語が交互に描かれる。

周囲を高い壁に囲まれ、外部の世界と隔絶された街を舞台とする「世界の終り」。巻頭にはさまれた二つ折りの地図の右下には、「東の森」という名の辺境が描かれ、「立ち入ってはいけない場所」と設定されている。内と外とをつなぐあいまいなゾーンがそこにある。

　小説の四分の一あたりで特殊な地形の話が紹介される。周りを険しい壁に囲まれた台地で、そこから発掘される動物は、壁の外の動物の分布状況とは大幅に異なり、外界と切り離された特殊な生態系のように描かれている。

　高い壁に囲まれ、外界との接触を断たれた街。それは根室海峡の「見えない壁」の東側とオーバーラップする。日本の敗戦を境に、内と外とで「異なる時間」が流れ始めた。「壁」の西側の世界はしばらくして高度成長期を迎えたが、「壁」の東側は半世紀以上も前の状態のまま温存されたのである。

ビフォア&アフター

　そんなある日、「棄てられた島」と呼ばれていた島々に潤沢な予算が届き始めた。連邦政府が莫大な予算を投入してサハリン州と共同で進める「クリル諸島社会経済発展プログラム2007–15」である。

　つい数年前までセピア色にすすけていた島の風景が、猛烈なスピードで極彩色に塗り替えられている。着手は〇七年。港湾や空港、道路などのインフラ整備が進み、地熱発電所の稼働によって電気や暖房にも不自由しない島へと変貌しつつある。

　計画は、やや遅れている。新択捉空港の工事は当初一二時間二交代の猛スピードで進められていたが、〇八年九月の世界同時不況を境に資金の遅れが目立ち始めた。原油高騰が世界最大の原油輸出大国の財政を支え、プログラムそのものも原油価格一バレル＝七〇ドルの想定で作られた。だが、一時は一四〇ドル台半ばまで高騰していた原油は同三〇ドル台前半まで暴落した。一方、ウラジオストクで一二年に開催されるアジア太平洋経済協力会議（APEC）や一四年のソチ冬季五輪を控えては、潤沢な予算を配分できなくなったのである。

　だが、開港遅れの背景には別の理由もあった。「滑走路が短い。もっと長くせよ」。セルゲイ・イワノフ副首相が一〇年春、滑走路の延長を指示。当初一四五〇メートルの計画だった滑走路が第二期工事では二三〇〇メートルになる見込みだ。新空港の背後には元島民が「択捉富士」と呼んでいた秀峰・散布山がそびえ立ち、ロケーションは抜群。行政の中心地・紗那にも近い。

　目指すは〝国際空港〟である。「当初は択捉とサハリンとをつなぐ予定だったが、国際空港となると、遠くまで飛ぶことのできる大型の航空機が必要で、八五〇メートルの延長が決まった」。行政府の幹部はそう説明した。

　そうこうしているうちに原油価格は一バレル＝八〇ドル台まで

値を戻した。着々と地歩を固める実効支配。ロシアの手で浸食される日本固有の領土の現実が、「壁」の向こうにある。

ターゲットは海外からの観光客

紗那から東南東に十数キロ離れた指臼山の麓に二〇〇八年、温泉保養施設が誕生した。白濁した硫黄泉、足湯、滝壺温泉などと共に、落ち着いた雰囲気のコテージやあずまやが配されている。紗那の近郊にも翌年、小さな温泉保養施設がオープンした。

プログラムは二〇一一年から第二期に突入している。計画書には、目玉の一つとして「クリル諸島の特殊な自然や気候に基づいた観光資源の開発」が掲げられている。インフラ整備の延長線上には、内外からの観光客誘致が見据えられていたのである。

すでに客船によるクルーズ観光は始まっている。〇八年七月には探検クルーズ「クリルとカムチャツカ～環太平洋火山帯」と銘打つ一五日間の旅が催され、オーストラリア人や米国人など外国人九五人が国後島と択捉島に立ち寄った。折しも「北海道洞爺湖サミット」の開催期間中である。外国人を乗せたクルーズ船が北方領土に立ち寄りかねないという異常事態に、日本外務省は企画したオーストラリアの旅行会社に職員を派遣。善処を求めたが、クルーズは強行された。

こうしたクルーズ観光はすでに年四回前後行われている。「すばらしい自然に関心をもつ外国人のために、四つの散策ルートを策定した。日本の旅行者にも来ていただきたい」。択捉島の女性議員はそう語った。飛行機と客船とを乗り継ぐ旅行形態も想定しているという。旧ソ連時代、自国民の立ち入りさえ制限していたクリル諸島。欧米人にとっては極めて魅力的な秘境なのだ。

仮に東アジアの「拠点（ハブ）空港」となっている韓国・仁川（インチョン）との間に直行便でも就航しようものなら、海外から多くの観光客が押し寄せるだろう。もちろんロシアのビザを取得して。

日本政府は国民に対し、ロシアのビザを取得する形での渡航を閣議了解で自粛させている。だが、法的拘束力はない。「掟破り」の日本人が渡航するようになれば、領有権を棚上げして積み重ねられてきたビザなし交流の枠組みも形骸化しかねない。

世界の航空網に取り残されたボーダー

ボーダーにおける航空網の整備は、双方の国の主権を左右しかねない大きな問題をはらむ。しかも日本のボーダーのいくつかは、世界の航空網からすっかり取り残されてしまっている。最西端のボーダーで二〇一一年、その異常さに気づいた。沖縄県与那国島で開催された「境界地域研究ネットワークＪＡＰＡＮ」のセミナー終了後、台湾のチャーター機で花蓮空港に飛んだ。与那国空港を飛び立った機は、いったん北上、そこから針路を西に変え、台湾

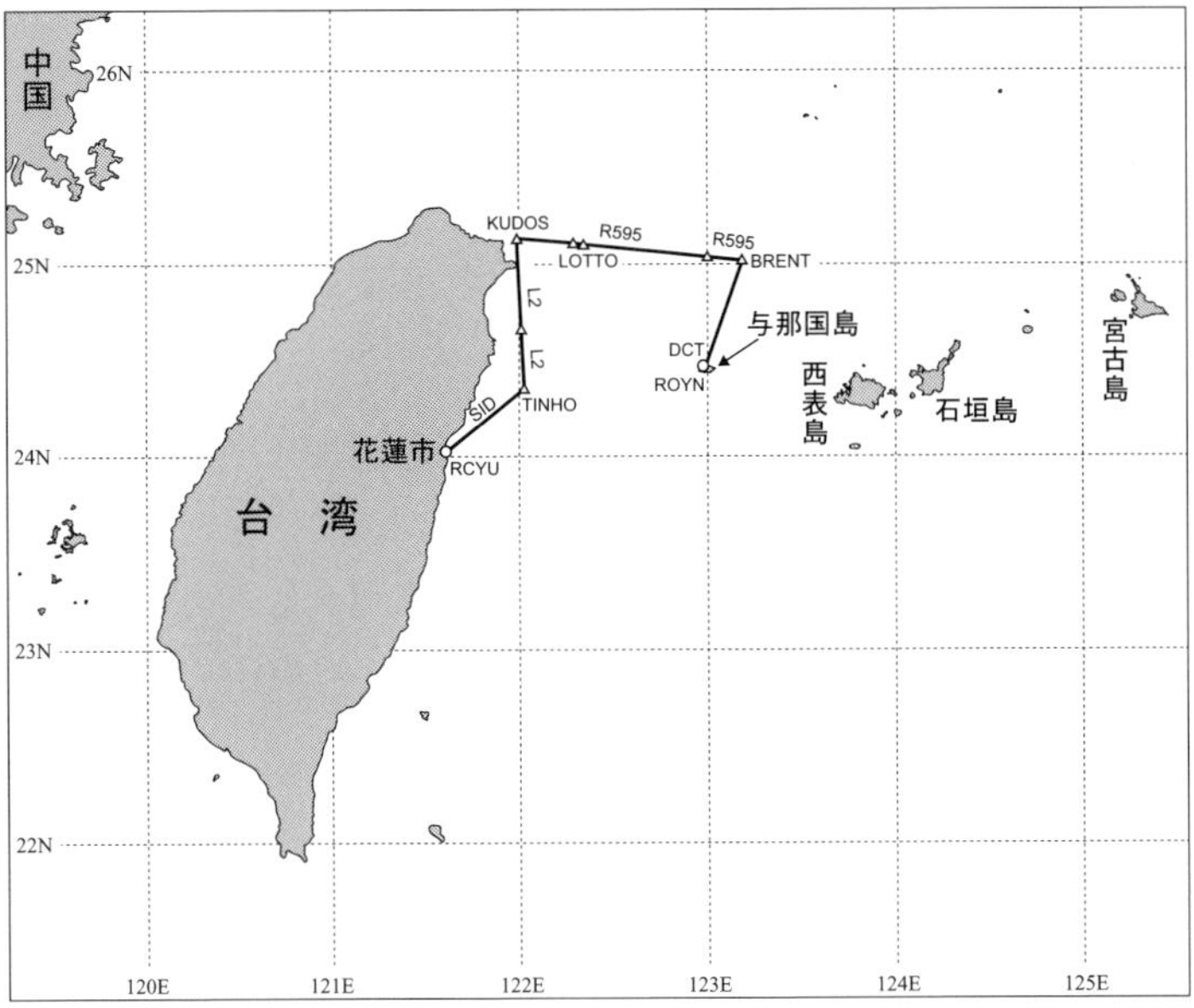

図2　与那国空港―台湾・花蓮空港チャーター便の航路（台湾の復興航空提供）

の東海岸に沿って南下した。直線距離でわずか一一〇キロ強を三倍近く迂回したことになる。

似たような事例は北のボーダーにもある。日本の政府要人らを乗せたロシアのチャーター機が〇〇年秋、ビザなし交流の一環として道東の中標津空港から国後島のメンデレーフ空港に飛んだ際も、直線で約七〇キロの距離を八倍以上迂回した。中標津空港からいったん女満別空港の上空まで飛び、時計回りに紋別沖からオホーツク海に出て、択捉島の南端をかわすように国後水道を抜け、国後島の東海岸をかすめて根室海峡の手前から回り込んだ。

いずれもダイレクトに乗り入れる航空路がないため、既存ルートをつなぐ形で大回りしたのである。空は無限に広がっているように見えるが、地上の道路網と同じく、航空網がメロンのしわのように張り巡らされている。信号の役割を果たしているのが、自機の高度や位置、方向などを管制塔に知らせる「位置通報点」である。

国交のない台湾、国交はあっても行き来の難しい北方領土。ボーダーの置かれている事情はやや異なるが、いずれも長い歳月、航空機を飛ばす必要がなかったため、位置通報点が設定されてこなかった。結果として世界の航空網から取り残されてしまったのである。

だが、位置通報点は随時、追加や変更が行われている。かつて宮古島の上空まで大きく迂回していた与那国～花蓮間のフライト

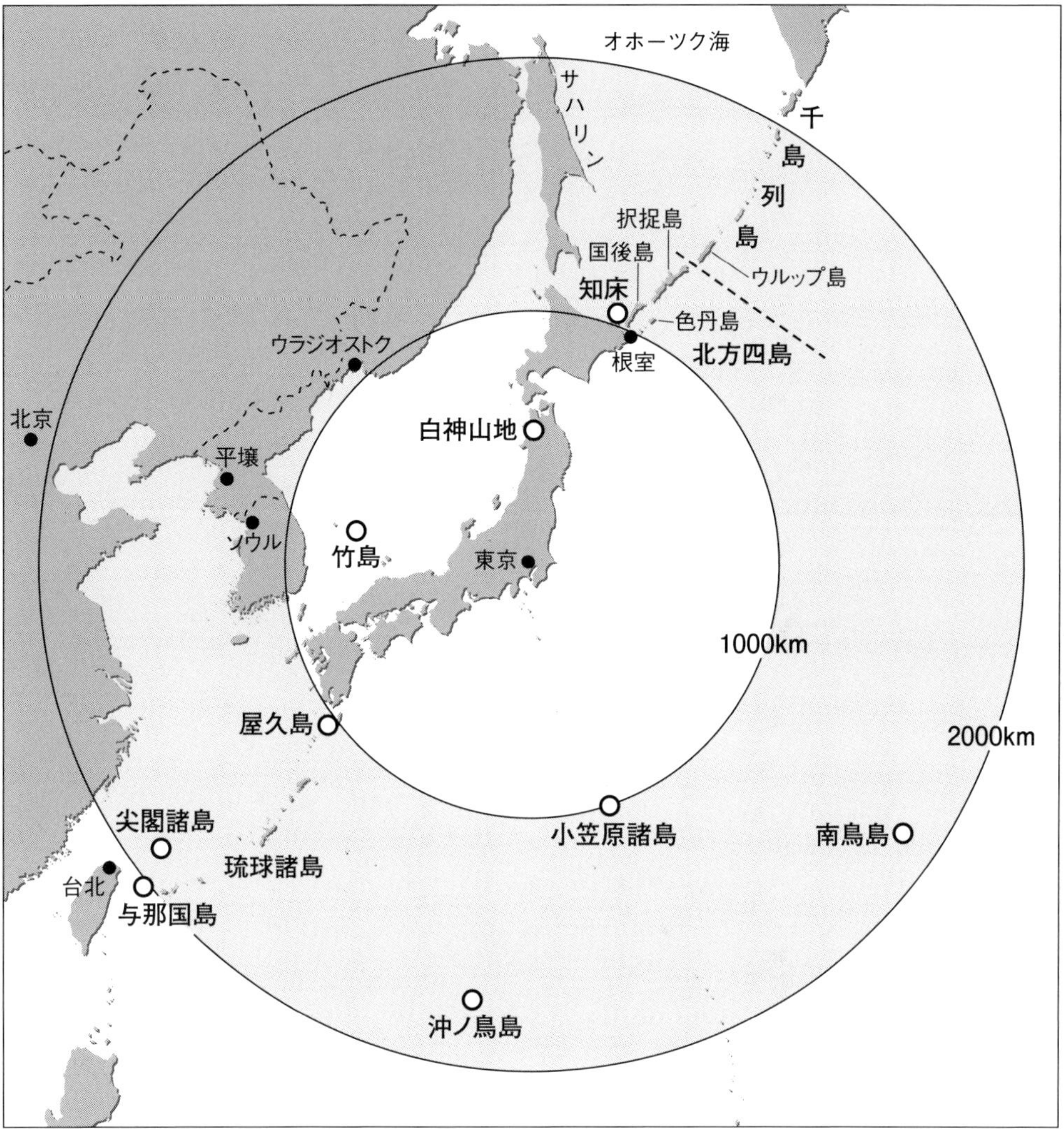

図３　東京から 1000 キロ圏と 2000 キロ圏

は、石垣島の近くに位置通報点ができて約二〇分縮まり、さらに与那国島の北側にもできて、飛行時間は当初のほぼ半分に短縮された。国土交通省の元管制官は言う。「政府間で航空路線を開設しようという意思と合意さえあれば、最短ルートを創ることはそれほど難しいことではない」と。

ボーダーを越境する「電波」

電波もまた「見えない脅威」である。日本のボーダーは近年、隣国の電波にさらされ始めている。長崎県対馬市で二〇一〇年十一月に開催された「国境フォーラムin対馬」終了後、北端の韓国展望所を訪れた。対岸の釜山までは直線距離で五〇キロ弱、晴れた夜には釜山の夜景や車のライトの動きがくっきり見える。

そこで不思議な光景に出合った。携帯電話をかけていた男性が「あれ」と声を上げげた。液晶パネルに日本の国番号を示す「＋81」の数字が表示されていた。国際ローミングによって、韓国の提携会社の電波を拾ってしまったのである。

第二次世界大戦後、韓国との国境線は対馬と朝鮮半島との中間線に戻された。根室海峡と同様、海に「見えない壁」がそびえるようになったのである。「韓国までわずか四九・五キロ」。ガイドブックにはそう書かれているが、実際の国境線は半分の距離、つまり対馬海峡西水道の中央にある。

本来であれば電波は釜山から約二五キロメートル付近まで届けば十分。なのに、その二倍以上の距離まで届く強い電波を発している。対馬だけではない。与那国島の最西端でも台湾の提携会社に自動的に切り替わってしまう。電波という「見えない壁」。そこにもう一つの国境線が引かれているような気がする。

北方領土ではどうであろうか。九〇年代末までは北方領土の一部で日本の携帯電話が通じた。だが、いつの間にか後退し、いまや「壁」の手前ですらつながりづらい。その一方で、数年前からは契約会社に事前に申し込んでおけば、〝国際通話〟としてつながるようになった。さらに現在では、電源を入れておくだけで対馬や与那国島と同じように〝国際ローミング〟機能が働いてしまう。

いずれのボーダーも隣国からの「電波の実効支配」が進んでいる。仮に電波という名の国境線を描いた地球儀があるとすれば、日本という国ははるかに狭い国土しか有していないことになる。

ドーナツの内と外

コンパスの芯を東京に当てて半径一〇〇〇キロの円を描く。この円の中に北海道から九州までがすっぽりと収まってしまう。道路や鉄道、港湾などのインフラが整備され、物流網によって快適な生活を営めるゾーンである。

さらに半径二〇〇〇キロの円を描いてみる。両方の円に囲まれたドーナツ部分を便宜的にボーダーと考えてみる。日本という国の核心地域（コアエリア）が北海道、本州、四国、九州だとすれば、その外側は緩衝地帯（バッファーゾーン）と考えることもできる。

環境省と林野庁は二〇〇三年、「世界遺産候補地に関する検討会」で自然遺産の候補地を①知床②小笠原諸島③琉球諸島の三カ所にしぼった。いずれも東京から一〇〇〇～二〇〇〇キロ圏内。日本が「世界自然遺産」級として誇れる自然は、すでに二つの同心円に囲まれたドーナツ状のベルトにしか残されていないことが分かる。

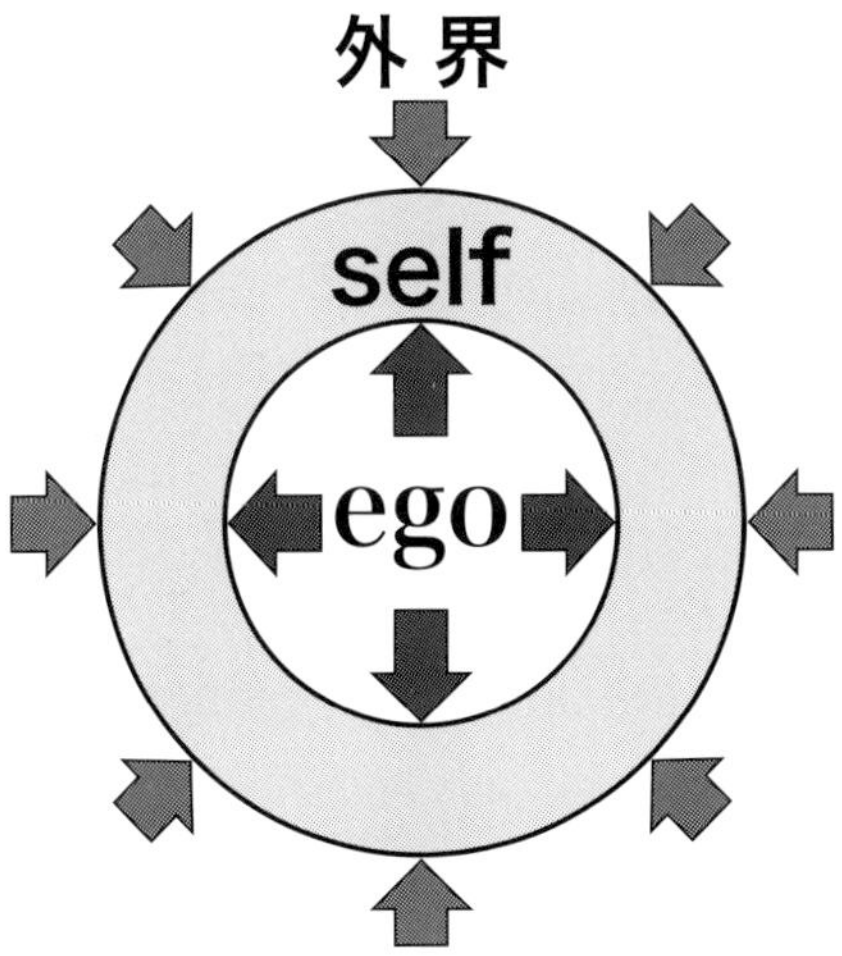

図4　セルフと外界とエゴ

村上春樹『若い読者のための短編小説案内』を改変

政府はこの順番の通り遺産の登録を進めてきた。知床（〇五年登録）は東京からほぼ一〇〇〇キロ、小笠原諸島（一一年登録）も登録を目指している琉球諸島も一〇〇〇～二〇〇〇キロ圏内に広がる。

「啐啄同機」を逃したDMZ

韓国は二〇一一年九月、朝鮮半島を北緯三八度線で分断する軍事境界線（MDL）の南側の非武装地帯（DMZ）の一帯、約三〇〇〇平方キロメートルを国連教育科学文化機関（UNESCO）の生物圏保存地域（バイオスフィア・リザーブ）に申請した。

DMZは南北各二キロの地雷原で、その外側の文民統制地帯（CCZ）も朝鮮戦争の休戦（一九五三年）以来、開発の影響をほとんど受けておらず、マナヅルやタンチョウなど野生動物の楽園となっている。

分断された朝鮮半島の「負の遺産」。宥和政策を進めていた韓国は当初、北朝鮮と共同で双方のDMZ一帯を申請する計画だったが、どのような形で打診しても北朝鮮側の回答は得られなかったという。

ボーダーは卵の殻のようなものである。卵からヒナがかえるとき、ヒナが卵の殻を内側からつつくのと呼応して親も外側からつつく。これを「啐啄同機」という。双方のタイミングが一致するからこそ、ヒナは無事にこの世に生を受けることができる。早過ぎても遅過ぎてもいけない。

「ボーダーの場合も、内と外とが絶妙なタイミングでつついて殻を割る努力をしないと、動くものも動かない」。最西端の与那国島に暮らす東崎原敏夫・元公民館長はそう言う。北海道側から発した光のモールス信号に呼応して国後島の青年が動いたのはその成功例であり、ＤＭＺは啐啄同機の好機を逃した。いや、諦めるには早い。南北統一と同時に拡張、というチャンスは残されている。

「見えない壁」の内と外

各地の水族館に「お魚のトンネル」と称する展示が増えた。かまぼこ形をしたアクリル製のトンネルの中を人間が歩き、水槽の中を泳ぐ魚の群れをながめるという趣向である。水槽の近くにじっとしている魚の口に小さな子供が人指し指を押しつけている光景をよく見かける。だが、魚はガラス越しの指先にほとんど興味を示さない。無視すると言ってもいい。そのクールな魚たちが、「お食事タイム」になると、狂気のように乱舞する。降ってくる餌に食らいつき、さながら争奪戦の様相を呈する。

これを「見えない壁」の内側で起きている現実と重ね合わせてみる。ビザなし交流によって〝隣人〟の気をひくことはできたが、「壁」が邪魔をして食らいつけない。そんな空手形が何年も続いたある日、水槽の上からインフラ整備という名の大量の餌がばらまかれるようになった。そういう構図である。

先に紹介した村上春樹の小説では、「ハードボイルド・ワンダーランド」の主人公の脳の内部に紡がれた無意識の物語が「世界の終り」に描かれ、前者の主人公の運命は、後者の主人公が迫られる究極の選択に委ねられる。あぶり出しに使うインクを英語でinvisible inkと呼ぶが、invisible wallもまた、自らをあぶり出す壁なのである。

これに似た構図を氏は『若い読者のための短編小説案内』の中でイラストを使って説明する。「自己（セルフ）は外界と自我（エゴ）に挟み込まれて、その両方からの力を常に等圧的に受けている。それが等圧であることによって、僕らはある意味で正気を保っている」と。二重の「壁」は、ボーダーをめぐる状況と酷似している。

アクリルの水槽は透けてこそ見えるが、実はものすごく硬い。水圧に耐えるために極めて頑丈にできていて、ちょっとやそっとのことでは壊れない。

地理的距離vs心理的距離

「地理的距離はなかなか変わらないが、心理的距離は変わる。」

時間的な距離と同じように」。山口県立大学の学生が二〇一〇年の「国境フォーラムin対馬」で興味深い発表を行った。地理的距離は国境線が移動しない限り変わらないが、時間的距離は交通機関の発達で縮まる。そして心理的距離も、さまざまな要因で近づいたり遠ざかったりする。それを対馬の高校生を対象にした意識調査で浮き彫りにした。

とりわけ心理的距離は、劇的に変わることがある。韓国の張済国・東西大教授は「冬のソナタ」に始まる韓流ブームで日韓の心の距離が飛躍的に縮まった事例を紹介した。なるほど「冬ソナ」の経済効果は〇四年だけで約二三〇〇億円、日本からの渡航者は一八万人も増えたという。一方で、歴史問題や竹島問題が起きるたびに、揺れ戻しも起きている。

根室海峡を東西に隔てる「見えない壁」も、仮想敵国として対峙していた時代は、まさに心理的なボーダーとして立ちはだかっていた。ビザなし交流が始まって憎しみ合う気持ちは急速にしぼんだが、いままた心理的距離が広がりつつある。大きく揺れ動く心理的距離。まるで振り子のようだ。

「壁」を溶かす

日本のボーダーは「いざというときには切り捨てられる運命にある」。岩下明裕・北海道大学教授はそう指摘する。東京から一〇〇〇～二〇〇〇キロのドーナツ部分のうち、すでに樺太は切られた。竹島も北方領土も見捨てられようとしている。

だが、ボーダーを犠牲にしてしまっていいものかどうか。日本人は戦前、「壁を広げよう」と戦争を仕掛けた。その野望は、敗戦によって消失した。それでもボーダーに暮らす日本人は、中央の目が届きにくいという状況を逆手に取り、「壁を越える」（越境）という形でうごめいた。やがて北のボーダーでは「壁を崩そう」（崩壊）との機運が芽生えたが、崩すには至らなかった。ほぼ同時期に、法の盲点を突くような形で「壁」に穴が開いた（穿孔）、水産資源は枯渇への道を歩み始めた。ピンホールのように小さかった穴は徐々に広がり、すでに塞ぐことのできるような状態ではない。「越」「崩」「穿」という方法論では、ボーダーの将来は明るくない、という共通認識が広まりつつある。そうした中、「壁を溶かすことはできないか」という動きが現れ始めた。

世界自然遺産・知床の拡張構想

知床の遺産のエリアを北方四島～ウルップ島まで拡張し、平和目的で係争地を共同管理する世界初の平和公園にしようという動きである。NPO法人「日露平和公園協会」（理事長、午来昌・元斜里町長）が取り組む。

日本側は、知床から北方四島までの範囲に円を描く。ロシアは、

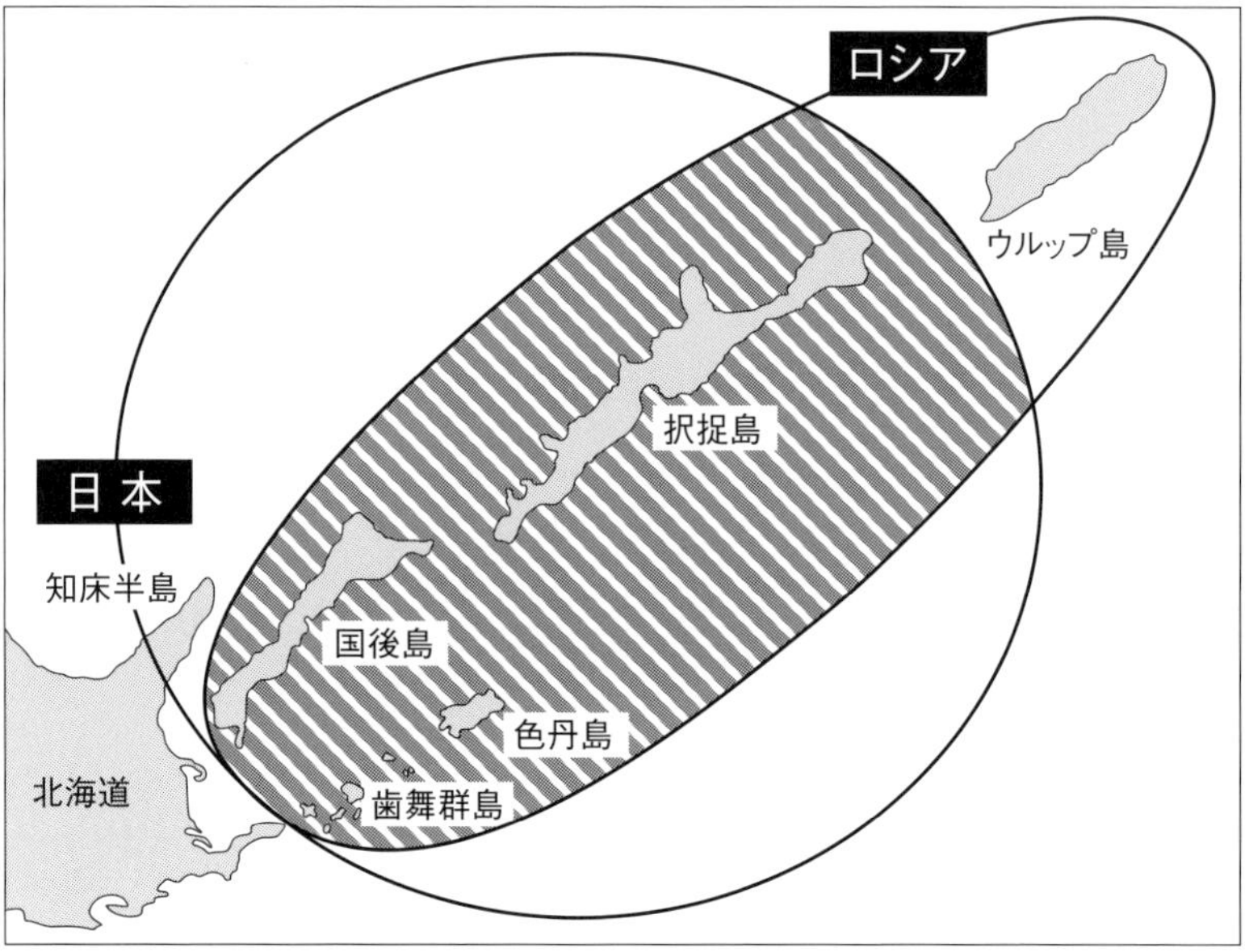

図５　世界自然遺産・知床の拡張構想

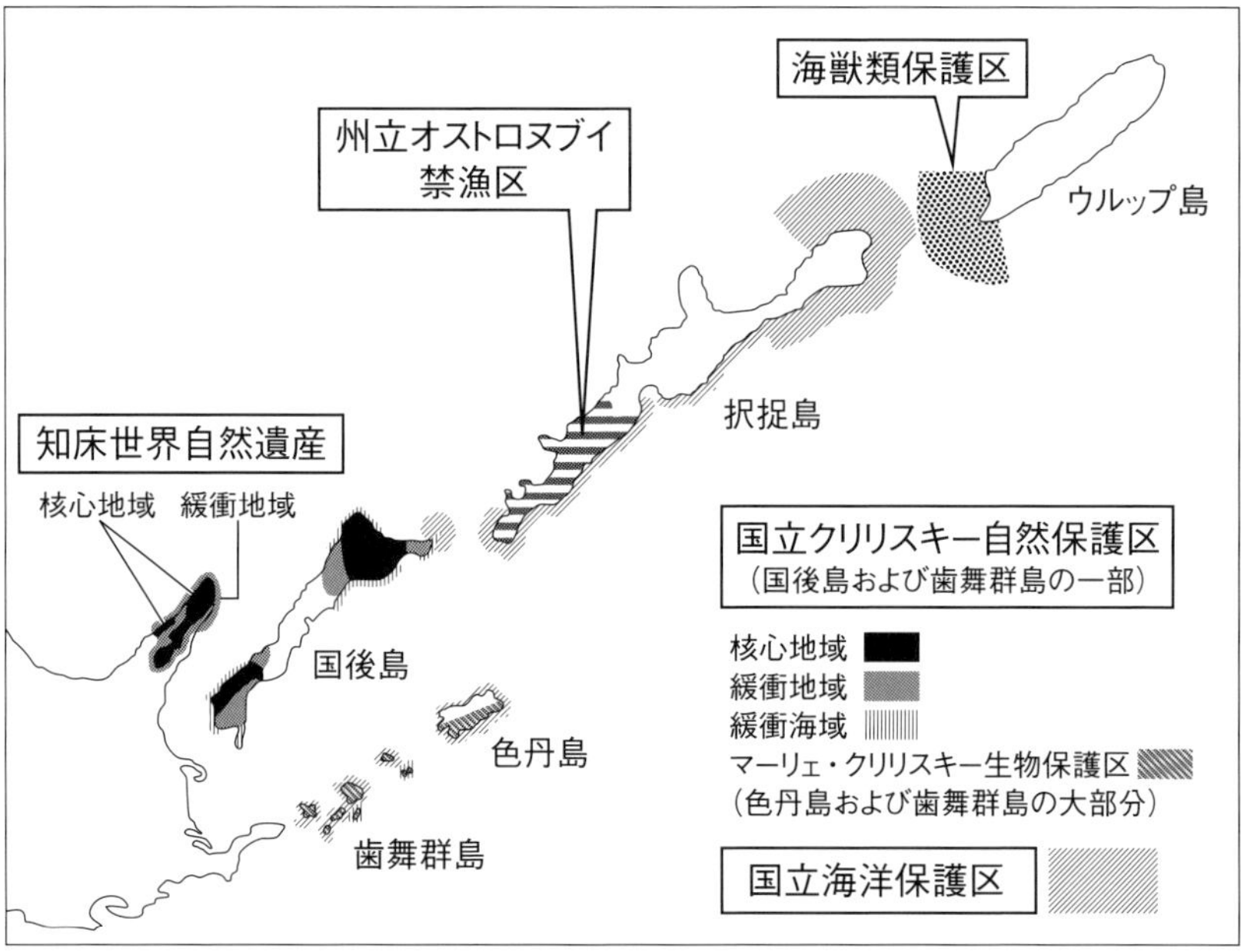

図６　知床および北方四島、ウルップ島の自然保護区

ウルップ島から四島までの範囲に円を描く。「共通項」は四島である。知床は日本、四島は係争地、ウルップ島はサンフランシスコ平和条約で日本が放棄した島であるから、ウルップ島を含む拡張案であれば双方の立場を害さない。

四島までの拡張案であれば、ロシアは実効支配の現状を盾に拒否するだろう。だが、北方四島を日露の「共通項」とみなせば、主権に関する互いの主張を損なうことはない。係争地の扱いについて世界遺産条約は第一一条三で「二以上の国が主権又は管轄権を主張している領域内に存在する物件を記載することは、その紛争の当事国の権利にいかなる影響も及ぼすものではない」と定めている。北方領土問題をかかえる日露間でも、共同歩調をとれば不可能な構想ではない。

係争地や過去の係争地の大半は、「壁」の周囲に緩衝地帯を設けている。先に触れたDMZに象徴的なように、非常に良好な自然が残されていることが多い。「グリーン・ベルト」「グリーン・ライン」「グリーン・バイオトープ」とも呼ばれる緩衝地帯である。知床の拡張構想は、緑の帯の幅を太くしたものと考えればいい。

バングラデシュとインドにまたがる世界自然遺産・シュンドルボン（九七年登録）は、氾濫する川で国境線が流動的なこともあって、バングラデシュ側から入国した観光客はバングラデシュ側から出国し、インド側から入国した場合はインド側から出国するという形で内外の観光客を受け入れている。

こうした先駆的事例を参考に、互いの主権を尊重した形で人が立ち入ることのできるシステムを北方四島およびウルップ島に創設することで、壁を少しずつ溶かして行く。日本側から入った場合は、日本側から出る。ロシア側から入った場合はロシア側から出るという形の往来が実現すれば、元島民の古里訪問の機会も自ずと広がる。この海域の持続可能な漁業を日露双方で模索することも遺産拡張の取り組みの中で実践しうる。

もちろんハードルは高い。日露どちらの法律に従うかなど、知恵をしぼって双方の主権を害さないグレーな形を創っていく必要がある。そうしたプロセスの積み重ねが、ひいては共同経済活動や経済特区に向けた試金石にもなりうる。「インターナショナル・ピースパーク」は、世界の目を北方四島に注がせる手立てとしても有望だ。

もちろん「壁を溶かす」取り組みとは別に、領土交渉は静かな環境の下で粛々と進める必要がある。領土問題の解決に向けた環境整備の一環として「壁を溶かし」ながら、平和条約締結後の「ボーダーの望ましい姿」を探るのである。

Ｉ 総 論

世界の島嶼国境

【バルト海・マレー半島先端部・エーゲ海・カリブ海】

長嶋俊介

●ながしま・しゅんすけ　一九四九年新潟県佐渡島生。鹿児島大学教授。専門・関心領域、京都大の学生時代から島めぐり。東日本大震災で被災を受けた島についても現地で継続的に調査を行う。会計検査院の元キャリア官僚。奈良女子大大学院教授を経て現職。

はじめに

島嶼部国境域には多様でありつつも共通課題がある。「つながりの海域性」という本来的ダイナミズムが発揮されなくなった瞬間に、島は末端域・辺境域となる。島嶼の「離島化」がそこから始まる。国境線・海域利用ルールの平和的確定は、島を新しい可能性に導く。いくつかの事例を紹介したい。

バルト海――デンマークの国境政策

デンマーク・ボルンホルム船員事件というものがある。国策で国境域であるバルト海・ボルンホルム島に可能な限り人に住んでもらおうとする国策で、船員住居強制をして、スト権行使にあってしまい、島民生活に危機が生じた事件である。この小国は常に近隣国の侵略を受け続けてきた。一九八〇年代中ごろ、国防警報サイレンが定時になお鳴り続けていた、東西緊張最終版時代の出来事である。無人島にしない最大の名目は環境保護であった。人がいることで環境異変をいち早く察知し対策を講じられる。アシカ類のウイルス性異変への対処は有名な事例である。

関連政策事例には信用保障付き起業化支援実施などがある。島での林業やガイド業などで、事業に失敗しても一度だけ返済が免除される。また島に高校が無いのは行政の仕組みのせいで、個人負担には公が関与すべきだとして、寮などでの生活費三分の二と島に帰る二〇回分の費用を国と県で負担していた。高福祉高負担とはいえ、ここまでの理念の徹底はすがすがしい。

東西緊張の解けたバルト海は平和な海となり、国境域の島は軍事緊張ゆえに保たれた良質自然環境の地として、聖域保全やエコツアー観光に抜群の地域として脚光が集まり出している。ライトハウス協会は無人島を含むトランス国境ツアーやコラボレーション企画を積極展開している。また国境の大きな島連合が、大学・観光・経済・環境に関して協働する、新しい地域連帯を生み出している。

マレー半島先端部――インドネシア・マレーシア・シンガポール

島嶼国シンガポールとインドネシアのバタム島・ビンタン島(両島ともシンガポール並みの面積をもつ)、そして橋で繋がったマレーシアとの「国境の三角地帯」は、国境線通過制約を緩くすることで経済発展を実現した有名な事例である。労働力・物流・マーケティング・資本・技術・土地および水などの利用という生産資源要素の組み合わせを一気に改善して、新しい生産・流通拠点を作り出した事例である。

しかしここに国境問題がないわけではない。有志が航海安全目的で建てた灯台が長期にわたり保持され続けてきたことで、国際裁判所で境界起点として認証され、シンガポール側の領海・排他的経済水域の確保が有利に働くこととなった。

インドネシア・マレーシア・フィリピン島嶼部では、伝統的に「海は陸の延長」という意識が強い。また群島領海論を主張する割には、島統計や島施策が乏しい。特に目立つのが名前のない島の数の多さである。水上住居など浅瀬に連続する島嶼群は別として、近年ようやく権利意識的に「遠隔離島」国策が、周辺国への対抗として打ち出され始めている。かってはつなぎの海で人とモノと情報・文化が行き来した賑やかな境が、軍事的・政治的境界として、新たなそして別次元の緊張を生み出してもいる。

エーゲ海――トルコ・ギリシャ

EU統合を巡ってトルコは多様な妥協と変貌を試み始めている。ギリシャとの国境対応は国是といっていいほどに、国内統合の核をなしていた。ギリシャ文明は、実はトルコ側沿岸域に多分野の偉人・遺跡を残す一帯域の上に展開されていた。ところが三〇年前尋ねたころは、ギリシャ・レスボス島では軍事訓練が続いており、海岸の母子像は、戦争で対岸に去ったトルコ人父を、海峡の向こうに見据えていた。

しかし国境間移動はいまや双方から自在となった。ロードス・コス・サモス・ヒオス・レスボス島をトルコ側に宿をとったまま自在に行き来できた。ヘレニズム文明の地の互いの文化的・史跡的な一帯性・つながりを確認できる新しい観光ルートの登場である。

今一つの両国緊張域がキプロス島にあった。南北に国家が分かれ、国連平和維持軍が駐留し、南には英国軍基地もあり、島は四域（および一飛び地）に分かれている。南北境越境で悲劇があったり、混住地での良好な平和友好市民関係があったりしていたが、ここにも新展開が生まれている。観光の自由往来が本格的に可能となった。まだ北側警備兵が随所で緊張の目を光らせていたが、キリスト教系の文化遺産は想像以上に良好に保持・保存され、公開が積極的になされていた。まさに国境域が「質的な変化」を遂げつつある。

カリブ海——ハイチ・ドミニカ・欧米の占領地

カリブ海の島嶼域は、列島的連続性の中に宗主国関係・独立未独立・東西緊張などの残滓により複雑化した多様国境群域である。特に東カリブは複雑である。島の中に陸の国境を持つ地域が三つある。

観光地として有名な東カリブのセントマーチン島。北側がフランス領・南側がオランダ領であり、英語が共通語である。車で廻るとあっけない国境で、注意深く道路わきを見ていないと気付かないところさえある。

キューバ島には米軍グアンタナモ基地がある。ここは一一六平方キロメートルもある。米国同時多発テロのアルカイダ系被疑者の差別的投獄地としても有名になったが、隔絶の地での人権問題にも発展した。

西カリブ・イスパニオーラ島も大きな島で、ここには国が二つある。上空から見ると緑豊かなドミニカ共和国側と林層の薄く土壌崩壊すら進んでいるハイチ共和国側とは、線を引いたかのごとく境界が明瞭である。この海側の国境域こそ日本人移民が送られ、悲劇的な開墾努力を強いられたところである。

島嶼と境界
【小笠原諸島から考える】

佐藤由紀

●さとう・ゆき　一九七二年生。日本島嶼学会理事。専門、地政社会学。著書に『日本の国境・いかにこの「呪縛」を解くのか』（共著、北海道大学出版会）。

島嶼と国境

島嶼は他者の領域と自己の領域との間にある境界に対する意識が本質的に強いと考えられる傾向にあるが、そうではない。島嶼の境界意識は元来、曖昧なものであった。島嶼に、国家という単位に基づく境界意識、国境の概念を持ち込んだのは、当時の覇権国家、カリブ海や太平洋の島々の宗主国となった、西洋列強である。海が自己の領域と他者の領域をつなぐものとして解釈されていた時代、すなわち、西洋列強による植民地化以前、島嶼の境界意識は曖昧なものであり、国境などという概念は存在していなかった。〈帝国〉が植民地に国民国家の概念を持ち込み、首都から隔たっている島嶼植民地を周縁化しつつ〈帝国〉の一部として取り込んでいったことが、島嶼に「周縁性」を発生させる原因となったことは、両島嶼地域の歴史に明らかである。

太平洋島嶼地域は、広い海域に散在する小さな島々が海によってネットワーク的な共同意識を持つ空間であったのが、小さな島々が異なる言語・文化を持つ宗主国によって植民地化され、「宗主国化」が図られた結果、元来、存在していた共同意識の保持が困難となり、域内空間の断片化が生じることとなった。〈帝国〉

の中心を核として同心円状に広がる帝国圏の空間の中で周縁部に組み込まれたことにより、アクターとしての自己をアイデンティファイする際の基準が宗主国、すなわち国家となったことが、この多島海に国境／境界意識が出現した根本的原因である。

島嶼地域における境界意識の多層性と多様性

奄美から八重山諸島にわたる琉球弧は、「内なる境界」を抱える地域である。この地域は先に述べたカリブ海や太平洋地域のようなかたちでの「植民地」となった経験はないものの、他者による被支配と統治経験、それに伴う国境／境界線の出現と消失の経験を持つ地域である。〈復帰〉に関して言えば、奄美と沖縄の間に境界線が引かれ、琉球王朝時代に遡れば、王府のある沖縄本島と周辺離島、また、宮古・八重山との間には、明らかに「境界」があった。境界意識が未だもって存在していることは、現在においても石垣島の人々が沖縄本島へ行くことを「沖縄へ行く」と表現することに表れている。沖縄や小笠原において、北海道・本州・四国・九州を総体的にとらえる際、「内地」と呼称することも、それらの間に境界（意識）が存在することを意味する。

琉球弧の島々は〈他者〉が入り込んだことによって、より一層、相互の差異を強く認識するようになったのであるが、また一方では、相互間に境界線——言語的、文化的、民俗的、あるいは経済格差による——が存在することを理解しつつも、覇権的かつ脅威的〈他者〉に対するカウンター・アクトとして、思想的レヴェルにおける連帯を呼びかける動向も、断続的に発生してきた。相互間の差異による境界を明確に意識しつつも、基層文化と歴史経験の共有性を軸に共同体意識を持とうとする動向は、植民地化、あるいはそれに准ずる歴史経験を持つ島嶼地域に見られる、境界意識の多重性、境界意識の明瞭性と不明瞭性の併存という状況を象徴するものである。

このような、島嶼の境界意識をめぐる根本的なありかたをふまえつつ国境離島に目を向けると、多様な国境意識、様々な境界意識のありようが浮かび上がってくる。国境離島といっても、当事者自治体や住民の意識は様々である[1]。

いくつかある国境離島の国境観と国境意識が地域事情によって様相が大きく異なるのは、国境観と国境意識は①国家レヴェルでのものと、②国境地域レヴェルでのものとがあるためであり、国境地域に住まう当事者の国境観と国境意識のありようは、生活空間である国境地域に対する実感覚と、政策や法制度に反映されている国家の国境観の双方から影響を受けているといえる。

境界を小笠原から考える

国境離島の中で、その国境意識の希薄さにおいて異彩を放っているのが小笠原である。小笠原村はひとつの自治体でわが国の排他的経済水域ＥＥＺの三分の一を管轄する重要な国境隣接自治体であるが、その国境意識は他の国境離島と比べ、極めて希薄である。

　実は、このような小笠原の事例について境界研究からアプローチすることは、決して小さくはない意義を持つ。国境離島であるということに対する当事者意識を希薄化させているものは何であるのか——この点について、小笠原という事例をもってアクセスすることは、与那国や対馬といった他の国境離島の意識のありようといかに異なるか、その原因はどこにあるのかを明らかにし、かつまた、従来の「島嶼は環海性（周囲を海に囲まれている地理条件にあること）ゆえに、境界／国境意識が曖昧である」とする説に異を唱え、位置どりPositionality(2)と場所性Locality(3)の及ぼしている影響と、島嶼の境界意識の実体と実態を明らかにすることを可能にする。

　現在の小笠原は日本の国境という位置どりPositionalityにあるが、ミクロネシア、マリアナ諸島、南洋群島と歴史空間的に重なる部分があり、それらの地域の影響を受けた場所性Localityを形成している。しかし、「ミクロネシアと似て非なる」(4)という表現が象徴しているように、住民は周辺地域と「内地」との境界という認識のもとに、小笠原という場所にまなざしを差し向けており、国境離島としての当事者意識はいまだ希薄である。

　島嶼地域の国境／境界意識について考える際に重要であるのは、①「島嶼性(5)」に対する当事者意識を住民がどの程度持っているか、②「海」という要素をどのように意識し、環海性という地理条件はどのような影響を与えているか、③「圏(6)」の中でどのようなポジションにあると考えているか、④国家圏と地域圏のいずれをベースとして自己圏の領域を認識しているか、という四点である。以下、これらの点について考察を試みることとする。

小笠原の「島嶼意識(7)」

　小笠原の隔絶意識と周縁・辺境意識のありようは、実際の地理条件による影響以上に、位置どりPositionalityと場所性Localityからの影響が大きい。隔絶意識と周縁・辺境意識の関係について見ると、単純な比例の傾向にあり、一見すると地理条件による影響が絶対的であるように見受けられるが、地域的位置づけとの関係においてみると、位置どりPositionalityと場所性Localityの影響によって、いくつものパターン、認識のグラデーションが存在している状況が浮かび上がってくる。

　例えば、小笠原の周縁・辺境意識と地域圏の関係にはいくつかのパターンがあるが、それらは以下の四つに分類される（カッコ内は位置どりPositionalityと場所性Localityの時間軸の組み合わせ）。

一、周縁・辺境イメージは現在の位置どりPositionalityに、地域的位置づけも現在の場所性Localityに基づいて判断されており、現実の地域圏の中での周縁・辺境性の高さが反映されているケース（現在＋現在）

二、周縁・辺境イメージは歴史的位置どりPositionalityに、地域的位置づけは現在の場所性Localityに基づいて判断されているために、周縁・辺境意識と地域圏意識が一致しないケース（過去＋現在）

三、周縁・辺境イメージは現在の位置どりPositionalityに、地域的位置づけは歴史的場所性Localityに則って判断されているために、周縁・辺境意識と地域圏意識が一致しないケース（現在＋過去）

四、周縁・辺境イメージは歴史的位置どりPositionalityに、地域的位置づけも歴史的場所性Localityに則って判断されており、小笠原を中心に同心円状に拡がる歴史的空間を現在の地域圏として認識しているがゆえに、地域圏における周縁・辺境意識が低いケース（過去＋過去）

ここに明らかであるのは、周縁・辺境意識と地域圏の関係は、位置どりPositionalityと場所性Localityの時間軸が現在であるのか過去であるのかということが決定要因となっているということである。周縁・辺境イメージも地域圏も現在の時間軸で判断している場合、周縁・辺境意識の強度が高くなり、それらを歴史的時間軸で判断している場合は、周縁・辺境意識が低くなるという傾向がある。これらの点に鑑みれば、小笠原の周縁・辺境意識と地域圏の関係は、位置どりPositionalityと場所性Localityによってその関係のありかたが左右されているということが明らかである。

また、地域圏の範囲が狭⇓広になるに従い隔絶意識の強度が下がるという傾向、地域圏の範囲が広くなるほど、周辺地域との関係に対する意識が希薄化するという傾向は、隔絶意識と地域的位置づけの関係に、地域圏内における周辺地域との関係のありかたが影響していることを示唆している。そして、いずれの地域的位置づけであっても、小笠原を地域圏の中心として考えている場合、周縁・辺境意識は低くなるという事実は、周縁意識が地域圏の中での位置どりPositionalityに影響を受けているという事実を証明している。

すなわち、島嶼意識と地域圏の関係を決定しているのは、位置どりPositionalityと場所性Localityであり、関係のありように多様性をもたらしているのは、空間の性質に対する認識のグラデーションと時間軸のスライドであるということがいえ、地域的位置づけに見受けられる複数の地域圏の部分的重複は、小笠原の場所性Localityが複数性を含んでいるという事実、時代ごとの位置どりPositionalityが重層的に反映されている事実を示唆している。

小笠原における周縁・辺境意識と国境イメージの関係は、自己圏と国境という空間の関係性に対する認識のありかたに決定づけられているということが明らかとなった。実際の住民意識調査の結果では、父島と母島で異なる部分があったのであるが、これは小笠原を総体的に捉えた場合の、自己圏と国境という空間の関係のありかたに対する認識の違いによるものであって、自己圏の領域を認識する際に、「内地」を領域の中心的対立軸として想定しているか否かということが影響を与えていることを示唆していると同時に、父島と母島の場所性 Locality の微妙な違いが反映されていることを示唆する結果である。

「海の国境」をめぐる多様な認識

小笠原の国境意識の希薄化は、当事者として国境を認識する際には「領海」という単位がベースとなっている一方で、一般的な「国境」をイメージする際には「領土」という単位がベースとなっているために、一般的な「国境」に対して抱くイメージと小笠原の状況が結びつかないということが一因となっている。すなわち、小笠原では、(一)〈客体〉としての「国境」に対しては「自己領域の内側に引かれた排他的境界線」というイメージを持っているが、(二)〈主体〉として国境を意識する際は「領海」という領域の感覚が根底にあり、(三)〈客体〉の国境のイメージと当事者として国境を認識する際に根底にある領域感覚のズレが、国境意識が希薄化する一因となっているということである。

そして、国境に対して「線」のイメージを抱いている住民のケースの方が、「領域」のイメージで国境を見ているケースより、小笠原が「国境」であるということに違和感を抱く傾向が強く、国境を意識しない理由として環海性を挙げる傾向もまた、「線」で国境をイメージしている住民のほうが強い。

このような、国境を巡る住民意識の様相からは、〈客体〉の国境を「線」でイメージする一方で、当事者として国境を認識する際には「領域」の感覚がベースになっているというズレが、国境意識を希薄化させる一因となっていることが明らかである。

海によって国境であることを意識するという国境認識のありかた、海によって周辺地域との「際（きわ）」を認識するという、国境／境界を巡る認識のありかた、領域認識のありかたに鑑みれば、環海性が、「国境／境界意識を希薄化させる要素」とされるのとは対極な形で、島嶼の国境／境界意識のありように影響を与えているということは事実であり、「環海性が国境意識を希薄化させている」とする島嶼の国境意識に対する従来の説は必ずしも確かではないということを反証しているといえよう。

国境意識希薄化のもうひとつの理由——国防上のリスク

現在の小笠原の国境意識のありよう、すなわち、小笠原において国境意識が希薄であることについては、国境の向こう側の相手との距離が開いていることが原因として挙げられるが、国境意識が希薄であることとの大きな要因は、そこに安全保障上のリスクや問題が現時点において生じていないからである。逆に言えば、与那国や対馬が国境地域としての意識を明確に持っているのは、交流を図る国境の向こう側の相手が明確に定まっていることに加え、国土防衛上、重要な位置にあることを認識しているからである。

これについては、管区内である硫黄島に自衛隊基地を有する小笠原村が国防上重要な国境地域、「要塞」としての国境意識を持っていないという事実と、与那国町の自衛隊誘致の件を比較すれば明らかであろう。硫黄島は第二次大戦時に日米激戦の地となった、まさに国土防衛の現場となった歴史的経緯を持つ場所である。そして現在も、一定期間、任務遂行のために駐在する自衛隊員の「勤務島民」のみで住民人口が構成されている特殊な状況下にある場所である。[8] 小笠原管区内にあるもう一つの国境の島、南鳥島も同様の条件下にあり、小笠原は、排他的経済水域の保守という役割のみならず、国防上も重要な位置にある国境地域であることは疑いのない事実である。にもかかわらず、小笠原の住民のみならず、国民一般が小笠原に対して国境地域であるという認識を持ちえないのは、現在において国防上のリスク、安全保障上の実際的な問題が生じていないがゆえである。

これに対して与那国町は、中国海軍の調査船の活動が近海において活発化しているという近年の状況を危惧し、自衛隊誘致に向けて準備を進めており、二〇一一年九月三十日に防衛省は与那国関連予算として一五億円の概算要求を提出するなど、要塞化の動きとともに、台湾との関係における国境意識とはまた別の国境意識、中国を目の前にしての国土防衛、安全保障上の砦としての国境意識が芽生えつつある。[9]

これらの事実に鑑みれば、国境意識の強度には安全保障上の危機的状況の有無ということがひとつの影響要因としてあり、生活空間の中にそのような状況を認識することのない小笠原は国境意識が希薄であるということもまたいえるであろう。すなわち、小笠原の国境意識には生活空間における安全保障上のリスクの不在という状況が影響を与えている。

小笠原では国境という空間を、与那国や対馬といった国境地帯とは異なる、比較的自由度が高くパス・スルーが容易な空間としてイメージされているために、一般的に「国境」といった場合にイメージされるものと合致せず、当事者としての国境意識がさらに希薄化するという循環があることは明らかである。

自己圏・地域圏・国家圏の関係

小笠原においては、国境であることを意識しているケースのほうが、隔絶意識も周縁・辺境意識も強くなる傾向にある。この事実は、国境意識と島嶼意識が相互に影響を与える関係にあることを示している。このような島嶼意識と国境意識の関係に明らかであるのは、島嶼意識も国境意識も強いケースは、首都を〈中心〉として同心円状に拡がる空間を自己圏の領域とポジションを考える際のベースとしており、逆に、島嶼意識も国境意識も希薄であるケースは、小笠原を中心とする地域圏を自己圏の領域とポジションを考える際のベースとしているということである。隔絶意識と周縁・辺境意識、すなわち「島嶼性」に対する当事者意識は国境意識がある場合に強くなり、また同時に、国境を「線」でイメージする傾向も強くなるという関係にある。

小笠原の国境／境界意識と自己圏意識の関係には以下の六つのパターンがある。

国境意識があるケースでは、①国家圏＝地域圏＝自己圏、②地域圏／国家圏＝自己圏、③｛（国家圏）＋（地域圏）｝＝自己圏、の三つのパターンがあり、国境意識がないケースでは、①国家圏≠自己圏、地域圏≒自己圏、②地域圏／（国家圏）＝自己圏（国家圏意識が潜在化）、③自己圏≠地域圏≠国家圏の三つのパターンがある。国境意識があるケースの自己圏の認識のありかたは、①は、国家圏と地域圏として認識される領域、自己圏がすべてイコールで認識されている状態、②は地域圏が国家圏の中に含まれるかたちで自己圏が認識されている状態、③は国家圏と地域圏は独立しており、それが接合したかたちで自己圏が認識されている状態である。一方、国境意識がないケースの自己圏の認識のありかたは、①は地域圏と自己圏はほぼ等しく、国家圏と自己圏は等しくならないかたち、②は表層的には自己圏が地域圏のみで認識されているように見えるものの、国家圏意識が潜在している状態、③は自己圏が地域圏とも国家圏とも重ならない自立的空間として成立しているという認識にある状態である。

国境意識がある場合と無い場合の、このような認識の違いは、国家圏と地域圏が接するかたちで自己圏が形成されているという認識にあるか否かという点にある。すなわち、国境意識と自己圏意識は、自己圏の領域を認識する際に、国家圏と地域圏のいずれをベースにするかということによって、国境意識の強度が左右されるという関係にある。国境意識と自己圏意識は、自己圏の領域を認識する際に国家圏を基軸とする場合には国境意識が強くなり、地域圏を基軸とする場合には国境意識が希薄化するという関係にある。

島嶼・境界意識における小笠原性

島嶼意識と国境イメージの関係には一定の法則性があり、隔絶意識や周縁・辺境意識の強度と国境に対する閉鎖的イメージの強度は緩やかな比例関係にあるものの、等位関係になるものではない。国境離島であることに対する当事者意識を持っているケースのほうが、当事者意識が希薄であるケースより、隔絶意識も周縁・辺境意識も強くなるという傾向は、国境意識と島嶼意識が相互影響を与える関係にあることを示している。

　これらのことに明らかであるのは、島嶼意識・国境／境界意識・自己圏意識の関係のありようを決定づけているのは、「内地」を中心的対立軸として自己圏という空間の領域認識をしているか否か、ということである。これは、対馬や与那国といった他の国境離島には見られない領域認識のあり方であり、このような認識のありかたこそが、小笠原ゆえの特徴、小笠原性であるといえるであろう。

注

（1）例えば、小笠原村は我が国の排他的経済水域ＥＥＺの三分の一を管轄する重要な国境離島の自治体であるが、国境意識は希薄である。南大東村も同様であり、国境離島ではあるものの、国境意識は極めて希薄である。一方、台湾との国境に位置する与那国町は、台湾との直接的な国境交流を希望し、二〇〇六年に国境交流特区の申請を試みている。また、対馬市も「国境の島」であることを全面的に打ち出しており、国境の島であるがゆえに必要とされる法的措置を求め、国境対馬特別振興法（法案）を提出している。与那国町と対馬市は国境離島であるということを強く意識している一方で、小笠原と南大東は国境離島であることを意識していないという事実、国境であることを巡る意識の違いは、位置どりPositionalityと場所性Localityが影響を与えているものと考えられる。

（2）位置取りPositionalityとは、世界システム、地域や国家などの中心・半周縁・周縁によって構成される同心円状の「圏」の中でのポジションによって決定づけられる、場所や空間の地政学的ポジションを意味する通時的概念を表す。

（3）場所性Localityとは、周辺地域との関係性および歴史経験が土着化することにより発生する、場所や空間の特性を意味する共時的概念を表す。

（4）この表現は小笠原の場所性Localityを非常によく言い得ており、小笠原の土着的固有性Vernacularityを象徴する「どこでもなさNowhereness」にもつながるものである。

（5）「島嶼性」は、①「周縁性〈中心〉からの政治・経済・社会・文化的遠隔性）」、②「辺境性（アクセシビリティの不利性）」、③「従属性（経済的対外依存度の高さ、政治面におけるイニシアティヴの低さ）」、④「非実体性（政治・経済的基盤の脆弱性）」という島嶼の地政学的特性の総体を指す。

（6）世界システム、地域、国家などの中心・半周縁・周縁によって構成される同心円状の地政学的空間。

（7）「島嶼意識」は、「島嶼性」に対する当事者意識のことである。

（8）硫黄島および南鳥島については「勤務島民」のみが居住を許されており、民間人の上陸については旧硫黄島島民の墓参団が許可されているのみである。硫黄島および南鳥島の国境最前線にいる「勤務島民」がどのような国境意識を持っているのかについて調査を行うことによって、小笠原村全体でも国境意識の強度にはグラデーションが存在することを証明しうる可能性はあるが、調査許可の下りない現段階においては、民間人が自由意志で居住を許されている父島・母島に制限されざるを得ないのが現状である。

（9）空の境界については、アメリカ施政権下において東経一二三度に日本の防空識別圏の境界が設定されたことにより、与那国島の上空に日本と台湾の防空識別圏の境界が通り、島の上空西側三分の二が台湾の防空識別圏となっていた。しかし、二〇一〇年六月に防衛省が与那国上空の防空識別圏の境界線を領空二海里西側へ半円形に拡大することを発表、訓令の見直しを施行し、この問題については、現在は解決している。

日本島嶼学会の歩みと国境離島への考え方

鈴木勇次

●すずき・ゆうじ　一九四三年生。日本島嶼学会会長。

学会設立までの前史

離島に関心を持つ研究者、郷土史家、行政関係者、執筆家等が一堂に会し、日本島嶼（とうしょ）学会を立ち上げたのは一九九八年のことであった。

いわゆる島嶼国である我が国において、研究分野の垣根を越えて一丸となって島嶼を研究しようとした動きは、以前からあったようである。その代表例として、昭和二十五、六年に長崎県対馬を対象に実施された九学会連合による調査活動があげられる。

その後、研究者グループや行政関係者による特定の島嶼に関する総合調査は見られたが、島嶼そのものを総合的に研究しようとする大きなうねりが萌芽し始めたのは、一九九四年六月沖縄で開催された第一回国際島嶼学会からであろう。同大会参加者の有志は、即日本島嶼学会設立のための準備に取りかかった。しかしそれは沖縄を拠点とした動きであった。その後、一九九七年、沖縄復帰二五周年記念シンポジウムが那覇で開催されたのを機に、島嶼学会設立準備委員会は幹事役が中心となって具体的設立計画を検討された。

そして一九九七年十二月の香川県豊島（てしま）（産廃問題で大きな環境問

題を提起）で開催された「豊島の未来を考えるシンポジウム」の席上、長嶋俊介氏の発案により日本島嶼学会の設立が議論された。それから半年後、長崎において日本島嶼学会設立総会が開催され、あらゆる垣根を取り払い、研究者も「島にあって島を学ぶ」姿勢でスタートしたのであった。

島の住人が主人公の学会

一九九八年七月十九日、長崎県諫早市「長崎ウエスレヤン短期大学」（現・長崎ウエスレヤン大学）で開催の設立総会には、約八〇名の研究者・自治体関係者が参集し、「島の住人が主人公の学会になる」ことを強く意識して第一歩を踏み出した。

以降、可能な限り研究大会は島で開催することを心がけて開催されている。実際には、設立総会後の大会は、兵庫県家島、奄美大島、東京都八丈島、沖縄県南北大東島、長崎県対馬島、沖縄県伊平屋島・伊是名島、新潟県佐渡島、三重県鳥羽市菅島、沖縄県与那国島、鹿児島県徳之島で開催され、東京・明治大学での大会ではエクスカーションとして新島、駒澤大学での大会では三宅島、香川大学での大会では豊島・直島を訪ね、現場の巡検だけでなくミニシンポジウムなども開催し、島民と共に島の問題を語り合い、知恵を提供してきている。

島嶼学会での研究者等の報告は、極めて多岐にわたる。例えば、地理学、地質学、社会学、経済学、文化人類学、法学、歴史学、交通学、生物学、医学・保健衛生学等々の分野であるが、国外の離島の事例紹介も少なからず報告される。内容は、独自の調査に基づく離島の特性に関する報告等、たとえば植生や病虫害の特徴、ネパール地方の道具と鹿児島の離島の生活道具の共通性の発見事例、生活困窮者の立ち直り機会を与える由利島等「更正島」の事例、離島交通の変遷紹介、旅行業者のツアー企画と離島の課題、有人島の定義に関する報告、離島に就航のデイサービス船の利活用実態調査報告、いわゆる「女護が島」の実情に関する文献分析報告、瀬戸内海という表現の変遷、島の住民の暮らしの相談事例報告、市町村合併と離島の自治機能、離島における急患搬送事例と課題等々、いずれも島嶼と人々との関係を基調とした各種実態報告は、毎年度の大会において多くの共感と関心を呼んでいる。

しかもそれら報告は、学際的研究報告ではあるものの、地元の方々も十分理解される内容・表現であるため、大会招聘を求める地域が目白押しである。さらに付言するならば、例年大会時の地元の方々との交流会は、将に自由闊達なシンポジウムとなり、幅広の意見交換を含め島嶼研究の実情が島民にも深く浸透してゆくことを実感するものである。

離島振興のあり方――国境保全と島の自立的発展

さて、こうした日本島嶼学会の研究活動は、一方で新たな研究テーマというか視点が認識されはじめている。言うなれば離島の役割に関する関心事である。平成十四年改正の離島振興法は、その目的表現が大きく改正され「我が国の領域、排他的経済水域等の保全、海洋資源の利用（中略）に重要な役割を担っている離島について、云々」と、離島が我が国の外縁に位置することにより、領域が広く確保できているとの認識を明示した。換言すれば、外海に位置する離島（島嶼）は有人離島、無人離島にかかわらず、国外との境界に接していることを意識させたといえる。境界、いや国境離島という意味合いが事実上一般化し始めたのである。

具体例を示すことには些か躊躇するものの、我が国の領土問題はすべて離島地域がその根幹に据えられていることは言うまでもない。例えば、北海道北方領土、礼文島・利尻島、東京都小笠原・沖ノ鳥島、島根県竹島、長崎県男女群島、沖縄県尖閣諸島は言うに及ばず、有人離島である山形県飛島、新潟県粟島・佐渡島、石川県舳倉島、福岡県小呂島・沖の島（神官在島）、長崎県対馬島、沖縄県与那国島等々は、国境に直接対峙する離島であり、それなりの役割が存することが想定される。

我々日本島嶼学会は、直接的に行政に与する立場は有さないものの、少なくとも本土から遠隔の離島に居住する島民が生活・生産活動を、さらには広く国民が漁業等海洋利用に関する活動を安全・円滑に進められるためには、離島振興が、どのような理念を保持すべきか検討・提案する必要はある。すでに、例えば長崎県対馬市、沖縄県与那国町などでは「国境離島」のあるべき姿として特区の申請など施政方針を打ち出している。

ただ、問題としなければならないことは、大局的には本土に対する離島の位置づけであり、一方では離島相互間の問題、具体的には外海離島と内海離島の差異をどう考えるか、外海離島の中でも本土近接の離島と遠隔の離島の差異などをどう考えるかである。

離島の特性を表現する言葉として、環海性、隔絶性、狭小性が用いられて久しいが、離島の役割が強調されると、もはや一部の離島においては単なる自立というより管理離島が求められる状況となる恐れがある。現行離島振興法は「離島の自立的発展」を島側に求め始めているものの、こうした潮流を踏まえたとき、これからの離島振興の方向、そして離島が有する独特の自然的・社会的特性の評価等が、離島存立と国の領域保全との関係においてさらなる研究対象になるであろう。

国境フォーラム
【「境界自治体」同士の交流】

田村慶子

たむら・けいこ　北九州市立大学大学院教授。専門・関心領域、国際関係論、東南アジア地域研究。著書に『シンガポールの国家建設』（明石書店）など。

日本、特に本土に住む多くの人は、普段は国境を意識することなく生活している。だが、常に国境や隣国を意識せざるを得ない、もしくは境界に位置することを発展の手がかりにしたいと考えている自治体がある。「境界自治体」と呼ばれる与那国町、小笠原諸島、根室市、対馬市である。この四つの自治体で開催された国境フォーラムの目的は、まず、「境界自治体」それぞれが抱えている問題や課題を知ること、さらに、抱える問題は異なっていても、相互のネットワークを構築することで知恵を出し合って問題解決のヒントを探ること、であった。

フォーラムは、第一回（二〇〇七年）が沖縄・与那国島で、第二回（二〇〇八年）が小笠原諸島、第三回（二〇〇九年）が根室市、第四回（二〇一〇年）が対馬市で開催された。与那国フォーラムには、台風が到来したために対馬市が参加できなかったが、その他の三回のフォーラムすべてに四つの自治体関係者や研究者が「遠路はるばると」参集した。それぞれの自治体の現状と課題は各論の論説に詳述されているので、このコラムでは四回のフォーラムで印象に残ったことを紹介したい。

第一は、「境界自治体」が中央依存から脱却しつつあること。「境界自治体」に生きる人々が安心して暮らせて初めて国家の安定もあるはずなのに、日本の国境政策はこれまであまりに貧困であったために、自治体の方が何とか自分たちで活路を見出そうと積極的に動き出しているのである。与那国と根室の動きを見てみよう。

台湾のテレビを視聴でき、台湾の国内電話で通話も可能なほど台湾と近い与那国島は、石垣島や竹富島との「平成の大合併」を拒否して、台湾との経済的交流に活路を見出すという「自立ビジョン」を打ち出し、台湾との自由往来を目的とした「与那国国境交流特区構想」などを国に求めてきたが、国の対応は冷たいものであった。与那国は国の対応に限界を感じ、「与那国在花蓮市連絡事務所」を開設して、広報・PR、観光誘致、町産品の輸出促進などの実績作りを重視する戦略に切り替えた。

根室市は、北方領土を失ったために漁業基地としての繁栄も失い、相次ぐ拿捕事件のために人命まで失っている。近年は漁船が風に流されるなどしてロシアとの「中間線」（実質的な日ロの国境線）をほんの少しでも越えると、ロシアの戦闘ヘリが容赦なく銃撃してくるという。戦前北方領土に居住していた元島民の財産権の問題も深刻である。国の特別措置法が機能せず、北方領土返還の世論も盛り上がらないなか、根室市は何とかしたいという切実な思いで、再構築提言書（領土返還の戦略的な環境作りなど）を近隣市町村とともに独自にまとめて、解決を模索している。

第二は、「境界自治体」の交通アクセスの悪さである。

フォーラムに「遠路はるばると」関係者が参集したと書いたが、まさにその言葉どおりで、小笠原諸島までは竹芝ふ頭から週一便の船しか交通手段がなく、その船も父島まで二五時間もかかる。このアクセスの悪さによって、失わなくてもいい命が失われたこともあったかもしれない。船代には島民割引があるが、決して安いとは言えない。何とか船便の数を増やすことと、航空便の就航は島民にとって切実な問題である。一方、与那国からは那覇まで飛行機（直行もしくは石垣経由）があるものの、島民にとって飛行機代の負担はかなり重い。日本の交通網は東京中心で、離島に生きる人々に重い経済的負担を強いている。この負担は「境界自治体」の繁栄を拒むもう一つの要素であろう。

「境界自治体」の将来はどうなるのであろうか。

国境問題の専門家である山田吉彦氏（東海大学）によれば、昨今、日本人の国境意識が変わり始めていて、政策にもこの変化が反映され始めているという。つまり、これまで国境といえば、冷戦時代さながらに人と交通を遮断して自分たちの権利を主張することばかり政府は考えていたが、国境とは国民の国益を確保するためのもので、そうであるなら隣国との関係において、最もメリットのある政策を選択すべきではないかという考え方に変わりつつあるという。確かに民主党政権も国境離島や「境界自治体」を重視する政策を打ち出しているものの、現実には残念ながらその変化はなかなか見えてこない。

もっとも、政府の政策の変化を待っていても問題は解決しないことは、これまでの経験が教えてくれる。隣国との国際交流や観光、資源の共同開発などの「境界自治体」の独自の人的交流や経済交流の取り組みを支援するために、境界研究や島嶼研究のより一層の充実と、境界研究ネットワークの構築と発展が私たちに求められているのであろう。

日本の国境政策はこれまであまりに貧困であったために、自治体の方が何とか自分たちで活路を見出そうと積極的に動き出している。

「知られざる国境ＤＶＤ」シリーズ

【ボーダーに生きる人々の日常】

竹内陽一

たけうち・よういち　一九四八年東京都生。地方紙記者・ＴＶ局記者・ディレクターを経て、現在、ＨＢＣフレックス・プロデューサー。

普段、私たちは国境について尖閣や竹島、メドヴェージェフの北方領土訪問といった「突出」した事象でしか、それもニュース映像でしか国境の現実を目にすることがない。それらは双方国家のナショナリズムが鼓舞され、ボーダーに暮らす人々の本当の生活、思い、願いは伝わってこない。「事象下の国境」「平時の国境」は中々語られない。

　映像制作にかかわる者としてはじめて国境の現実を目の当たりにしたのは一九七五年、旧社会党北海道本部の樺太墓参団に同行取材したときである。

　当時、ユジノサハリンスクには四五〇人あまりの在留邦人がおり、さらに日本領時代に半ば強制的に樺太に送り込まれた朝鮮の人々、数万人が祖国に帰れぬまま在留するという事実を知ってまだ駆け出しの私は唖然とした。

　鉄のカーテンの時代、サハリンもとの樺太の素顔――帰国後、取材した映像はＴＶニュースとして流され、視聴者が放送されなかったフィルムの片隅に離ればなれになった肉親が映っていなかったかと局を訪ねてくる事態となった。こうした戦争・国境によって引き裂かれた人々も事後取材し、ドキュメンタリー「遙かなるサハリン」として全国に放送された。

　しかしそれから三五年あまり、北の国境といえば政府の視線は北方四島から一歩も動かず、水面下での対ロ外交も膠着したままだ。しかも現実的には国境の街でありながら国境という二文字を封印されている根室は経済交流も出来ず疲弊しきっていく……。

　そんな中、北海道大学ＧＣＯＥプログラム「境界研究の拠点形成」とＨＢＣフレックスが連携して二〇一〇年四月から始まった知られざる国境の映像化・ＤＶＤ制作……シリーズ第一弾の「北の国境　樺太・千島」は、「後ろ髪が引かれる長年の思い」の巡り合わせか、奇しくも私が担当することになった。

　樺太連盟の工藤信彦さんや『北海道新聞』の相原秀起さん、根室回線の掘り起こしに取り組んできた久保さん一家との出会い、そして研究者ではないにもかかわらず手弁当で「知られざる北の国境・岩見沢セミナー」を開催し、北大セミナーよりも多くの人々を動員した一主婦の菅原美栄子さん、多くの人の想いが凝縮されて「北の国境ＤＶＤ」は制作された。

今まで日の目を見ることのなかった弊社が所有するライブラリーを織り込み、北方領土の背景にある、もう一つの忘れられた国境を映像で問う「レンズの記憶」。

先ほどシリーズ第一弾、と記したが「国境ＤＶＤ」はもともとはシリーズとして企画されたものではなかった。「北」が制作されたあと西の「対馬と朝鮮半島」、南の「八重山と台湾」は触れなくて良いのか、という企画者と制作者の思いが募り、国境フォーラム開催やチャーター便就航などの節目に併せて取材を続け、発展的にシリーズ化されたのがその経緯だ。

対馬では、国境フォーラムの開催日初日に、元寇に由来する小茂田浜神社祭が開かれる「幸運」に恵まれた。しかも元と戦って玉砕した宗助国の末裔に「国防と交流」について生の声が取材出来た。神話と防人の島、対馬沖海戦の島、一部メディアの「対馬は危ない、韓国に乗っ取られる」という報道は、残念ながら（笑）対馬市長の「長いつきあい、喧嘩をすることもあるけれど隣同士やっぱり仲良くせねばいかんよなー」という答えで一掃された。釜山から対馬に渡ってきて通訳の仕事に就いている若き韓国女性の「日韓の架け橋になりたい」という真摯な話に取材スタッフはホッと胸をなで下ろし、『対馬新聞』編集長の「対馬はあるんだよ、対馬をもっともっと発信しなくちゃ」との元気なメッセージに一筋のあかりを見出した。

八重山、とりわけ与那国と台湾の長く深いかかわりには「血のつながり」までをも感じさせる衝撃的な取材となった。島の人々は沖縄本島ではなく、常に台湾を身近に感じている、という池間苗さん、「台湾下がり」の戯れ歌がそれを如実に示している。

花連行きのチャーター便に乗り込む外間（ほかま）町長の表情には、その昔、与那国が独立国であった、という気概と誇りが感じられたのは私の思い過ごしだろうか。国境が引かれた事による島の疲弊、という重荷を抱えているのは事実だが……。

この二年近く取材してきた三つの国境、それぞれに事情は異なるが、さりげない日常の暮らしにこそボーダーに生きる人々の真の声が聞こえてくる。この三部作の総集編は二〇一一年一二月、ＨＢＣから報道特番「国境は涙を信じない」で放送された。

さて年明け、次の取材地は南海の孤島・小笠原へ。二五時間半の船旅の果てには……。

最後にこの紙面を借り「国境」という新しい映像ジャンルの役割を教示いただいたＧＣＯＥプログラム「境界研究の拠点形成」リーダー・岩下明裕教授と取材にご協力いただいたボーダーに暮らす皆様に改めて感謝の意を表したい。

この二年近く取材してきた三つの国境、それぞれに事情は異なるが、さりげない日常の暮らしにこそボーダーに生きる人々の真の声が聞こえてくる。

GCOE「境界研究」の博物館展示

【「境界問題」の体感の場として】

木山克彦

●きやま・かつひこ　一九七五年兵庫県生。北海道大学大学院文学研究科博士後期課程修了。北海道大学スラブ研究センター博士研究員。専門・関心領域、北東アジア考古学。著書に『北東アジアの歴史と文化』(共著、北海道大学出版会)『アイヌ史を問い直す』(共著、勉誠出版)など。

北海道大学グローバルCOEプログラム「境界研究の拠点形成――スラブ・ユーラシアと世界」では、「境界」に関する研究・教育活動を推進することに加えて、その成果を広く社会に還元することを目的としている。その手段のひとつが、北海道大学総合博物館二階に設置されたGCOE展示ブースで行う境界研究に関する企画展である。

本GCOEプログラムでは、様々な境界問題について、政治や経済、歴史といった実態面の研究と、境界が人々にどのような心理的影響を及ぼしているのかという表象面の研究の両軸から検討が進められている。対象とする地域も時代も多岐にわたるため、同プログラムは様々な領域の専門家から構成され、この多様な研究内容を伝えるため、およそ半年に一度、テーマを選定して展示を行っている。

第一期展示「ユーラシア国境の旅」展では、ヨーロッパからユーラシア全域の国境問題を取り上げ、第二期展示「知られざる北の国境――北緯50度の記憶」展では、展示開催場所である北海道にとって身近な樺太(サハリン)・千島を中心とした日本の北国境の変遷、第三期展示「海疆ユーラシア――南西日本の境界」展では、沖縄・台湾・対馬・東シナ海などを対象とした日本の南西国境の変遷を取り上げた。「日本」を形作る境界がどのように形成され、

北海道大学総合博物館二階ＧＣＯＥ展示ブース
「越境するイメージ――メディアにうつる中国」展

それが日本以外の国の「形成史」や、世界各地で起こっている国境を巡る問題と、どのような類似点や差異を有しているのかを紹介する意図からテーマを選定しており、プログラムの実態面の研究成果に関する展示となっている。

以上の展示は、国の「マジョリティ」を中心に取り上げてきた。しかし、日本には琉球やアイヌのように本州とは異なる歴史を有した地域や集団・先住民が存在しており、彼らにとっての国境や境界を巡る問題には、本州の「日本人」が抱えるものとは異なる問題も含まれる。類似の事例は、世界各地に存在する。ＧＣＯＥプログラムは、このような問題にも取り組んでおり、その研究成果の一端として、第四期展示「先住民と国境」展を開催した。北米のヤキと日本のアイヌ、二つの先住民に焦点をあてた展示である。

特にアイヌの展示では、日常と非日常の境界について取り上げた企画となった。白老町アイヌ民族博物館の協力の下、アイヌの伝統儀礼である「ペッカムイノミ（川の神への祈り）」に参加した四名の当日の様子をとらえた映像記録を展示した。そこでは四名が「日常生活」から「伝統儀礼」に参加するという、「境界」を超える様子を垣間見ることができる。心の境界を中心テーマとした展示であり、ＧＣＯＥプログラムの表象研究の成果を披露したものである。

続く第五期展示「言葉は境界を超えて――ロシア・東欧作家の

北海道大学総合博物館二階ＧＣＯＥ展示ブース
「越境するイメージ――メディアにうつる中国」展

作品と世界」展も同様に、表象面の研究成果を披露したものである。国境の変化や亡命など、社会的環境の変化の中で、使用する言葉にこだわりながら創作活動を続けた六名の作家を取り上げた。作家達のライフ・ヒストリーを紹介しながら、言葉と境界に関する問題に焦点をあてた。

現在は、数百枚のプロパガンダポスターを通じてみる中国のイメージの変遷に関する第六期展示「越境するイメージ――メディアにうつる中国」展を開催している（**写真**）。次年度は、北欧のトナカイ飼養民サーミが近代国境の確立によって強いられた生活改変と、それを克服する／しようとする実態を紹介する第七期展示「北極圏のコミュニケーション――境界を超えるサーミ」展を予定している。

展示期間中には、内容に精通した研究者や識者の方々を招いたセミナーを毎月開催し、展示への理解を深めるように努めている。短期間で替わる展示だが、いずれも映像記録化しており、展示ブースでは過去の展示を閲覧できるようにしている。また展示終了後には、北海道内をはじめ、東京、大阪、九州、沖縄で巡回展示を実施しており、より多くの人々に境界問題を知ってもらう機会を設けている。

境界に関する様々な問題は、私達の身近にある。しかし実際には、国境地域に住む人々、歴史過程で分断を余儀なくされた家族・集団、国の中での「マイノリティ」（先住民、無国籍者、在留外国人

北海道大学グローバル COE プログラム「境界研究の拠点形成」成果展示概要

処：北海道大学総合博物館 2 階 GCOE 展示ブース

展示			会期	来場者数
第 1 期	ユーラシア国境の旅		2009 年 10 月 3 日（土）～ 12 月 6 日（日）	14, 838
第 2 期	知られざる北の国境 – 北緯 50 度線の記憶		2009 年 12 月 18 日(金)～ 2010 年 5 月 9 日(日)	17, 740
第 3 期	海疆ユーラシア；南西日本の境界	①台湾・沖縄編	2010 年 5 月 14 日（金）～9 月 12 日（日）	52, 330
		②対馬･東シナ海･南シナ海編	2010 年 9 月 17 日（金）～ 11 月 14 日（日）	24, 480
第 4 期	先住民と国境	①北米先住民ヤキの世界	2010 年 11 月 19 日(金)～ 2011 年 2 月 13 日(日)	16, 389
		②アイヌと境界	2011 年 2 月 18 日（金）～5 月 8 日（日）	15, 687
第 5 期	言葉は境界を超えて – ロシア・東欧作家の作品と世界	①ロシアの作家と境界	2011 年 5 月 13 日（金）～ 8 月 20 日（日）	43, 460
		②東欧の作家と境界	2011 年 8 月 26 日（金）～ 11 月 20 日（日）	31, 156
第 6 期	越境するイメージ – メディアにうつる中国	①中華人民共和国の誕生と成長、そして世界とのかかわり	2011 年 11 月 1 日（火）～ 2012 年 2 月 5 日（日）	15, 859
		②変貌する中国の女性像	2011 年 11 月 25 日(金)～ 2012 年 5 月 13 日(日)	7, 881
来場者数合計				193, 850

＊ 2012 年 2 月 9 日現在

「越境するイメージ――メディアにうつる中国」展のポスター

……）など、政治的・経済的・心理的問題の渦中にある当事者でなければ、なかなか実感できない問題でもある。博物館展示は、本やテレビ、インターネットなどのメディアを通じて得る情報とは異なり、実際の資料を見ながら、聞く、（場合によっては）触れる、嗅ぐ、感じる、といった実感をもって対象への理解を深められる点に大きな特徴がある。境界研究の展示から、身近でありながらも遠い「境界問題」を体感する機会を持ってもらえれば幸いである。

II　千島と根室

根室市から国後島を望む

Photo by Kaoru Ito

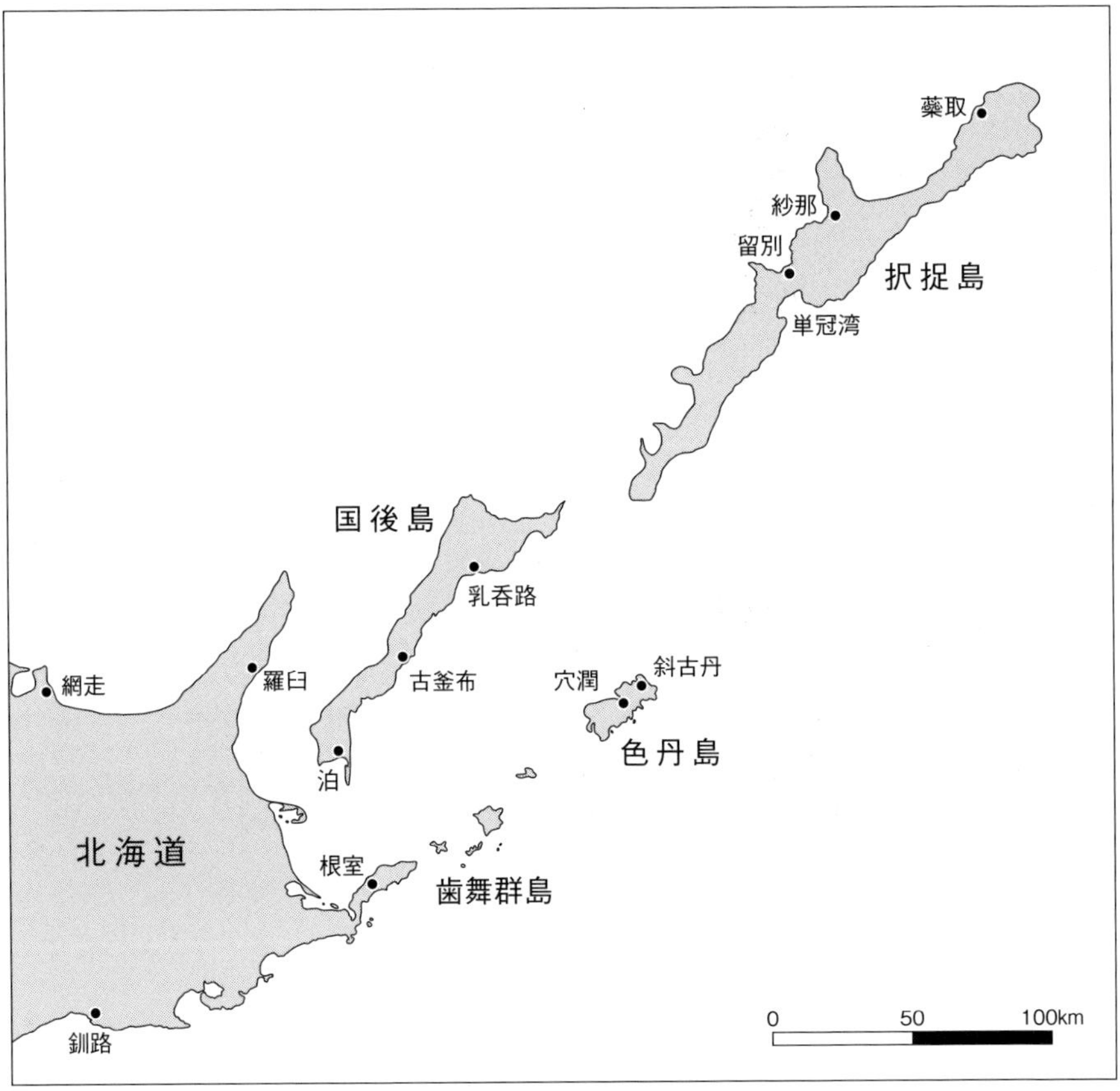
蘂取
紗那
留別
択捉島
単冠湾
国後島
乳香路
古釜布
泊
網走
羅臼
穴澗
斜古丹
色丹島
北海道
根室
歯舞群島
釧路
0
50
100km

「北方領土」とは何か

【冷戦後の失われた二〇年】

黒岩幸子

●くろいわ・ゆきこ　一九五七年佐賀県生。一九八三年、早稲田大学大学院文学研究科修士課程修了。岩手県立大学准教授。専門・関心領域、ロシア現代思想。著書に『日本の国境・いかにこの「呪縛」を解くか』（共著、北海道大学出版会）。

失われた二〇年――ロシア化する北方領土

ビザなし交流二〇年目の二〇一一年七月、国後島に上陸した日本人訪問団は、港にずらりと並んだ日本製ランドクルーザーに出迎えられた。分乗した団員が視察に向かった先々で、空港、港湾、学校、病院、教会、住宅などの整備が進んでおり、拡幅工事を終えて舗装が始まった道路は、以前の悪路とは比べものにならぬほど改良されていた。前年十一月にメドヴェージェフ大統領も訪れた屋内プールつきの新設の幼稚園では、子どもたちが大統領から贈られた大型テレビでアニメを楽しんでいた。択捉島も同様の建設ラッシュに沸いており、南クリル（北方領土）の本格的開発に向けられたロシアの国家的意志が明白に見てとれた。

ロシアが描く南クリルの未来は、二〇〇九年公刊の『クリル諸島アトラス』に詳しい[1]。ロシア科学アカデミーが中心となって編纂した同アトラスは、「クリル諸島と周辺海域の六〇年を越える学術調査の集大成」と銘打たれ、全五〇〇頁にカラーの地図と写真が満載された超豪華本だ。歴史、地質、気象、海洋、動植物などクリルの諸相が示されるアトラスの最終章は、「クリル諸島とアジア太平洋地域」に当てられている。ここでクリルは、ユーラシア大陸と太平洋の結節点に位置し、アジア太平洋の主要三国である米国、中国、日本に近接する地政学的、戦略的な最重要ゾーンとして描かれる。水産業など経済活動を高め、交通アクセスを確保し、観光開発を進めてアジア太平洋地域の仲間入りをして発展するクリル。特に国後島と色丹島に国際観光拠点としてのポテンシャルがあるという指摘で、浩瀚なアトラスは終わる。日ロ領土問題については、その存在にすら触れていない。

国後島の幼稚園でアニメを見る子どもたち

（2011年7月8日筆者撮影）

大型船が接岸できる埠頭の浚渫、大型機が発着できる新空港の建設、ホテルや温泉リゾートの開発など、南クリルの現実はアトラスの中の未来像と重なっている。ビザなし訪問団を受け入れた島の行政府の幹部は、「ロシア大統領もサハリン州知事も、南クリルに大きな関心を寄せています」と誇らしげに繰り返した。それは、「日本への島の引渡しは、もうあり得ない」の婉曲表現のように聞こえた。

ソ連邦解体直後の一九九二年にビザなし交流が始まった頃、北方領土の島々には舗装道路も信号機もなく、商店には空の棚が並び、医薬品も燃料も不足して、数カ月にわたる給与の遅配が続いていた。ロシア人島民たちは、ロシア政府の無策を嘆き、口を揃えて日本との経済協力を求めた。それから二〇年、島民は自信と満足をもって島の開発を歓迎しており、領土問題は話題にすら上らなくなった。

日ロ間最大の懸案であったはずの北方領土問題解決は、なぜこのような形で潰えたのか、日本が犯した失敗の本質はどこにあるのか。近未来の解決の可能性が失われた今、二〇年を振り返って後知恵であれ総括することは無駄ではあるまい。領土問題は厳然として残っており、再び両国間で解決が模索される日が、いつか必ず来るはずだからだ。

国後島のロシア正教会
（2011年7月8日筆者撮影）

ロシアがアジアに顔を向けるとき

日ロ間に解決のチャンスがなかったわけではない。むしろ、過去二〇年間はロシアがアジアに関心を寄せ、日本に妥協の姿勢すら見せた稀有な時代だった。

ロシア人が陸路シベリアを横断して太平洋岸に現れ、海路で地球を半周してアラスカまで到達して広大な帝国の版図を築いたのは、さほど古い話ではない。彼らがカムチャツカ半島の先端から千島列島づたいに南下するのは十八世紀初め頃で、鎖国中の日本を説き伏せて日露通好条約を締結し、ウルップ島と択捉島の間に国境線を引くのは、さらに約一五〇年後の一八五五年のことだ。

ロシア人を東に向かわせたのは、貴重で高価な毛皮だ。シベリアの森のクロテンやギンギツネ、オホーツク海のラッコやアザラシは、少数民族からヤサーク（毛皮税）として徴収されてロシアの財政を潤した。しかし、シベリアからアメリカ大陸に至るまでの人口希薄で広大な空間の領有は容易ではなかった。毛皮しかない最果ての地は、食糧や日用品をすべて首都からの供給に頼るしかなく、陸路も海路も苛酷で危険な長旅を伴った。

結局、露領アメリカの経営を諦めたロシアは、一八六七年にアラスカとアレウト列島をアメリカに売却した。さらに一八七五年には樺太千島交換条約を日本と結び、サハリンをロシア領とする代わりに、難航した交渉の末に二〇年前に手に入れた北千島をあっさりと日本に譲った。

シベリアの東に広がるサハ共和国、チュコト半島、沿海州、カムチャツカ半島、サハリン、クリル諸島などは、今もロシア国内で「ダーリニイ・ヴォストーク（極東）」と呼ばれ、「極東連邦管区」という行政区画に属している。その面積はロシア全土の三割を越えるが、人口は全体の五％にも満たず、苛酷な気候と自然環境、極端な地域格差のある生活インフラの中で、ロシアの原料供給地の役割を担い続けている。ロシア東部の内国植民地としての様相は、ソ連時代もソ連崩壊後も変わることはなかった。

このような地理的な東方とは別に、常にヨーロッパとの対比において自らのアイデンティティーを模索してきたロシアは、精神的な東方を内包している。ロシアはヨーロッパなのか、アジアなのか、ロシアの発展モデルをどこに見出すべきか。十九世紀のロシア知識人は、西欧的近代化を目指す「西欧派」とロシアの独自性に発展の可能性を見る「スラブ派」に分かれて激しい論争を展開した。ロシア革命後は若い亡命知識人の間から、スラブ派を背景とした「ユーラシア主義」という思想潮流が生まれる。ユーラシア主義者たちは共産主義を否定しながらも、革命から生まれたソビエト国家が、ヨーロッパでもアジアでもないユーラシア国家として新たなアイデンティティーを獲得することを期待した。

マルクス・レーニン主義イデオロギーを国家の基底に置くソ連では、ユーラシア主義は認められず忘却されていたが、ソ連邦崩壊後のロシアで復権した。その背景には、社会主義の放棄と市場経済への移行がもたらすはずだった民主的で豊かな生活の夢が裏切られ、民族対立や経済破綻で混乱を極めるロシア社会があった。ロシアは、革命期と同様に再び新たな国家理念を必要とし、それを過去の思想の中に探そうとしていた。ユーラシア主義の復権は同時に、ネオ・ユーラシア主義と呼ばれるロシア・ナショナリズムの潮流も産み出し、ソ連型社会主義でも欧米型民主主義でもない第三の道が提唱された。冷戦に敗れたソ連が解体し、米ソ二極構造から米国一極支配へと移行した世界で、旧ソ連諸国の中にはNATOとEU加盟を望むものも現れた。かつての大国ソ連への郷愁と欧米に受け入れられない疎外感、政治エリートの傷ついた大国意識と反米感情などが相まって、ロシアは再び「ユーラシア国家」としての顔をアジアに向けるようになる。

一九九〇年代以降のロシアは、地理的東方と精神的東方が同時に覚醒したかのように日本への関心を強めた。ロシア極東地域は、首都モスクワよりも地理的に近い日本との経済交流に期待をかけ、中央政府も日本との関係改善の鍵となる北方領土問題の解決に意欲を示した。「日ロ間に領土問題は存在しない」という冷戦期の態度を改めて、一九九一年に訪日したゴルバチョフ・ソ連大統領は、日ソ共同声明の中に北方領土の島名を明記して領土問題の存在を認めた。さらにエリツィン・ロシア大統領は、二〇〇〇年までに領土問題を解決して日ロ平和条約の締結に全力を尽くすことを橋本首相と一九九七年に合意した。二〇〇〇年までの解決は実現しなかったが、その後継のプーチン大統領は、平和条約締結後に色丹・歯舞を日本に引渡すと明記した一九五六年の日ソ共同宣言に基づいて、二島返還での決着を提案した。プーチンは大統領就任当時から、ロシアが領土の大半をアジアに有するユーラシア国家であることを強調して、ASEANなどアジア太平洋諸国との協力に熱心だった。二〇〇四年にロシアは、かつては国境地域で武力衝突まで起して激しく対立した中国と、長年にわたる交渉に決着をつけて中ロ国境を確定している。

二島での決着に日本はまったく応じる姿勢を見せなかったが、プーチン政権にとっては、かなり大きな決断を要する提案だったはずだ。甚大な損害に耐えて独ソ戦に勝利したソ連は、第二次世界大戦を「大祖国戦争」と呼んで、強く記憶にとどめている。その戦争の結果としてロシア領になったと見なされているクリルを、たとえ一部であれ戦勝国のロシアが日本に引き渡すことは、ロシア国民には納得しにくいことが予想されるからだ。それでは、ロシア人はロシアの領土と考え、日本人は日本固有の領土と考える南クリル／北方領土とは、どのような島々なのか。

ソビエト化された千島の実態

千島列島では先住民のアイヌが緩やかな共同体を維持していたが、日本とロシアが列島の南北から進入してくると、強制移住や同化によって短期間に滅んでいった。日本領時代には根室漁業圏に組み込まれた南千島に約一万七千人の日本人が定住したが、中部千島は無人島で、北洋漁業基地の北千島は、漁期に季節労働者が渡島するだけの出稼ぎ島だった。第二次世界大戦後にソ連に占領された千島は外部から遮断され、その実態がロシア側の資料やビザなし交流から垣間見えるようになったのは一九九〇年代以降のことだ。

講和条約を待たずに急ピッチで千島のソビエト化を進めたソ連は、一九四七年一月に樺太と千島を合わせてサハリン州を設置した。南クリルへは、復員兵やボルガ沿岸地域などから集められた漁業者が入植者として送り込まれる一方で、残留日本人は一九四八年までにすべて追放された。択捉島には、一九四五年八月のシュムシュ島上陸作戦で日本軍と戦った退役軍人の父とボルガ流域から水産コンビナートの女工として一九四六年に入植した母を持つ姉妹が今も住んでいる。彼女たちもすでに六十歳近く、それぞれに孫がいる。南クリルのロシア人住民の間には、すでに四代目が育っている。

ロシア極東の中でも最も辺境に位置するクリル列島にロシア人が定着したのは、ソ連政府が設定した「北方特典」によるものだ。通常の二倍の給与や年金受給年齢の引き下げ、住宅の提供や旅費支給の長期休暇など、極北地域と同レベルの優遇措置は今も労働法で保証されている。列島の人口は一九五九年に約二万二千人に達し、一九八九年のピーク時には約三万人まで増えた。その後はソ連邦崩壊後の混乱で人口の流出が続いたが、現在も全島で約二万人、色丹、国後、択捉に約一万七千人、つまり、終戦時の日本人とほぼ同数が居住している。

ロシアでは、南クリルの特質は「一過性」、「一時性」と表現される。「北方特典」に惹かれて働きに来るが、老後は故郷に帰って島で貯めたお金で優雅に暮らすという人生設計を持つ住民にとって、南クリルは長期の出稼ぎ地にすぎない。島民は「定住」しても「永住」するとは限らないうえに、駐留軍人や漁期に渡島する季節労働者も多く、長期的ビジョンで島を発展させようという意識が育ちにくい。国家もまた、日本から奪ったこの島の開発には無関心だった。軍事基地を建設して、漁業に特化させた島から水産資源を引き出すだけで、農業、建設業、製造業、サービス業などは省みず、インフラ整備もしなかった。島民の日用品から水産加工場で出荷に使う箱まで、すべて島外からの供給に頼る島には、舗装道路すらなかった。

ソ連邦崩壊とロシアの市場経済移行により、「一過性」の島々の経済は簡単に破綻した。魚が取れても輸送費の高騰で価格競争力はなく、商店の棚は空になり、給与の遅配が続いた。島の将来に見切りをつけた住民の流出が始まり、一時は南クリルの人口は約一万四千人にまで減少した。ちょうどこの頃に島を訪れるようになった日本人に対して、島民から経済交流を求める強力なラブコールが起こったのは当然だった。

一九九二年に領土問題の解決に向けた日ロ住民の相互理解の促進のために始まったビザなし交流は、初めて南クリルと日本の交流を可能にした。友好交流は順調に進み、二〇年間で日ロあわせて約一万八千人が相互に訪問した。ソ連時代は、日本の北方領土返還要求は軍国主義者の不当な要求とされ、日本が「北方領土の日」を制定した一九八一年には、南クリルに残る日本時代の建物や日本人墓地に対して「打ち壊し」のような破壊行為も起きたというが、今では、日本人を見かけると「コンニチハ」と笑顔で声をかける島民も多い。交流が始まってから何回か南クリルで実施された意識調査によると、日本への島の引渡しを条件付ながら容認する島民も少なからずいた。

日本は困窮する南クリルに対して、人道援助、医療支援、日本語研修、専門家交流など、交流の枠を広げたが、領土問題の解決が優先として、島民の経済協力の提案を受け入れることはなかった。二〇〇〇年に鈴木宗男衆議院議員のイニシアティヴで、国後島に宿泊施設やディーゼル発電所が日本の援助で建設されたが、同議員のスキャンダルと失脚で後が続かず、ビザなし交流は次第に形骸化して、住民同士の対話集会などは開かれなくなった。

体制転換による混乱が収まり、石油価格の上昇などで次第に経済を回復させたロシアは、二〇〇七年から「クリル列島社会経済発展プログラム」を本格的に推進し始めて、次々と公共事業が展開されていることは冒頭に述べたとおりだ。日本は南クリルとの経済協力を禁じているはずだが、サハリン等の仲介業者を通して、建設現場には日本製の重機や車両が多数入っている。ビザなし交流の非公式の場で、国後島の幹部は悔しそうに次のように話した。「日本はなぜ経済交流を認めないのだろう。建設機械も資材も根室から入れるほうがお互いの利益になるのに」。

四島一括返還論の由来――戦後一貫していたわけではない

ロシア政府が一定の譲歩の姿勢を見せ、南クリル住民の対日感情も良好であったにもかかわらず、日本はなぜ領土問題解決の機会を逸したのだろうか。理由は、四島一括返還論を固持する日本が妥協に応じなかったからだ。「北方領土は日本固有の領土」であり、その返還は「日本国民の悲願、総意」であるという認識が定着し、国民も政権も四島返還から逸脱できなくなってしまった。

しかし、日本は、戦後一貫して北方領土を要求してきたわけではない。戦争直後の日本政府は二島返還を目標としていたし、一九五五―一九五六年に行われた日ソ交渉でも、実現こそしなかったが二島返還での妥結に傾いたこともあった。その一方で、当時の国民の間には四島以上を要求する声もあった。一九五六年七月に総理府が実施した「日ソ交渉に関する世論調査」によると、日ソ国交回復よりも領土問題を優先させるべきという強硬派がおり、その人たちには「南千島だけでなく、北千島や樺太も頑張った方がよいと思いますか」との質問が設定されていた。そして、わずかだが「北千島・樺太も頑張れ」という回答者もいた。また、一九六七年に三木武夫外相が訪ソして、両国間に妥協的な措置が講じられるのではないかとの憶測が流れると、野党は全島返還を強調し、『朝日新聞』は「国内世論は、野党を含めて一致して南千島はおろか北千島までの返還を求めている」（一九六七年十月二十七日）と報じた。

一九六〇年代後半に根室の返還運動関係者たちが、キャラバン隊を組んで本州各地で啓発活動を始めると、「北方領土返還」の幟を見た人たちから「キタカタ領土とはどこのことか」との質問を受けたという。それほど無知だった日本人は、どのような操作によって「北方領土」が「日本固有の領土」だと確信するようになったのだろうか。

まず、一九六四年に日本政府は、「南千島」の呼称をやめて「北方領土」を使うように外務省次官通達を出す。「千島列島の放棄」を明記したサンフランシスコ平和条約との矛盾をなくすために、日本が要求する四島は、いずれも千島列島に含まれない、つまり「南千島」ではない「北方領土」にしたのである。これを境に、公文書から「南千島」の名称は消える。さらに、「北方領土」を冠する協議会や委員会が次々と設置され、一九六九年には特殊法人「北方領土問題対策協会」が設立されて官主導の返還運動を展開し、「北方領土返還運動県民会議」などが全都道府県に発足していく。四島の地図や返還のスローガンが全国に広がり、一九七〇年代に「北方領土」は広く国民に知られるようになる。一九七九年以降の総理府（二〇〇一年から内閣府）による「外交に関する世論調査」を見ると、日ソ／日ロ関係が良好でない理由のトップ

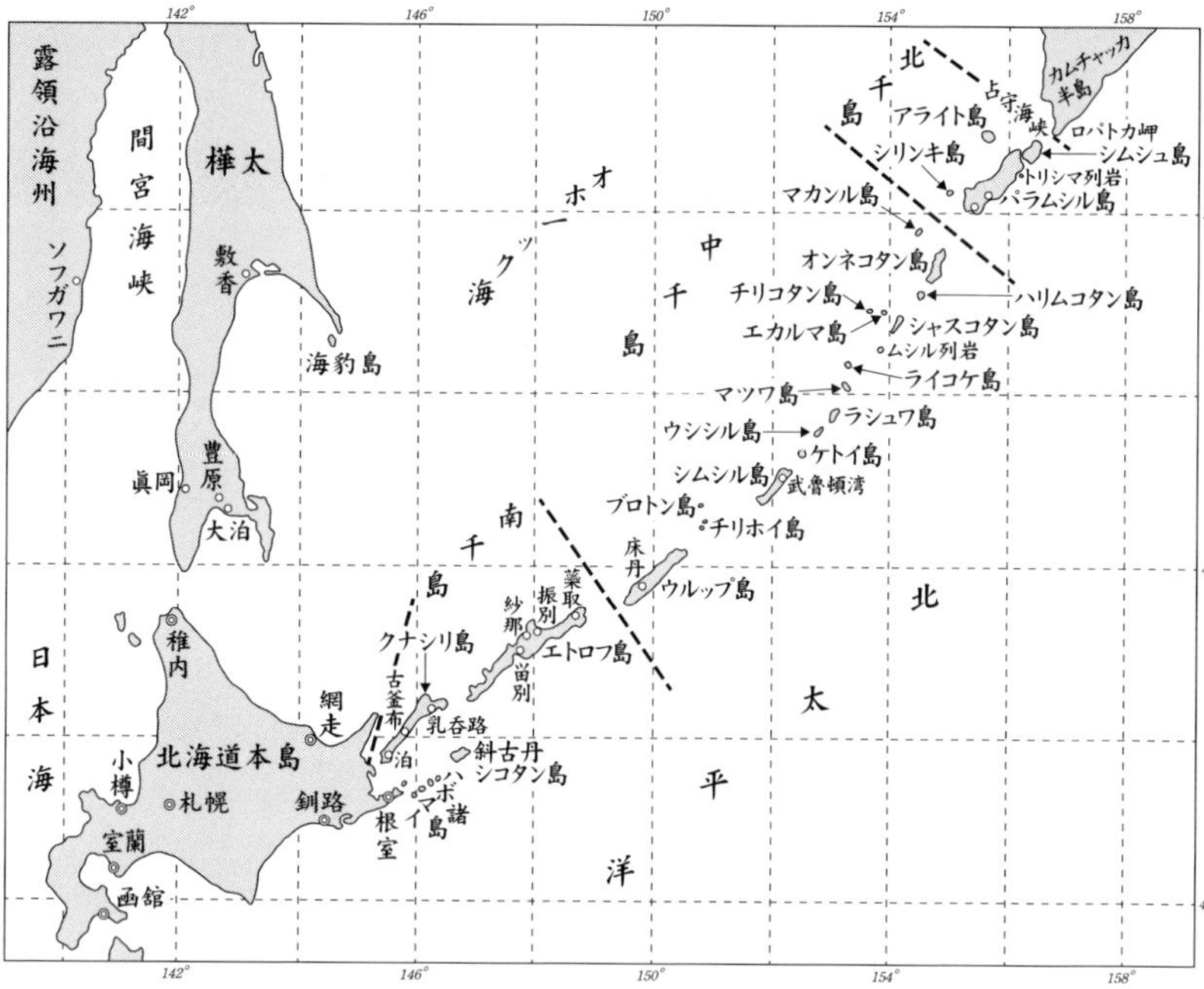

「北方領土」ではなく「南千島」が使われている地図
高倉新一郎『千島概史』南方同胞援護会、1960年より。

には、必ず領土問題が挙げられるようになる。そしてソ連／ロシアに対して「（どちらかというと）親しみを感じない」という回答は、毎年七〇―八五％という圧倒的多数を維持し続ける。

南クリル住民を怒らせた一九八一年の「北方領土の日」制定の頃には、日本人のソ連嫌いという土壌に北方領土はしっかり根付いた。海に囲まれた島国には古来変わらぬ輪郭、「固有領土」があるという国家神話の定着である。ゴルバチョフが登場してペレストロイカが始まった一九八六年、日本の論壇にはソ連の変革に呼応して日本側も譲歩し、日ソ間の領土問題を解決すべきと提言する学者が現れた[2]。彼らの二島返還、二島プラスアルファの提言は、反論というよりも罵詈や脅迫など激しい攻撃に曝された。日本で四島返還に異を唱えるには、危険を覚悟しなければならなくなっていた。その後の日本のアカデミズムは萎縮して、解決に向けた柔軟な議論は途絶えた。

日本政府もまったく譲歩しなかったわけではなく、一九九二年から「四島の日本への帰属が確認されれば、実際の返還の時期、様態及び条件については柔軟に対応する」、「北方四島に居住するロシア国民の人権、利益及び希望は返還後も十分に尊重していく」とロシア側に明示したが、四島返還の立場は変えなかった。二〇〇〇年頃からは、二島先行返還か四島一括返還かという返還方法をめぐる対立が日本外務省を中心に顕在化するが、前者を強引に進める鈴木宗男の失脚で、四島一括返還派が勝ち残った。日ソ共同宣言や四島の帰属の問題を法と正義に基づいて解決させるとした東京宣言などが再確認された二〇〇一年のイルクーツク声明以降は、領土問題に進展は見られない。

二〇〇五年に、中ロ国境画定を参考にして、日ロも双方が譲り合う未来志向の「フィフティ・フィフティ」での解決案が提唱されて話題になった。[3] この案は、島数折半や面積折半という誤解も生じさせ、色丹・歯舞の二島は北方領土の総面積の七％でしかない、面積で二分するなら国境線は択捉島に引かれて三・五島返還になるなどの数量論争に絡め取られ、過去を乗り越えて新たな日ロ関係の構築を目指すという、提案が意図していた大胆な議論には至らなかった。

国家と寄り添う根室のジレンマ

ロシアに実効支配される北方領土と海を挟んで対峙し、戦後は事実上の国境地帯になった根室は、領土問題をどのように受け止めてきたのだろうか。かつて南千島海域を含む漁業圏の拠点として栄えた根室には、島を追われた元島民の約半数が流入した。漁場を奪われたうえに貧しい島民を抱えた根室は、領土問題のせいでもっとも不利益を受けてきた地域だ。根室一帯の漁民たちは、危険を知りながらソ連／ロシアが支配する海域に出漁しては拿捕され、戦後の被拿捕者の数は九四〇〇人を超える。約一万七千人いた元島民のうち、存命者は七四一一人に減少し、平均年齢は七十七・八歳に達している（二〇一一年三月三十一日現在）。存命者の約三割に当たる二一〇九人は今も根室管内に居住し、その二世から四世である七八八五人を合わせると約一万人になる（二〇一〇年三月三十一日現在）。根室にとってこそ、領土・領海問題の解決は「悲願」であったはずだ。

根室は過去に二回、二島返還での解決の希望を表明している。一度目は一九五六年五月の「日ソ国交回復促進根室地方住民大会」で採択された宣言で、「冷厳なる国際情勢の現状を認め、歯舞・色丹諸島返還を以って日ソ交渉の成立を計り、併せてこの海峡における安全操業の確立を期する」と述べている。二度目は一九六〇年三月の「日ソ平和条約締結促進根室地方住民大会」の宣言文で、「色丹・歯舞諸島をもって平和条約を締結し、同時に南千島近海の漁業操業については接岸操業の暫定協定と北洋漁業の安全操業協定を結ぶことを要望」している。

一九五六年十月に日ソ共同宣言が調印された頃、根室では二島返還の実現に期待がもたれていた。根室の北方四島交流センター内にある北方資料館展示室には、当時の歯舞村役場前で撮られた写真が展示されている。かつて根室半島の先端部と歯舞群島は、歯舞村という一つの行政区で、役場は根室半島側にあった。ソ連に占領された村の島嶼部が近く復帰すると考えた役場職員は、「祝悲願達成」の看板とともに記念撮影している。隣には、共同宣言調印を祝う旗行列の写真もある。

二島返還も安全操業も夢に終わった後の根室は、政府方針に添った北方領土返還運動に組み込まれてゆく。一九六五年から根室市は、それまでの「南千島」の呼称をやめて「北方領土」を使うようになる。根室町長が戦後すぐに発足させた「北海道附属島嶼復帰懇請委員会」は、「北方領土復帰期成同盟」になり、根室市役所に「北方領土対策室」が設置された。根室は、「北方領土返還運動の母都市」として、常に返還運動の先頭に立った。それは、税の配分や公共事業など、様々な「見返り」を根室にもたらしたが、領土返還という国是のもとで、ソ連／ロシアと漁業で妥協することが難しくなり、密漁がはびこることにもつながった。

一九九一年春のゴルバチョフ訪日を契機に、根室の密漁船は一掃され、ロシア船の入港が解禁になり、翌年からはビザなし交流が始まった。日ロ関係が改善したことで、根室は北方領土返還要求の先端基地から一転して、領土問題解決の環境づくりのために南クリルとの交流を担うことになった。敵対から友好、断絶から交流へという根室の極端な転換は、それでも順調に進んだ。友好親善の促進を最大の目的とする交流は、ロシア人と地元住民とのトラブルが起きぬように官主導で慎重に実施され、根室にも一定の経済効果をもたらした。ロシア船による水揚げが増え、物不足の南クリルから来るロシア人たちが根室で消費し、一九九七年には限定的ながらも南クリル水域での安全操業に関する取り決めも成立したからだ。

しかし、その後は一向に進展しない領土交渉に対する不満がつのり、石垣副市長によると二〇〇五年に「根室市民の怒りが爆発」したという。日ロ通好条約締結一五〇周年であった同年に行われた小泉・プーチンの日ロ首脳会談が、何の成果もなく声明すら出さずに終わったからだ。翌年、根室は根室管内の四町とともに、「北方領土問題の解決に向けた取り組みの再構築提言書」を日本政府に提出した。外交交渉が長期化する中で、安全操業や貿易を制約されて疲弊する根室地域の実態に即して、領土問題の取り組みを再構築すべきとし、日本政府が禁じている南クリルとの経済活動を具体的な内容を含めて要望した。

二〇〇二年に始まった地方行財政改革や経済の低迷で、他の地方自治体と同じく根室の財政状況は厳しい。一九六〇年代には五万人近かった根室市の人口は、二〇一〇年に三万人を切り、二万九二八九人まで減少している（二〇一一年八月三十一日現在）。投資と建設に沸く南クリルと、二〇年を経てもビザなし交流の枠内でしか付き合えないのは、根室にとっては理不尽なことだろう。

見切りをつけたロシアと交流二〇年の蓄積

皮肉なことに、日ロ交渉の破綻は、南クリルとの交流に柔軟な意欲を見せた根室一帯を対象とする法律の改正が発端になった。

「北方領土問題等の解決の促進のための特別措置に関する法律」（北特法）は、領土問題で不利益を被っている根室地域の振興や元島民の支援を主な目的として一九八二年に制定された。日ロ関係や経済状況の変化により、内容が地域の実情と合わなくなったために二〇〇九年七月に二七年ぶりに改正され、南クリルとの「交流事業の推進」が新たに加えられたほか、根室地域の財政支援の充実などが盛り込まれた。

　しかし、改正北特法に新しく「北方領土が我が国固有の領土である」との文言が入ったことが、ロシア側の反発を招いた。日本人は、北方領土の枕詞のように使われる「固有領土」に慣れきっているが、これを法律にまで明記したことがロシア側を刺激した。ロシアは翌年、日本が降伏文書に調印した九月二日を「第二次世界大戦集結の日」に制定して、南クリル領有が戦争の結果であることを強調し、十一月には大統領が歴代首脳として初めて国後島を訪問した。

　その後の日ロ政府間の激しい非難の応酬を止めたのは、二〇一一年三月十一日の東日本大震災だ。その被害のあまりの甚大さに、ロシア国内は反日から日本同情論に一転し、気の毒な日本に北方領土を返して新しい日ロ関係を築こうという新聞記事まで現れたほどだ（『モスコフスキー・コムソモーレツ』紙、三月十八日）。実際には、日ロ領土問題解決の「機会の窓」は閉じたと見るべきだろう。震災後半年を過ぎても被害規模の全容が見えない福島原発事故、経済の悪化、毎年首相が交代するような不安定な政治のもとで、日本に領土交渉を牽引する力はない。ロシアは、とうに交渉に見切りをつけて南クリルの開発に乗り出している。

　二〇一一年七月のビザなし交流の日本代表団に対して、択捉島の代表は涙で言葉を詰まらせながら哀悼の意を表した。国後島では一九九四年の北海道東方沖地震の際の日本の人道支援に対する謝意が改めて伝えられ、日本の被災者に義捐金が送られた。海を挟んだ双方の住民の間には、二〇年の友好と信頼があり、今後はそれ以上の実質的な交流に進む意欲もある。国家間交渉は失敗に帰したが、戦後ながらく閉じていたボーダーランドの扉は、まだ狭いながらも開いている。かつて南千島／南クリルと根室は、一体化した社会経済圏を形成していた。このボーダーランドが国家間の対立の狭間で再び閉ざされることなく、その住民たちが共存共栄を目指すことは、領土交渉再開までの有効な鍵になるだろう。

注

（1）Russian Academy of Science et al., *Atlas of the Kuril Islands*, Moscow, Vladivostok, 2009.

（2）中嶋嶺雄「ゴルバチョフが投げる『対日戦略』の不気味な変化球」『現代』一九八六年十二月号。和田春樹「北方領土問題についての考察」『世界』一九八六年十二月号。

（3）岩下明裕『北方領土問題』中公新書、二〇〇五年。

「占守島の戦い」再考

【「八月一五日史観」を問い直す】

井澗 裕

●いたに・ひろし　一九七一年釧路市生。北海道大学スラブ研究センター GCOE学術研究員。著書に『サハリンのなかの日本――都市と建築』（東洋書店）。

はじめに

「博士、今回のお題は『「占守(シュムシュ)島の戦い」再考』だそうです」

「ほう、サイコーとな？」

「そうなんですよ。困りましたね」

「reconsidering というのは一度は考えたことがある、というのが前提じゃからの」

「一体全体、どれだけの人が『考えた』経験をお持ちでしょう？　占守について」

「心もとないのう」

「とはいえ、お仕事ですから」

「そうじゃな。読者諸賢は conventional thinking ではないと信じて、やるしかないのう」

「まあ、こんな雑誌を手に取って読んでいるくらいですから……」

「いやいや、そういう半可通が一番厄介なんじゃ。領土問題には本当に原理主義者が多いからのう」

「博士、始める前からそんなに挑発的では困りますよ。せめて読者くらいは味方につけましょう」

戦いをめぐる謎

千島列島の第一島であり、日本とソビエト連邦の国境であった占守島。冬は分厚い雪と氷に、夏は濃い海霧に覆われるこの島は、周囲二〇キロほどの水滴のような形をして、大日本帝国の北の果てに浮かんでいた。わずか一二キロの向こうにはカムチャツカ半島の先端、ロパトカ岬がある。

一九四五年八月一八日未明、ソ連軍はこの海を越えて強襲上陸を敢行し、日本軍の守備隊と激闘を展開した。戦死者は両軍あわせて一五〇〇名を超えた。さらに、戦闘後の日本軍将兵はシベリア方面に抑留され、強制労働に従事させられたのである。

この戦いは当事者の双方が「自軍の勝利」を主張している。ソ連側は日本軍の苛烈な抵抗に多大な犠牲を払いながらも日本軍の要塞島を攻略し、日露戦争以来の屈辱を晴らしたのだとする。日本側は終戦後の卑劣な攻撃に敢然と立ち向かって正義の鉄槌を加え、大損害を与えたのだとする。

「この戦いについては、浅田次郎の長編小説『終わらざる夏』の舞台となったから、読んだ方も多いじゃろう」

「私も読みましたよ。いい小説ですよね」

「うむ。これを読む前に読んでおいてほしい一冊じゃな。ネタバレになるので言いたくないんじゃが……」

「クライマックスの戦闘シーンのことですね？　小説では戦闘が始まった途端に終わってしまいますよね」

「これこれ、バラすなと言うに。じゃが、その通りじゃ。あれはなぜだと思う？」

「え……さあ？」

「それは、この公式戦史を読めばわかるぞ」

「これは……防衛庁防衛研究所が編纂した戦史叢書ですね。ふむふむ……読みました！」

「早いのう。四八ページもあるんじゃぞ」

「紙幅の都合ってやつです」

「……まあよい。で、わかったか？」

「えーと、すみません。よくわかりませんでした。戦闘が始まるまでは随分細かく書かれているんですけど……」

「戦史の方も小説と同じで、戦闘が終わるといつの間にか終わってしまうじゃろ？」

「はい。一九日に停戦交渉があったことはわかりましたけど、それはまとまらず。……二回目の交渉はいつだったんです？」

「わからんのは当たり前。わからないように書いてあるのじゃ」

「はい？」

「だから、そこが再考すべきポイントじゃ。①戦闘は、いつどのように終わったのか？」

「なるほど」

「もう一つは、前半部分の問題じゃ。この戦史の特徴は『前半

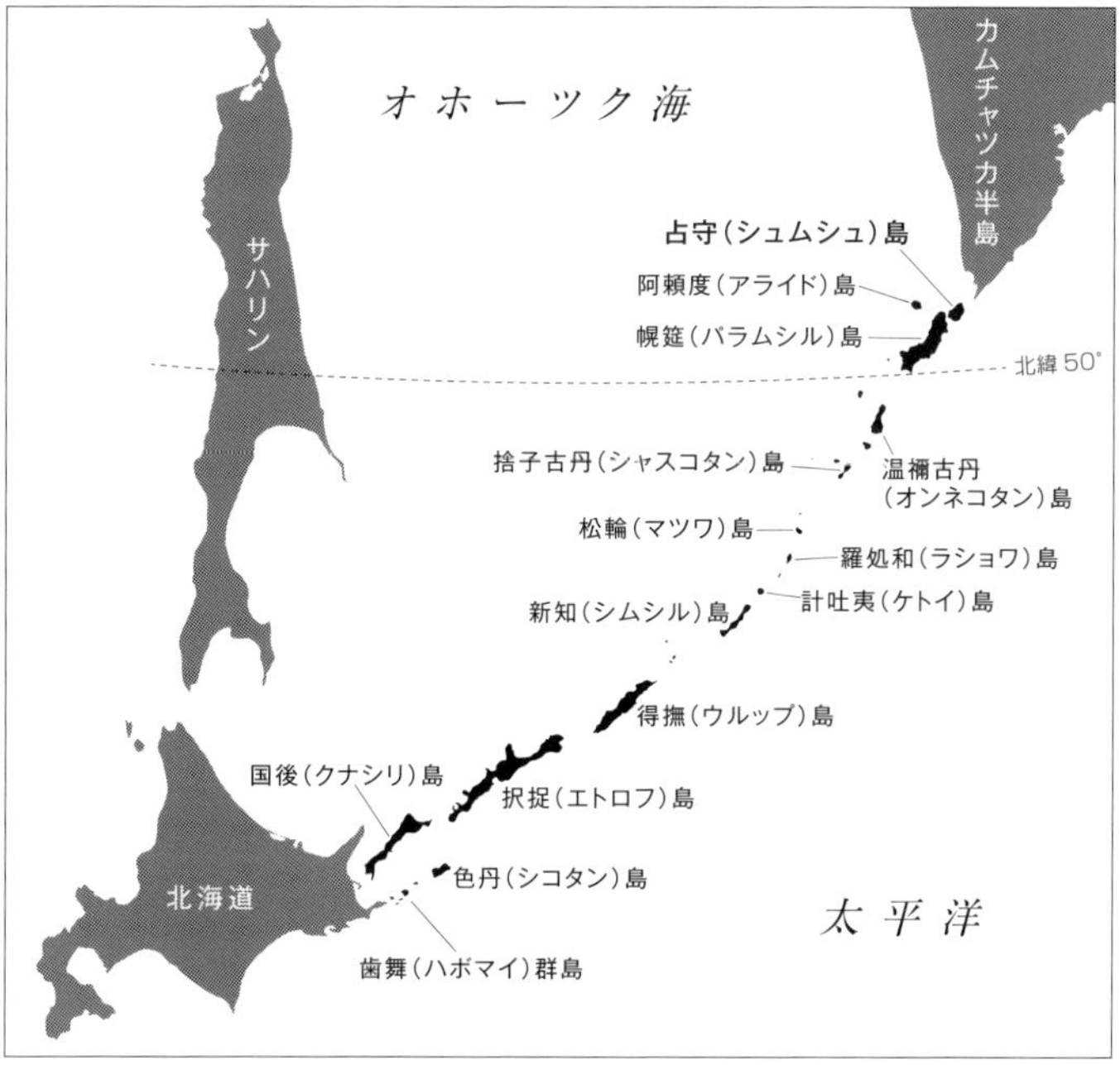

千島列島と占守島の位置

の雄弁と後半の沈黙』じゃからの」

「つまり、詳しく書かれた戦闘直前の状況にも再考ポイントはあると？」

「うむ、前半の雄弁の理由もやはり再考ポイントじゃ。②どのように戦闘が始まったのか、じゃな」

「あんなに詳しいのに、再考の必要があるんですか、博士？」

「逆じゃよ。やたらと詳細を書くのは、肝心のポイントを隠しておくためでもあるわけじゃ」

「なるほど、深いですね。で、他にもまだポイントがありますか？」

「それは後のお楽しみじゃよ」

戦闘前の状況

占守島が日本領になったのは一八七五年のいわゆる樺太千島交換条約による。しかしながら、明治の日本にはこの島に軍隊を置く余裕はなかった。ロシアにとっても事情はほぼ同じであり、日露・日ソにとってこの地域は軍事的真空地帯と言ってよかった。

その状況が一変するのは、アメリカの存在である。日米戦争が現実味を帯びはじめると、このエリアは重要な意味を持つことになった。アラスカからアリューシャン列島を経て千島列島へと続く太平洋の北辺ルートは、日本列島とアメリカ本土を結ぶ最短ルートであったためだ。

「一九四〇年に日本は占守・幌筵（パラムシル）の二島を北千島要塞にして防

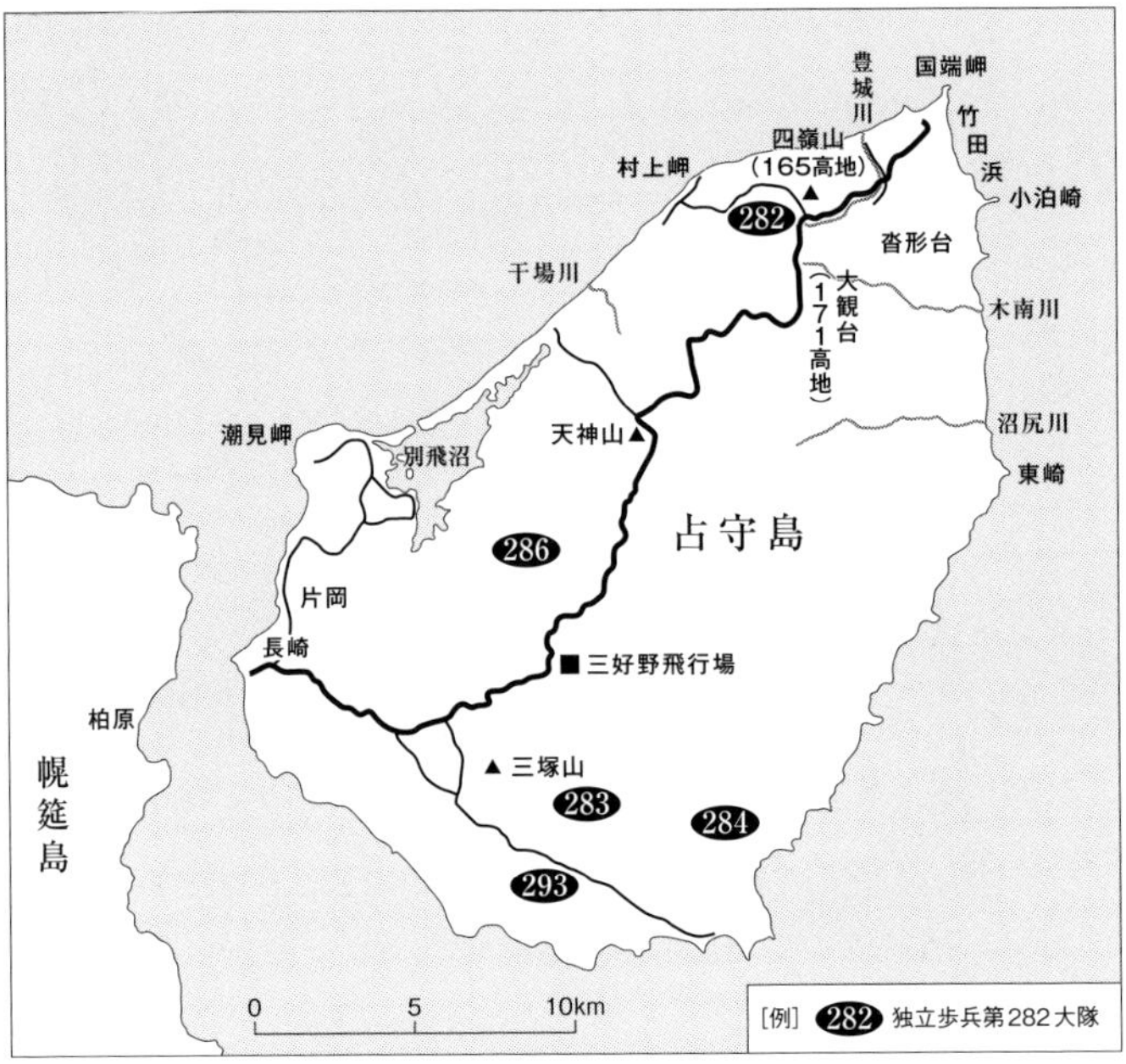

占守島

備を固めますね、博士」

「さよう。そして、一九四一年一二月に真珠湾攻撃、アジア太平洋戦争がはじまるのじゃ」

「その後、北方防衛ラインの事情は一九四三年五月にアッツ島の玉砕、キスカ島からの撤退で大きく変わることになります」

「アリューシャン列島の防衛戦が消滅して、いよいよ占守島が北方防衛線の最前線となったのじゃ。その後の過程は省略するが、一九四五年八月の時点で北千島を守っていたのは、第九一師団を中心とする二万三〇〇〇名。このうち占守島には八〇〇〇名が配備されておった」

「戦争末期の北千島は、硫黄島などと同様に持久抵抗の基本方針で準備を進めていたようですね。玉砕覚悟で」

「うむ。予想されるアメリカ軍の侵攻に備えて、一日でも長く抵抗を続けるために、将兵は島中に防衛陣地を構築していたのじゃ」

「そんな状態で八月九日、ソ連の宣戦布告を迎えます」

「満洲・内蒙古・樺太方面ではソ連軍の侵攻が始まったが、占守島にソ連軍は来なかった」

「当時、カムチャツカのソ連軍は国境警備隊の一個師団のみでした」

「日ソ国境の中では例外的に日本軍の方が優勢なエリアだったわけじゃ。カムチャツカは動かなかった。否、動けなかったというべきじゃろうのう」

　八月一四日、日本はポツダム宣言の受諾を通告、第二次世界大戦も終焉を迎えようとしていた。その翌朝、ソ連軍はカムチャツカ防衛区司令部に対し、北千島三島の占領を命令した。そこには『日本の降伏が予想されるので、この機会に北千島を占領せよ』と記してあった。

「要するに、日本が降伏文書にサインする前に、千島占領という実績をつくろうというわけじゃ」

「無茶な話ですね」

「まったくじゃ」

「でも、博士？　日本の降伏がわかっているのなら、ソ連はわざわざ攻撃しなくても……。例えば、軍使を派遣して降伏を勧告すればよかったのでは？」

「そうじゃな。それゆえに『スターリンはあえて血の犠牲を求めた』と考える歴史家もおるが、もっと単純に『日本の無血開城を信用できなかった』のではないかとワシは考えておる」

「どういうことでしょう？」

「もしソ連から軍使が来たら、ワシが北千島の司令官であれば、まず上級司令部である札幌の第五方面軍に連絡する。方面軍の指揮下には、激闘を展開中の樺太の部隊もいる。ワシらそれを差し置いて降伏できるかの？　ワシならこう返答する。『軍使の趣旨は了解しましたが、樺太や満洲で友軍が貴軍と戦闘中です。武器の引渡しはそれが終熄するまでお待ちください』とな。そうしたら、兵力で劣るカムチャツカのソ連軍は次の手に困ったじゃろうな」

「改めて攻撃しても、もう警戒されているでしょうしね」

「それなら、奇襲攻撃の方がまだ勝算があると考えたのじゃろうな」

「なるほど。さて、日本側ですが、八月一五日の正午、占守島でも玉音放送が流れました」

「その時、カムチャツカではソ連軍が急ピッチで侵攻作戦を準備しておった」

「そして八月一六日、大本営から停戦命令の通達が出されますね」

「大陸命第一三八二号『停戦時刻は一八日一六時とする。ただし自衛のための戦闘はこれを妨げず』じゃ。この時、当然ながら北千島の部隊はこの停戦を連合国軍との了解事項と考えておった。じゃが、実際には大本営が勝手に作った数字にすぎなかったのじゃ」

「つまり、ソ連側は日本の停戦について全く了解していないのですね？」

「そうじゃ。それが話をややこしくする要因となる」

「そうなんですか。……とりあえず、話を続けます。さらに翌一七日、北千島の第九一師団は、各部隊長を司令部に集めて会合を開いています」

「言うまでもなく『一八日一六時』という停戦時刻を伝達するためじゃな。これを破るとエライことになるからの。面白いのは、この時には『もし敵が来ても軽挙妄動せぬこと』と、抗戦しない方針が命令されていることじゃ」

「つまり一七日の段階では、日本側に応戦の意志がなかったわけですね？」

「さよう。じゃが、それが直前になっていきなり変わるのじゃ。夜中に突然電話が来て『敵が来たらこれを迎撃せよ』というのじゃ」

「そんな話、戦史叢書にはありませんでしたよ？」

「じゃが、前線にいた砲兵隊長の回想録にはある。戦闘準備が一七日一一時三六分に出ておることもな」

「やはり戦史叢書では『格別これということもなく一八日を迎えた』となってますけど？」

「まあ、そうしないと都合が悪いからじゃ。やる気満々で待ち構えていたら、『あれは自衛戦闘でした』とは言いづらいからのう」

「はあ。それにしても、いきなりの方針転換には何か理由があったんでしょうか？」

「どうやら、札幌から指示があったようじゃ」

「札幌？　東京ではなく、札幌ですか？」

「さよう。指示を出したのは第五方面軍の司令官じゃ。第五方面軍とは、北海道・樺太・千島列島など日本北部の部隊を統括する上級司令部で、その司令官は樋口季一郎。ハルピン特務機関長を務めたこともあるソ連通の将校じゃった。樋口は千島列島への ソ連軍侵攻を予期しておった。それで、北千島の部隊に迎撃を『要求』するわけじゃ」

「本当でしょうか？」

「樋口自身はそう言っておるが、これは後日の回想だから、何とも言えん。ただ、この要求が事実だと考えると一七日夜の方針転換については平仄が合うの」

激闘――敗因は大本営が作った停戦刻限

「さて、濃霧の占守海峡を進んできたソ連軍の上陸部隊がいよいよ占守島北端の竹田浜で上陸を開始します」

「対岸のロパトカ岬からの支援砲撃が轟く中で、日本軍はその上陸を待ち構えておった。よりによってソ連軍は、日本の防衛陣地が集中する竹田浜を上陸地点に選んだんじゃ」

「当然ながら、日本軍は手ぐすね引いてこれを待っています。結果、『ソ軍の頭上には多年鍛えぬかれた鉄槌が容赦なく下された』となるわけですね」

「ソ連側の作戦も杜撰じゃった。事前に島の状況をほとんどつかんでおらず、将兵も上陸訓練など受けてなかった。上陸用舟艇を用意できなかったために、海岸から二メートルまでしか接近できず、泳いで上陸することになった。それで用意した通信機がことごとく水に浸かってダメになり、一台を除いて使用不能になったようじゃ。そんな状態で日本軍の陣地にノコノコと上陸して、集中砲火で大損害を被ってしまったんじゃな」

「具体的にはどのくらいの損害が出たんでしょう?」

「ソ連側の戦闘報告書によると、参加将兵七個大隊八八二四名のうち、戦死五一六名・負傷七一六名・不明三二五名にのぼるというのじゃから、相当なものじゃ。死傷率にすると一七・六%になる」

「日本側はもっと多い数字をあげるようですね?」

「まあ、妥当性からいけば直後に記録が可能だったソ連側の数字が真相に近いじゃろうな。どのみち、ソ連軍としては大損害じゃ」

「そうですね。でも、どうしてここまでのダメージを負うことになったのでしょう?」

「一つは作戦の杜撰さ。もう一つは日本側の猛攻じゃな。その原因も大本営の命令じゃ」

「どういうことでしょう?」

「参加将校の証言をみると『一八日一六時までに敵を撃滅せん』という言葉が出てくる。停戦期限までにソ連軍を駆逐できないと、最前線がそのまま停戦ライン、そして国境になってしまうという懸念があったようじゃ。実際には千島列島の領有権放棄は確定していたわけじゃが、当時の将兵がそこまで理解していたわけではないしの」

「与えられた停戦時刻が彼らには重かった……」

「さよう。ソ連軍にもじゃな。日本軍はタイムリミットのせいで無茶な猛攻を仕掛けた部分があったからの。じゃが、ソ連軍の士気も高かった。色々と失態はあっても持ちこたえられたのは、大損害にも戦意を喪失しなかったからじゃ」

「そして日本側が優勢のまま、タイムリミットを迎えるわけですね」

「うむ。一八日一六時になり、日本軍は戦闘を止める。じゃが、ソ連軍は止めない。停戦時刻を理解していないのじゃから、当然じゃな。ソ連軍は抵抗できない日本軍を押し込んで、最重要ポイントの二地点を占領する」

「日本側は困惑したでしょうし、腹も立ったでしょうね」

「当時の日本側将兵があからさまな停戦協定違反と考えても無理はないな。じゃが、この点でソ連側を責めることはできん。勝敗を分けたのは、まさに大本営が作った停戦時刻というわけじゃな」

「戦史叢書では、第五方面軍が戦闘状況を聞いて参謀長が慌てて、停戦命令を出したことになっていますね」

「直前に密かに迎撃の指示を出しておいて……か? その真偽は怪しいのう。出したとしても、停戦時刻の念押しと考えるべきじゃろうな。第一、方面軍司令官である樋口の回想には『膺懲の不徹底を遺憾とした』とあるくらいじゃ。樋口司令官は明らかに中途半端な結末に不満を持っとった。司令官と参謀長の見解の相違とも考えられるが、前線将校の証言も方面軍命令ではなく一八日一六時を停戦理由にしておる以上、方面軍命令には眉に唾をする必要があるな」

停戦交渉の舞台裏

激闘の一八日が終わり、「約束された」一六時も過ぎた以上、後は停戦となるだけ……のはずであった。日本側が軍使を派遣し、ソ連側司令部に柳岡参謀長や杉野旅団長らが赴いて、一九日一五時から最初の停戦交渉がはじまった。

「この最初の交渉については日ソ双方の資料が一致して伝えるところじゃ。ソ連側が文書で提示した条件を柳岡参謀長が了承し、交渉は成立した……はずじゃった」

「戦史叢書によれば、ソ連側の要求は停戦即武装解除というべきものであり、師団長は停戦には同意したが、武装解除は承認しなかったそうです」

「師団長・堤不夾貴(ふさき)の回想録によれば、『ソ連軍の要求が恫喝的で非礼なものであったので』というのじゃが、彼自身が決して語らない理由があるのじゃ。それは例によって札幌の第五方面軍が『停戦には応じても武装解除には応じないように』という指示を出していたのじゃよ。ま、堤師団長はそれに従っただけなのじゃが、問題はそれをソ連側には通告しなかったことじゃ。翌朝、停戦を信じて近づいてきたソ連の軍艦を砲撃することで、それを示したようじゃの」

「なるほど。攻撃指令にも交渉決裂にも、方面軍の思惑が絡んでいたのですね。でも、その理由は何でしょうか?」

「それは後で話すとしよう」

「ええ、何でそこで焦らすんですか!」

「まあまあ、そう急かすでない。後回しにする理由があるんじゃ」

「はあ」

国籍不明の部隊が北千島を攻撃中、という第一報は、一八日朝六時には大本営に届いていた。当然ながら、彼らはすぐに連合国軍総司令部へ抗議の電報を送るのだが……。

「GHQもソ連側にそれを伝えるわけじゃが、対するソ連側は強気じゃった。『それは命令なのか?』と突っぱねる。アメリカ側もその時はまだソ連と事を構えたくないので、『いや、今のは単なる情報だ』と返してしまう。我々は貴軍に対し、命令はいたしませんというわけじゃ。アメリカさんはこれで横槍を入れられなくなった」

「意外と情けない話ですね。で、日本側はソ連にどう対応したんですか?」

「何もせんよ。各部隊に交渉の許可を与えただけじゃ。停戦も武装解除も、向こうと話し合って決めろと」

「そうなんですか？」

「そういうものらしいの。各部隊と言っても大本営から出たのは上級司令部である関東軍総司令部と札幌の第五方面軍への指示じゃ。両者は連携して交渉に当たるように、という指示もあった。そういうわけで、北千島の第九一師団などは方面軍からの指示に従って交渉したわけじゃ」

「それが第一回停戦交渉の決裂につながっているわけですね？」

「さよう。じゃから、第五方面軍が何を考えていたのかを知る必要があるわけじゃ。それは第五方面軍が大本営や関東軍に発信した電報で見ていくとしよう」

「なるほど」

関東軍と第五方面軍

「第五方面軍は一八日未明、大本営へ占守島で戦闘発生の第一報を送っておる。この中には、『敵は夙に停戦を公表しながらこの挙に出づるは甚だ不都合』という文言があって、ここから方面軍の誤解が見える。先に述べたように、彼らは日ソ間ですでに停戦合意ができていると考えておったから、こんな攻撃があるのは不都合だというわけじゃ」

「で、マッカーサーへの抗議はソ連側が突っぱね、大本営はソ連との交渉を個々の戦場での局地停戦交渉に委ねたのじゃ。GHQを飛び越してソ連と別途に交渉ができなかったかもしれんがの」

「辛いところですね」

「一九日に第五方面軍と関東軍に対し、局地停戦交渉と武器引渡し交渉をみとめた大陸指第二五四六号が発令される。第五方面軍は実際には存在しない停戦合意を踏まえた上での局地での交渉と考えておる。火事場泥棒的な強襲を断行し、一八日一六時を守ろうとしなかったソ連軍に怒りと不信感をもっておる。カムチャツカ防衛区軍の行動を停戦合意を無視した現地部隊の暴走と解しても無理はない状況ではあった。『局地停戦交渉』という大本営の指示はその誤解を助長するわけじゃ」

「作戦自体も無謀なものだったようですし」

「そんなわけで、方面軍は麾下部隊に対し、停戦には応じても武装解除には応じるな、と指示を出したのじゃ。実際、堤師団長はその指示に従った」

「なるほど」

「ところが、ソ連軍からみれば、それは敵対的な降伏の拒否でしかない。ソ連軍の総司令官ワシリエフスキー元帥の怒りの矛先は、目前の交渉相手である関東軍に向けられる」

「当時、占守島とは対照的に、関東軍は大苦戦中でしたね」

「関東軍も一九日に停戦交渉にのぞんだわけじゃが、この席上でワ元帥は『千島や樺太で日本軍が抵抗する限り、ソ連軍は攻撃を続行する』と脅しつけた。関東軍は急いで第五方面軍に電報を打つ。『ワ元帥は樺太や北千島で戦闘が続いていることを心痛しています』とな」

「心痛、ですか」

「不幸なことに、その心痛の意味を第五方面軍は取り違えてしまう。何しろ現地部隊が暴走していると思っているわけだから、その暴走を憂慮していると考えてしまうのじゃ。よって方面軍は関東軍に『奴らの横暴は目に余る。ワ元帥に言って暴走を抑えさせよう』と返信するわけじゃ」

「それでは交渉が進むわけはありませんね」

「当然じゃ。さぞ関東軍は慌てたじゃろうな。二〇日にはもっとはっきりと、ワ元帥の脅し文句を伝えてくる。『これ以上自衛戦闘に名を借りて抵抗を続けるなら、お前たちは耐えがたい痛苦を受けることになるだろう』とな。第五方面軍が状況を理解するのは、おそらくこれを受けてのことで、これでようやく即時停戦と武装解除の許可を麾下部隊に与える気になる」

「それでようやく北千島の第九一師団がソ連側の要求に応じるわけですね?」

「ソ連側の報告書によると、堤師団長が降伏の申し入れをしたのは、二一日二一時四〇分。日本時間では一九時四〇分のことじゃ。そして堤師団長が用意された降伏文書にサインして、北千島での戦争は終わったわけじゃ」

「何だか切なくなる話ですね。でも日本側の戦史では、よくわからない状況で『日本側の企図する方向で交渉がまとめられた』とあります。やはり、その辺は書きにくかったんでしょうか」

「『アメリカには敗れたが、ソ連には負けていない』と手記に書くくらいじゃからな。方面軍の樋口司令官も、関東軍が泣きついてきたので仕方なく停戦を認めた、不愉快千万だった、と回想しておる」

「つまり、戦史叢書が意味不明になっているのは、停戦交渉がゴタゴタしたことを書けなかったことと、降伏文書にサインしたことを書きたくなかったというわけですね?」

「そういうことじゃ」

「ということは、ソ連側の戦史の方が正しいのですか?」

「いや、そうでもないな。というのも、ソ連の戦史では、停戦合意を守ろうとしない日本軍に対し、二〇日に総攻撃を加えて屈服させたことになっているからじゃ。これは明らかにおかしいの。力で日本を屈服させたことにするための捏造なんじゃが」

「なるほど。どっちもどっち、ということですか」

「日本軍が政治的な状況で白旗を上げてくるのをじっと待っていました。……と書いては格好がつかないからの」

「占守島の戦い」再考＝「八月一五日史観」再考

「さて博士。そろそろ総括をお願いします」

「まず、どっちの戦史も鵜呑みにするのは危険だということじゃ。特に日本側の戦史は故意に自衛戦闘の妥当性を曖昧にし、明らかに第五方面軍の指示・関与を隠蔽する意図をもっておる。その理由についてじゃが、戦犯にされかかった方面軍司令官・樋口季一郎をかばう目的があったかもしれん。推測にすぎないがの」

「一九七一年に書かれた戦史叢書で、その必要はないでしょう?」

「だから、推測にすぎんと言うとるじゃろ。まだ冷戦の渦中にあった時代じゃがな」

「実際、自衛戦闘ではなかったと?」

「うーん。いささか『やり過ぎ』という感もあるが、現実問題として、殺し合いの最中に手加減などできるかの? 確かに過剰防衛かもしれんが、それで彼らを責めるのも酷な話じゃろう。問題はそれをウヤムヤにしようとする歴史家の方じゃと思う。ワシが特に言いたいのは、彼らが文字通り命がけで守ろうとした停戦刻限の重さを、きちんと伝えるべきだと言うことじゃ」

「一八日一六時、ですね?」

「さよう。彼らの戦争が終わるのはその時刻じゃった。それなのに、後世の歴史はそれを『終戦後の攻撃』だと言いたがる。玉音放送で戦争がすべて終わったと思い込むのは日本人の悪い癖じゃ。実際には、そこから長い長い終戦プロセスが始まるのにな」

「玉音放送は『終わりの始まり』にすぎない、ということですね?」

「そういう固定観念をワシらは『八月一五日史観』と呼んでいるんじゃが、これを見直す材料として、占守島の戦闘は重要な意味を持っておる。まあ『終戦後の攻撃』という世迷い言がまかり通るうちは、前途遼遠と言えるじゃろうな」

「なるほど。それで博士のいう前途とは?」

「勘違いして欲しくないが、ワシはソ連の攻撃を正当化するつもりは全くない。じゃが、ソ連の軍事行動に対して、日本の上層部が最善を尽くしたとは思えんのじゃ。例えば第五方面軍が誤解から停戦交渉を遅滞させたように、さまざまな失態が傷口を広げたのじゃとワシは思う。そこらあたりは、もっと研究を進めないといかんのう」

「例えば、どのような?」

「リスクマネージメントというと語弊があるが、どう負けたら傷口を最小限にできるのかを、当時の大本営は考えていなかったようじゃ。日本政府は八月一四日にポツダム宣言の受諾を通告し、九月二日に降伏文書に署名しておる。その半月あまりの時日は、本当に必要だったのかの? ソ連軍の意図は明らかに、日本が降伏文書にサインする前に、取れるべきところを取ることじゃった。ゆえに、日本側の最善の防衛策は、とっととサインを済ませることじゃった。本当に、もう少し早く降伏できなかったのかのう? ……北の国境であれほどソ連軍の蠢動を許した一面には、半月のグズグズした時間があったことをもっと重要視すべきじゃろう。それを縮める義務が政府にはあったはず」

「確かに、ソ連側の不当を批判するだけではなく、日本側の失態も合わせて検討すべきですね」

「その意味でも『八月一五日史観』の克服は重要なのじゃ。八月一五日以後に何があったのか。それを思考停止的に終戦後とすると、見えなくなるものが多すぎる。占守島の戦いは、よいきっかけだと思うぞ」

「そうですね。最後に何かありますか、博士？」

「紙幅の都合で、ここでは史料を提示できなかったが、今回のワシの話の論拠は「占守島・１９４５年８月」（『境界研究』第二号）という論文に示してある。ｗｅｂでダウンロードもできるので[*]、興味があったらそちらを見てくれい」

「露骨に宣伝ですね」

「まあ、営利目的ではないから大目に見てくれるじゃろ」

「博士には一円も入りませんものね」

＊ http://src-h.slav.hokudai.ac.jp/publictn/japan_border_review/no2/02_itani.pdf

主要参考文献

日本語文献：

防衛庁防衛研究所戦史室編「北千島の対ソ戦」『北東方面陸軍作戦〈2〉——千島・樺太・北海道の防衛』（戦史叢書 44）、朝雲新聞社、一九七一年

池田誠編『北千島占守島の五十年』国書刊行会、一九九七年

大野芳『八月一七日、ソ連軍上陸す／最果ての要衝・占守島攻防記』新潮社、二〇〇七年

長島厚「千島最北端、占守島の停戦軍使」『歴史と旅』二七巻一二号、秋田書店、二〇〇〇年、一七二―一七七頁

中山隆志『一九四五年夏——最後の日ソ戦』国書刊行会、一九九五年

浅田次郎『終わらざる夏（上・下）』集英社、二〇一〇年

長谷川毅『暗闘』中央公論新社、二〇〇六年

露語文献：

Б. Н. Багров. Южно-сахалинская и Курильская операции (август 1945 г.). Москва. 1959.

В. С. Акшинский. Курильский десант. Петропавловск-Камчатский. 1984.

Н. В. Вишневский. Сахалин и Курильские острова в годы второй мировой войны. Южно-Сахалинск. 2000.

Б. Н. Славинский. Советская оккупация Курильских островов, август - сентябрь 1945 года: документальное исследование. М. 1988.

Н. В. Вишневский. Смерть в четырех шагах. Южно-Сахалинск. 1998.

Войск Камчатского оборонительного района (ВКОР). Журнал боевых действий войск камчатского оборонительного района по овладению островами северной части Курильской гряды в периода 15-31. 8. 1945г.

防衛省防衛研究所所蔵史料（主要なもののみ）：

『北方軍第五方面軍関係聴取綴』、『千島地上作戦聴取資料 十分冊の一～四』、『聯合国トノ折衝關係事項 其ノ三・四』、『昭和二五年 速應小隊山本分隊戦闘史誌』、『速應小隊山本分隊戦闘史誌』、『第九十一師団関係聴取録』、堤不夾貴「北千島方面兵団の終戦」、田熊利三郎「第五方面軍作戦概史」

つきさっぷ郷土資料館所蔵史料：

『故樋口季一郎遺稿集』

「国境」と呼べない街・根室

【その苦悩と今後の展望】

長谷川俊輔

●はせがわ・しゅんすけ　一九四五年北海道根室市生。北海道根室高等学校卒業、自治大学校卒業。北海道根室市長。

「国境」ではなく「中間ライン」

北海道と北方四島との間には「国境」は存在しません。そこにあるのは「中間ライン」と呼ばれる、漁民が拿捕されずに安全に操業できる領域を定めた、暫定的な「線」です。

根室は、三〇〇年以上前から北方四島と一体の社会経済圏を形成し発展してきました。しかし、昭和二十年九月、終戦直後の混乱の中、当時のソ連軍によって突然北方四島と豊かな海が占拠され、以来根室は、望ましい発展を著しく阻害され続けています。

根室とロシアとの交流は、一七九二年、エカテリーナII世の命を受けたアダム・ラクスマンが、日本との通商を求めて根室港に入港したことから始まったとされています。ラクスマンは、約八カ月に渡って滞在し、多くの人々と一緒に生活を続けて友好を深めたことから、根室は「日ロ交流発祥の地」と呼ばれておりますが、その一方では領土問題を抱える「北方領土返還要求運動原点の地」とも呼ばれています。

最近の北方領土問題では、平成二十二年十一月一日、メドヴェージェフ大統領が、ロシア国家元首としては初めて国後島を訪問しました。その時、根室では強い怒りが自然発生的に巻き起こり、その矛先は、領土交渉の当事者であるロシア政府に対するものだけでなく、日本政府の対ロ外交の姿勢にも向けられました。

メドヴェージェフ大統領が国後島に上陸した当日の午後、この日の気温は一〇度以下で、しかも嵐のような暴風雨でありましたが、元島民をはじめとした返還要求運動関係者約二〇〇人が、納沙布岬において「緊急抗議集会」を開催しました。その想いを受け、私はすぐに上京し、当時の菅総理大臣と前原外務大臣に対して地元の想いを訴えるとともに、北方領土問題の解決に向けた外交戦略の再構築を強く求める申し入れを行いました。

元島民をはじめ根室の住民は、一貫して政府の「日ロ外交の基本方針」と「北方領土問題に対する基本的立場」を支持し、返還要求運動を積極的に展開しています。

「東京宣言」以降の失われた二〇年

これまでも日ロ首脳会談が行われる都度、北方領土問題の進展を強く期待し、固唾を呑んで見守ってきましたが、具体的な進展は一切見られていません。特に、平成五年の「東京宣言」では、領土問題が「帰属の問題」として位置づけられるとともに、「平和条約を早期に締結するよう交渉を継続する」ことが日ロ双方で確認されたことにより、大きな期待を持ったところでありますが、それから一九年が経過した現在もなお何ら進展しておらず、これまでの政府の外交姿勢に対しては強い不満と憤りを感じています。

外交交渉は「国の専権事項」であることから、これまでの日ロ外交の「経過・経験・施策」を基本とし、北方領土問題の解決に向けた戦略の再構築を図り、国が全責任を負う覚悟を国民に示し、揺るぎない世論の下での積極的な交渉を強く望むものです。

経済交流も含めた交流の深化が必要

一方、外交交渉と並行した重要な取り組みとして「北方四島交流事業」があります。北方四島交流事業は、「日ロ間の平和条約締結問題が解決されるまでの間、相互理解の増進を図り、もってそのような問題の解決に寄与する」ことを目的として、平成四年から開始され、平成二十三年で二〇年が経過しました。

本事業は、「日ロ間の友好」と「相互理解の増進」には一定の役割を果たしてきましたが、本来の目的である「領土問題の解決のための環境づくり」については何ら進展していません。

このため、これまでの北方四島交流事業のあり方を抜本的に見直し、日ロ両国の主権を損なわない形で「人的・物的・経済的」相互交流を確立する「深化した四島交流」を実現することが、領土問題の解決に向けた近道であると考え、現在、国に対して要請しているところです。

根室市上空から歯舞群島を望む

（写真提供・根室市）

北特法と本来の「国境」なしに振興はあり得ない

また、国においては、隣接地域を「北方領土問題を抱える重要な地域」であると位置づけており、そのことを法制化したのが「北方領土問題等の解決の促進のための特別措置に関する法律（北特法）」です。この法律は、昭和五十七年八月に「北方領土に隣接する根室地域は、領土問題が未解決であることに伴い望ましい地域社会の発展が阻害されている」という特殊な事情に鑑み、議員立法によって制定されました。しかし、現在においても「隣接地域の振興発展」のための施策には十分に反映されているとは言えない状況にあることから、北特法の立法時の趣旨に則り、積極的な国の姿勢を強く期待しています。

北方領土問題は、戦後残された最大の外交課題であると同時に、重要な内政問題であります。我々隣接地域の住民は、一日も早く北方領土問題を解決し、「中間ライン」を撤廃して本来の「国境」が引かれるよう、様々な戦略を国に対し積極的に提案してまいります。

ビザなし交流
【経済交流を阻む法的厳格主義】

伊藤一哉

北方領土（北方四島）とのビザなし交流には思い入れがある。四島在住ロシア人と、日本人とが、パスポートやビザ（入国査証）なしに行き来し、交流する仕組みだ。領土紛争を抱えた国同士では世界的にも例のない制度という。

日本とソ連の間で制度が策定され最終合意に至る一九九一年当時の日本政府内の作業過程を外務省担当記者として取材し、その後の二〇年の経過も直接・間接に見守ってきた。

冷戦時代、四島と対岸の北海道との間に存在した緊張をこの制度が緩和し、相互信頼を広げていった事実は否定しようがない。だが今、制度は曲がり角にさしかかっている。「北方領土問題の解決という本来の目的に役立たなかったのではないか」という無力感、討論会や交流会などに終始してきた内容へのマンネリ感が、関係者に広がる。また近年、ロシア側のビザを取得して北方領土入りする人が続出し、制度の矛盾も指摘される。一方、ロシア側では、北方領土交渉で態度を変えない日本へのいらだちから、日本だけを特別待遇しているとも言えるビザなし交流への見直し論が出ている。どうすればいいのか。ヒントは原点にある。

いとう・かずや　一九五六年東京都生。東京外国語大学ロシヤ語学科卒業。北海道新聞論説委員（東京駐在）。著書に『ロシア人の見た幕末日本』（吉川弘文館）。

「ソ連側は、日本国の住民と上記の諸島（北方領土）の住民との間の交流の拡大、日本国民によるこれらの諸島訪問の簡素化された無査証の枠組みの設定（中略）に関する措置を近い将来とる旨の提案を行った」。一九九一年四月十八日午後一時四五分。ゴルバチョフ大統領と海部俊樹首相が東京・元赤坂の迎賓館で署名した日ソ共同声明にある記述だ。

ビザなし交流の仕組みが公式に産声を上げた瞬間である。ゴルバチョフ氏の来日自体がソ連最高首脳として史上初めてであり、ビザなし交流は冷戦終結のたまものだったと言える。

ロシアが実効支配する北方領土にロシア人以外の人間が上陸するにはロシア側のビザを取得する必要がある。だがそうすれば、ロシアによる北方四島の支配を是認することになると日本政府は考えている。四島に対する統治権の問題、いわゆる主権問題である。政府は一九八九年九月の閣議了解によって、国民に四島への入域を自粛するよう要請してきた。

ビザなし交流制度はこの主権問題を棚上げし、日ロ双方の法的な立場を損なわ

外務省は「ガラス細工」と言っていたが、二〇年たってそれは壊れただろうか。

ない仕組みとして考案された。パスポートやビザの代わりに身分証明書などを使い、四島のロシア人が日本へ、日本人が四島へ入域し合う。一九九二年の開始以来二〇一一年十月までに、日ロ合わせ延べ一万八千人が往来した。

制度策定の過程で外務省の担当者や幹部がしばしば口にしたのは「ガラス細工」という言葉だった。四島に渡った日本人が事件・事故を起こしたり被害者となった場合、日ロいずれの法律で処理するのかという問題が生じる。棚上げしたはずの主権問題が顔を出し、制度は崩れ去る――という意味だった。

そうした発想から、制度には固く、狭い枠組みが設定された。交流に参加できる日本人は①元島民②北方領土返還運動関係者③報道関係者に制限された。

当時、市民団体の代表に感想を聞いた。「ゴルバチョフさんは『自由渡航』と言われたけど、外務省の決めたのは『不自由渡航』ですよ」と厳しく批判した。ソ連側から提案が伝わった当初は、「自由渡航」という表現が使われていた。「事件や事故が起きて管轄をどうするかとか、法律の適用をどうするかとか、日ソでごちゃごちゃと話し合って、お互いに譲歩し合っていくうちに、本当の相互理解が生まれ、北方領土問題解決の方法も見つかるのではないでしょうか」。市民団体代表のその言葉が浮き彫りにするのは、法の整合性や厳密性を重視する日本政府の姿勢だ。法の不整合は裁判でただせばいいという実際的な手法を取る英米との違いは、しばしば指摘される。

外務省は「ガラス細工」と言っていたが、二〇年たってそれは壊れただろうか。そんなことはなかった。厳密に見れば法的論点が何も生じなかったわけではないだろう。何日にもわたって日本人がロシアの実効支配地を歩いているのだから。それでも制度が揺らがなかったのは、日ロ両政府が信頼醸成を最優先にして、互いの立場を損なわないよう、協力し、努力し合ってきたからではないのか。問題は日ロ両政府の信頼関係がありさえすれば回避できることをこの二〇年が証明したのではないか。

初めに引用した日ソ共同声明の「中略」の部分には実はこんな言葉が入っていた。「この地域における共同の互恵的経済活動の開始」だ。ガラス細工の枠組みを守るために、日本政府が除外した内容だ。

昨年、日ロ両政府は北方領土での経済協力に関する議論を開始した。日本側ではなお否定論が強いが、そこへ踏み出す準備はもう十分積んだと言えるだろう。

敵対関係、緊張関係が続くうちは領土問題の解決は図れまい。政治、経済、文化などあらゆる関係を発展させ、真の信頼と理解を育てることが必要だ。ビザなし交流をさらに太く、強く、鍛えていかなければならない。

密漁の海で

【レポ船・特攻船・ロシア密漁船と根室経済】

本田良一

●ほんだ・りょういち　一九五九年熊本県生。京都大学経済学部卒業。北海道新聞・函館報道部。著書に『揺れる極東ロシア』（北海道新聞社）『密漁の海で』（凱風社）『イワシはどこへ消えたのか』『ルポ　生活保護』（以上二点、中公新書）。

期待と失望の六六年

「われわれ元島民は戦後六六年、一日もおかず、だれかがこの岬から自分の故郷を見てまいりました。この六六年間、私たちは期待、そして失望、失望の連続を繰り返してまいりました。」

秋晴れに恵まれた二〇一一年九月十一日、根室市の納沙布岬。北方領土の早期返還を求める、二四回目となる連合主催の「二〇一一　平和ノサップ集会」で、元島民の得能宏（77歳）は、全国から集まった組合員一〇〇〇人余りに訴えた。

敗戦後、ソ連に占領された歯舞群島、色丹島、国後島、択捉島の四島から、一九四七年〜四九年の強制退去者も含めて三一二四世帯、一万七二九一人が引き揚げた。元島民は全国へ散ったが、その半数は地理的に近く、往来もあった北海道の根室地域で新たな生活をスタートさせた。色丹島でタラやホタテの沿岸漁業を営んでいた得能一家もそうだ。元島民の平均年齢は七七・八歳。ちょうど得能と同じ年だ。

この日、岬からは三・八キロ先に歯舞群島の一つの貝殻島、七キロ先の水晶島などがよく見えた。その左手には国後島と、その最高峰であるお椀を伏せた形の爺々岳（ちゃちゃだけ）（一八二二メートル）もくっきりと浮かび上がっていた。

北方領土早期返還を求める「2011　平和ノサップ集会」

（2011年9月11日／於・根室市納沙布岬）

レポ船の誕生

「期待、そして失望、失望の連続」と得能が総括した六六年。納沙布岬から見える「国境」の海では、ロシア（ソ連）の警備艇のよる拿捕・銃撃事件が絶えたことはない。

北海道と北方領土の地理的な中間点を結んだ線を「中間ライン」と呼ぶ。事実上の国境線だ。この線を越えると、日本漁船は拿捕され、あるときは銃撃を受ける。

このラインを挟んで、根室海峡は北海道側の「青い海」と、ロシア側の「赤い海」に分かれる。「青い海」は資源が細るばかりだが、「赤い海」はカニ、ウニ、マダラ、カレイなど豊富な資源が残されている。漁民たちは危険を承知でラインを越えて、魚をとりに行く。もともと、そこは日本の海である。「日本の海で魚をとって何が悪い」という意識もある。

その結果、根室海峡とその周辺で拿捕された船は、これまで一三三九隻、九四八九人に上る。そのうち二三隻、三一人は戻っていない。拿捕の際、船が沈没して行方不明になったり、抑留中に自殺したりしたためだ。自殺者は一九九三年八月の羅臼町のカレイ刺し網漁船船長（当時40歳）ら七人がいる。

銃撃事件も、一九五〇年二月、根室のカニ刺し網漁船「静海丸」（一〇トン）が根室港の北北東沖で銃撃を受けて沈没したケースを

根室海峡周辺での銃撃事件

1950年	3月	根室のカニ刺し網漁船が被弾、沈没、拿捕（だほ）
56年	10月	根室のサメ刺し網漁船の船長が水晶島で銃撃を受け死亡
71年	10月	根室の雑釣り漁船が色丹島の稲茂尻（いぬもしり）湾で被弾
89年	5月	根室と釧路の特攻船各１隻が被弾
93年	11月	根室のカレイ刺し網漁船が被弾、拿捕。船長が負傷
94年	8月	石川県のイカ釣り漁船が被弾。船長ら２人が負傷
	同	根室のカニかご漁船が被弾、拿捕。乗組員１人が負傷
	10月	根室のカレイ刺し網漁船が被弾、沈没、拿捕
96年	8月	根室のツブかご漁船とカニかご漁船が相次いで被弾。船長各１人が負傷
97年	6月	根室のカレイ刺し網漁船が被弾。乗組員２人が負傷
2000年	4月	宮城県の遠洋底引き漁船が被弾、拿捕
06年	8月	根室のカニかご漁船が被弾、拿捕。乗組員１人が死亡
10年	1月	根室管内羅臼町のスケソウ刺し網漁船２隻が被弾

皮切りに、これまで一三件が発生している（**別表**の通り）。

拿捕・銃撃事件が相次ぐ中で、漁民たちは、どうすれば安全に操業できるか、と考えた。そこに登場するのが、ソ連側に情報を与える見返りに、ソ連主張領海で操業を許されるレポ船だった。「赤い御朱印船」とも呼ばれた。

警備・公安当局の記録によると、最初のレポ船は一九四七年。四九年、五〇年ごろになると、根室地域に住み着いた元島民たちは漁船に乗って、ソ連側の監視のスキを突き、島に残してきた家財道具や食料などを取りに戻るようになった。

そうした中で、警備隊にせっけんや酒などをプレゼントして、見逃してもらおうとする漁民も現れる。ちょっとした贈り物で、大きな水揚げができるのであれば、そうしない漁民はいない。当初のプレゼントは日用品、雑貨などだったが、次第にソ連側は漁民の利用価値を認識するようになり、新聞や雑誌、警察、海保など官庁の名簿、幹部の写真、返還運動関係者のリストなど高度な情報を求めるようになる。

「大統領」と「首領（どん）」と「帝王」

一九六五（昭和四十）年ごろになると、レポ船を組織化し、何隻かを束ねる元締も出現する。最初に頭角を現すのが石本登。一九一五（大正四）年三月、別海村（現別海町）生まれ。旧制中学一年のとき、父親について樺太へ渡り、警察官になった。敗戦前日の四五年八月十四日、たまたま出張で稚内市へ渡り、その後、根室でパチンコ店などを手がけ、漁業に乗り出し、レポ船主となった。

ソ連は元警察官という経歴に関心を持った。石本は「北海の大統領」と呼ばれ、配下に八〜一〇隻を抱えた。受け取る上納金は水揚げ金額の二割。六六年には漁業会社「八紘水産」を設立してカニかご、タラ刺し網漁船など四〜五隻を所有した。さらにカニの加工場も経営するようになる。

ところが、六九年三月、拿捕されないはずの大統領の船が拿捕される。ソ連側と何らかのトラブルがあったのだろう。ソ連は石本を切った。

その後、石本の八紘水産で働いていた漁労長らが独立し、レポ船を引き継いでいく。石本の右腕として活躍した漁労長・木村文雄もその一人だ。一九三〇（昭和五）年五月、鳥取県西伯郡渡村（現境港市渡町）生まれ。木村は六九年四月、カニ加工業者の資金援助を受けて、石本から独立し、「木村漁業部」を設立する。

木村漁業部の直営船は三隻だったが、一隻の平均水揚げ金額は年間三億円にもなった。配下船一〇隻余りも抱えた。木村が勢力を伸ばすにつれて、石本は勢いを失っていき、レポ稼業から撤退する。木村はいつしか「レポ船の首領（どん）」と呼ばれるようになる。

異名がついたレポ船主の一人に村井寛がいる。村井は一九二九（昭和四）年九月、金沢市生まれ。釧路の漁網販売会社の経営者から漁業に転身し、石本の八紘水産で漁船員を経て漁労長となった。その後、独立する。

村井は「オホーツクの帝王」と呼ばれ、一九六八年にベトナム反戦米兵一三人を根室港からひそかに出国させ、モスクワを経由してスウェーデンへの亡命を支援している。

多くのレポ船主が「国境」の海を行き交った。一九七〇年代に入ると、レポ船は元締四系統に集約されていく。

公安課長の自殺

レポ船の水揚げは一九八〇年ごろで、二〇億円程度と推測された。当時の根室市内四漁協の総水揚げ金額の五〜六％にすぎなかったが、大型のカニやホタテ、カレイ、オヒョウ、マダラなどレポ船でなければ獲れない水産物も少なくなかった。それは根室経済をおおいに潤した。

レポ船には「国賊」「売国奴」というイメージがあるが、実は警備・公安当局も利用していた。レポ船主はそれぞれ警察、海保、公安調査庁、自衛隊などと結び付き、ソ連はどんな情報をほしがっているか、北方領土に新しい施設はできていないか、などを聴き取った。レポ船主側にすれば、日本で摘発を逃れる「保険」でもあった。

そんなレポ船と警備・公安当局の隠された結び付きが一九八〇年、明らかになる。

根室署と道警釧路方面本部は同年一月、レポ船の元締の一人、清水一巳と、配下の底刺はえ縄漁船の船長と機関長（いずれも根室市在住）の三人を、関税法、検疫法違反の疑いで逮捕した。清水は木村文雄の船の元機関長で、一九七〇年に独立し、レポ活動を続けてきた。

清水ら三人が逮捕された約三週間後の二月二日朝、旭川地方公安調査局のF第二課長（当時51歳）が旭川市内の自宅で首をつって死んでいるのを、家族が発見した。自殺のきっかけとなったのは、清水の家宅捜索で発見された二通のコピーだった。コピーは海上保安庁、道警、自衛隊の組織編成、人員、船舶数、戦力などに関する公安調査庁の資料だった。警察が入手先を追及すると、清水はF課長の名前を挙げた。

F課長は七三～七五年、七七～七九年の二回にわたって、釧路地方公安調査局で外事・右翼を担当する第二課長のポストにあった。自殺したのは、釧路地検の担当検事から事情を聞かれた二日後だ。

情報を得る見返りは情報だった。F課長はソ連側の情報を収集する中で、清水の求めに応じて、日本側の情報を流すようになったとみられた。

釧路地検は摘発三カ月後、清水と船長を道海面漁業調整規則違反（無許可操業）と検疫法違反の罪で、根室簡易裁判所に略式起訴し、残る機関長を起訴猶予とした。略式起訴は公判が開かれない。事件の全容、レポ船主と公安調査官との関係は闇の中に封印された。

特攻船の登場

レポ船がこっそりと、しかし幅を利かせて「国境」の海で活動していた一九七八（昭和五十三）年秋、「特攻船」と呼ばれる小型高速船が登場する。

根室市内の暴力団組長と、漁師のK兄弟が開発した。長さ三三尺（約一〇メートル）、二～五トンの繊維強化プラスチック（FRP）製の船体に二〇〇馬力の船外機二基を取り付けた。ソ連の警備艇に追われても、四〇～五〇ノット（時速七四キロ～九三キロ）という猛スピードで海面を飛ぶように走り、警備艇の追跡を振り切る。追い詰められても、小回りを利かせて浅瀬に逃れ、タイミングを見計らって中間ラインの北海道側へ走った。日本の巡視船に発見されると、こんどは中間ラインのソ連側へ周り、巡視船の追跡をかわした。

組長とK兄弟の成功を知ると、他の暴力団や「不良漁民」と呼ばれる漁協の組合員、その子弟も相次いで参入し、翌七九年になると特攻船は三〇隻程度に増えた。

特攻船のターゲットは当初、ウニだったが、次第にカニに変わっていく。一九八六年、北方四島に囲まれた好漁場の三角水域が禁漁になり、マダラ刺し網を隠れみのにして密漁されていたカニが揚がらなくなった。品不足からカニの値段はじわじわと値上がりし、特攻船も稼ぎがいいカニ漁に切り替えたのだ。

「より遠くへ、より多くの水揚げを」と船体は三三尺型から三六尺型（約一一メートル）、さらに四〇尺型（約一二メートル）へ大型化し、船外機も二基から三〜四基へ増えていった。

特攻船は根室の経済を潤した。船外機は一基一八〇万円、一回の出漁で消費するガソリン（ハイオク）は約一〇万円になった。刺し網からカニを外す「網外し」のパート代は、当時の相場の二倍の時給一〇〇〇円。水揚げされたカニは闇の仲買業者を通じて、正規の流通ルートに乗った。根室のカニ販売業者によると、一九八〇年代後半、特攻船がとってくる密漁ガニは根室市内で水揚げされるカニの九割以上を占めた。

道と一管本部、道警本部が一九九〇年六月、特攻船の実態調査をしたところ、活動していたのは三〇グループ三六隻。このうち、暴力団系は一〇グループで、残りは正規の漁協組合員、その子弟たちだった。一グループの水揚げ金額は年間一〜三億円と推定され、特攻船全体の水揚げ金額は三〇〜四〇億円になった。これにガソリンスタンドの売り上げ、水産加工、観光など関連産業への波及効果を考慮すると、特攻船は「一〇〇億円産業」ともいわれた。

対ソ・カード

ソ連は特攻船による相次ぐ「国境侵犯」「密漁」にいらだちを強めていた。

道と国境警備隊との洋上交流、貝殻島周辺コンブ漁をめぐる日ソ民間交渉の席上などで特攻船問題を取り上げ、日本側に取り締まりの強化を求めていた。

そんな一九八八年夏、北海道水産会副会長の所司栄四郎（しょじえいしろう）は外務省を訪れた。当時、根室地方の八漁協は、北方四島に囲まれた三角水域でカニ漁の再開を求めていた。その手段として提案していたのが、日ソ共同資源調査という形式で、ソ連側に事実上の入漁料を支払う見返りにカニをとらせてもらう計画だった。ところが、外務省は「領土問題に悪影響を与える」などと反対していた。

所司は「共同資源調査が実現すれば、特攻船対策にもなる」と陳情した。返ってきた言葉に所司はあぜんとした。

「（密漁を）やらせておけばいいでしょう」

そう言い放ったのはソ連課長の東郷和彦だった。

当時、日ソ関係は最悪だった。二年前、警視庁はソ連通商代表部（東京）の部員らが絡むスパイ事件二件を摘発した。これに対し、ソ連は在モスクワ日本大使館の防衛駐在官と、日本の大手商社モスクワ事務所次長の二人に、偵察や機密収集を理由に国外退去を求めた。日本大使館員に対する正式な国外退去命令は戦後、初めてだった。

東郷は考えた。日ソ関係が冷え切った中で、ソ連側の要請に応じて特攻船対策をする必要ない。むしろ、放任してソ連を刺激していたほうがいい、と。特攻船は「対ソ・カード」にもなっていた。

特攻船壊滅作戦

根室の経済に貢献し、「一〇〇億円産業」とまで呼ばれるようになった特攻船。その終焉は意外な形で訪れる。

一九九〇年六月、北海道知事横路孝弘はソ連を構成する一五共和国の中で最大のロシア共和国の公賓として、モスクワを訪問した。ソ連国内で、共和国の権限が強化される時流をとらえ、北海道とロシア共和国との関係強化を狙った訪問だった。横路が訪ロした二日前、最高会議議長エリツィン率いるロシア共和国は「共和国の憲法・法律が連邦政府の憲法・法律より優先する」などとした主権宣言を採択していた。

横路はソ連閣僚らと会談する中で、北方領土・国後島の地区議会議長が共産党書記長ゴルバチョフに対し、「小火器を使用してでも、日本漁船による密漁を阻止してほしい」と要請していることを知った。その密漁船とは特攻船のことだった。


国境警備隊が銃撃をすれば大変なことになる。横路は帰国すると、すぐに水産庁長官京谷昭夫、外相中山太郎と会い、特攻船対策の必要性を訴えた。

そのころ、冷え込んでいた日ソ関係に改善の兆しが見えていた。九〇年九月には外相シェワルナゼが訪日し、翌九一年春にはゴルバチョフの訪日も予定されていた。

外務省欧亜局長の兵藤長雄は「シェワルナゼ訪日の前に手を打てないか」と逆に横路に持ちかけた。「対ソ・カード」の一つだった特攻船は排除されなければならない存在に変わっていた。

北海道水産部が中心になり特攻船壊滅作戦が立案された。東京では外務省、水産庁、海上保安庁、警察庁、札幌では道水産部、第一管区海上保安本部（一管本部）、道警本部、根室では根室支庁（現根室振興局）、根室海上保安部、根室署の各担当者が対策を検討し、役割分担などが決まった。そして、一九九〇年九月四日、根室支庁で根室海上保安部、根室署、関係漁協などの担当者が出席して漁業秩序確立連絡会議が開催され、特攻船壊滅作戦が始まった。

漁業法、漁船法、船舶安全法、電波法、消防法など適用可能な法律をフル適用する一方で、二〇〇馬力の船外機を販売していた北海道ヤマハ、その親会社ヤマハ発動機の役員、幹部に対し、「このまま特攻船と関わるのであれば、密漁ほう助罪で調書をとらなければならない」などと指導し、販売・修理の中止を求めた。

作戦は成果を挙げ、翌九一年四月、ゴルバチョフが訪日したころ、三六隻あった特攻船は一部の暴力団系を残して、事実上、消滅する。

冷戦の落とし子

特攻船が横行する中で、ソ連側は次第にレポ船を整理していく。そして、一九九〇年、最後のレポ船だった二隻が活動を終了する。その元船主の一人（77歳）は「ソ連はすぐに方針を変える。潮時と思った」と振り返る。

最後のレポ船が消え、特攻船壊滅作戦がスタートしたのは、いずれも九〇年。その前年の八九年十一月、ベルリンの壁が崩壊し、十二月には地中海のマルタ島でブッシュ、ゴルバチョフの米ソ両首脳が冷戦の終結を宣言した。ソ連と渡りを付けて活動したレポ船と、ソ連警備艇と正面からぶつかり、「対ソ・カード」ともなった特攻船。性格はまったく異なるが、いずれも東西冷戦が生んだ存在だった。冷戦とともに消えなければならない存在だったといえる。

特攻船の消滅によって、「国境」の海は一時、静けさを取り戻した。しかし、カニの供給を特攻船に依存していた根室の関係業者からは悲鳴が上がる。一九九〇年九月初め、壊滅作戦が始まると、花咲ガニの浜値は一キロ一〇〇〇円前後から急騰し、同月下旬には四〇〇〇円を超える事態になった。観光客でにぎわっていた根室駅前のカニ市場はシャッターを下ろす店が相次いだ。ツアーを取り消される旅館も出てきた。

特攻船に代わって、カニ供給の担い手になったのはロシア船だった。

ソ連大統領ゴルバチョフ訪日の二カ月余り前、一九九一年二月六日、外務省から根室市や稚内市など関係自治体へ「外交官を除く民間人に限って、立ち入り規制を緩和する」と通告があった。戦後、根室や稚内、それに日本海沿岸の主要な町は「相互主義」という外交慣例に基づいてロシア人に閉ざされた町だった。このため、根室も稚内も原則としてソ連船の入港ができなかった。

外務省欧亜局長だった兵藤長雄は「大統領に同行して来日するソ連の報道関係者は多い。根室を閉じておくより、記者たちに現地を見てもらったほうがいいと考えた」と語る。

根室市の花咲港に規制緩和後、第一号となるソ連の貨物船が入ったのは大統領の訪日を一三日後に控えた四月三日だった。積んできたのは花咲ガニ、毛ガニなど約一・二トン。これを皮切りに根室、紋別、稚内などへカニ、ウニがどんどん持ち込まれるようになる。

函館税関のまとめによると、九一年に根室・花咲港に輸入されたカニは一六四・九トン、二億八〇〇〇万円だったが、九二年になると、一一六〇・三トン、一一億八〇〇〇万円と急増した。根

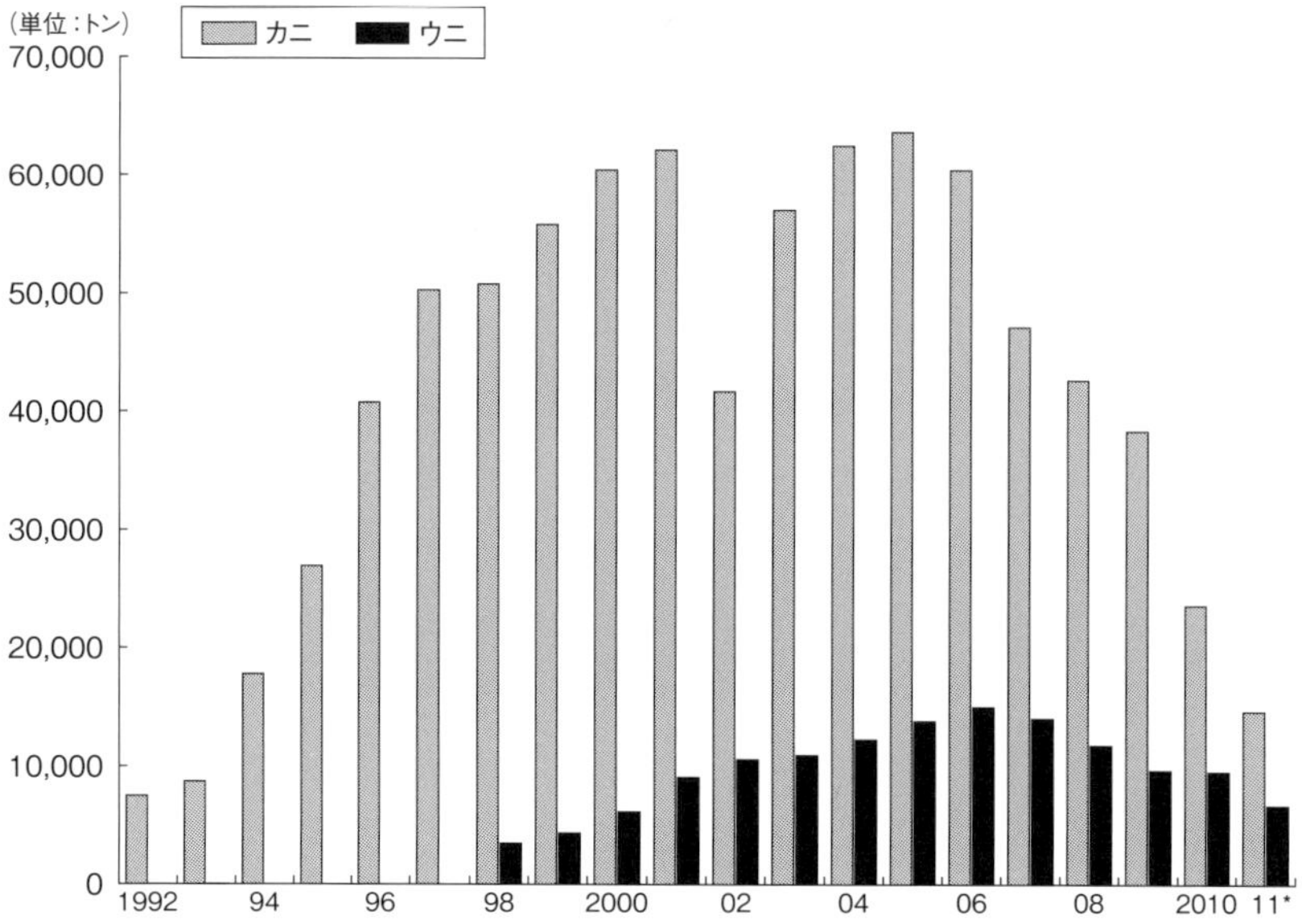

根室・花咲港におけるカニ・ウニの輸入量

函館税関の資料より。

室のカニ関連業者も息を吹き返した。

ロシアの密漁船

カニの輸入量はその後も、伸び続ける。根室へ持ち込まれたカニは二〇〇〇年には九二年の五・二倍、六〇一一トンへアップ。稚内、紋別など北海道全体の輸入量は同八倍の六万四三六トンに達した。

ところが、この大部分は密漁と見られた。多くのロシア船は漁場から根室や稚内など道内各港へ直行した。漁船が日本の港へ水産物を持ち込む場合、「外国人漁業の規制に関する法律（外規法）」によって、出港地の税関で発行された「積み出し証明書」（ＰＣ＝ポートクリアランス）がないと認められない。ところが、ロシア船は船内でＰＣを作った。

輸入のうち、密漁ガニは一体、どれくらいあるのか。元北大スラブ研究センター教授の荒井信雄の調査よると、一九九八年～二〇〇一年の四年間の平均で、ロシア側の統計によるカニなど甲殻類の対日輸出額は一億九〇〇万ドル（一ドル＝七七円で約八三億九千万円）だったが、日本側の統計ではロシアからの輸入額は五億五九〇〇万ドル（同約四三〇億四千万円）だった。密輸出分は日本の輸入額の八〇・五％と推計された。

ロシアから持ち込まれるカニ、ウニは根室経済を潤した。根室市と根室信金（現・大地みらい信金）などが二〇〇〇年一月、まとめた経済効果（一九九八年分）によると、ロシア人船員の買い物や、根室から全国へのカニ販売など直接、間接効果は九三億八八〇〇万円だった。

かつて特攻船は「一〇〇億円産業」と言われたが、その座はロシアの密漁船が取って代わった。

警備隊と密漁者の癒着

こうしたロシア船によるカニ、ウニの密漁、密輸出について、ロシア側は危機感を強め、主な輸出先である日本に密漁防止へ協力を求めた。これを受けて、日ロ両政府は二〇〇二年三月、PCに代えて、ロシア税関発行の「貨物税関申告書」添付の義務付けを決めた。

新たな措置は同年四月一日からスタートした。この措置によって、輸入量は一時、急減し、カニ価格の上昇、釧路ではカニの輸入・販売業者の倒産などが起きたが、翌〇三年になると、輸入量はほぼ〇一年の水準へ戻った。ロシアの密漁者も手をこまねいてはいない。貨物税関申告書も偽造するようになったほか、漁具を外したり、船内に隠して、漁船ではなく貨物船（運搬船）として入港する船も増えた。漁船でなければ貨物税関申告書の提出は必要がない。

なぜ、密漁を根絶できないのか。根本原因は密漁者と国境警備局の癒着にある。

かつてロシア漁船でカニかご漁の操業指導をしていた元漁業者によると、例えば、四〇トンを水揚げしても、操業日誌には小さい文字で四トンと書き込む。警備隊の臨検を受けると、操業日誌に百ドル札を入れた賄賂の封筒を挟んでおく。封筒の厚さで金額が分かるため、少ないと警備隊員は受け取らない。船にはいつも五万ドルほどが用意されていた。

賄賂が効きそうにない場合は、チェックを受ける直前、魚倉の数量と合致するよう、操業日誌に大きな文字で「三九・」と書き入れる。すると、当初記載の「四トン」は「三九・四トン」となる。

ロシア船は出漁すると三〜四カ月は沖で操業し、とったカニを運搬船に引き渡す。運搬船は数隻分をまとめて、北海道の港へ運ぶ。元漁業者は「船の正規のカニの割り当ては一四〇トンだったが、その一〇倍以上はとっていた」と証言する。

とはいえ、最近は取り締まりが厳しくなってきたのも事実だ。それはロシアから道内各港へのカニ、ウニの輸入量の減少という形で現れている。

二〇一〇年のカニ輸入量はピーク（〇五年）の約三分の一、二万三六三四トン、ウニはピーク（〇六年）の約三分の二、九五五五トンまで落ち込んだ。

輸入カニを扱う業者によると、賄賂を受け取らない警備艇の船長も増えている。一方で、水産マフィアと飛ばれる密漁者グループの寡占化が進み、あるグループが警備隊と癒着して、別のグループを追い落とす動きもあるという。

ビザなしで経済交流を提言

根室・花咲港へ持ち込まれるカニもピーク時の八分の一、ウニは六割へ激減した。やってくるロシア人船員も少なくなった。根室市が九二年、船員らを対象に花咲港に開設した案内所の二〇〇〇年のロシア人利用者はピーク時の三割以下、五〇七人。一一年はさらに利用者が減っている。

根室市、根室商工会議所などは二〇〇〇年、カニなどの輸入の経済効果（一九九八年分）を九三億八八〇〇万円と推計したが、その「ロシア効果」にいま、大きな陰りが見えている。

根室市は二〇〇六年、領土問題の「再構築提言書」をまとめた。最大のポイントは、ビザなし交流の枠組みでの北方領土との経済交流の実現だ。

ビザなし交流は、来日したゴルバチョフが一九九一年四月、日ロ首脳会談の中で提案し、翌九二年四月から始まった。現地住民の交流を進めて相互理解を深めることで、領土問題解決への環境を整備する狙いがある。

日本政府は一九八九年九月、「北方領土問題の解決まで」、ビザを取得して北方領土への入域を自粛するよう閣議了解している。ロシア政府が発行するビザをとって、北方領土を訪問すればロシア政府の管轄権を認めること、北方領土がロシア領土だと認めることになるからだ。

ビザなし交流は、ロシア政府が発行するビザに代えて、日本政府（外務省）が発行する「挿入紙」と、パスポートに代わる「身分証明書」で北方領土へ渡ることができる特別な枠組みだ。

二〇一一年までの二〇年間で、この枠組みで元島民とその家族、返還運動関係者、報道関係者、各種専門家ら日本側から二五九回、一万四二〇人、四島側から住民、行政関係者ら一七九回、七六五三人の計一万八〇七五人が相互往来している。ただし、日本政府は経済交流を認めていない。

根室市長の長谷川俊輔は「ビザなし交流は二〇年やって、確かに友好親善は進んだが、領土問題解決に寄与するという本来の目的は果たされていない。経済交流をすることで、本当の意味での、領土問題解決に向けた環境整備につなげる、という考えなのです」と語る。

経済交流を実現することで、疲弊した根室経済を立て直したいという狙いもある。かつて一九六〇年代後半に五万人に迫った根室市の人口は八七年に四万人を割り込み、二〇一〇年には三万人を下回った。長谷川はいう。「根室の経済的な疲弊を打開しないと、返還運動を担っていく責任も果たせなくなる。ロシア側が喜ぶだけでしょう」。

根室は戦後、領土問題という制約の中で「国境」交易が禁じられ、レポ船、特攻船、そしてロシアの密漁船と、いわば密漁という「裏経済」で支えられてきた。ビザなしの枠組みでの経済交流の実現は、その構造を脱却し、「表の交易」に活路を開こうとする宣言と言える。

だが、外務省はビザなし以外でも「北方四島のロシアによる管轄権を認めることになる」と根室に限らず北方領土への資材、物資の直接輸出を認めようとしない。実現への壁は厚く、高い。

続く拿捕・銃撃事件

「国境」の海を舞台にした拿捕・銃撃事件は続いている。

二〇〇六年八月十六日早朝、北方領土・貝殻島北側の中間ライン付近で、根室のカニかご漁船「第三一吉進丸」（四・九トン、坂下登船長ら四人乗り組み）がロシア国境警備隊の銃撃を受け、甲板員（当時35歳）が死亡した。死者は五〇年ぶり。全国に衝撃が走った。

この事件の二日前の十四日夜、銃撃を受けた吉進丸とほぼ同じ水域で操業している根室のカニかご漁船がいた。

その日はなぎ、視界五〇メートルほどの濃霧だった。かごを揚げていると、船長がレーダーのモニターに映った影に気づいた。ロシアの警備艇であれば、太い線になるが、それはペンで引いた筋のようだった。「これはなんか、ヘンだぞ。気味悪いな。離れるか」。カニかご漁船は数十メートルだが、中間ラインのロシア側に入っていた。船長の指示でUターンし、揚げていたかごを海に戻し、急いでラインの北海道側へ走った。

そのときだった。突然、空に照明弾が三発上がった。本来ならば緑色のそれは、霧と混じり合って、薄い黄緑色に輝き、暗い夜空を淡く彩った。まるで、霧の中にあがった花火のようだった。

「やはり警備艇だったのか」。船長と乗組員はほっと胸をなで下ろした。照明弾ではなく、銃弾であれば確実に撃たれていた。「これはだれか、やられるぞ」と船長はつぶやいたが、その懸念は二日後、吉進丸の甲板員が銃撃死するという悲劇的な形で現実になる。

吉進丸はゴムボートに乗って接近してきた警備隊員二人の銃撃を受けた。レーダーに細い筋しか映らなかったのは、電波を反射しにくい小さなゴムボートだったからだ。

吉進丸は拿捕され、乗組員三人は一四日後、坂下も裁判を受けて一カ月半後の同年十月初め、釈放された。船体は没収された。

ロシア国境警備局は「再三の停船命令にも従わず、逃げようとしたので警告射撃をしたところ、その流れ弾が（甲板員に）当たった」と主張した。だが、根室海保が三人から事情聴取を重ね、独自に入手した吉進丸の写真を分析したところ、銃撃の状況は次のように推測された。

吉進丸はカニかごを海に入れているときに、警告射撃もなく、突然、銃撃された。照明弾も一発あがったが、銃撃と同時で、乗組員一人しか気づかなかった。銃撃は人のいる船橋付近に集中し、甲板員はバリバリという機関銃の音に気づいて、船橋の陰から顔を出したとき、頭に銃弾を受けた。

乗組員らの証言では、警備隊員が酒に酔っていた疑いも浮上した。警備局が吉進丸の船体を没収したのは、「警告射撃をした」という説明との矛盾を隠そうとしたためではないか、とみられた。

それから四年後の二〇一〇年一月二十九日、日ロの政府間協定に基づき、国後島沖のロシア主張領海内で操業していた羅臼のスケソウ刺し網漁船二隻が銃撃を受けた。ロシア側によると、国境警備隊のヘリコプターが区域外操業をしていた二隻を発見。停船命令を無視して北海道側へ逃げようとしたため、警告射撃をした。

けが人はでなかったが、それは吉進丸事件のときとは違い、ヘリが人のいない船首と船尾を正確に狙ったためだった。

日本政府へ向かう怒りの矛先

ロシアの大統領メドベージェフは二〇一〇年十一月一日、北方領土・国後島を訪れて、水産加工場、学校、病院、商店などを回り、住民とも対話した。その中で、大統領は「(ロシア人の)住民が島にとどまり、中央ロシアと同様に生活できるようにする」「発展のため、必ずここに資金を投入する」などと述べた。旧ソ連・ロシアの国家元首として北方領土を訪問したのは初めてだった。

同日、元島民ら約二五〇人は風雨の納沙布岬で抗議集会を開いた。怒りの矛先はロシア以上に日本政府へ向かっていた。元島民と、その二世、三世らでつくる千島歯舞諸島居住者連盟(千島連盟)理事長の小泉敏夫は「日ロ間で領土問題が一歩でも進んでいれば、こんな事態に至らなかった」と批判した。

日ロの領土交渉は、二〇〇二年に元衆院議員鈴木宗男、元外務省主任分析官で作家の佐藤優らが逮捕された一連の事件以降、まったく進展していない。それどころか日ロ関係は「戦後最低レベル」(外務省欧州局参事官の上月豊久)に落ち込んでいる。

冒頭に登場した元色丹島民の得能宏も、抗議集会に参加した。それでも得能は二〇一一年九月の連合主催の集会ではこう訴えた。

「元島民は政治に対する期待は決して、失ってはおりませんし、まだ、期待と失望の連続かもしれませんけど、それでも、われわれ元島民は(返還への)思いを(持ち)続けていく」

政治は現地・根室が経験してきた苦悩の歴史と、今も続く厳しい現実をどう受け止め、元島民、住民の期待にどう応えていくのか。現地に立つと、領土問題解決に向けた熱意も、意欲も、真剣さも、誠実さも何も感じられない。(文中の敬称は省略しました)

知床半島から国後島を望む

Photo by Kaoru Ito

領土問題と地元・根室の声
【「ビザなし特区」による経済交流】

遠藤輝宣

えんどう・てるのぶ　一九五四年北海道根室市生。一九七二年、北海道根室高等学校卒業。前根室市議会議長、新党大地根室支部長。

ロシアのメドベージェフ大統領が二〇一〇年十一月一日、北方領土・国後島に上陸した。それは、元島民をはじめ根室市民、返還運動関係者の思いを逆なでする暴挙で、最前線の街・根室では即日、抗議行動を取った。指呼の間に臨む納沙布岬は強風が吹き荒れ、たたきつけるような雨が降っていた。まるで市民の怒りを代弁しているかのようであった。深いしわの刻まれた元島民らがこぶしを振り上げる映像は全国中継で放映された。

怒りは全国民に伝わったと思う。だが、単なるパフォーマンスで終わってしまいそうな危惧があった。横浜でのＡＰＥＣは目前に迫っていた。「この際、地元の思いをきちんと国に伝えておく必要がある」。私はそう思った。

大統領が国後島入りをするという情報は、ロシアの新聞などで報道されていた。なのに、外務省は「ＡＰＥＣの前にそんなことはするまい」と勝手に判断し、何の策も講じていなかった。

「外務省がこれでは領土交渉は進まない」。私は根室市議会議員時代の〇六年、定例会一般質問で領土問題の解決方法について思い切った質問をしたことを思い出した。その前年、当時のプーチン大統領は、歯舞・色丹の二島については、日ソ共同宣言（一九五六年）で両国議会が批准したことであり、引き渡しに応じる、との意向を表明していた。だとすれば、まず二島を返してもらい、残りの二島については継続協議をすれば良い。その方が「一括返還」にこだわるよりはるかに国益にかなう、と考えたからである。もちろん四島の帰属の確認は最優先で行わなければならないし、戦争状態の終結を意味する平和条約は、二島が返還された段階では結んではならないことは言うまでもない。このやりとりは、全国紙やインターネットでも取り上げられ、外務省から市役所に「真意を聞きたい」と連絡が入るほどだった。

あれから五年が過ぎた。今度はロシアの大統領が「日本固有の領土」に土足で踏み入れたという事実に、国がどう臨むかである。「まずは地元の怒りを伝えなければならない。すぐに行動に移すべき」。水面下でそう市に働きかけた。政府、北海道、さらにはロシア大使館にも強く抗議した。

思い起こせば、戦後間もないころ根室

町長だった安藤石典氏がＧＨＱのマッカーサー司令官に対し、「一日も早く米軍の保障占領下に置かれんことを」と直談判した日が、一九四五年十二月一日のことだった。

五年前、私は考えた。北方領土問題の解決に向けて一歩を踏み出した「この日」に東京でアピール行動を取ってはどうか、と。領土問題は単なる一地域の問題ではなく、国の主権の問題である。全国民にそう理解させるには、やはり東京でなければならない。

そして〇七年二月七日の「北方領土の日」、都心を街頭行進する「中央アピール行動」が始まった。〇八年度からは十二月一日に改めた。年々参加者は増え、一〇年度は五〇〇人超が四七都道府県の旗を携えて銀座を練り歩いた。ところが、地元がこれほど必死になっているのに、外務副大臣が来たのは六年目のことで、外務大臣は未だ来ていない。

領土返還の見通しが遠ざかる中、いま地元が何を求めているか。

そもそも北方領土問題に精通している政治家がいないことが大きな問題だ。唯一熱心に取り組んでいたのは鈴木宗男氏ぐらいだ。後にも先にも鈴木氏ほど真摯に取り組んだ政治家は見当たらないが、なぜ国民の信託を受けた国会議員が問題視しないか、不思議でならない。

領土返還の見通しが遠ざかる中、いま地元は何を求めているか。それを最後に記しておきたい。実は、根室市は北方四島と経済交流さえできない。同じような境遇にあった稚内市は九一年に経済交流が可能となり、いまやサハリンとの間で活発な経済活動が行われている。対照的に根室市は、北方領土問題があるために、経済活動そのものが禁じられているのである。だが、不思議なことに、四島からの水産物は〝輸入〟されている。日本の関税法に、「北方領土は当分の間、外国と見なす」という条項があり、水産物は〝輸入〟できるのに、日本人による経済活動は封じられている。まさしく片肺状態にある。隣り合わせにある地域との間で正常な経済活動ができない、という不利益は計りしれない。

一方、「日本固有の領土」がロシアの手で乱開発されている、という現実がある。ロシアは〇七年、「クリル諸島社会経済発展計画」に着手。インフラ整備が着々と進む。このままでは中国や韓国など第三国が進出しかねない。

ことは急を要する。根室市長との間で「ビザなし交流と同じように、日本の主権を害さない形で『ビザなし特区』のようなものを創る必要がある」との認識で一致した。構想を実現するためには、市長を先頭に「オール根室」体制で取り組むしかない。戦後六七年間、返還運動の先頭に立って来た地域として、それは当然の権利だと思う。特区構想を糸口にすれば、領土交渉にも新たな進展が出て来るに違いない。

占領下・勇留島からの決死の脱出

鈴木寛和

●すずき・ひろかず 一九三一年勇留島生。一九四八年道立根室高校卒業。千島歯舞居住者連盟副理事長。

歯舞群島の二番目に小さい島

私の生れ育った、勇留島は歯舞群島（五島からなり一〇〇平方キロ）の中でも二番目に小さな一一平方キロの島である。

いまだかつて一度も日本国以外の領土となったことがないわが国、固有の領土、択捉、国後、色丹、歯舞郡島である。六六年を過ぎた今日、日本国の領土である北方四島にはロシア人だけが住んでいる。なぜ……当時のソ連邦によって不法に占拠され多くの島民が強制的に島を追い出され、一九四五年から一九四八年の三カ年の間に一人の日本人を残すことなく、日本人の居住していた痕跡をも残さぬよう破壊したのである。後に行なわれた墓参でも墓の多くが破壊され、現在に至っても墓の所在が判明しないものもある。

私が居住していた勇留島・税庫前は、色丹島の穴澗湾に良く似た天然の港になっていた。時化になると志発島、水晶島の船舶が避難のため多く利用していた。島民五〇〇名余りが居住し、ほとんどが越冬組であった。沿岸漁業を中心に機船漁業も多く、当時五トンから一五、六トンの動力船も二〇隻近くあり、沖合漁業も発達し、現在の漁場開発の基礎となったものも少なくない。

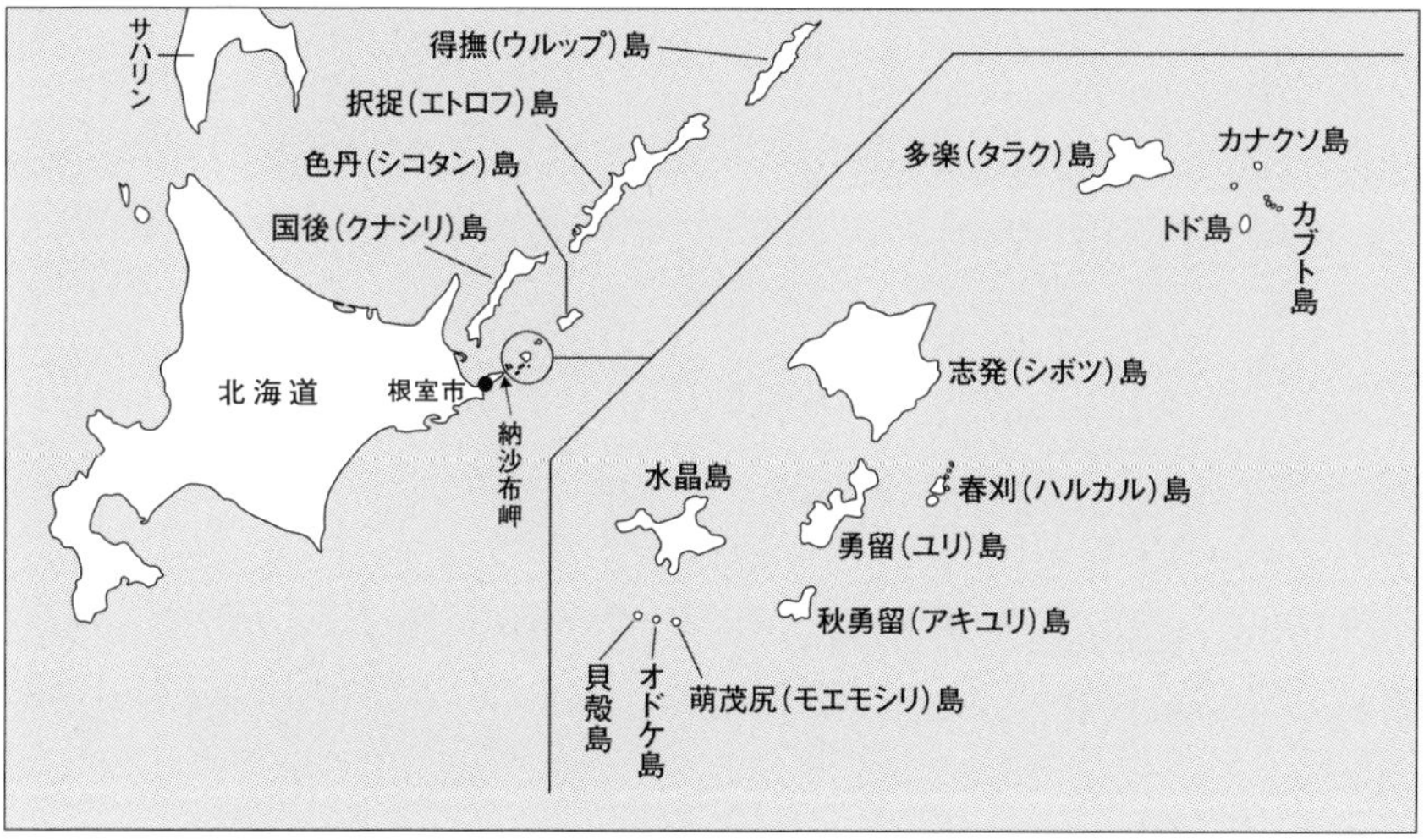

歯舞群島

ソ連占領下での出来事

ソ連軍が占拠して以来、夜間外出はもちろん、昼間の島内の通行についても、大きなスタンプを押した通行証がなければ何処にも行くことのできない制約を受けた。

一九四五年十一月下旬、復員軍人を戦犯と称し連行するような行動があった。勇留島にもソ連軍高級将校（ゲベユウ）五、六名がやって来て、「佐藤という日本兵がいるだろう、戦犯として連行する」とのこと。当時、島の代表をしていた父と島民の数名が聞かれ、「佐藤という名の人はいたが兵隊ではない。加藤という名の復員軍人はいたが、その人はソ連軍が島に来る以前に北海道に引き揚げて今は島にはいない」と、時間にして二時間余り押し問答した結果、彼らがそう理解したかどうかは判らないが、その場を去った。再度、ソ連軍が調べに来ることは予測できた。本人は在島していたのである。どこかの日本人側に情報を聞いての調査であることは窺えた。直ちに本人を島から脱出させることに成功し、事なきを得た。

その後、間もなく志発島・西浦にあるソ連軍本部から五、六名の将兵と民間人一人が来島、島民の男女若者二〇名程をコンビナート工員として連れて行くとのことに島内は大騒ぎとなった。ソ連軍の勝手にはさせられぬと相談の結果、二〇名を志発島、色丹島に派遣することとしたのである。大変な決断である。

十二月初旬に大きな事件が起きた。ソ連軍内に酒類の不足を生じ、日本人を使い、米二〇俵（一二〇〇キロ）を小型船に積み込ませ北海道に密航させ、その米を売ったお金で酒を買って帰れとの命令を受け、四日間かけ根室からドラム缶入りメチールアルコール二本を持ち帰った。

その夜、将校六名でさっそく試飲会をやったようである。やがて一時間余り経過した後、その場で四名の将校が急性アルコール中毒死をした。志発島には医師はおらず、生き残った二名を国後島泊村にあるソ連軍司令付病院に移送するため父に「早急に船を出して泊村の病院に行ってくれ」との連絡である。

十一月、十二月中旬頃までは島も夜明けは遅い。真っ暗な午前二時、志発島に向け出航、父のほか三名が乗組んだ。志発島・西浦に到着後、直ちに二名を船内に収容、国後島泊村に向け急行したが、到着寸前で船内で一名が死亡したのである。生き残った一名は志発島駐屯部隊長（マレンコフ中尉）であった。後に話として聞いたところによると、一兵卒に降格後に、シベリアに送られたようだ。

決死の脱出計画

十二月初旬極東軍と入れ替わりに国境警備隊が配属され、監視体制は一段と厳しく、「あなた達はソ連国籍となり財産は総て国のものとなります」と言い渡された。時すでに遅く、その時点の脱出は極めて困難であった。監視が厳しい上に時期も悪く、時化が長期化する、危険この上もない最悪の条件である。

何としても島を脱出しなければならないとの考えから、島内において脱出計画が進められた。流氷の時期を避け、闇夜を狙うということである。その条件を満たすのは年明け四月二十日が適当と判断された。強制労働に連行された者たちのことも協議されたが、残して行くより方法がない、との結論に達したのである。

島民四三〇名余りを一挙に脱出させるためには船の数がどうしても一〇隻は足りない。北海道との連絡要員として私の叔父二人が島を脱出し、その連絡と手配をすることとなった。

やがて約束された四月二十日が来た。一隻の船に何家族も乗船させ、午前二時一斉に島を離れたのである。通常、根室港まで所要時間は三時間余りのところ、六時間から七時間を要した。小さな磯船一隻、二隻を曳船しての脱出である。

未帰還者と無責任な政府

引揚後二、三年が過ぎ、残された若者二十数名のうち一六名が樺太経由で送還されて来た。しかし四名（男子一名、女子三名）が未帰還となった。佐藤重夫、石黒タカ、七条光子、太田京子四名

根室市上空から歯舞群島を望む

（写真提供・根室市）

は、就労中死亡し、菊地千恵子は、一九四八年八月に帰国したものの、三カ月後に死亡した。重労働による過労と栄養不足による結核の発病が原因とされている。

昭和三十二年七月に北海道庁厚生部から一係官が来根。今の商工会館（当時の梅谷会館）にて事情聴取がされた。来根の際、係官は、「現在我が国とソ連邦との間に国交が全くない。したがって、この件についてはソ連側が補償すべき問題であり、今はどうすることもできない。政府とも協議の上、改めて回答したい」といい残した。

だが、その後、現時点に至るまで、何ら回答はなく、未解決のままである。遺族は今日に至っても、死に損なのか、と怒りと思いを訴えている。

大きな犠牲の上に六六年が過ぎようとしている今日、領土問題は一向に進展していない。我ら島民にとっては、北方四島返還なくして戦後は終わらない。

国後と根室をつなぐ海底電線

【父がソ連人と共生した二年間】

久保浩昭

くぼ・ひろあき　一九六八年生。旧逓信省千島回線陸揚庫保存会。

晴れた日には北方領土・国後島を望むことができる北海道根室市ハッタラ浜に長い間、放置された建物が残っている。周囲には雑草が生い茂り、潮風に洗われ、モルタルは剥がれ落ち、人の出入りなどない建造物。手を加えられたわけでもなく、ただ朽ち果てるのを待っているかのようだ。

日露戦争が終わりロシアと日本の国境が択捉島の北側に定められた明治後期、北海道の標津町から国後島経由で択捉島の最北端まで海底電線が敷設された。

ところが冬になると大量の流氷が海峡に入り込み、海底電線が切断してしまう事故が多発し、北海道側の陸揚げ基地を流氷の影響の少ない根室へと移した。そのときに建てられたのが、「逓信省千島回線陸揚庫」である。

調べたところ、電線はドイツ製、建物の図面はイギリス製らしい。古いヨーロッパ建築を思わせる外観で、内部は漆喰で仕上げられている。当時の日本の外交状況を思わせる歴史的な建物であるのは言うまでもない。

建築工学の分野では北海道で最古のコンクリート建造物であるという事が判明した。その後、運良く電線の一部を入手する事ができた。試しにインターホンの線を繋いでみると相手方の声が鮮明に聞こえた。電線は「生きていた」のである。

私は元島民二世で、幼少の頃から北方領土の話は父から嫌と言うほど聞かされていた。父は九歳で失明し、終戦を島で迎え、以後昭和二十二年まで国後島のケラムイ岬で生活していた。目が不自由な分、よりリアルに平和な島での生活をいつも楽しげに私に話し聞かせてくれた。

ホタテ漁が盛んだった為、貝殻がうず高く堆積した山に冬になると雪が積もり、スキーで遊んだ思い出。目の不自由な父でも、海岸で網をたぐるとエビが山ほど捕れた事など。そんな話を聞くにつれ、根室育ちの私は「宝島」をイメージしていた。その宝島と交信していたのが紛れもなくこの建物なのである。

この建物と出会ったのは高校生の頃だった。晴れた日に友人と海岸まで行き、海を見ながら弁当を食べていて見つけた。当時はこの建物が父の故郷と繋がっていたとは思いもしなかった。

長年、気にかけていた建物だった為、図書館へ行き、古い郷土資料を読む事で、根室と国後とを繋いでいた重要な建物である事が分かった。

数年後、ソ連邦が崩壊し、北方四島とのビザなし交流が始まった。平成六年の北方墓参で国後島を訪れるチャンスが初めて巡ってきた。それも父と二人で。国後へ向かう船の中で父は、半世紀前の記憶を言葉と感覚で私に説明した。貨物船に乗せられ、寒さに震えながら引き揚げてきた島の事を。

国後島の島影が霧の中から浮かび上がると船内は大騒ぎになった。生家のあった場所、父祖の墓の場所、母と歩いた道……。ここに何があった、あそこに何があったと記憶がよみがえって来るようであった。自分の目で見ることができない父から「今はどうなっている?」と聞かれ、何度も何度も情景を説明した。

初めて島の土を踏んだとき、懐かしいような気持ちと妙に新鮮な気持ちとが入り交じっていた。ソ連軍の不法な侵攻がなかったら、私はここで生まれ育ったのだろうなぁという感情が湧き上がってきた。まるで父の魔法にかけられた気分であった。見るもの聞くもの、夢中で出来る限り記録に収めた。

日本人墓地までの道は荒れていた。目の不自由な者には一苦労である。その時、体の大きなロシアの紳士が、父を抱え上げ、墓地まで連れて行ってくれた。とても嬉しかった。

終戦を迎えた直後、海底電線は切断された。しかし本土と連絡がとれないその約二年間、父等はソ連人と共に生活した。居住空間は別だったが、結構仲良く暮らしていたという。

大人たちはソ連兵の仕事を手伝い、報酬として食料をもらったり、後に兵隊の家族らも島に移住しだし、子供達とも遊んだという。父が片言のロシア語を話せるのはそのせいだろう。

半世紀以上経過した現在、元島民が高齢化し次々と世を去っていく中、四島で生まれ育つロシア人が増え、立場が逆転してしまった。「返せ北方領土」という主張は変えられないが、仮に返還された場合、ロシア人に元島民と同じ苦しみ、悲しみを味わわす事になってはならないと思う。択捉島に日本人が住んでいた頃の建物が残っているが、最近これを保存しようという声が民間から上がっている。同じように、千島回線陸揚庫も何らかの形で日露友好のシンボルとして活用できないものか。「過去に日本人が住んでいた事実」「良き友国としての未来を考える」という日露友好のモニュメントとして後世に残せないものだろうか。終戦から二年の間、ロシア人と暮らした日々を再現できないものかと私は思う。

殺人兵器でにらみ合うのではなく、お互いの足元を見るのでもなく、世界的にも未だ例のない「共同生活圏」を創る事はできないものだろうか。混住という形で。

返還された場合、ロシア人に元島民と同じ苦しみ、悲しみを味わわせてはいけないと思う。

エトピリカ文庫

松崎　誉

まつざき・ほまれ　一九六八年北海道北見市生。一九九二年、札幌大学外国語学部ロシア語学科卒業。根室市職員。

根室市穂香地区の高台からは天気が良いと国後島の山々が良く見える。ここに北海道立北方四島交流センターがある。外観は北方四島の島々をモチーフにした二階建ての建物であり、北方領土問題の啓発と北方四島在住ロシア人との交流を目的とした日本とロシアを結ぶ北海道の施設ということからニ・ホ・ロという愛称がつけられ、平成十二年二月七日の「北方領土の日」に開設して以来、一一年間延べ四四万人の来館者が訪れ、北方領土問題について学び、北方四島在住のロシア人との交流を深めている。

北方四島交流センターは北海道立の施設であるが、開館当初から根室市が管理運営を行い、平成十八年度からは道立施設の指定管理者制度の導入がなされたが、その後も地域の特殊な事情を鑑み、引き続き根室市が指定管理者として管理運営を行っている。

館内には一〇あまりの部屋があり、二階には各種会議や北方四島交流で利用され一八七席の収納式の椅子を有する交流ホール、近くて遠い北方領土の島々を望むことができる展望室、北方四島に関する歴史や返還運動の経緯など様々な資料を展示した北方資料館、一階には各種会議や市民のサークル活動などでも利用できる対話ルームと視聴覚室、そして調理実習室、北方四島在住のロシア人に日本文化を体験していただくための日本文化ルーム、逆にロシアの文化を体験することができるロシア文化ルーム、北方領土の歴史や当時の島民のくらしから現在までの北方四島との交流活動を知ることができるこのセンターのメインルームである展示室、北方領土に関する様々な文献・資料を所蔵する図書資料室がある。

この図書資料室の一角が「エトピリカ文庫」である。エトピリカというのは鳥の名前である。エトピリカという鳥をご存知だろうか。チドリ目ウミスズメ科に分類される海鳥の一種で花魁鳥とも呼ばれる。一目見て分かる鮮やかな飾り羽とくちばしが特徴の海鳥である。エトピリカという名前はアイヌ語で、エトは「くちばし」を意味し、ピリカは「美しい」という言葉を意味している。その名のとおり、大きな橙色のくちばしを持つ非常に愛らしい鳥である。この美しい鳥は日本においては非常に生息数が少なく、繁殖地は北海道東部の根室地域と北方四島に生息するのみであるため、古くから我々の先人たちに愛された鳥である。

「エトピリカ文庫」の開設は、北海道大学スラブ研究センターに在籍されている岩下明裕教授が平成十九年一月二十九日に著書『北方領土問題』(中公新書)で第六回大佛次郎論壇賞を受賞された際の賞金の半分を根室市に寄付されたことで実現した。設置にあたって、どのような形で展開すれば、多くの皆様にご利用いただけるかを考えていたところ、北方四島交流センターの設置者である北海道にこの文庫の趣旨を理解いただき、またセンターの施設目的とも一致することから館内図書資料室内への開設が決定した。

文庫は、北方領土問題や国境問題などの幅広い分野の資料・文献を整備し、利用される皆様に基礎的な知識の習得や領土問題の啓発に資することを目標としている。こうした思いを受け、文庫の名前は、複雑な歴史の中で分断されてしまった故郷を自由に行き来することができる美しい鳥にあやかって「エトピリカ文庫」とした。

文庫には、現在三九七冊の蔵書と一八巻のDVDを所蔵している。歴史、地理、領土問題、ロシア関係など幅広く分野別に構成され、ニ・ホ・ロ館内での閲覧はもとより利用者の方に貸し出ししてより深く学んでいただけるようになっている。

本来であれば根室市は国境の街ではないが、残念ながら戦後六六年にわたり、我らの父祖が開拓した故郷は自由な往来が困難な地域となってしまい、望むことなく国境の街のような姿に変貌してしまった。

この間、根室地域の住民は、毎日故郷の島影を見ながら、そしていつか島の大地を踏みしめてその地で生活できる日を夢に見ながら、北方領土問題解決に向けて活動を続けてきた。

北方四島交流センターニ・ホ・ロに来館されました折には、ぜひとも図書資料室内の「エトピリカ文庫」にお立ち寄りいただき、興味のある書籍をとっていただき、この日本が抱える領土問題について多くの皆様が考える一助となればと願っている。いつか北方の海を飛ぶエトピリカのように自由に島々と往来ができる日が来ると信じている。

エトピリカ文庫

文庫の名前は、複雑な歴史の中で分断されてしまった故郷を自由に行き来することができる美しい鳥にあやかって「エトピリカ文庫」とした。

III 樺太と稚内

稚内市からサハリン島（樺太）を望む　　*Photo by Kaoru Ito*

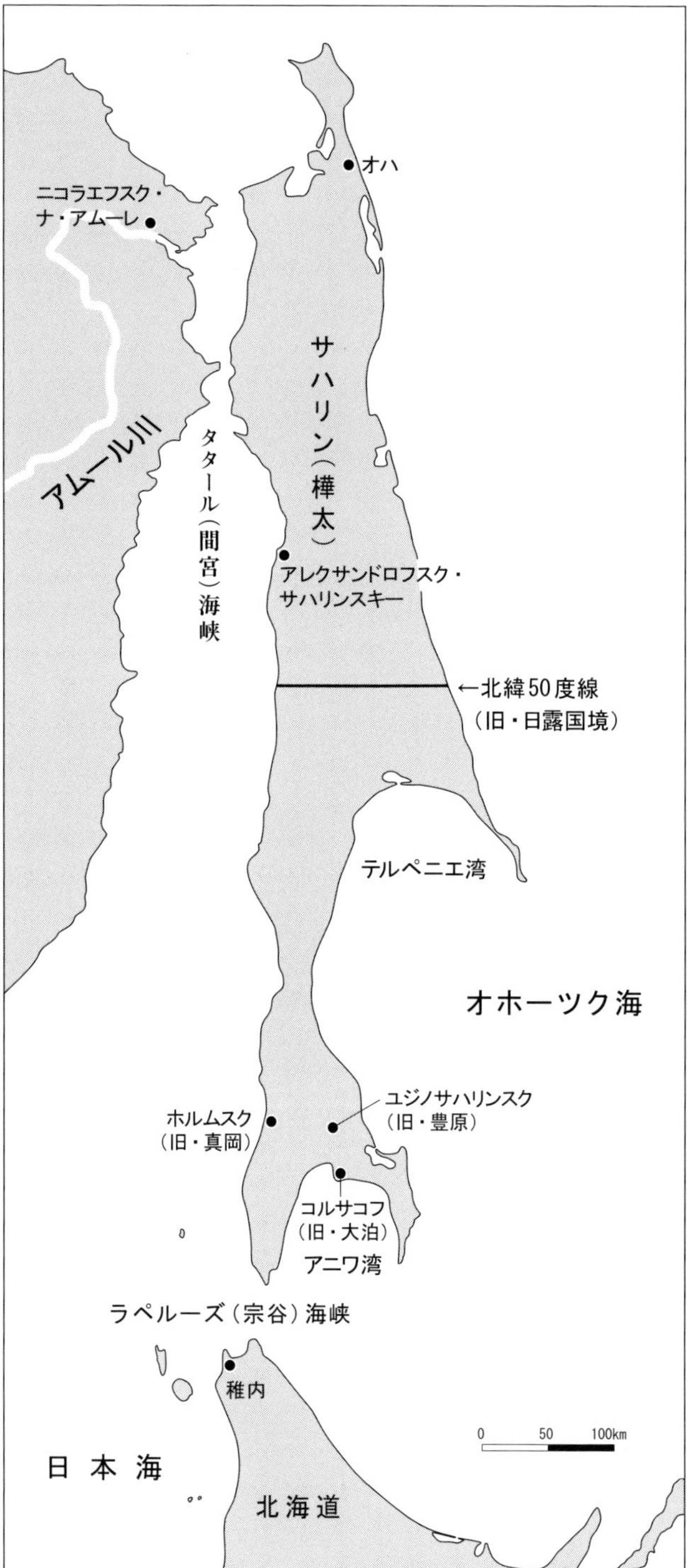
オハ
ニコラエフスク・
ナ・アムーレ
サハリン（樺太）
アムール川
タタール（間宮）海峡
アレクサンドロフスク・
サハリンスキー
←北緯50度線
（旧・日露国境）
テルペニエ湾
オホーツク海
ユジノサハリンスク
（旧・豊原）
ホルムスク
（旧・真岡）
コルサコフ
（旧・大泊）
アニワ湾
ラペルーズ（宗谷）海峡
稚内
0
50
100km
日本海
北海道

向こう岸の雲の下（1）

【日露戦争の終わりと樺太のはじまり】

天野尚樹

●あまの・なおき　一九七四年福島県生。二〇〇八年、北海道大学大学院文学研究科博士課程単位取得退学。北海道情報大学非常勤講師。専門・関心領域、ロシア極東近現代史・北東アジア国際関係史。著書に『日露戦争とサハリン島』『近代東北アジアの誕生』（いずれも共著、北海道大学出版会）。

はじめに

二〇〇九年から三年がかりでＮＨＫがドラマ放映した『坂の上の雲』は、司馬遼太郎の代表作であるだけなく、日本の読書人の多くが愛読書にあげる名高い歴史小説であることはいまさらいうまでもない。司馬を称賛する声はますます高く、批判する声も確かにあるが、そのか細さは否めない。

司馬史観とも称されるその叙述に魅せられるひとは、大国ロシアを前にして凄烈に戦い抜いた明治人の生きざまに共感をいだく。そしてその姿こそ、日露戦後に逸脱しはじめ、暗黒の昭和戦前に完全に道を踏み外した日本が一時的に見失っていた日本人本来の姿であるという司馬の歴史観にともに思いをはせる。

一方、司馬を批判する側は、日本の帝国主義性、とりわけ朝鮮認識の不備をつく。たとえば、大著『日露戦争――開戦と起源（上・下）』（岩波書店、二〇〇九―一〇年）を近年発表した和田春樹も、朝鮮に関する記述が『坂の上の雲』にほとんどないと指摘する。さらに和田は、叙述が日本海海戦で終わっていること、つまりポーツマス会議が書かれていないことも問題視している。すなわち、講和条約で日本が韓国を自由に処分できる権利をロシアに認めさ

せたことが無視されたと批判する。さらに、条約で南樺太が割譲されたことも結果的に書かれなかったとつけ加えている。(2)

だが、ここで立ち止まって考えておきたい。確かにサハリン島南部を日本領とすることはポーツマス条約で決定された。しかし、日本領樺太のはじまりは、条約交渉によって平和裏に画されたわけではない。戦争末期の短いあいだ、正規の軍事衝突としては小規模だったとはいえ、サハリン島は戦場になった。そして、四〇年後にまったく逆の立場におかれたように、戦争によって国境が引き直された。さらにそこでは、多くの歴史なき人びとが犠牲になり、その事実はこれまで歴史から見捨てられてきた。

坂の上の雲からは隠れてみえないこの島の戦場で何が起こったのか。この小論では、日露戦争サハリン戦の現場に立ち、見捨てられた歴史をすくいあげ、光をあててみたい。(3)

見捨てられた島／失われた故地

一八七五年のサンクトペテルブルグ条約(いわゆる樺太千島交換条約)でサハリン島は全島ロシア領となった。しかし実は、日露戦争までの三〇年間、日本にとってこの島は必ずしも彼方の向こう岸ではなかった。一方、ロシア帝国はサハリン島を「ロシア」の地と想像することはできないでいた。つまり、法的な国境線と、認識上の境界線はあべこべにずれていたのである。

ロシア帝国はサハリン島を流刑植民地としていた。帝国各地から二万人以上の囚人が護送されてきた。彼らは市民権を奪われ、故郷へ帰る権利も失っていた。「骨の髄まで腐りきった人間」でなければ暮らせないとチェーホフにいわしめたサハリン島の住民は、ロシア人から同胞とはみなされていなかった。(4)そもそも、大陸の国ロシアにとって「島」ということばは、母なる大地から切り離された「非ロシア」の地とイメージされる。すなわち、ロシア帝国にとってサハリン島は「非ロシア人」が暮らす「非ロシア」の地であった。

維持に負担がかかるだけで生産性のない流刑植民地をロシア帝国は戦う前に見捨てていた。開戦後も、防衛体制の強化は進まなかった。正規兵ではとても足りず、流刑囚が義勇兵として駆り出された。サハリン駐留軍の通常任務は監獄の監視であった。いわば敵同士が味方になったのである。そこに同志的紐帯など望むべくもない。さらに中央政府部内では、アメリカへのサハリン島売却案が検討されるにいたっていた。

一方、サハリン島がロシア領となって以後も、日本人とこの島の関わりの実態に変化はほとんどなかった。つまり、漁期に来島して、沿岸に漁場を確保して漁を営むという活動が変わることなくつづけられていた。そして開戦後には、樺太に漁場をもつ函館選出の衆議院議員内山吉太を先頭に、漁業者たちは積極的に失地回復運動を起こしていった。(5)

参謀本部内でも、開戦直後からサハリン占領案が提起されていた。その中心であった長岡外史参謀次長が桂太郎首相に訴えたとされる、「是非ともこれを恢復せざるべからず」[6]ということばに、失われた故地への思いは象徴されていよう。とりわけ、一九〇四年十一月に大本営陸軍幕僚によって『樺太島誌』（函館市中央図書館蔵）が出版されたことは注目される。同書は、ロシア語資料を豊富に駆使して島の現状を客観的に分析した非常にレベルの高い地誌である。

ロシアが見捨てた島に、日本軍は文字通り我が物顔で乗り込んだ。サハリン島をめぐる境界線への彼我の意思の差は際立っている。サハリンを向こう岸から力ずくで取り戻すべくどのような行動がとられたのか。戦争の現場にたって、目を凝らしていくことにしよう。

ウラジミロフカの住民虐殺

七月七日、日本軍第十三師団は、さしたる抵抗を受けることなくサハリン島上陸に成功した。上陸地点に近い南部の中心地コルサコフでは、ロシア軍の主力部隊が防衛にあたっていたが、日本軍の上陸をみて、同地を放棄し、パルチザン行動に移行した。日本軍は後を追って北に向かった。十日夕方、ウラジミロフカに侵出し、すぐに占領を果たす。ウラジミロフカとは後に豊原と呼ばれ、現在はユジノサハリンスク市となっている南部の首邑である。

明治天皇に宛てて日本の参謀本部が提出した戦況報告書が現在、『千代田史料』として防衛省防衛研究所に所蔵されている。ウラジミロフカの戦績については、「敵の死屍百余」と記載されている（「明治三十八年七月十日晴気町付近ニ於ケル第一三師団南部占領軍戦闘詳報　第二号」）。ところが、ロシア帝国参謀本部の公式戦史によれば、ウラジミロフカでの戦死者は二名、日本の参謀本部による公式戦史でも五名の死体が残されていただけとある。この一〇〇名以上の死者とはいったい何者なのか。

ウラジミロフカを占領した日本軍は、同村および近隣の男性住民を一カ所に集め、夜を過ごさせた。一〇〇年前の北緯五〇度の島の夜は、真夏でも氷点下になるほど冷え込む。フィリップ（二十歳）とゲオルギー（十七歳）のゾートフ兄弟ら集められた約三〇〇人の住民は、ウラジミロフカ村中心部の敷地内で夜を過ごした。

夜が明けると日本軍は、集めていた住民三〇〇人のうち、役人をはじめ半数を解放した。ゾートフ兄弟ら残る一五〇人は、五人ずつ縄につながれてタイガの森に連行された。ゾートフ兄弟が所属していた教会の戸籍簿には、七月十一日に死亡とあり、死因の欄にはこう記されている。「日本人によって殺害された」[7]。

彼らが最期のときをすごした敷地のそばにはウラジミロフカ教会が建っていた。司祭アレクシー・トロイツキーの証言によれば、彼らは「タイガのなかで二回に分けて射殺され、地中浅く埋められたので死体の足が地面から出ていた。しばらくしてから住民たちがこっそりタイガにいき、長靴を手がかりに死者たちをみつけた」という。(8)

このときの証言は日本側にも存在する。第十三師団野戦砲兵第十九連隊所属の原田宗二郎は従軍時の様子を手帳(前澤哲也氏所有)に書き残していた。七月十一日の項にはつぎのように記されている。鉛筆書きの臨場感を伝えるため、誤字はそのままにしてある。

(ウラジミリストク〔ウラジミロフカ〕)を戦領致、此の戦争にて、敵の、ホリョ、四〇〇余、此のホリヨウは、義男兵、事、正兵の外は、皆、鉄サツ〔銃殺〕致、候、其時私は此れを拝見致候へ共、実に、ゆかいやら、かわいそおやら、目も、あてられぬありさまなり

日露戦争は、国際法に則った戦いを展開したといわれる。『坂の上の雲』も、「日本はこの戦争を通じ、前代未聞なほどに戦時国際法の忠実な遵奉者として終始」したと書いている(文春文庫版、第七巻、二〇七頁)。日露戦争には、日本の悲願である文明国の仲間入りを果たすための最終試験という側面があった。戦後、国際法学者は、文明社会のルールである国際法を順守したことを証明するため、ヨーロッパにむけてその宣伝につとめた。明治期の代表的国際法学者である有賀長雄もフランス語で大著をものした。その日本語版である『日露陸戦国際法論』には、フランス語版にはない記述がみられる。

有賀は陸軍大学校でも国際法を講じていた。聴講者には、ウラジミロフカ戦に参加していた将校もいた。そのひとりが有賀に提出した報告が日本語版『日露陸戦国際法論』にのみ引用されている。それによると、歩兵第四十九連隊第二大隊は、武器をとった村の住民数百名に包囲されるもこれを撃退し、一五〇名ほどを捕獲した。彼らには統率する指揮官がなく、また制服も着用していなかったため、義勇兵とも民間人とも区別がつかなかった。ウラジミロフカの「土民」は「囚人」もしくは「流浪人」ばかりであって、仮に義勇兵だったとしても、国際法など知らない、それらと同等の存在である。したがって、彼らにルールを適用する必要などない。このような論理で、住民たちは罪人として扱われ、「取り調べの上百二十名計りを死刑」に処したという。(9)

戦時中に、非戦闘員の抵抗者を軍事裁判の上で死刑に処する行為自体は当時の国際慣習法として認められていた。だから有賀は、国際法的に問題なしとして、この報告を自著に掲載したのかもしれない。ならば、なぜフランス語版では沈黙を守っているのだろうか。

ウラジミロフカ住民の犠牲はこれだけにとどまらなかった。ト

ロイツキーの証言によれば、離島を希望した軍事病院の下働きら五六名が射殺され、別な日には同じ場所で刑務所病院勤務者ら二六名がやはり一度に撃ち殺された。日本兵たちは、住民たちが命ごいをする様子を得意げに語っていたという。殺害された住民の埋葬にあたったトロイツキーは、民間人の犠牲者を三〇〇名以上と記録し、怒りをこめてこう語る。「こんな軍隊を本当に文明的と呼べるのか。読者自身で判断してほしい[10]」。

民間人に対する虐殺は、資料的根拠があるものに限れば、サハリン島北中部のルイコフスコエ村では七月二十日から二十三日にかけて村民二二名が犠牲になったという記録がある（ГИАСО. Ф. 23-и. Оп. 2. Д. 98. Л. 37об-40.）。また、非戦闘員への虐殺は捕虜に対してもおこなわれた。たとえば、富内湖畔では、兵士だけでなく従軍看護婦までが生き埋めにされたことが、現地郷土史家らの発掘調査によって近年明らかになった[11]。さらに、大江志乃夫や原暉之らの研究でも知られている内淵川上流での虐殺事件については[12]、歩兵第四九連隊所属の新屋新宅が故郷福井県への手紙にこう書き記している（福井県立文書館：K0020-00901, 2-3/6）。

> 突然に当中隊は特別之任務を授けられ、八月十五日汽船東洋丸に乗込みコルサコフ出帆、一回して西海岸マヲカに十七日無難上陸、二百余名之山賊的の敗残敵き〔ママ〕を殲滅する目的を以て益々進軍してノタサン川に至り、追路してノタサン川を逆り、検悪〔ママ〕なる深山を越え、既にして東に下り、如何なる疲労も厭はず捜索したる結果、三十日正午に至りナイフチ川上流にて件の敵きに衝突して、約三時間激戦の後、彼れ等は進退窮まりて百八十名之者一同に白旗を掲げ降参せり。翌三十一日捕虜残らず銃殺せり。

このとき、タイガに隠れていて生き延びたロシア軍兵士アルヒープ・マケエンコフの目撃証言によれば（РГВИА. Ф. 846. Оп. 16. Д. 10064. Л. 73.）、日本兵は「ロシア兵を樹木のところに立たせ、銃剣によって手足を釘づけにして」、全員を銃殺あるいは刺殺したという。

この手紙のなかの日付に注目して欲しい。総司令官が投降し、サハリン戦の停戦交渉が成立したのは七月三十一日のことである。前述のウラジミロフカでの犠牲も含めて、非戦闘員の虐殺は停戦終了後になされたものが多い。四〇年後の樺太戦や沖縄戦でも繰り返されたように、辺境の島での無辜の民の犠牲は戦争が終わった後にはじまるのである。

戦場の政治学

なぜこのような事態が起こったのか。まず、当時のサハリン島が情報の孤島と化していたことがあげられる。〇五年二月以降、島と大陸を結ぶ通信手段はほぼ途絶していた。したがってロシア側に、戦場から状況を報じるすべはなかった。日本側には若干の従軍記者がいたようだが、戦況を直接報道した形跡はみあたらない。さらに、第三国の従軍記者は誰もいなかった。

神田ニコライ堂のニコライ宣教師のもとには、捕虜となって日本に移送されてきたサハリン軍将兵が数多く訪ねてきた。彼らからサハリンでの悲劇を耳にしたニコライは、日記にこう書き記している。「サハリンには外国人特派員が駐在していなかったせいで、誰の前でもヒューマニストぶる必要はなく、日本兵たちは本性をあらわしたのだ[13]」。

また、サハリン側当局自身が民間人・捕虜も含め、流刑囚の殺害を容認していた事実がある。あるロシア紙が戦後に報じたところによれば、刑務当局の責任者が、「囚人、とりわけ苦役囚に遠慮する必要はない」と日本軍に伝達したことが住民殺害の原因になったという。

サハリン当局が流刑囚の生存にまったく配慮していなかったことは、次のようなエピソードからも明らかである。富内湖近くのアイヌ集落で、脱走囚が婦女子を殺害し、食べ物などを強奪するという事件があった。住民が刑務当局にこれを訴え出ると、今後もし流刑囚が村に逃げ込むことがあったら、殺してしまってかまわないという許可を得たという[14]。

このように、「ロシア人」の境界から排除されていた流刑囚に対して、新たな主権的権力としてこの島を統治する日本人はどのような境界線を引いたのか。その線引きの仕方に、住民殺害のもうひとつの理由を見出すことができる。

開戦時点でのサハリン島の人口は約四万人を数えていた。このうち、六〇〇〇人を超える捕虜と合わせて約一万三〇〇〇人の住民が島外に送還された[15]。一九〇五年十二月時点での露領北サハリンの総人口は五四八七人、南部の日本領樺太に残留したロシア人は四二五人といわれている。日本軍上陸前に島外に退去した者もいる。しかし、二万人内外のサハリン島民の去就については不明な点がまだ多い。

日露戦争のころまでには、住民の島への意識は二層に分かれていた。たしかに、苦役囚として島に流されてきた者にとって、サハリンは「監獄という憎しみの対象」であり、何をおいても守るべき郷土という意識は薄かったであろう。戦役中に部隊から逃亡した義勇兵が多数いたことも事実である。しかし、流刑囚たちのなかには、島で結婚し、家族をもうけた者も多い。流刑囚の子として生まれた者たちは、サハリン以外の土地を知らず、島を故郷として愛する「サハリン人」という意識をもちはじめていた。ウラジミロフカで殺害された二十歳そこそこのゾートフ兄弟はこの世代に属する。

彼らは、当局から差別され、見捨てられた状況のなかで、厳しい自然に自力で適応する努力を重ねて、島での暮らしを営んでいた。そこに、この島を「われらの土地」とみなす新たな侵入者があらわれた。それまでの支配者と同じく、この侵入者も、彼らに対する差別のまなざしをもっていた。新たな支配者は、彼らを放任するにまかせてはおかなかった。日本による植民地獲得のための戦争は、軍隊同士の戦いでは終わらない。土地の「無人化」をひとつの思想とする、植民地統治の安定確保実現のための「治安戦」という悪しき伝統[16]は、このサハリン島でも展開されたのである。

一九〇五年八月二十日付、陸軍次官石本新六が外務次官珍田捨巳に宛てた「樺太犯罪囚関係補記」には次の文面がある。「俘虜として抑留すれば其手数と費用とを要することが多きが故に、之を放還して一面俘虜の増加すべき煩累を避くることを得策とす」(『日本外交文書 (三七・三八)』別冊Ⅲ、八二八頁)。しかし、トロイツキーの証言にもあるように、住民のすべてが大陸への送還を許されたわけではない。七月二十六日付で、樺太南部占領軍吉江石之助が各軍政委員長に宛てた通達には、本国への帰国を許可しない人物のリストがある。そのリストには、捕虜として日本に移送する義勇兵に次いで、「軍人にあらずして抵抗をなしたるもの (死刑に処するを要す)」と記載されている (同前、八八六頁)。八月一日付で樺太民政署勤務を命じられ、一九〇七年の樺太庁設置までその任にあった外交官鈴木陽之助が外相林董に宛てた長文の機密報告書は、この通達の実行を裏書きしている。「占領当時不穏の挙動に拠り死刑に処されたもの少なからず」(同前、八八六頁)。

空間の境界線は書き換えられた。新たな領有者は、新たな基準でその内部の人間の境界線を引く。これまで「ロシア人」としてみなされてこなかった「流刑囚」は、「日本人」の内側に包摂されることもなかった。空間内部に複数の人的境界の存在を許容する帝国らしく、「見捨てられた島」の流刑囚は、「ロシア人」の外側に排除はされても、その国境線の内側で暮らしていくことはできた。しかし、そもそもこの島を「われわれの土地」とみなしていた「日本人」は、空間の境界と人間の境界を実線で重ね合わせ、その基準から外れる異質な人間を文字通り身体ごと排除し、「日本人」による「日本」をこの島に築こうとした。そのための政治的「得策」のひとつが「治安戦」としての流刑囚の虐殺だったのである。

おわりに

ロシア帝国参謀本部が編纂し一九一〇年に公刊された公式戦史『露日戦争一九〇四～一九〇五年』は、資料収集と整理に一年以上をかけ、四万件以上にのぼる文書には整理番号が付されて、利用資料は注に明記されている。この文書群は現在、モスクワのロシア国立軍事史文書館に引き継がれ、注記を頼りに原資料にたどりつくことができるようになっている。「主観的批判」を禁じ、「読者自身が一定の結論を導き出せる」ように事実と資料を整理するという編集方針のもと、「争う余地のない事実の誠実な記述」が目指された。その叙述のレベルは学問的にみてもきわめて高い。

ただし、そこに問題がないわけではない。サハリン戦でのロシア軍の死者は八八名とされている。これは正規兵のみの数字である。いいかえれば、より多く犠牲になった流刑囚出身の義勇兵は数えられていない。一般の住民の犠牲についても言及はない。見捨てられた島の人びとはロシア帝国の歴史からも見捨てられたのである。

一方、日本の参謀本部が編纂した公式戦史『明治三十七八年日露戦史』の問題性はつとに指摘されている。編纂過程では、ありのままの事実を記述した「史稿」とよばれる草稿を作成し、不都合な事実はそこから削除して公刊するなど、さまざまな操作がおこなわれた。削除にあたっての注意事項を列挙した「日露戦史史稿審査ニ関シ注意スヘキ事項」(福島県立図書館佐藤文庫蔵)には、次のような項目がある。

> 国際法違反又は外交に影響すべき恐ある記事は記述すべからず　理由　俘虜、土人の虐待〔……〕等の記事の如き往々物議を醸し易く、延て累を国交に及ぼし、或いは我軍の価値を減少するの恐れあるが故なり

ここで「土人」と表記されているのは、想起されるような少数民族だけをあらわしているのではない。有賀の著書にもあったように、当時の認識ではサハリン島の住民も「土民」として扱われていた。いうまでもなく、日本の公式戦史でも、ここですくいあげた歴史はまったく触れられていない。

日本で樺太が語られるとき、その圧倒的多くは、樺太最期の日々における苦難と犠牲の歴史である。そのことの重みを、サハリン島の歴史に関わる者として、筆者も真摯に心にきざんでいる。

しかし、そのはじまりの歴史を、これまでわたしたちは、向こう岸のこととして、彼方においやってきたのではないだろうか。その雲の下で起こっていた出来事にまなざしを送ることすらしてこなかったのではないだろうか。

サハリン戦で「治安戦」を実行した第十三師団は、その後、朝鮮半島に派遣され、ふたたび「治安戦」を遂行する。一九〇七年八月以降に展開された抗日義兵闘争に対する「膺懲的討伐」にも、サハリン戦の経験者が加わっている。大陸での「治安戦」は、単に住民を殺害するだけでなく、土地を「燼滅」、つまり焼き尽くすまでおこなった。

サハリンの「治安戦」は、住民を殺害し、あるいは島外に送還して無人化をはかるものの、土地を焼き尽くすにはいたっていない。それはこの島が、「われらの土地」であり、「回復」後すぐに新たな生活の場を構築することが目的だったからであろう。占領

なったサハリン島ではただちに「樺太」の建設がはじまった。新屋新宅も九月の手紙に、「今日此頃コルサコフには内地より日本人続々来りて内には商人あり芸人あり嬬売婦人家あり、又連日日本町にて出来全市甚だ賑はへり」と書き送っている（福井県立文書館：K0020-00901, 4/6）。

一九四五年の戦争と国境の引き直しにより、住民が排除されて終わった樺太の歴史は、戦争で国境線を引き直し、サハリン人を排除し無人化した土地ではじまったのである。

注

（1）このタイトルは、良知力『向こう岸からの世界史』（ちくま学芸文庫、一九九三年）から着想を得ている。なお本稿では、日本語史料の引用に際して、カタカナ表記は史料名を除いてひらがなにし、適宜濁点・句読点を付す。

（2）和田春樹『これだけは知っておきたい日本と朝鮮の一〇〇年史』平凡社新書、二〇一〇年、一七―四五頁。

（3）本稿に関わる詳細な実証データについては、天野尚樹「見捨てられた島での戦争――境界の人間／人間の境界」原暉之編『日露戦争とサハリン島』北海道大学出版会、二〇一一年、三五―六四頁、を参照されたい。本書は、戦争による境界変動前後のサハリン史を包括的かつ多角的に検証した初の試みであり、ぜひあわせてお読みいただきたい。

（4）アントン・チェーホフ「サハリン島」『チェーホフ全集（12）』松下裕訳、ちくま文庫、一九九四年、一九四頁。

（5）全島露領期サハリン島の漁業について詳しくは、『日露戦争とサハリン島』所収の神長英輔「開かれた海の富と流刑植民地――日露戦争直前のサハリン島漁業」を参照されたい。

（6）谷寿夫『機密日露戦史』原書房、二〇〇四年、三〇六頁。

（7）ГИАСО. Ф. 23-и. Оп. 2. Д. 104. Л. 27об-29. ゾートフ兄弟が所属していたベレズニャキ教会の戸籍簿には他に六名が同日殺害されたと記載されている。

（8）*Св. Алексий Троицкий.* Из воспоминаний о русско-японской войне на Ю. Сахалине. // Владивостокские епархиальные ведомости. 1908. № 19. С. 478.

（9）有賀長雄『日露陸戦国際法論』東京偕行社、一九一一年、一四二―一四三頁。

（10）*Троицкий.* Из воспоминаний о русско-японской войне на Ю. Сахалине. 1908. No. 20. С. 506-507.

（11）*Челноков А.С.* Две войны: некруглая дата. Южно-Сахалинск, 2010. С. 5-87.

（12）大江志乃夫『兵士たちの日露戦争　五〇〇通の軍事郵便から』朝日選書、一九八八年。原暉之「俘虜は博愛の心を以て之を取扱ふべし――樺太の戦場から一〇〇年前の戦争を考える」松山大学編『松山の記憶――日露戦争一〇〇年とロシア兵捕虜』成文社、二〇〇四年、一三八―一五七頁。

（13）*Св. Николай.* Дневники святого Николая Японского. Т. 5. / Сост. К. Накамура. СПб., 2004. С. 289.

（14）安藤栄吉「栄吉物語」伊藤貞助『樺太戦史』樺太戦史編纂会、一九二五年、一五三頁。

（15）六七〇〇名を超える住民の強制島外送還については、板橋政樹「退去か、それとも残留か――一九〇五年夏、サハリン島民の『選択』」原編『日露戦争とサハリン島』一五九―一八八頁。

（16）笠原十九司「治安戦の思想と技術」吉田裕ほか編『岩波講座アジア・太平洋戦争（5）　戦場の諸相』岩波書店、二〇〇六年、二一五―二四四頁。

稚内市宗谷岬にある日本最北端の石碑（43 キロ先にサハリンを望む）
Photo by Koji Furukawa

無いものについて

【樺太小考】

工藤信彦

くどう・のぶひこ　一九三〇年旧樺太生。一九五四年、北海道大学文学部卒業。社団法人全国樺太連盟理事。著書に『わが内なる樺太』（石風社）など。

アルザスから

一九八七年の三月、一年間住んだアルザスを去るに当たって、アルザスの瘤と人が呼ぶ地域にある小村アルスキルヘンを訪れた。ここに、アルフォンス・ドーデの『最後の授業』のモデルとなったエコールがそのままあった。ドーデのこの作品は、敗戦後の日本人のナショナリズム高揚を意図した文部省の政策で教材化され、作品価値の高さもあって多くの人々の心に残ったものであったが、八〇年代に入ってからか、田中克彦らの提言などを契機にして、その歴史的認識の偏りが原因となり、教科書から消えた作品である。

この作品に接した私の感想は、アメル先生はアルザスを去ったが、少年は残る。私たち樺太の学校は、教師も生徒もその地を追われ、その校舎の跡形すら無い、と。歴史家の書物で、サハリンとアルザス・ロレーヌとのかかわりが問われていることを知るが、領土の交換という点では類似しても、樺太は総入れ替えの領土であったから、言葉や文字さえも奪われるなどの悲惨な事態を生じたアルザスとは、住民たちの住地に対する認識が、根本的に異なっている。アルザスの人々にとって、宗主が替わってもアルザスはアルザスであった。サハリンは樺太ではない。

わが国に初めてアルザスを紹介したフレデリック・オッフェの『アルザス文化論』は、私が帰国した八七年の七月に日本で出版されたが、その序章で、〈フランス人はアルザスを知らない〉と書いて私を驚かした。日本人は現在、樺太を知っているのであろうか。

関係性ということ

二〇〇四年の夏から、社団法人全国樺太連盟の要望で、北海道庁赤れんが庁舎二階の一室に、樺太関係資料館を置かせてもらっている。道庁の命名であるが、この〈関係〉という言辞がはたす役割は、今日の樺太を考える上でなかなか面白いと思っている。

樺太領有四〇年、壮年で終焉した樺太である。独自の文化を生み出す時間の余裕は無かったから、展示物の大方は、樺太で生活した人々の履歴を背負った個々人の記録でしかない。満州の引揚げや沖縄の戦史を省みる時、樺太は、四〇万人の日本の島民のほとんどが引揚げ、死者六〇〇〇人余。樺太は、この樺太関係資料館によって展示される私的な資料、僅かな証によってしか語り残されることが無い。こういう形で樺太は在り、そういう姿で樺太は終りを遂げたということ。赤れんがの記念館が、こうして、関係性の枠の中でしかささやかに歴史を残せずにはいられないということを、人々はどう考えてくれるのであろうか。一冊の通史も無いことには、樺太生まれの私にも責任はある。

忘却について

先日、岩波ホールで、羽田澄子の「遙かなるふるさと　旅順・大連」を観た。日露戦争の旅順で祖父が戦死し、その家庭崩壊が遠因で父が樺太移住をしたこともあって、一人で観に行った。かつて住んでいた住宅はもとより、当時のままを残す町並みを訪れる羽田の表情の穏やかさが、この作品のすべてを語っていた。

先に私は、北海道立文学館の樺太の企画展図録に、「空に浮く島」と題して生地樺太の史的展望を記し、その終りに、森崎和江の〈私に顔は無い〉を引き、幼なじみの住まぬ樺太には私の日本語の原郷も無いことを書いた。〈無い〉ということが、何を私に意味するかを問うて。

樺太は私にとって、国家に捨てられた生地であった。〈オ前ハ樺太ヲ忘レヨウト努メテル！〉と友人に喝破される人生を長く生きてきた。現在、たまたま樺太連盟の機関紙の編集に一人で携って、樺太を記録し歴史に残そうと努力している。一つ一つ記憶をたどり、忘却の海から掬い取るようにして、樺太の生活文化を言葉にしている。体験したことだから思い出すことは出来る。

知らない人に忘却は無い。思い出したくない記憶を持つ人こそが、美しく思い出を語る自由をもつ。とすると、〈忘れる〉ということもまた、それなりの意味をもつ人間の行為ということか。沖縄の基地を置き去りにして、竹島や尖閣や北方領土を問うことにも、この忘却は機能しているのか。しかし、忘れてはならないことを忘れてはならないだろう。樺太は在った。国境無き植民地として。しかしそこに政府はすでに総領事館を置き、異国としている。町並みはすっかり様相を変え、私の知る風景は消えている。一体何が樺太を捨てたのか。樺太は忘れられていると人は言う。はたしてそうなのだろうか。

一体何が樺太を捨てたのか。樺太は忘れられていると人は言う。はたしてそうなのだろうか。

国境標石物語

相原秀起

●あいはら・ひでき 一九六二年横浜市生。北海道大学農学部卒業。北海道新聞社記者、編集委員などを経て小樽報道部次長。著書に『新サハリン探検記』（社会評論社）など。

日本史上、唯一陸上にひかれた国境線

二〇一一年夏、サハリン（樺太）を望む日本最北端の地・北海道稚内市などで、ある石碑の精巧なレプリカが展示された。樺太の旧日露国境線に置かれていた日露国境標石。日露戦争（一九〇四年―〇五年）の結果、北緯五〇度線以南が日本に割譲された樺太で、国境線の目印として設置されたものだ。

樺太の国境線は、東はオホーツク海から西は間宮海峡まで、島のほぼ中央部を東西に横断。国境線は原始林、ツンドラ地帯など延長一三三キロを人力で切り開いて画定された。重機などがない時代、二年がかりの事業は過酷を極めたという。北緯五〇度は日露両国の共同作業による天体観測で定められた。

国境線には日本産みかげ石の大標石四つと小型の中間標石一七基、一〇本の木製標柱が置かれた。大標石は、オホーツク海に面した「鳴海」に第一号、島中央部を北から南へと流れるポロナイ川右岸の「境」に第二号、二号から西に約一〇キロ離れた「星野」に第三号、間宮海峡を見下ろす「網干」（安別）に第四号が設置された。標石の日本側面には菊花と「大日本帝国」、ロシア側には帝政ロシアの紋章である双頭の鷲と「РОССiЯ」の文字が、

北海道大学「知られざる北の国境展」での国境標石レプリカの展示
（左と右はレプリカ。中央は根室市が所有する本物の第２号。）

選ばれた日本人石工によって現地で彫りこまれた。当時、情勢不安定な国境地帯に菊の御紋章を彫りこんだ標石を置くことには反対意見もあった。だが図案のアイデアを出したとされる地理学者、志賀重昂は「現地の警察官や開拓民が必ず護る」と説き伏せたという。

樺太の国境線は、日露戦争を終結させたポーツマス条約（一九〇六年）によって定められた。日本の歴史上で唯一、陸上にひかれた国境だった。朝鮮半島は日本の植民地であったし、満州国は日本の傀儡政権だった。

戦前、この樺太国境線は有名な存在だった。旧制中学校の地理の教科書にも写真付きで標石が紹介され、多くの絵葉書も出回った。函館市の立待岬近くの石川啄木一族の墓も、標石を模したものとされる。樺太観光の一大名所でもあった。島国の日本人にとって、一歩踏み出せば異国という非現実的な事実が新鮮だったのであろう。大正から昭和にかけて活躍した歌人、北原白秋も一九二五（大正十四）年八月に、念願だった樺太国境を訪れた。第四号を訪ねた白秋は、「鷲ひとつ石のうらべに彫りにけり、そなたにあらき虎杖（いたどり）の花」と詠んだ。鷲とは「双頭の鷲」を指す。白秋は、国境線に股がって、相撲のしこを踏んだ。

越境亡命事件と標石レプリカ

終戦直前の一九四五年八月、ソ連軍は満州と同時に樺太国境線からも侵攻を開始し、南樺太を占領した。以降、樺太は半世紀近く冷戦という長いベールに閉ざされた。標石も忘れ去られた存在だった。再び標石がクローズアップされるようになったのは一九九〇年代、ソ連が崩壊し、日本人が自由にサハリンを訪ねることができるようになってからだ。

九五年に第二号を現地関係者が保管していることが分かり、九七年になって根室の市民有志らの尽力で、二号標石は日本へ戻ってきた。今、北方領土を望む現代の国境のマチ、根室市の「歴史と自然の資料館」に展示されている。

これを契機にして、ほかの三つの標石のその後も分かってきた。サハリンの州都ユジノサハリンスク（旧豊原）のサハリン州立郷土博物館には、「第三号標石」とされる石が展示されていた。菊の紋章と双頭の鷲が彫りこまれ、だれもが本物と思い込んでいた。

実は、この「三号標石」は、日本時代の一九三九（昭和十四）年に、樺太庁などが製作したものであることが分かった。なぜ、戦前にこのレプリカが製作されたのか。それには前年の三八年一月に樺太で起きたスキャンダルな事件が関係していた。当時の人気女優岡田嘉子と愛人で劇作家の杉本良吉は、慰問と称して国境地帯を訪れ、警護の警官の隙を突いてソ連へ越境亡命した。

当時、両国間では日ソ両軍が激突したノモンハン事件が起きるなど緊張が高まり、日本では三九年に国境取締法が制定された。これにより樺太国境へも一般人の立ち入りは厳しく制限されるようになった。このため、樺太庁は観光客らに便宜を図るため標石の複製を作り、同博物館前庭に設置した。こうしたいきさつは、戦後ソ連側には伝わらず「三号標石」は長い間本物として展示されてきたのだった。第三号の本物は四六年にソ連軍が撤去し、そのまま行方不明になっていた。

オホーツク海に面した第一号は、現島民が保管していて、二号が日本へ帰還した翌年の九八年に同博物館に収められ、現在大切に展示されている。

第四号は、八五年ごろ日本の北方領土返還要求に反発したソ連が撤去を指示し、どこかへ運ぶ途中に誤って海中に落としたとされていた。その後、引き揚げられたとの情報があるが、現在、その行方ははっきりとはしない。

北大スラブ研究センターは、「知られざる北の国境展」の開催に合わせて、二〇一〇年に一号と三号標石のレプリカを製作した。沖縄や対馬のほか、道内各地などで巡回展が行われた。樺太の国境標石は今、人々に忘れられた北の国境の真実を伝え、同時に国境とはいったい何かと人々に問いかけている。

「中継点」―「端」―「中継点」

【稚内とサハリンとの交流】

中川善博

●なかがわ よしひろ 一九六八年北海道生。一九九二年、早稲田大学第一文学部卒業。稚内市建設産業部サハリン課勤務。

「稚内」というのは「多くの人の想い出と共にある」というような土地であると思う。何かの折に他地域の方達と話し、自身が稚内に住んでいるというようなことを言うと、実に多くの方が稚内を訪れた想い出を開陳してくれる。あるいは「稚内から来ました」と言ってみるだけで人気者になってしまう程である。

日本国内に限って考えてみても、稚内などよりも余程多くの人が訪れる有名観光地は多々あるはずなのだが、それらの近くに住んでいると言う人とでくわしたとしても、旅の想い出談義が始まる事例はさほど多くないように思う。「有名な○○の近くにお住まいなのですね」の一言で済んでしまう場合が殆どであろう。そんなことを思うと、「多くの人の想い出と共にある」という稚内で暮らしていることを、好運であると考えることもある。

こうした「多くの人の想い出と共にある」稚内は「日本最北端の地の碑」を擁する土地としての稚内である。「長い旅の果てに辿り着き、復路の起点となる場所」としての稚内だ。稚内は「端」とかなり広く認識されていることになる。

「日本最北端の地の碑」は二〇一一年に建立から五〇年を迎えたのだそうだ。この碑が建つ辺りに立ってみると、サハリンの島影がかなり濃く見える場合がある。大声で呼ぶと返事が聞こえてくるかもしれないと思えることさえないではない程だ。

島影が見える時には、立っている場所に関して、「端」に至った感慨というよりも「あの島へ繋がる場所に立った」というような意識が湧き起ころことがある。あるいは、稚内に関して「端」というイメージが強まり、それによって多くの人の想い出と共にあるようになったのは、実は「日本最北端の地の碑」が登場する少し前辺りからの、「永い歴史の中では余りにも儚い期間」のことなのかもしれない。

樺太への「中継点」だった稚内

永い歴史に少し思いを至らせてみたい。

少なくとも、時代劇ドラマでお馴染みな、日本人男性が髷を結っていた江戸時代の終わりや明治の初め頃に至るまで、北海道内で人が移動する場合や貨物を輸送する場合は、沿岸に船を運航することがむしろ普通であった。何処か他所へ出掛けたという話になれば、自家用車や都市間バス、または列車というような陸路での移動を思い浮かべる現在とは様子が大きく異なっていた。北海道内で「古くからの歴史を有している」というイメージの場所は、沿岸に位置する場所が殆どである。

稚内もそうした「沿岸に位置する場所」である。単に「沿岸」ということに止まらず、日本海、宗谷海峡、オホーツク海と三方を海に開かれた地域でもある。稚内も、沿岸を航行する輸送船「北前船」を利用した、広く日本海側に展開された輸送網の中にあり、北海道内では比較的早くから交易や漁業などが行われていたのである。

三方を海に開かれた地域である稚内は、「海路で他地域と結ばれる」ことがその「存在理由」となっているのかもしれないような地域である。現在のサハリンとの間も自然な往来が行われていた経過があって、また十九世紀初頭にはロシア船との摩擦が生じた経過さえもあったくらいなのだ。稚内は「終着」や「始発」というのではなく、むしろ「通過点」や「中継点」という役目の地域であったことの方が、永い歴史の中のより大きな部分を占めているのではないだろうか。

日露戦争後、南樺太が日本に領有されるようになり、稚内は「中継点」としてより強い光が当てられることとなった。樺太への「中継点」としての港の整備が本格化し、稚泊航路（稚内—大泊）や稚斗航路（稚内—本斗）が運航を開始し、稚内まで鉄道が延伸された一九二〇年代が、「稚内の発展の始まり」ということになるであろう。稚内にまで延伸された鉄道の駅は「終着駅」や「始発駅」ではなく、稚泊航路や稚斗航路への「乗換駅」であったのである。この頃にも稚内は「中継点」であったことになる。

第二次大戦後、日本が南樺太を放棄し、稚泊航路や稚斗航路の運航も中止されてしまうと、稚内は「中継点」という役目から少し離れてしまうことになった。南樺太からの引揚者が定住するなどして人口が増えたことが市制施行のきっかけになったというようなこともあったものの、稚内はむしろ「終着」、「始発」、「端」という色合いが濃い地域になっていった。

こうして振り返ると、稚内は「中継点」であった時期が長いはずでありながら、「終着」、「始発」、「端」と広く認識されていることに気付かざるを得ない。

稚泊航路や稚斗航路の運航中止で、稚内は「中継点」としての役割から後退してしまい、むしろ「端」ということを積極的に発信するようになってはいたが、それでも「中継点」として栄えた記憶は、色褪せなかった。半世紀にも及ぶ「永い沈黙」を強いられこそしたが、やがて「稚泊航路」は「稚内・コルサコフ航路」という新たな名で宗谷海峡に還って来ることになる。

「ソ連成立五〇年」と諸外国との交流

一九七二年という年号は、北海道内では「札幌で冬季五輪が開催された年」として記憶されていると思う。この一九七二年は、当時のソ連でも少し「特別な年」ということになっていた。

ロシア革命は一九一七年の出来事だったが、その後の様々な経過を経て「ソビエト社会主義共和国連邦」という体制が成立したのは一九二二年だった。従って、一九七二年は「ソ連成立五〇年」ということになっていた。

「ソ連成立五〇年」であった一九七二年には、その「記念」と称して様々な取組みが行われたようである。これに関しては、資料を紐解くまでもない。例えばサハリンのユジノサハリンスク市内をちょっと歩いてみると、「ソ連成立五〇年」をデザインしたタイルのモザイクが飾られている集合住宅の壁面をみかけることがある。これなどは「ソ連成立五〇年を記念した住宅整備事業」というようなものが存在したという史実を伝えてくれている例だ。

この「記念」というのは、そうした社会資本整備のようなものに止まるものではなく、幅広い領域の取組みが行われた。「外国都市との友好交流」という取組みも、そうしたものの一つである。旧ソ連各地の都市で、「ソ連成立五〇年を記念し、外国の都市と友好交流を始める」という動きが起こった。日本の都市で、あるいは諸外国の都市で、友好都市交流というものの歴史を紐解くと、この一九七二年に旧ソ連の都市との交流を始めたという事例がいくつも見付かるはずである。

この「ソ連成立五〇年を記念し、外国の都市と友好交流を始める」という動きはサハリンにも拡がっていた。ネベリスク市が、稚内市に対して友好交流の申し出をしたのであった。稚内市長に対して、ネベリスク市への「招待状」が届けられたのだった。

ネベリスク市は、サハリンの西海岸、日本海側の南部沿岸を占める街である。樺太時代には本斗と呼ばれていた。稚内との間には稚斗航路が運航されていた。一九四六年に樺太が「ソ連化」された際、「サハリン南部を拓いた人物」としてロシアでは知られるネヴェリスコイ提督に因んで、ネベリスクと命名された。そして同じ頃、一九二〇年代から本斗で整備されていた港は、主に漁港として利用されるようになった。

ネベリスク市は稚内市との間では稚斗航路のような歴史的な繋がりがあり、「水産業を基幹産業とする」という共通項がある街であった。ネベリスク市からの友好交流の申し出について、当時の稚内市の濱森辰雄市長は受容れることと決した。「招待状」を受け、使節団を編成してサハリンへ渡航し、使節団滞在中の一九七二年九月八日にネベリスク市との友好都市提携を行ったのだった。

ソ連崩壊と苦境に陥ったサハリン

稚斗航路で結ばれていたかつての本斗、ネベリスク市との間には友好都市という縁ができた。他方、稚泊航路で結ばれていたかつての大泊、コルサコフ市との間では、交流が薄い時期が長く続いた。

ソ連時代のコルサコフには、国境警備軍（ソ連時代には色々な国で見受けられる陸海空軍の他、陸海空の必要な要員と装備を備えていて指揮系統が別であった「国境警備軍」と、核ミサイル等を管轄する「戦略ロケット軍」があった）の拠点が設けられていた。そのため、コルサコフ港への外国船の入港や、市内への外国人の立入が制限されていた。一九八〇年代を通じて、何度か北海道内の港からのチャーター船を利用したサハリンへの訪問が実施されていたが、その際は使用船の船籍を問わず、「外国人の入域制限」の関係があるため、日本海岸のホルムスク港が利用されていた。

一九八五年にゴルバチョフ政権が登場した辺りから、ソ連は永く抱え込んでいた様々な問題が表面化し始めてきた。ソ連体制は、一言で言ってみれば「ソ連の国境の内側と、いくつかの共産党系政権の国々の中だけで、あらゆる経済活動が、流通コストを度外視して完結してしまう」というような「前提」で「計画」が立案され、概ねそれに沿って活動していたようなものだった。西の飛び地であるカリーニングラード、ムルマンスクのような北極圏、国の南を占める中央アジアの砂漠のオアシスのような街、極東のサハリンやカムチャッカのような場所に至るまで、東西の最大時差が一〇時間にも及ぶような巨大な国の隅々までがそうした体制に組み込まれていた。

樺太時代のサハリンでは王子製紙が積極的に事業を展開した経過があり、「ソ連化」された後もサハリンには彼らが残した製紙工場がいくつもあった。当然、そうした工場では用紙の生産が続けられた。

用紙に関しても「ソ連全土で〇〇の量が生産され、その内訳は

○○で○○の量、サハリンで○○の量……とする。各地域に各々○○の量が届けられて利用される」という具合の「計画」もソ連時代には存在した。サハリンの製紙工場もしっかりその中に組込まれていて、生産された用紙は極東、シベリア、更にウラル山脈の彼方に至るまで、色々な場所に運ばれて、各地の人々に利用された。例えば、「モスクワの街角で求めた新聞の用紙はサハリンで生産され、船とシベリア鉄道で遥々運ばれたモノ」というような事例も珍しくはなかったわけである。

例に挙げた用紙に限らず、大雑把に言って、あらゆる工業製品、その工業製品の部品、その他あらゆる物資が「用紙の例のような仕組み」で生産されて利用されていたのがソ連体制というものだった。半世紀を超える歴史の中で、そうした体制の綻びが繕い難くなってしまっていたのが、結果的にはソ連の「最末期」となってしまったゴルバチョフ政権の時代の様相だった。

一九九〇年代に入る辺りになると、「各地域で必要なモノは各地域で最も効率が良い方法で得る」ということになっていった。例えばモスクワの新聞の用紙だが、サハリンの工場の用紙が到着するのを待つことを直ぐに止めてしまった。用紙はフィンランドの製紙会社から買付けるようになった。

用紙のような重くて嵩張るモノは鉄道貨車や大型トラックで運ぶことになる。サハリンの用紙は、船に積んでから一日仕事で大陸に行って、その後の鉄道輸送に最低一週間程度は必要で、「最低八日から九日」でモスクワに着くことになる。フィンランドの場合、モスクワ・ヘルシンキ間で毎日運行されている夜行列車が、夕方にモスクワの駅を出てから翌日午前中にヘルシンキの駅に到着する例のように「一日」で運ぶことができるのである。更に、大型トラックで随時運び込むことも、実に簡単なことである。モスクワで新聞を刷る用紙を調達する仕事に携わる人達は、サハリンの製紙工場から送り出されていた用紙のことなど、瞬時に忘れ去ってしまったことであろう。調達に要する期間が「最低八日から九日」と「一日」とでは、比較することすら不適切であるくらいかもしれないのだから。

例示した「用紙」のような状況が巨大な国の全土で、あらゆるモノに関して起こり、ソ連体制は加速度的に「有名無実化」してしまった。サハリンも含めて、地元の工業施設で何かを生産して、それを方々に送り出していたような地方では、産業が半ば瓦解するような事態にも陥ってしまった。そこで、モスクワの新聞社がフィンランドから用紙を買入れたように、距離が近い諸外国との交易に経済の活路を見出すような考え方が各地に拡がった。

サハリンも当然のようにそういう方向へ舵を切った。サハリンの人達は、地元のことを他地域の人達に紹介する際「島々から成る州」という言い方をする。国土の圧倒的な部分が大陸の上にあるロシアでは「島」と言ってみるだけでも際立った特徴になってしまうのだが、これは同時に「アジア太平洋地域の一隅を占める」

ということになり、「アジア太平洋地域の諸国との結び付きを大切にする」という発想に繋がっていく。

サハリンの港として、コルサコフ港は大陸から鉄道貨車を積んで往来するフェリーが発着するホルムスク港に次ぐ存在感がある港ということになる。サハリン島南端部の魚の尾鰭のような形状をしているアニワ湾の奥に位置する港である。「アジア太平洋地域の諸国との結び付きを大切にする」という流れの中でこのコルサコフ港が注目され、「外国人の入域制限」というようなものが緩和された。コルサコフも「国外への窓口」ということになった。

コルサコフは、ロシアでは「サハリンに至ったネヴェリスコイ提督がサハリン南部を支配する拠点とする砦を築いた地域」として知られており、現在コルサコフ市ではその最初の砦が登場した一八五三年を「建都」と位置付けていて、「サハリンで最も旧い街の一つ」と称している。一八五〇年代、ロシアはクリミア戦争等の「事情」を抱えてしまい、現在のコルサコフに築いた砦の活動は停滞して放棄されてしまったが、一八六九年に再開している。「コルサコフ」という名称は、その一八六九年にシベリア総督であった人物の名に因んで命名されたものだ。一九四六年にサハリンが「ソ連化」された際、一八六九年の故事に因み、この街はコルサコフと命名された。

コルサコフは、樺太時代には大泊と呼ばれていた。この辺りには、ネヴェリスコイ提督が最初の砦を築いた一八五三年の遥か以前から日本人が足跡を残している。漁業や交易を行っていた村もあり、一八〇八年には、ロシア船との摩擦を踏まえて江戸幕府が「北方警固」ということで派遣した会津の武士達もこの辺りに滞在した経過がある。

かつての大泊であるコルサコフの「外国人の入域制限」が緩和されると、コルサコフの側でも、稚内を含む日本の自治体側でも「交流をしよう」という意欲が高まった。稚内市では、稚泊航路で結ばれていたという歴史的な繋がりを踏まえ、コルサコフ市との友好都市提携を目指した。一九九〇年にコルサコフ市へその旨を申入れ、翌年にコルサコフ市代表団が稚内を訪れて申入れをいれる旨が表明され、一九九一年七月二日にコルサコフ市で友好都市提携が行われたのであった。

交流が活発化した一九九〇年代

一九九〇年代に入り「ソ連」が「ロシア連邦」というようになると、「ロシアとの交流」というものが注目された。ロシアが諸外国との交易等に積極的になっているということで「様々な機会があるはずだ」という論調が高まったのである。北海道では、ロシアは「文字どおりの隣国」であり、そうした論調は「過大な期待」という調子さえ帯びていたかもしれない。

「様々な機会」というものには「商機」というものもあるのだが、

「人的交流の拡大」というようなものもある。一九九〇年代の前半には、そうしたものを求める機運が北海道内でも高まっていた。「サハリン交流」というものが北海道内では「ちょっとした流行り」であったようにも見受けられた。

稚内市とユジノサハリンスク市との接点は、こうした中で「自然発生」に近い型で生じていた。というよりも「サハリンとの交流」ということで何処かの団体、企業、個人と接触すると、「自ずと」ユジノサハリンスク市内の団体、企業、個人と接点が発生してしまう状況であったかもしれない。

一九九〇年代初め頃には、現在よりやや人口が多かったようだが、サハリン島には五〇万人程度の人々が住んでいる。その中の一八万人程度がユジノサハリンスク市に住んでいる。四割弱ということになる。ユジノサハリンスク市はサハリンの行政、経済活動、文化活動の中心であり、様々な団体や企業が立地している場所なのである。ということで、「サハリンとの交流」を求めて、何かの企業や団体というようなもの、その関係者に出会ってみると、それがユジノサハリンスク市内の企業や団体で、関係者もユジノサハリンスク市内在住という事例が多くなったのであった。

ユジノサハリンスク市では、一八八二年にウラジミロフカ村が起こったことをもって「建都」と位置付けているが、官公署やオフィスや教育施設等も立地する都心部は、樺太時代の豊原である。豊原は札幌を模して建設された都市（碁盤の目状に街路が整備されていて「小札幌」とも呼ばれた）で、「樺太庁」が設置された他、各種の教育機関等が立地し、樺太で事業を展開した企業の多くも拠点を構えていて、「樺太の政治・経済・文化の中心」という様相だった。一九四六年の「ソ連化」の際、「北緯五〇度の国境以北」を示していた「ソ連のサハリン」の定義を「サハリン島全土」ということに改め、その行政の中心を北のアレクサンドロフスクから豊原に遷し、「南サハリンの街」という意味合いのユジノサハリンスクという呼称を与えたのであった。その際に、アレクサンドロフスクにあった様々なものも次々と移転し、ユジノサハリンスクが「ソ連化」以降に「サハリンの政治・経済・文化の中心」ということになり、今日に至っている。

一九九〇年代初め頃の、「サハリン交流」というものが北海道内では「流行り」であったようにも見受けられた状況下にあった一九九二年、稚内では「サハリン州・北海道友好都市交流サミット」が催された。サハリン州と北海道の、友好都市交流を行う計一四自治体の代表者等が稚内に一堂に会した。北海道、サハリンの双方で「交流」というものへの大きな期待が膨らんでいること、コルサコフ港が利用し易くなったことを踏まえて、稚内とサハリンとを結ぶ航路開設が待望されているということを確かめるような機会となった。

こうしたサハリンの人達との接点が拡がった中、当時の稚内市長とサハリン州議会議長との話し合いがきっかけで、「稚内市職員が研修のためにユジノサハリンスク市を訪ね、ユジノサハリンスク市側からも職員が稚内市を訪ねる」という話が起こった。相互に訪ねて一定期間滞在する中で、地域間の諸制度の違い、産業の様子、言葉や生活の様子等を学ぼうとしたのである。稚内市としても、他の企業、団体、個人と同様に「サハリンとの交流」を求めていた中で、ユジノサハリンスク市と出会い、接点ができたわけである。

一九九〇年代前半の北海道とサハリンとの交流というものは、振り返ると「交通路開設への希求を確かめる」というような側面もあったように思える。きっかけの一つは、様々な事情で戦後のサハリンに残留した邦人やその親族の一時帰国を目指す運動が実ってそれを実施した際、最初は大陸を経る空路乗継（ユジノサハリンスク・ハバロフスク・新潟・国内各地という経路）で実施されたことを受け、「見える場合さえあるという対岸の稚内に船で上陸したい」という人達があって、そんな声を受けて尽力した人達がいたからであると聞いているが、一九九〇年代に入ると稚内・コルサコフ間にチャーター船が運航され、旅客輸送が行われる例が見受けられるようになった。

稚内では、こうした稚内・コルサコフ間のチャーター船を利用し、「サハリンとの交流」を積極化していた。そして交流の都度に「交通路開設への希求」が吐露され、それが確認されていたのだった。やがて日ロ両国の協議によってサハリンと北海道との航路が開設という段に至った時、チャーター船による実績が勘案され、「稚内・コルサコフ間の定期航路」というものが一九九五年から運航を開始するのである。

一九九五年当時、稚内・コルサコフ航路は「開設」と一般には言われたのだったが、稚内では「航路の復活」という表現がより好まれた。稚泊航路の歴史を有する稚内では、稚内・コルサコフ航路に関しては「宗谷海峡に航路が半世紀の時を経て還って来た」という受止め方をしていたのである。

稚内・コルサコフ航路の他にも、一九九〇年代には北海道・サハリン間の交通路がそれぞれ運航されるようになり、両地域の様々な分野の交流は積極的に継続された。稚内市は一九九三年頃からユジノサハリンスク市と接点を有していたのだが、一九九〇年代を通じて交流は続いた。やがて「積上げられた実績を踏まえ、更に両市の交流を深めるべく友好都市提携を」ということになり、二〇〇一年九月九日に友好都市提携を行った。

二〇〇〇年代の変化

二〇〇〇年代のサハリンでは大きな「変化」が視られた。一九九〇年代以降、様々な事情がそれを許すようになったことから、サハリン沖の石油・天然ガスの開発が動き始めたのである。そうした動きが活発化し、「変化」が視られるようになったのが二〇〇〇年代なのである。

「資源開発」という、モノや人が動く要素ができたことが、社会資本の充実に向けた圧力になり、道路や住宅等の整備が進んだ。サービス業が充実し始め、雇用が増えて所得が向上するという「好循環」も生じた。二〇〇五年頃には、当時のサハリン州知事がサハリンを評して「ロシアの成長地点」と呼ぶことを好んでいたが、毎年のように街では何らかの整備工事が行われ、新たな商業施設が次々と登場するようになっていた。殊にユジノサハリンスクでは、そうした「変化」が目覚ましかった。

一九九〇年代の、国の体制が変わった辺りには「ソ連を棄てました」というだけで、何がどうなっているのか判らないような状況に陥っているように見受けられたが、大統領も代替わりした二〇〇〇年以降には国情も安定し、膨大な資源を有する国としてロシアは国際社会でも存在感を増し、「成長」が目立つようになっていた。

この「成長」という中で、何時の間にか、「稚内にあってサハリンにないもの」は非常に少なくなり、むしろ「サハリンにあって稚内にないもの」が多くなってしまっているような状況である。稚内からユジノサハリンスクを訪れてみると「人口四万人の小さな都市から、人口一八万人の少し大きな都市を訪ねた」という時に感じる「差」を超えるものがあり、その華やかさに言葉を失う程と言っても過言ではない。

サハリンの様子は変わったが、稚内では一貫して「サハリンとの交流」を求め続けている。

一九九〇年代前半には、「サハリンにはモノがない」というような意識が稚内側に強かったかもしれない。未だにそういう意識の方もいるのかもしれないが、現在のサハリンには「世界中の商品がある」状態であるので、所謂「経済交流」ということでは「対等な売買を目指す」意識で、細々した障壁を乗り越えて進めなくてはならないであろう。

というように「ニュアンス」が変質してはいるものの、稚内はサハリンとの関係を一貫して求めている。

稚内が「端」であるとするなら、最も近い市は内陸なら名寄市で、日本海側なら留萌市、オホーツク海側なら紋別市ということになる。しかし、稚内を「中継点」と考えた場合、最も近い市は上記の何れでもなく、宗谷海峡の対岸にあるコルサコフ市やネベリスク市であることに思いが至るというものだ。

これからの稚内は、サハリンを視野に「中継点」であるという意識をより一層高めることで、あるいは新たな段階に足を踏み入れられるのかもしれない。

サハリンとの交流と稚内の発展

佐藤秀志

さとう・ひでし　一九五五年北海道稚内市生。北海道立稚内商工高等学校卒業。稚内市建設産業部サハリン課長。

稚内市は、北の宗谷海峡を中心に、東はオホーツク海、西は日本海に面し、宗谷岬からわずか四三キロメートルの距離にロシア連邦サハリン州（旧・樺太）を臨む、国境の街です。

平成七年には、稚内港〜サハリン州コルサコフ港、小樽港〜同州ホルムスク港間に、戦後半世紀ぶりに、ロシア船により日ロ定期フェリー航路が復活しました。さらに、平成十一年から稚内港〜コルサコフ港間は、日本船が就航し、北方圏への玄関口として、その役割を担っております。

本市では、サハリン州の三都市との間で友好都市の提携を行っています、昭和四十七年九月にはネベリスク市、平成三年七月にはコルサコフ市、そして、平成十三年九月にはユジノサハリンスク市とそれぞれ友好都市提携し、文化やスポーツ交流等の友好の絆を強め幅広い交流の推進に取組んでおります。

サハリン州との友好関係を深め、世界に開かれた地域づくりに向けた市民の国際化意欲の高揚と国際感覚豊かな人材育成を図ると共に、外国人にも暮らしやすいまちづくりなど地域の国際化の推進と国際港湾都市に相応しい環境や基盤整備に努めております。

平成十四年五月には、州都ユジノサハリンスク市内において稚内市サハリン事務所を開設し、サハリンとの交流の窓口として各関係機関との連絡調整を図り、経済交流や人的交流の拡大に向けた情報の収集と発信の役割を担い、サハリンにおける本市の交流拠点として活動しています。

また、稚内地元企業のサハリンビジネス参入などに対し、積極的なサポートにあたるため、情報の収集と発信を行い、情報収集ネットワークと情報の発信機能の強化にも努めております。

近年のサハリン州は、サハリンプロジェクトの恩恵により州内は目覚ましい経済発展を遂げており、本市としては、経済交流に繋がる「ひと・もの」の交流を活発にするため官民上げて様々な取り組みを行っております。

その一つとして、稚内国際文化交流協議会では、友好都市三市との間で文化・スポーツなどの派遣・受入事業を実施し

経済交流に繋がる「ひと・もの」の交流を活発にするため官民上げて様々な取り組みを行っている。

ながら、将来の国際化に対応できる青少年の人材育成を積極的に図っております。現在まで、バレーボール、バスケットボール、空手、柔道、サッカー、水泳、スキーやアンサンブル、よさこい、民謡、合唱、ジャズなど数え切れないほどの様々な相互の団体が親善交流を行っております。

サハリン州との経済交流の促進を図るため、毎年、サハリン側と本市が隔年当番となり、「友好都市経済交流促進会議」を開催しており、一層の経済交流の拡大に繋げて意見交換を行っております。

稚内商工会議所では、友好都市三市の企業から研修生を受入れ、人材育成と人脈を通しての商取引を期待して「外国人研修生受入事業」を実施しております。特に、この研修生受入事業の修了生の企業と本市地元企業との間でサハリン側において合弁会社を設立し、サハリンプロジェクト関連の下請け工事や州内のインフラ整備を請け負って着実な実績に繋げております。

また、本市が実施している友好都市職員研修受入事業では、三市友好都市からの職員を本市へ招聘し、分野別で財政、酪農、観光、廃棄物（ゴミ処理）などの様々な行政研修を実施しながら相互理解を深めた事業も行われております。

平成十六年、平成十七年には、稚内市、稚内商工会議所、稚内日ロ経済交流協会などが中心となり、稚内市内の企業による見本市でサハリン側企業と商談する「トレードフェアinサハリン」を開催しております。翌年度では、本市でサハリン企業の関係者を招聘し、「トレードフェアin稚内」を開催しており、現在も稚内市内企業の二十数社がサハリンとの何らかのビジネスの継続を行っております。

これらサハリンとの「ひと・もの」の活発な交流を進めるためにも欠かせないのが、稚内・コルサコフ定期航路の存在です。現在は、六月から九月まで二八往復、五六便の季節運航を行っておりますが、その運航期間の拡大など安定的な運航を目指しております。

サハリン州は、石油・天然ガスの地下資源開発に伴い、近年、目覚ましい経済発展を遂げており、州民の所得水準も著しく向上しております。人口五〇万人と言われているサハリン州は、本市にとって大変魅力のある商業圏となっており、本定期航路を利用したサハリンからの観光客が訪れております。また、サハリン側の旅行会社も旅行商品の企画募集を行い、サハリンからの観光客が着実に増加傾向にあります。

サハリンなしに今後の稚内の発展はありえません。今まで以上に、経済成長を続けるサハリンとの相互の信頼関係を深めながら経済交流を加速し、地域経済の成長を促すことが本市に求められているものと考えております。

サハリンとの経済交流の深まり

藤田幸洋

ふじた・ゆきひろ　一九五五年北海道稚内市生。一九七七年、東海大学海洋学部海洋土木工学科卒業。藤建設株式会社代表取締役。

私が初めてサハリンを訪問したのは一九八九年（日本船でのチャーター便）である。その目的は私の祖父が稚泊航路の船長だった頃に着いた港が見たいとのことであった。

戦前、稚内は対サハリンに二つの航路を持っていた。稚泊航路と稚斗航路である。航路が存在していた当時は樺太に渡る人たちで相当の賑わいだったらしい。戦後その航路が廃止（休止の取り扱い）になり、またサハリン周辺海域で行ってきた沖合底引き漁業も七七年の二〇〇海里問題で大打撃を受け、稚内市の経済そのものが低迷してきた。以来サハリンは稚内にとって近くて遠い国になってしまった。

その近くて遠い異国が稚内にとって近い異国となったのはやはりソ連邦崩壊が転機だったと思う。九五年頃からサハリン州大陸棚開発の動きが活発化し始め、我々の目から見ても経済交流の必要性が高まってきたように感じた。

稚内商工会議所は九四年からサハリンからのロシア人研修生の受け入れ事業を展開し、現在も行っている。研修生のOBも相当な数にのぼり、サハリン州内で稚内クラブを形成してもらっている。彼らが稚内市内経済界にとってサハリン州における重要な人的資源となっており、経済交流の基本であるといっても過言ではない。二〇〇一年に稚内建設協会が関与して創設した合弁企業「ワッコル」も研修生OBが重要な役職を担っている。

また、日露経済交流協会、商工会議所、稚内市の三者共催で〇四年から三年間トレードインサハリン事業を行った。最初の二年間はサハリン州に日本製品を持ち込んでの見本市を開催、最後の年はサハリンの経済人を稚内に招いてのビジネスマッチング事業を行った。成果としては小さいながらも建材関係等の引き合いがあり、市内業者が対応している。

稚内日露経済交流協会は、九二年に設立され、市内経済界のサハリン経済交流に関して重要なサポートをしてもらっている（研修生受け入れ事業等）。また〇五年からサハリン州の通関業者を招聘し同協会内に事務所を構えている。

稚内商工会議所のサハリン経済交流特別委員会は、九六年会頭の諮問機関として「サハリン地下資源支援基地誘致委員会」（委員長・藤田幸洋）を設置。サハリンでの地下資源開発が進展するに伴い稚内市がどのような活動を行うべきかを検討し、九七年に当時の会頭に諮問を行った。九八年、上記委員会を発展的に解散し、現在の委員会を設置し調査・研究を進めてきた。本年五月商工会議所に対し、報告書並びに提言書を提出した（尚、特別委員会は解散）。

建設業界も個々には様々な動きに参画、または指導的な立場としてサハリンとの交流をしてはいたが、業界全体としてサハリンに関わりを持ったのは初めてサハリンのインフラ状況視察行った九九年からである。遅れているインフラ実情を目の辺りにして大いに驚愕したと同時に大きな希望を持ったのも事実であり、帰国後、なんとかサハリン州のインフラ整備に参画できないかとの思いで方策を模索した結果、合弁企業を設立する必要性を認識するに至った。

いま稚内には細いながらも長年培ってきた経済交流のパイプが存在している。

その後、合弁の相手探し等、数度にわたってサハリンを訪問し、〇一年稚内建設協会が主体となり、サハリンでは初めての建設分野に関する日ロ合弁企業「ワッコル」を設立した次第である。

ここでなぜ合弁企業が必要になったかを説明すると、ロシアの法律、特に税制は日本人には絶対と言って良いほど理解できない。また、ロシアは人的コネクションの国であり、その国で仕事をする為にできるだけ多くの規制をクリアさせる為にも合弁会社の設立は不可欠と判断した。

それと問題点の摘出である。よく日本人はロシア人とのビジネスは問題が多すぎると言っているが、私にしてみれば何が問題なのかを把握していないのが大きな問題だと考える。生活習慣も法律も日本と全く違うロシアにおいて、ロシア側パートナーを通じて問題点を摘出する。その問題点を一つずつ解決していけば前進できると考えたからである。

いま稚内には細いながらも長年培ってきた経済交流のパイプが存在している。そしてそれが徐々ではあるが太くなってきていると感じている。今後個々の持っている人的ネットワークが融合されていくことにより大きく飛躍できると信じている。

また、多くのビジネスチャンスも存在している。多くの人達はサハリン州内の地下資源開発は既に終了したと思われているかもしれないが、サハリン1と2の初期投資が終わっただけであり、その後さらに開発が進められていくと思う（計画はサハリン8まである）。日本のエネルギー事情を考えた時、サハリンの地下資源開発は重要な位置を占めると考える。

単にサハリンという局所的な視野でなく全体を見るべきだと思う。サハリン島の西にはユーラシア大陸がありシベリア鉄道が走っている。その向こうにはEU諸国がある。北海道発シベリア鉄道経由ヨーロッパ着の物流を考えてみては！

対馬・韓国展望所の周囲に咲きほこるヒトツバタゴ
（写真提供・対馬釜山事務所）

Ⅳ 朝鮮半島と北部九州・対馬

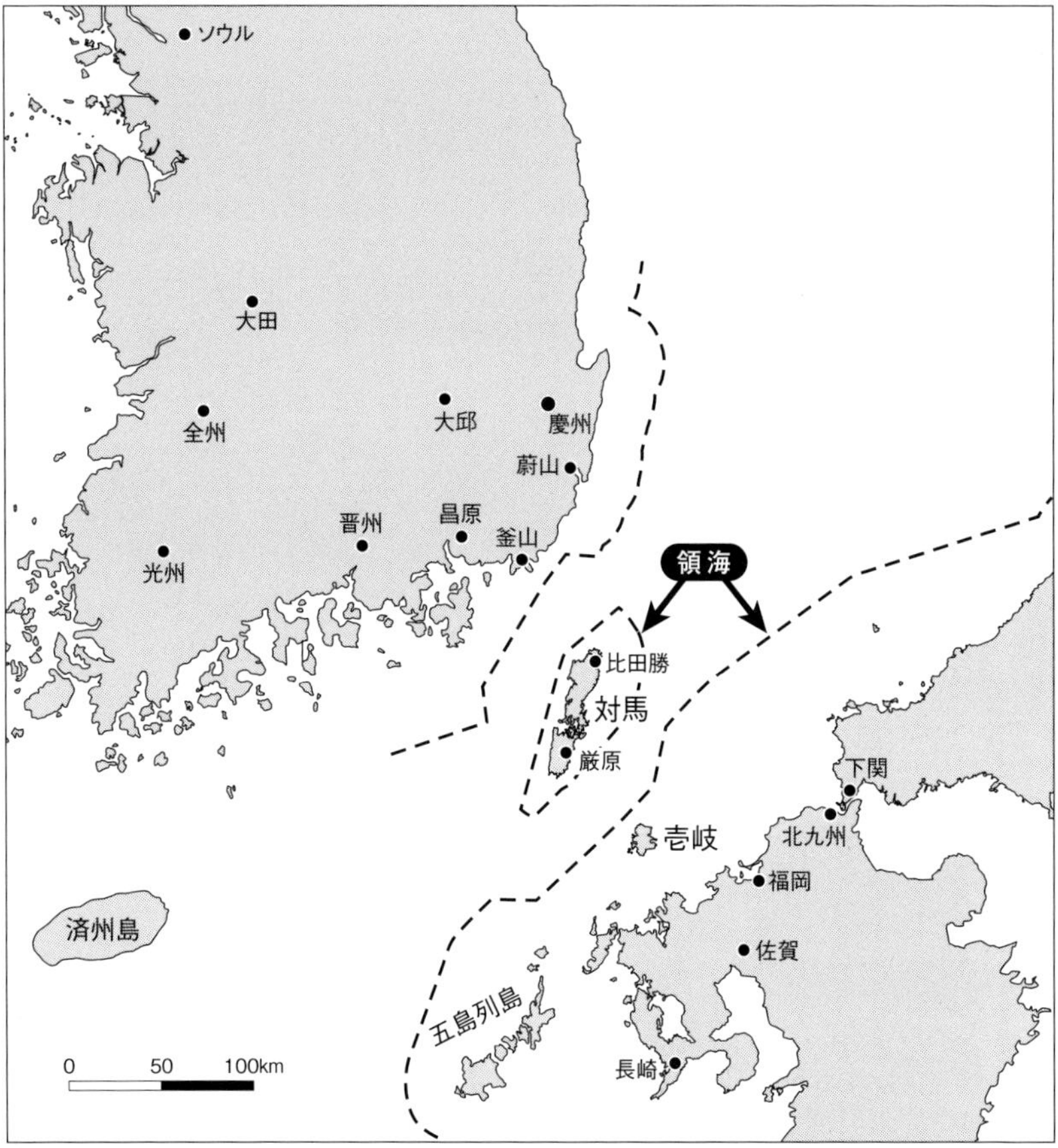
ソウル
大田
全州
大邱
慶州
蔚山
晋州
昌原
釜山
光州
領海
比田勝
対馬
厳原
下関
壱岐
北九州
福岡
佐賀
済州島
五島列島
長崎
0
50
100km

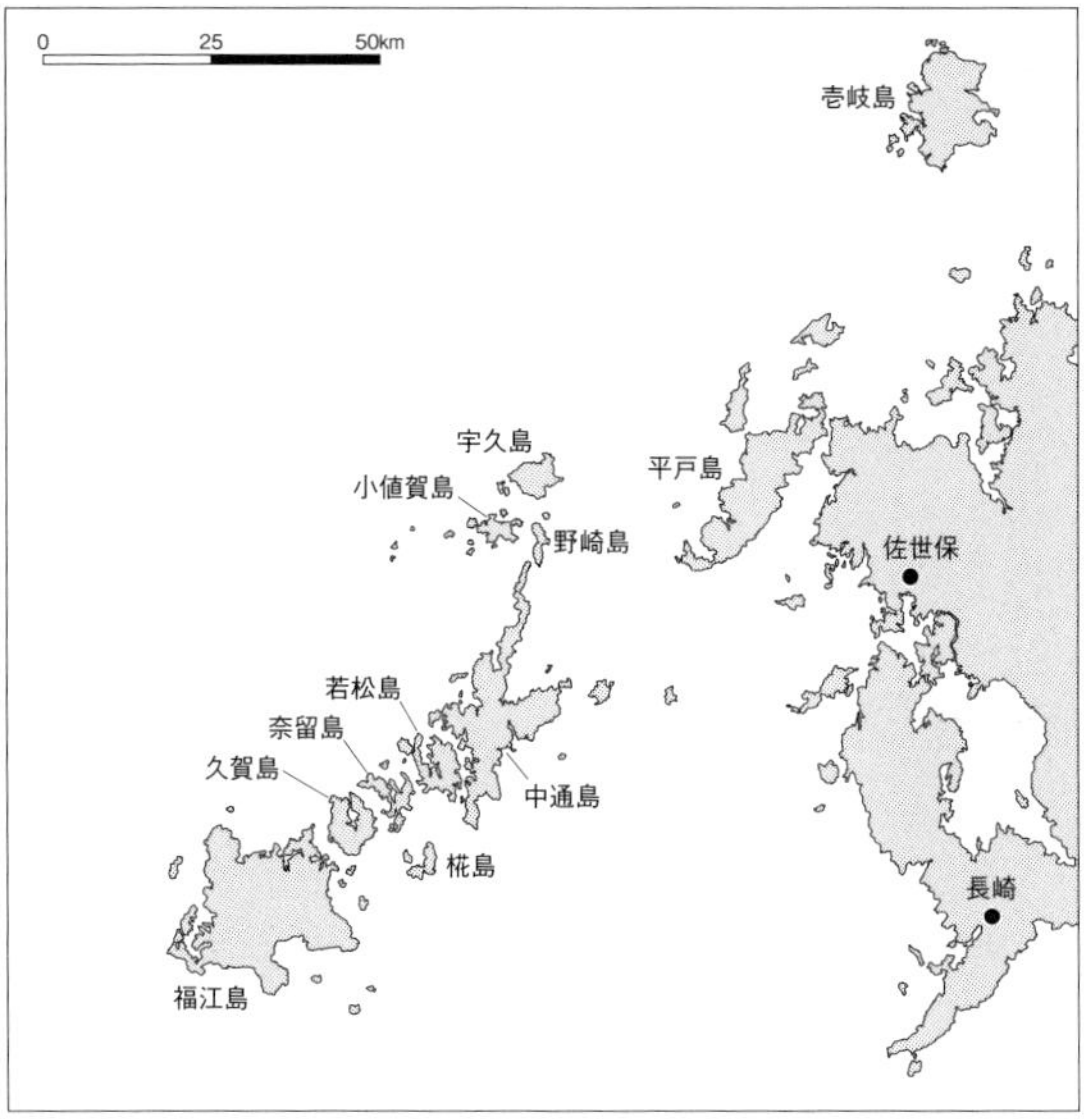
0
25
50km
壱岐島
宇久島
平戸島
小値賀島
野崎島
佐世保
若松島
奈留島
久賀島
中通島
椛島
長崎
福江島

朝鮮を囲む四つのボーダー
【華夷秩序と西洋型国際秩序】
松原孝俊

福岡・釜山超広域経済圏構想
加峯隆義

対馬市の国境交流構想
財部能成

日韓観光交流に生きる国境の島・対馬
新井直樹

韓国から最も近い日本・対馬
金京一

〈コラム〉国際交流としての対馬の観光事業
比田勝亨

〈コラム〉防衛の最前線基地としての対馬
武末聖子

〈コラム〉国境離島としての五島
久保実

朝鮮を囲む四つのボーダー

【華夷秩序と西洋型国際秩序】

松原孝俊

●まつばら・たかとし　一九五〇年島根県生。九州大学韓国研究センター教授。著書『グローバル時代の朝鮮通信使研究――海峡あれど国境なし』（花書院）など。

十七世紀の「世界地図」の中の朝鮮半島

泰西の名画家の一人に、フェルメールがいる。十七世紀半ば、オランダで活躍した「光の画家」フェルメールは四十三歳で夭折しただけに、残された作品は三五点にすぎない。興味深いのは、このフェルメールの名画のいくつかに壁掛地図が描かれていることである。たとえば、「兵士と微笑む娘」（一六五八年作か）には、キャンバスの四分の一ほどの大きさに、陸地を青色で彩色した地図が壁に掛けられている。同じく「恋文」や「青い衣の女」などにも見いだせるように、オランダの家庭では、室内装飾品として銅版原版から刷り出された大画面の壁掛地図が流行したらしい。それもそのはず、その当時、オランダのアムステルダムは世界の地図製作センターであった。ブラウ家は最大の地図メーカーであった。

そもそも室内用壁掛地図は破損しやすく、また変色しやすい消耗品である。それだけに大量生産されたものの、現在に伝わる残存品が多くない。このブラウ版「世界地図」（一六四八年製）が東京国立博物館に所蔵されている。それも一枚だけではなく、奇跡的に二枚も存在する。江戸時代、オランダ商館を通じて、江戸幕府に献上された品であった。そのブラウ版「世界地図」の右隅に朝鮮半島と日本が描かれている。ヨーロッパにとっては「極東」である。この地図をよく見ると、北海道に関する情報が乏しかったらしく、日本列島にしても関東以北は切れている。一方、朝鮮半島といえば、多くの概説書では「島である」と説明されているように、大陸に繋がって居らず、一見して海に浮かんでいる。十七世紀にアムステルダムに届いた最新の地理情報が盛り込まれているのであったとすれば、いったい、この朝鮮半島に関する地理情報提供源は誰であっただろうか。文禄慶長の役で渡韓した兵士から入手した地理情報に接した日本在住のキリスト教の宣教師もしくは商館員であったとしても、無理のない想像ではないだろう。ちなみに「ティセラ日本図」（一五九七年、ポルトガル製）では海中に完全に存在し、「世界図屏風」（日本浄得寺蔵、十六世紀末成立か、ヨーロッパ製地図による描画）では鴨緑江だけが記載されており、ヨーロッパに於いて次第に蓄積された朝鮮半島の地理情報の量が推定できる。換言すれば、たとえ朝鮮がいびつに、そして不正確に描かれようとも、それは一つ一つの地図に組み込まれた世界認識・世界観を投影したものであり、現在のように世界測地系を活用したGPSとGIS（地理情報システム）によって製作された地図によってのみ、朝鮮半島イメージを考えることは避けなくてはならない。

したがって本稿では、主として朝鮮時代の「朝鮮半島地図」がいかなる要素で組み立てられているかに関する考察にも関心を払いつつ、むしろ何を排除して「非朝鮮半島イメージとしていたか」に力点を置きたい。

「朝鮮―日本」間のボーダー

ところで、朝鮮時代にポピュラーであった「八道総図」がそうであるように、地図の下部に巨済島を南端とし、その上部の中央に位置する白頭山（中国―「長白山」）から左右に流れ出る鴨緑江・豆満江を北端として描く韓国人の朝鮮半島（八道）イメージは、いつ、どのようにして定着していったのだろうか。逆に言えば、地図の下部に白頭山・鴨緑江・豆満江を描き、その上部に巨済島を描く半島イメージが出現しなかった理由は、どこにあるだろうか。また、朝鮮半島とその辺境・隣接地域をいかにマッピングするかに、はたして一定のルールが存在したのだろうか。

なるほど、韓国の馬山市（現、昌原市）議会は、対馬の領有権を求めて「対馬島の日（六月十九日）」条例を制定してもいる（二〇〇五年三月十八日採決）。しかしながら釜山と対馬の間は、日本で人気を博すK―Popの有名なアイドルさえも歌うヒット曲「独島は我が領土」（一九八二年、パクインホ作詞）のように、「ハワイは米国領、対馬は日本領」とあり、この両地域間の国境線が揺らぐことはあり得ない。観点を変えれば、周囲を海で囲まれた日本にあって、唯一国境線紛争のない地域であると言って良いだろう。

それゆえに本稿でまず解決しなくてはならない論点は、いつ、どのような理由で、対馬と釜山の間に日韓のボーダーが発生したか、であるにちがいない。周知の通り、『海東諸国紀』(申叔舟撰、一四七一年)には、「日本国対馬島之図」を掲載するように、十五世紀半ばを初見として、韓国で制作された地図では対馬が日本領であると明確に認識されていた。管見の範囲では、それ以前に「対馬は日本領」と明記した韓国側地図を知らないが、その一方で朝鮮半島と日本との間に明白なボーダーを突きつける日本側資料がある。『日本書紀』である。例えば、白雉二(六五一)年是歳状には、

「新羅の貢調使知萬沙飡等、唐の国の服を着て、筑紫に泊れり。朝廷、恣に俗移せることを悪みて、せめて追い還したまふ」

とあるように、中国の衣冠を着用した新羅の使臣を追い返すという外交を展開している(斉明六年七月十六日条参照)。新羅真徳王二年に「その章服を改め、中華の制に従うことを請う」とあるように、唐の服制や年号を使用することは、新羅が中国皇帝との君臣関係に基づく中華統治システム「冊封関係」・「華夷秩序原理」を締結し、新羅の中国属国化を意味している。聖徳太子が小野妹子に託した隋国への「国書」に見るとおり、日本の中国に対する対等意識が生じていたことによる新羅使臣の追放処置であった。換言すれば、朝貢原理が作り出した中国を中心とした中心—周縁という華夷秩序原理に叛旗を翻しつつ、それを拒絶した日本中心的な世界観による象徴的な外交事件であった。それゆえに、白雉二年に、実際に実行されなかったものの、日本で「新羅征討」が声高に主張されたのであった。

どうやら、我々の問いを解く鍵は、朝鮮に於ける華夷秩序原理の形成・定着にあったと予告しておきたい。つまり朝鮮を巡る領域論や境界論に、華夷秩序原理を基軸とした認識や表象が大きく関与し、朝鮮半島イメージが形成されてきたと考えている。当然ながら時代の変遷によって、受容した階層によってそれらの朝鮮半島イメージは異なる。なお、朝鮮古地図によく見られる詳細な地理情報を持つ鴨緑江と杜撰な情報しかない豆満江との対照的な描写図は、やはり朝鮮時代における国家の関心の違いに求められるだろう。ソウル(当時の漢城)を起点として派遣された外交使節は、日本に一二回来ただけであるのに対して、北京へは約五〇〇回も出かけ、そのたびに鴨緑江を渡河している。当然に鴨緑江をめぐる地理情報が蓄積されていったためだと理解しても無理はないだろう。その逆に、女真族に代表されるオランケが居住するとして、蔑視した豆満江外の隣接領域への無関心さは、そのまま地図の中に「異境ゾーン」として曖昧なままに描写されることとなった。

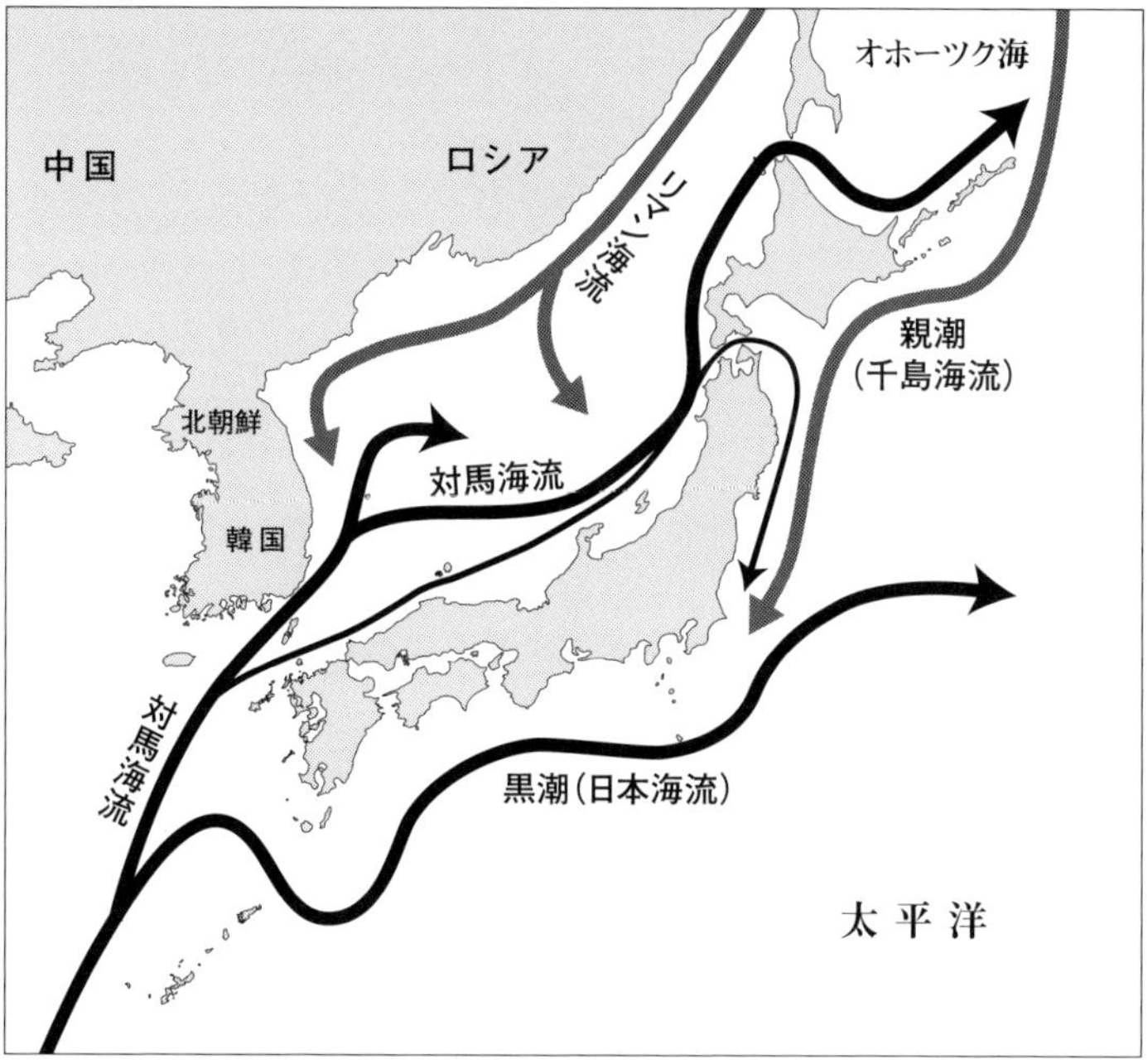

図1　日本近海の海流
(出典) 尹宗煥 2011 より。

福岡と釜山の間は、約二〇〇キロメートル。対馬の北端に立てば、毎年十月に開催される釜山の花火大会でさえ、鮮明に観覧できるほどである。不思議なのは、釜山から対馬の間は約五〇キロメートルであり、相互に視認できる距離であるにも拘わらずボーダーが存在し、対馬から福岡の間は約一五〇キロメートルであり、相互に視認できない距離であるにも拘わらずボーダーが存在しないことである。その原因は何であろうか。

換言すれば、相互に視認しながら、自由に船舶で往来してきた「指呼の間」にある釜山と対馬との間に、日本語を指標とする日本民族と韓国語を指標とする韓国民族がそれぞれに成立したのは、なぜだろうか。この問題に対する正答を得るのは容易ではないが、まずは海洋物理学者の尹宗煥による玄海灘の海流、対馬暖流の変動のメカニズム・データ分析は傾聴に値しよう。尹の研究は、対馬海峡を横断する博多―釜山間往復フェリー「かめりあ」号の船底に、流速・表面水温・塩分・クロロフイルをモニタリングするために「ADCP（ドップラー流向流速計）」を付けて観測を実施した結果である。そもそも対馬暖流は、九州西方沖に位置する東シナ海の大陸棚の斜面上を流れる黒潮と陸棚上を流れる海水が対馬海峡を通って日本海に流入する暖流であるが（**図1**）、北部九州と朝鮮半島の間にある対馬の島影によって反流し、その暖流は大きな影響を受けることになる。**図2・図3**に見るように、季節によって変動するとは言え、過去一〇年間のデータを整理すると、

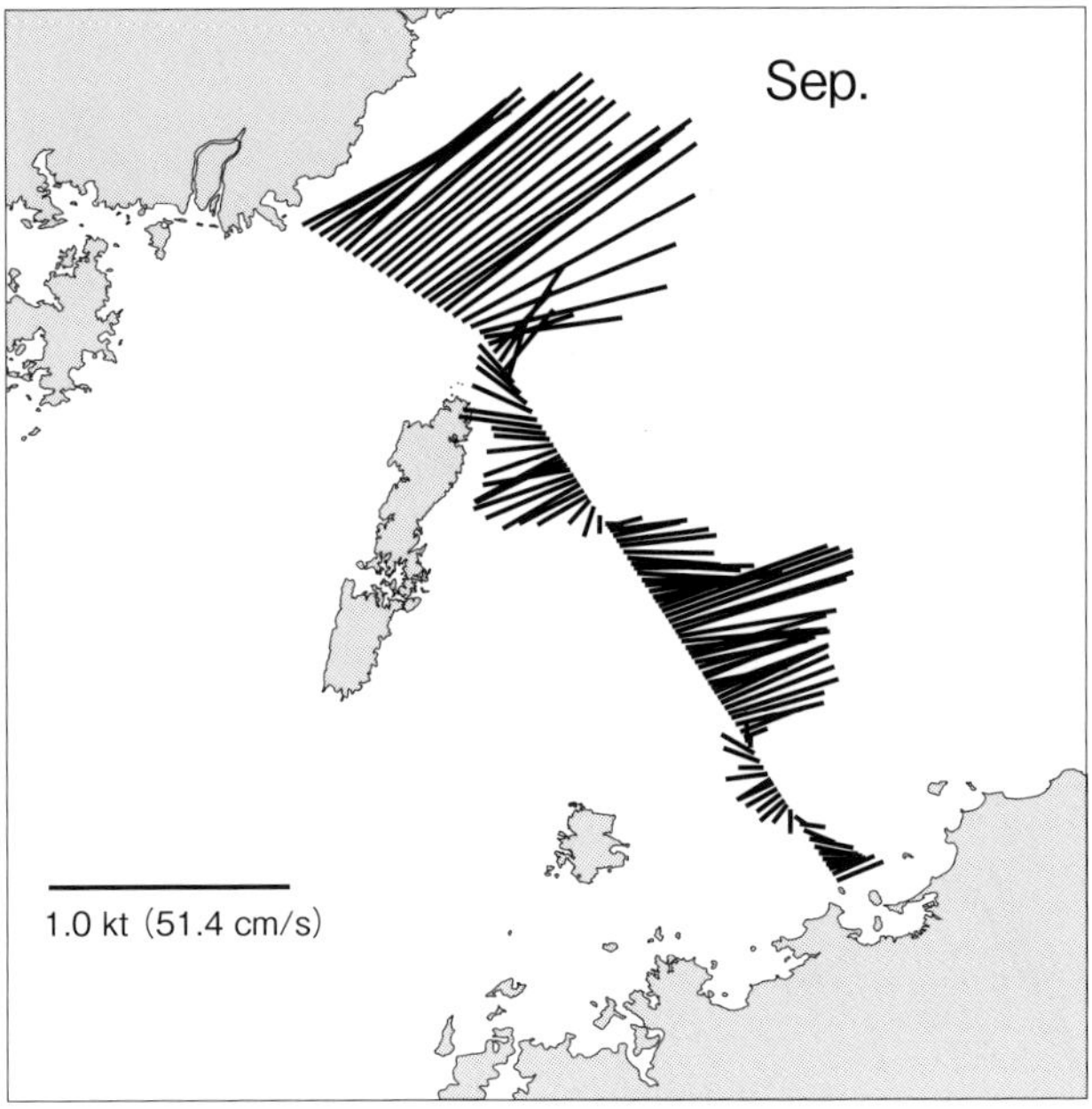

図2　対馬付近の海流（9月）

（出典）尹宗煥 2011 より。

釜山と対馬の間には一・三ノット（九月最大）～〇・八ノット（一月最少）、そして対馬から福岡の間には〇・八ノット（九月最大）～〇・四ノット（一月最少）の平均海面流速データが得られたという。

尹によると、古代船の速さを二ノットであったと仮定すれば、対馬暖流が北東方向へ平均一ノットで流れる六月の、風力が弱く、しかも島影を視認できる満月の夜に船出するのが、一年でもっとも安全に渡海できるという。それでも、応永の外寇（一四一九年）では、その年の六月十七日（旧暦五月十五日満月）に巨済島を出航した朝鮮軍船は潮流に押し流されて引き返し、同月の十九日に再出航した。たとえ最適なシーズンである六月であっても、平均四～五ノットの速度であったと推定される朝鮮軍船でさえ、潮流が卓越する対馬暖流を渡海できなかったのであれば、ましてや平均一～二ノットであった古代船の渡海は困難を極めたはずであり、言うまでもなく釜山を出港したならばほとんど不可能であった。要するに、風が弱く、潮流が遅く、しかも島影が視認できるという好条件が続くのであれば、巨済島南端から約一日で浅茅湾へ、そして大船越を陸路で越えて対馬南端から約一日で壱岐勝本へ、壱岐から約半日で呼子へ到着するという古代の渡海ルートが想定できるという（**図4**）。その反対のルートは、**図5**に示したとおりである。

考古学の最新の知見では、こうした古代の航路・航法などで、

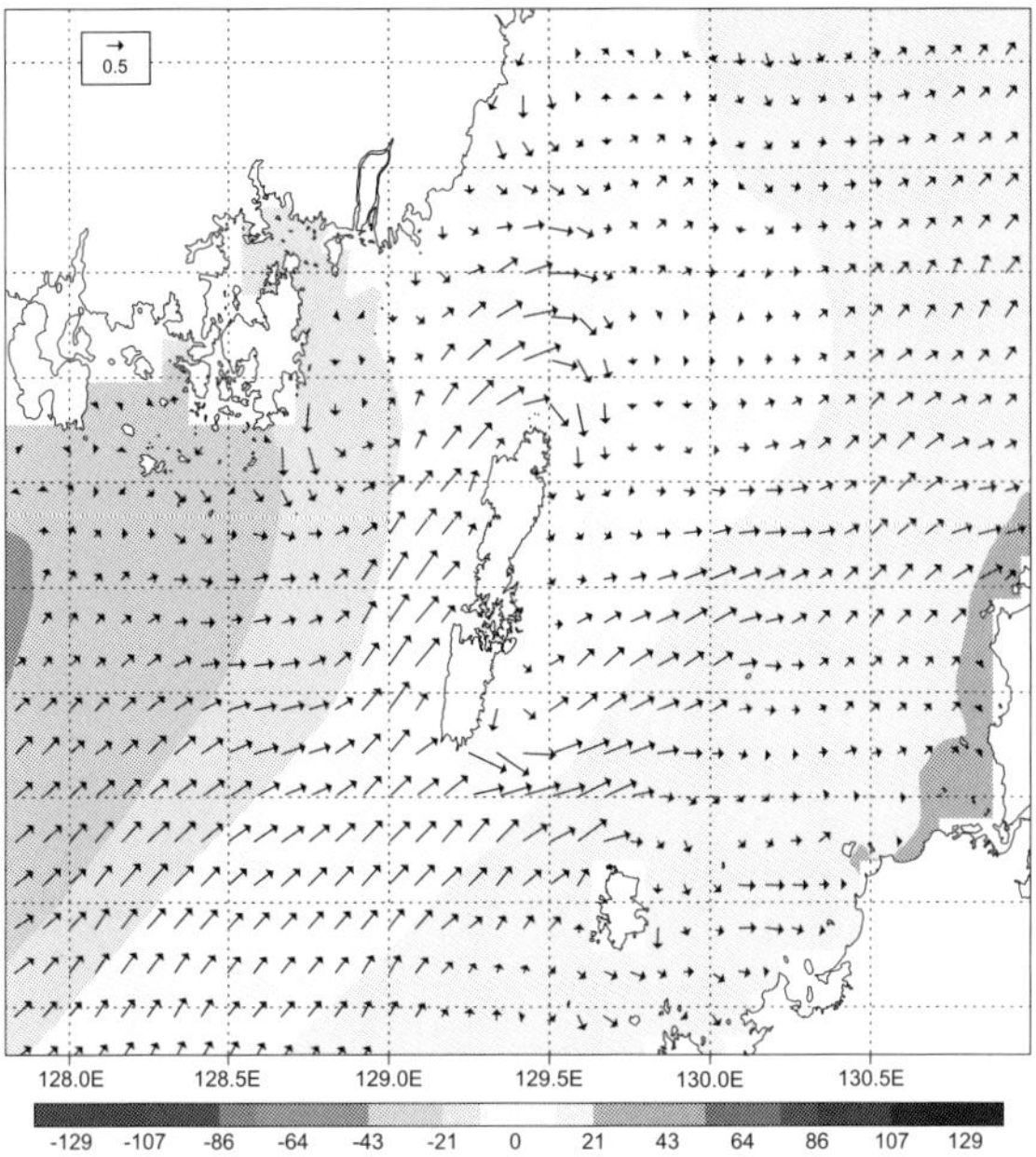

図３　対馬付近の海流の向き
（出典）尹宗煥 2011 より。

朝鮮半島から北部九州に水田などを含む灌漑農耕文化が伝わったという。宮本一夫の最新の見解によると、東アジアにおける農耕文化は四段階に区分できるらしい。

第一段階：紀元前三五〇〇年頃にアワ・キビとともに、農耕化した採集狩猟民が磨盤・磨棒や石鋤などを持ちながら朝鮮半島南部や沿海州南部へ拡散する段階（朝鮮半島南部の新石器時代中期初頭）。

第二段階：紀元前二五〇〇～二〇〇〇年頃に山東半島煙台地区から遼東半島へ、アワ・キビ農耕に栽培植物としてイネを加え、遼東形石斧・石包丁などが拡散する段階（朝鮮半島新石器時代後・晩期）。

第三段階：紀元前一五〇〇年頃、山東半島に生まれた畦畔水田を持った灌漑農耕が遼東半島を経由して朝鮮半島に流入する段階。その段階には、朝鮮半島においても遼東形石斧、扁平片刃・柱状片刃石斧、石包丁、木製農具などが伝播し、次第に変容していく段階（朝鮮半島での無文土器社会）。

第四段階：紀元前一〇〇〇年～八〇〇年頃、寒冷期が契機となって、朝鮮半島南海岸地域の先松菊里式期において、水田などを含む灌漑農耕文化が北部九州へ伝播した段階。半島南部からの渡来民が北部九州へ移り、縄文人と融合し弥生文化を生み出した。北部九州へは

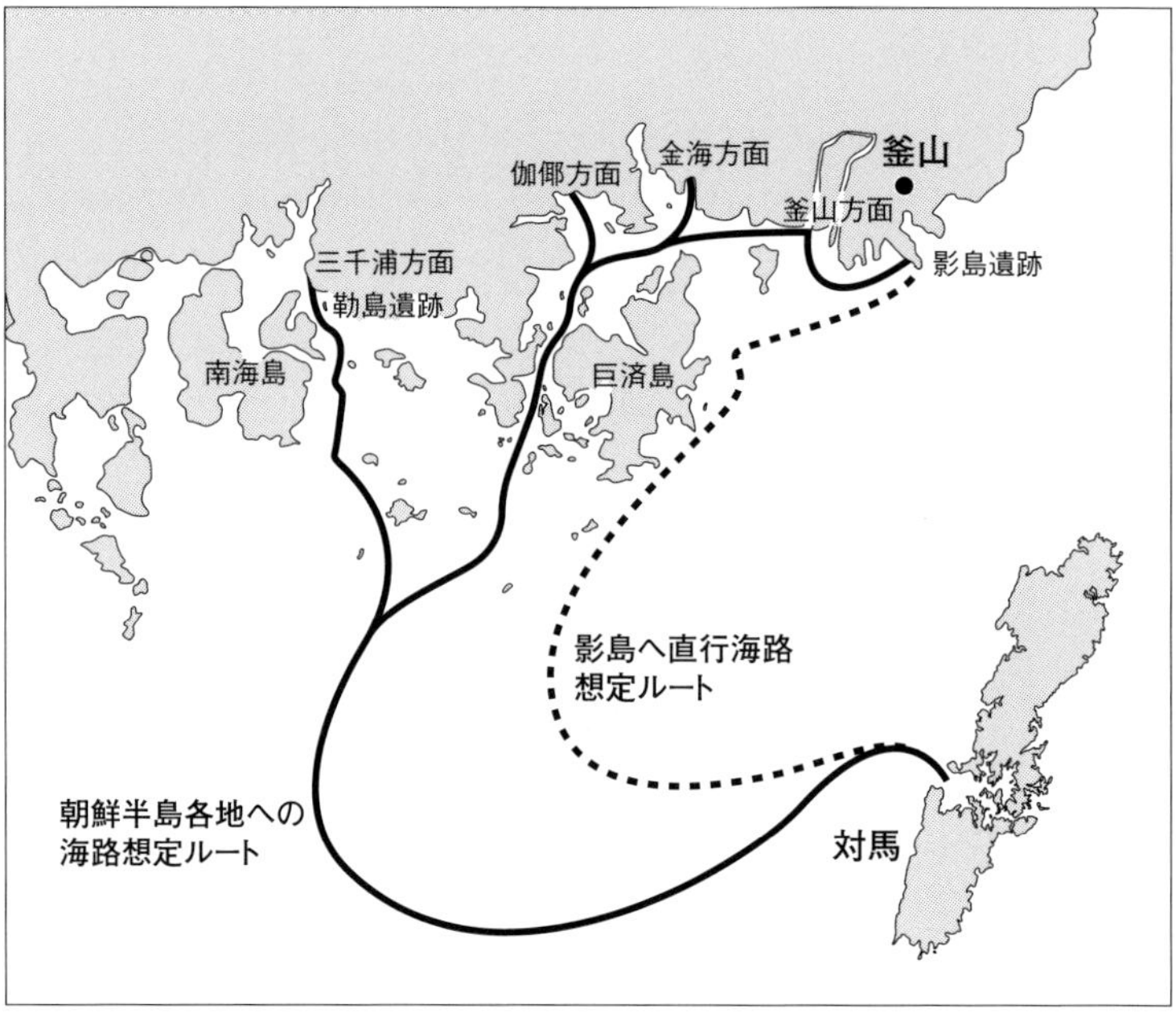

図4　古代における朝鮮半島から対馬への渡航ルート

（出典）尹宗煥 2011 より。

環濠集落、支石墓、水田、大陸系磨製石器、木製農具、磨製石剣などの新来の文化要素が朝鮮半島から伝播した。

さて、日本の水稲栽培の起源に関しては、考古学の樋口隆康や植物遺伝学の佐藤洋一郎などのように、朝鮮半島を経由しないで大陸から北部九州に海を渡って直接に渡来したという学説もある。しかしながら当面、我々は紀元前一〇〇〇年～八〇〇年頃に、寒冷期を契機とする環境の悪化に伴い、朝鮮半島南海岸地域で水田などを含む灌漑農耕文化を営んでいた渡来民が、対馬を経由して、朝鮮半島南部から北部九州へ南下した事実に注目をしたい。当然ながら朝鮮半島から日本への南下が一度きりであったはずもなく、容易に太古より無数の類例を探せるだろう。

そこで、再度、我々の課題に立ち戻る前に、ナラ林帯（落葉広葉樹林帯）と照葉樹林帯に大別される東アジアの植生を想起しておいても、決して無駄ではない。この仮説は、すでに日本列島の東・西の差を説明するのに有効であった。周知のように、「居る」は東日本で「おる」であり、西日本で「いる」と発音するように、言語学の東条操や大野晋などの研究によって、日本語方言における東と西の対立が提示され、新潟・富山の県境から伊勢湾に至るボーダーが設定されたことがある。その後、民俗学からの報告が続き、その東・西方言圏を念頭に置いた諸文化要素の地域差が確認された。こうした文化の地域差を説明するに、植物学の中尾佐助や民族学の佐々木高明らの学説の驥尾に付して、日本列島の東方言圏とほぼ同一なナラ林帯、西方言圏とほぼ同一な照葉樹林帯の植生図を重ね合わせて理解したい。

水稲耕作が流入する以前の縄文時代にあって、西日本に比較して東日本に偏在する人口密度の高さを教える考古学的知見は、彼ら縄文人の重要な食料であった鮭・鱒の漁撈とトチ・クルミ・栗など堅菓類の豊かな食料に恵まれたナラ林帯採集狩猟民と、野生のサトイモなど半栽培食物やドングリを中心として大量の食料に恵まれない照葉樹林帯採集狩猟民の差であると説明した。しかし

図５　古代における朝鮮半島への渡航ルート

（出典）尹宗煥 2011 より。

発想を逆転させるならば、人口密度が濃密でなかったからこそ、そして高い生産性を持っていたからこそ、海峡を渡って来た灌漑型水稲耕作民がまずは北部九州で、そして西日本各地で受け入れられていったにちがいない。

さて、ここで東アジアの植生図を一覧すると、南北に冷涼なナラ林帯とやや温暖な照葉樹林帯とに大別できる。日本列島がそうであったように、朝鮮半島においても、ほぼ北緯三五度線を境界に半島南部の慶尚南道・全羅南道一帯が照葉樹林帯、残りの大半がナラ林帯に分けられる。すなわち文化的に見れば、アワ・キビなどの雑穀を栽培し、豚の飼育を行いつつ狩猟や漁猟に従事したナラ林帯と、主に雑穀・根菜型の焼畑農耕が生業の中心である照葉樹林帯の二つである。飲茶・漆・養蚕と絹織り技法、麹酒、味噌・納豆など大豆の発酵食品、コンニャク・餅などの食品、歌垣・八月十五日夜・鵜飼などの習俗のセットは、すべて照葉樹林帯の文化的特徴である。

詳細は別に譲るとして、私の仮説はこうである。紀元前一五〇〇年（縄文時代中期末）以降の気候変動は冷涼化に進み、第三段階灌漑農耕が半島を南下していったが、その一方で朝鮮半島と日本列島の両地域北緯三五度より南の照葉樹林帯に、その特有な文化セットが中国から渡来し定着した。さらに紀元前一〇〇〇から八〇〇年頃の寒冷化を機に、第四段階灌漑農耕が海峡を渡り、北部九州に伝来した。主として雑穀・根菜栽培など照葉樹林文化型焼

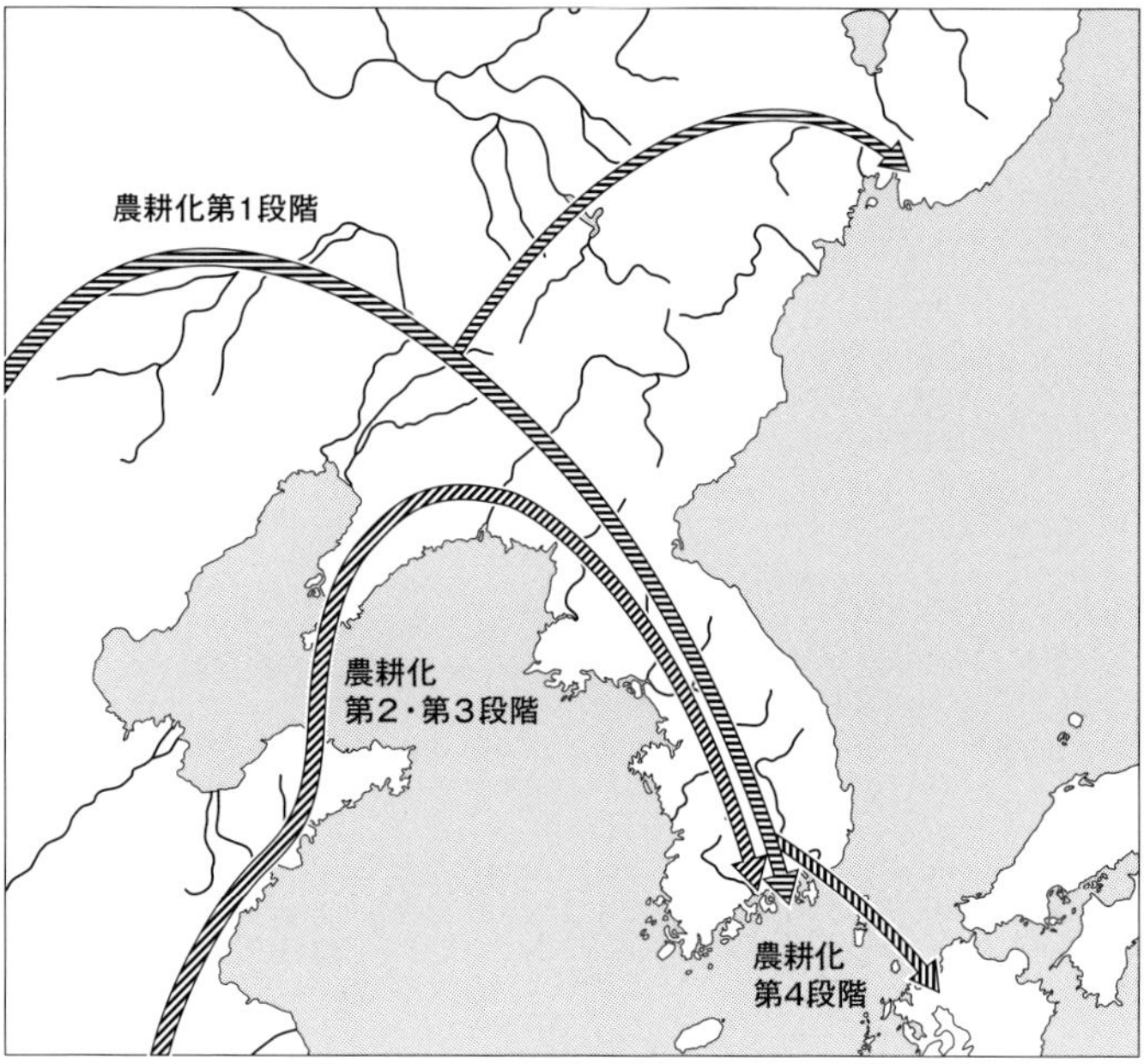

図6　農耕の伝播ルート

（出典）宮本一夫 2011 より。

畑農耕に支えられていた北部九州は灌漑型稲作を容易に受容し、その生産性の高さゆえに西日本一帯に急速に拡大していった。ただし、稲作に適する平地に乏しい対馬を経由せず、朝鮮半島南部から北部九州へダイレクトに灌漑型稲作が渡来したと考えて良いだろう。

したがって縄文時代前期ごろに中国大陸・朝鮮半島南部と西日本一帯に照葉樹林帯が拡大すると共に、中国大陸から両地域へほぼ同時期にプレ農耕段階の照葉樹林文化が伝来した。その後、紀元前一五〇〇年頃に第三段階灌漑農耕が半島南部に伝来して、プレ農耕段階の照葉樹林文化を吸収しつつ、生産性を向上していった。さらに五〇〇年前後時代が下った時期、地球の寒冷化現象に伴い、半島よりも温暖な北部九州に伝播して、さらなる水稲文化を発展させていった。

要するに、この時期、北部九州と北緯三五度線以南の照葉樹林帯には大きな文化的差異は認められず、それだけに言語を標識とする異民族は成立していなかったと考えたい。これも大胆な想像は避けられないが、七世紀の統一新羅国（ＡＤ六七六—九三五）成立に至るまで、韓系言語を話し、照葉樹林帯文化特有の民族要素を保有し、さらには灌漑式農耕に従事するライフスタイルを共通にする人々が日韓海峡圏に居住し、そこには相互に「異国」視するボーダーは存在しなかったにちがいない。

しかしながら、紀元前四世紀から一世紀にかけて存立した、半島南部の古代国家群、いわゆる三韓（半島西岸方面の馬韓五四国、北東部の辰韓一二国、南東部の弁韓一二国の総称。後代の馬韓・辰韓・弁韓三国）が、七世紀に至り統一新羅に吸収され、それと同時に唐国との間に国家安全保障システム及び通商システムが締結されることによって、朝鮮半島におけるボーダーは、華夷秩序原理を内外に表明することとなった。その結果、上述したとおりに新羅使節が中国の衣冠を着用したように、朝鮮半島は中国を中心とした東アジア政治秩序体制に編成された。それに伴い、中華統治システムの中でボーダーが作り出されたために、自然と朝鮮半島において「民族・言語・文化・空間マッピング」を同定する作業も加速度的に進展していったにちがいない。また「他者排除」の論理（華夷秩序原理）を貫徹するために、朝鮮半島南部と対馬の間に民族的ボーダーが確定し、「他者との区別」を求めるディスクールが要求されることとなった。また朝鮮民族内においても、白頭山から流出する地脈が続く地域こそ、朝鮮民族の地であると教える民族的イデオロギー（『八域誌』李重煥著など）が出現するとともに、その民族の地脈で連結されない地域を「異国」「異界」視し、民族の優位性を説明する小中華イデオロギー（エスノセントリズム）が作り出されたために、海峡で切断された対馬は自然と「異国」に属するとされた。その結果、「八道総図」など代表的な朝鮮古地図は、華夷秩序の外部にある日本を描くことはなかった。あるいは対馬が作図されるとしても、華夷秩序原理の両義性を帯びた地域として表現されたにすぎない。

「韓国―中国」間のボーダー

私達の視点を朝鮮半島北部の辺境に向けるとき、思い出されるのは、二〇〇六年から翌年にかけて、韓国のテレビが放映した歴史大河ドラマ群である。高句麗の建国王である朱蒙、高句麗滅亡後に朝鮮民族を組み込んで渤海（ＡＤ六九八―九二六）を建国した大祚栄などを主人公として製作されたテレビドラマは、そのいずれも韓国内で高視聴率をあげたばかりでなく、韓流ドラマのブーム中でアジア各地でも放映された。これらのドラマに共通するのは、舞台が朝鮮半島ではなく、中国大陸東北部であることだ。こうした製作ラッシュ、主人公の類型性、同一な舞台背景を考慮すれば、とても偶然の一致に企画されたドラマ群と言えまい。多くの識者が指摘するとおり、二〇〇四年に勃発した韓国と中国の「歴史紛争」が背景にあると断定して良い。具体的には、中国社会科学院の辺境歴史地理研究センターが進めたプロジェクト「東北工程」（「東北辺境歴史與現状系列研究工程」の略）が「高句麗史論争」の火種を作った。その論争を「高句麗史に対する歪曲」と反発する韓国側の立場で論争の行方を見守るべきかどうかは慎重を期すべきだが、二千数百年前の歴史が、突如として現代政治の枠組みの中で議論されることに興味が引かれる。それと共に、政治がリードする韓国メディアの流れの中で、テレビドラマの一話に盛り込まれたシナリオライターの想像力は、神話的存在さえも実在の人物へと視聴者に錯覚させるほどに、一〇〇冊の高句麗史専門書よりも韓国社会に強いインパクトを与えた。両国家間では、表面的に、二〇〇四年八月に締結された口頭了解覚書五項目で沈静化したものの、東アジアにおける一連の韓中ボーダー問題は、現代の国際情勢のコンテキストで把握すると同時に、各国の領土問題は歴史イデオロギーと強い関連を有すると世界に告白したと言って良い。忘れてならないのは、韓中間におけるボーダー紛争の主因の一つは「民族の聖なる故地」論と「多民族国家の領域」論の対立であることと、国境は人間（もしくは民族、国家）が作り出したイデオロギーの所産であるという教科書の記述を再確認させたことだ。

今さら、「白頭山定界碑」論争に首を突っ込み、韓国・中国間の国境画定が曖昧だと蒸し返すことは控えておきたい。すでに篠田治策が明記したように、その石碑建立時（一七一二年）から碑文解釈の食い違いが生じていたからであり、たとえ石碑の位置確定が相互に完了したとしても（昭和六年七月二十八日―七月二十九日の間に撤去）、それで万事終わりという単純な問題ではないからである。

中華統治システムにおけるボーダーは、ヨーロッパの万国公法が提示する国境線とは本質的に異なる。中国皇帝の徳化を慕って来訪した周辺国家に対する王印や中国暦などを与える冊封と、各国王から皇帝への朝貢による関係性の中で、中華統治システムが構築される「徳治国家」群の集合体であっただけに、現在のような旅券法違反という国境侵犯とは無縁な統治モデルであった。したがって、朝鮮と清国との間に生じたボーダー紛争の原因の一端は、華夷秩序原理が崩壊しつつあるプロセスで、法治国家群による西洋型統治モデルと徳治国家群による中華統治モデルとの衝突であったと言っても決して過言ではない。定界碑文の解釈より生じた両国のボーダー争議をめぐる二回の協議（乙酉勘界〈一八八五年〉と丁亥勘界〈一八八七年〉）の場において、双方から「天下」の語が頻出するのも、故無しではない。加えて、白頭山が両国政府の「祖先発祥の聖地」であり、その聖地を死守することが双方の協議の前提であれば、「会議は踊る、されど進まず（Le congrès danse beaucoup, mais il ne marche pas.）」でしかない。

そこで本稿では、これ以上、白頭山定界碑をめぐる境界論争に介入することは避け、むしろもう一つの境界紛争となっている豆満江の河口に位置する鹿屯島問題を取り上げることとしたい。

まず鹿屯島がどこにあるかを確かめたいが、現段階ではそれさえも困難である。その河口に島が現存しないからである。しかしながら、ある韓国人研究者は、朝鮮時代における鹿屯島の所在を確認するために、自らの論考に都合の良い十余りの古地図で立証しようとしているが、我々の立場からすれば、彼に不都合な古地図を一枚提示するだけで良い（図7）。

そもそも前近代における地図は、万国公法に裏付けられた明解な国境線で画されたはずもなく、むしろ辺境や隣接領域を「意図的にファジーな状態」で記述している。それゆえに豆満江の河口一帯がたとえ矛盾に満ちたマッピングであったとしても、それは、単に国境線に無関心であったり、あるいはその反対に針小棒大にしているに過ぎないからであった。したがって、豆満江下流に鹿屯島がマッピングされていたとしても、それはＧＰＳとＧＩＳ等を活用した作図であったのではない。ましてやオランケなど異民族が盤踞する未征服の地であるだけに豆満江の彼方への情報記述に冷淡であり、しかも鹿屯島の名が明記されていたとしても、その島名を知っているに過ぎないと考えた方がよい。そうだとすれば、朝鮮古地図上に島名があったとか無かったとかで一喜一憂するのは妥当ではない。

図7　朝鮮八道地図

（出典）『韓国の古地図』凡友社、1991年より。

そこで、我々は鹿屯島領有権問題に直結する朝鮮・清国・ロシア三国の主張と論理を追求するのではなく、日本側政府記録を辿りたい。

話は一八八九（明治二十二）年十一月に遡る。外務大臣宛の電信に、

「朝鮮政府鹿屯島ヲ清国エ譲与ノ風説機密第百五十八号、
鹿屯島ノ事先使機密第百五十五号追書ヲ以テ清国政府ハ俄韓交界ニ在ル鹿屯島占領ノ義風説ノ侭御報申上候所、其後種々探偵ヲ尽シ候得共、今ニ確説シ得兼居候、尤モ朝鮮探偵ヨリハ別紙写ノ通「今般朝鮮政府ヨリ俄公使ニ向ヒ該島ノ返還ヲ要求セシ事ハ有之トイヘ共、清国ニハ毫モ関係セザル旨」報道有之候、左スレバ清国占領ノ風説ハ、或ハ虚伝ニ属スルカト被愚考候、別紙相添此段、及御報道候

敬具

明治十九年十一月十五日

在朝鮮臨時代理公使杉村濬

外務大臣伯爵井上馨殿」

とあり、当時、ソウル市内には「朝鮮政府、鹿屯島ヲ清国エ譲与ノ風説」が充満していたようである。そのために、在朝鮮臨時代理公使杉村濬は、韓国人スパイを朝鮮・ロシア国境に派遣して、事実を解明しようとしたけれども、それが誤伝であったという。もっともこの報告を本省宛に送信する前に、「鹿屯島露国ニテ占領ニ関スル件機密第四十四号」が送られており、

「過般、下官袁世凱ヲ訪問致候所、同人ヨリ不遠内ニハ、俄清韓トノ間ニ一ノ紛議ヲ生ジ可申哉難測トノ噂有之候ニ付、其委細ヲ質シ候所、近来俄国ニテ豆満江ニアル一島ヲ俄有ナリト称シ候由、然ルニ該島ハ古来朝鮮ニテハ、我版図内ニ属スルモノト自信致候事故、若シ俄領ナリトノ説ヲ聞カバ、必ズ争議ヲ引起シ可申、一体俄国ガ該島ヲ其所有トスル理由ハ、当初清国ガ該地方ヲ俄国ニ譲与セル節取結ビタル約書ニ、豆満江ヲ以テ界トナストノ語有之ニ根拠セル由ニ相聞へ候、但シ該島ハ最モ江口ニ位置シ、江流該島ニ当リテ両分シ、一ハ俄領ニ沿テ流レ、一ハ朝鮮地方ニ沿テ流レ候、該島俄国図ニテハ二小島トサレ、朝鮮図ニテハ一島トナス由」

という同年七月九日段階の報告が本省宛になされている。これによると、在朝鮮清国総領事袁世凱は、「当初清国ガ該地方ヲ俄国ニ譲与セル節取結ビタル約書ニ、豆満江ヲ以テ界トナストノ語有之ニ根拠セル由ニ相聞へ候」と回答したという。その伝聞の信憑性を確かめる手立てが必要となり、上記の朝鮮人スパイの派遣となった。ソウルと東京間の電報のやりとりは続き、鹿屯島がロシア領土に編入された理由は、

「一八六〇年、清魯国境画定の条約第一条中、豆満江以西は魯国に与える等の文字を有する」

という条約に依拠したとして、一八九〇（明治二十三）年五月三日の打電となる。

それでも疑いを持った日本外務省は、在釜山日本総領事館に指令を与えて、一八九〇（明治二十三）年七月四日付けで復命させている。報告者は、同年六月十五日に釜山を出発し、鹿屯島見物にでかけた釜山領事館川上書記生。彼の実見によると、鹿屯島の概況は、以下の通りであった。

「該島（鹿屯島）は所謂鹿島に非らず鹿屯と云ふ周囲、我八丁許の小島にして現地図の如く川の中央に非らず（現地図は二、三〇年前のものと考ふ）乃ち二、三〇年前より川流西に転じ現今は朝鮮岸側にのみ流れ東岸魯領と連接せる一の半島となれる。慶興府は地図の如く深く陸地に入りあらずは豆満江より

僅か我五丁ほど隔絶するのみ、而に豆満江より慶興府までは日本里数十里甚中対岸の上部七里は清国領にして下三里は魯国領なり」

また、同年七月十日発の外務省への電信を掲載しても無駄ではあるまい。それによると、在釜山日本総領事館の久水領事代理は、六月十二日、豆満江口に鹿屯島を実見した上で、「地は同く俄の地」と結論づけた上で、

「鹿屯島は朝鮮咸興道慶興府を距る東南七〇里（我里法凡そ七里）豆満江の海に入る處即ち江口の一デルタ（出島）にして、同府所管造山堡（堡は萬戸を置く）に相対し豆満江の一水を隔て同堡城門を距る里餘の處にあり。元と朝鮮国の藩図にして萬戸（官名）を置き之を管したるも数十年前（年紀不明）支那の地に属したれは萬戸を撤去し人民は其儘住居耕耘せり、今を距る五年前（明治十九丙戌年）、又転じて俄の地に属せり、該島の総て支那に属する所以のものは豆満江水該島を巡って二派に流れ島は江口中央にありたるも旧支那地と該島間の流れは自ら絶止し只朝鮮と該島間の一方に流るることとなりしにより自然支那元来の陸地と連続し地形上より遂に支那に属せることとはなれり、然れども朝鮮は彼為に任せ敢て争はさりしと云、然るに又転じて俄の地に属する所以のものは全く該島満州大陸と連続し半島の姿を呈したるより満州地方俄の領する所となりしは即ち五年前に於いて俄清境界取極委員立会の上、清より俄に交付したる地区内に自から含入しあるもの如くあれば、爾来公然俄領と唱来りしものなりと云」

とある。

その結果、日本外務省が入手した情報に従えば、

一、一八六〇年、清魯国境画定の条約第一条中、豆満江以西は魯国に与える等の文字を有すること

二、その条約に依拠して、一八八五年に俄清境界取極委員立会の上で、鹿屯島領有権はロシアに移管されていたこと

三、鹿屯島の現況は、一八六〇年から一八七〇年ごろより島嶼ではなく、ロシア領と陸続きとなっていること

の三点が判明した。

アヘン戦争・太平天国の乱・アロー号事件などで、強大な軍事力を背景とした欧米列強は、南京条約など次から次へと不平等条約を清国に対して強引に押しつけることによって、中国内で自国権益を拡大させていった。その結果、中国一辺倒の原理で動いてきた東アジア諸国は大きな衝撃を受け、それとは別な国際秩序の洗礼を受けることとなった。中国各地で頻発した「太平天国の乱」などの民衆反乱を目の当たりにした朝鮮燕行使たちは、伝統的な華夷秩序原理に対する懐疑心を持ち始めた。「中華帝国の落日」

は決定的となった間隙を突いて、一六八九年のネルチンスク条約以降、キャフタ条約（一七二七年）、璦琿条約（一八五八年）などを締結することで、次々と清帝国を蚕食していったロシアは、北京条約（一八六〇年）を機についに豆満江以西の地の獲得にも成功した。もはや華夷秩序原理による伝統的ルールは通用しなくなったとも言えよう。

ましてや中国と周辺国との間に構築されていた「華夷秩序」は、ズタズタになっていくことは避けがたく、清帝国の威信低下は顕著であった。一八八〇年代、咸鏡道の凶作を理由として、間島一帯への朝鮮人農民の移住が増加した。清国はこの刷還を図ったが、両国国境を確定した白頭山（長白山）定界碑（一七一二年）の条文に「東為鴨緑、西為土門」とあることを根拠に、朝鮮国は図們江以北も朝鮮領であると主張した。華夷秩序原理が確立していく清国興隆期であれば、想像もできない宗主国への朝貢国よりの反発であった。両国国境調査は乙酉勘界（一八八五年）と丁亥勘界（一八八七年）に実施されたが、その未決着なままで推移した交渉過程を反映してか、鹿屯島はロシア領となったという風説がソウル市内に流布したにちがいない。その意味では、元々、オランケなどの異民族が居住する地域であった豆満江以西の地は曖昧な国境線で画されていたが、ロシアの極東進出と共に、自国内でガラパゴス化した小中華イデオロギーに固執した朝鮮国は、急激な東アジア国際政治環境の変化に振り回されつづけた。

朝鮮を囲む四つのボーダー

不思議なことにあまり知られていないのだが、仮に「Sila」と記載された極東の島が朝鮮であるとすれば、朝鮮が世界地図に記載された初見は、十二世紀に製作されたシチリアのアル・イドリーシー地図であることになる。冗談だととられかねないが、現在の韓国も「島国」状態だと言っても良いだろう。なぜならば、一般の外国人が韓国へ渡航する場合、船と航空機しかないからである。仮に十二世紀と同様な「島国」であったとすれば、それを取り巻く海だけを表現する地図だけで、四周のボーダーは提示できよう。むろん、事実は半島であるが、中国と陸続きのボーダーを有する運命にある以上、文化装置としての華夷秩序原理の中で、朝鮮は、

一、中国との冊封関係を象徴する燕行使が越境する鴨緑江のボーダーでは、中華イデオロギー

二、華夷秩序原理の外に位置する日本国とのボーダーでは、小中華イデオロギー

三、中朝両国の無人地帯、白頭山（長白山）・間島地域とのボーダーでは、聖域意識

四、女真族に代表されるオランケなどが居住する豆満江以西のボーダーでは、無知蒙昧な野蛮人に対する蔑視意識

を持ち、以上四カテゴリーのボーダーにとり囲まれていたと見て

良いはずである。その上で、東アジアの徳治政治社会のコンセンサスでは、

五、三角測量術など近代的な地図作成技術や器具などによる明確なラインではなく、たとえ不明確なラインが描かれていようとも、支配者の徳治が及ぶ領域は暗黙の内に判明する限り、そのボーダーに対する政治的な関心は低かったとも考えても、あながち無理な推測ではあるまい。

それを裏付けるかのように、官製であれ、私製の地図であれ、豆満江の河口に位置するはずの鹿屯島が描図されていてもいなくとも、またどの位置に記載されていようとも、その地図制作者に対する処罰がなされた事実がないことは、我々の推測が的外れでないことを傍証するはずである。

朝鮮王にとって重要なのは、華夷秩序原理の中で、どこまで小中華イデオロギーが浸透するかであり、加えてソウルの王宮を発信点とする王権が中心から周辺へと波及するかであるならば、ボーダーの明白さは大きな政治的イシューとはならなかった。逆説的に言えば、朝鮮半島南部に対置するのは軍人（武士）国家・日本であり、また華夷秩序原理の外にある異国であるがゆえに、軍事防衛システムを共有しない「何をしでかすか分からない」恐怖のボーダーであった。その逆に鴨緑江を隔てた中国は華夷秩序原理の本拠地であり、畏敬と憧憬のボーダーであった。白頭山・間島一帯は中朝共有の聖なる対象であるがゆえに、ボーダーそのものが不要であった。その一方で、オランケが盤踞する豆満江以西の地は、朝鮮にとっては唯一、軍事的にも経済的にも文化的にも超越するがゆえに、心理的に安心なボーダーであった。加えて、対中国貿易・対日本貿易にも制限があったのに比して、対オランケ交易だけは自由で、しかもオランケたちが正々堂々と豆満江を渡河して朝鮮領で交易に従事するシステムを採用していた。このボーダーは曖昧であることこそ不可欠であった。

最後に、この言葉で本論を終えたい、「ボーダーに常識は通じない」。

主な参考文献

秋月望「朝清境界問題にみられる朝鮮の「領域観」——「勘界会談」後から日露戦争期まで」『朝鮮史研究会論文集』朝鮮史研究会、第四〇号、二〇〇二年、一二五—一四九頁。

秋月望「東アジアの境界とテリトリー意識——高句麗ものテレビドラマの背景」『明治学院大学国際学部付属研究所報』二〇〇九年、六七—七〇頁。

秋月望「華夷秩序の境界から国際法的な〝国境〟へ——朝鮮と清の境界地帯をめぐる研究史」『明治学院大学国際学部付属研究所報』二〇一〇年、三—一九頁。

イ・ワンム「朝鮮時代鹿屯島の歴史と領域変化」『精神文化研究』第三四巻第一号、二〇一一年、一二一—一四七頁〔韓国語〕。

川島真「近現代中国における国境の記憶——「本来の中国の領域」をめぐる」『境界研究』北海道大学グローバルCOEプログラム「境界研究の拠点形成——スラブ・ユーラシアと世界」二〇一〇年、一—一七頁。

金正柱編『朝鮮統治史料』第一巻（間島問題）、一九七〇年、韓国史料研究所。

高麗大学亜細亜問題研究所・旧韓国外交文書編纂委員会編『旧韓国外交文書』第九巻（清案二）一九七一年。

佐々木高明『日本文化の多様性——稲作以前を再考する』小学館、二〇〇九年、二五五頁。

篠田治策『白頭山定界碑』楽浪書院、一九三八年、三四二頁。

中央研究院近代史研究所『清季中日韓関係史料』第八巻—第九巻、一九七二年。

樋口隆康『日本人はどこから来たか』講談社（講談社現代新書二六五）、一九七一年、二一七頁。

宮本一夫「日本列島の文明起源と交流」『東洋學』檀国大學校東洋学研究所、第四九輯、二〇一一年、一一〇—一三〇頁。

尹宗煥「対馬暖流と古代日韓交流」（九州大学韓国研究センター日韓海峡圏カレッジ国際セミナー「日韓交流の過去と現在——共通課題を探る」二〇一一年九月三〇日）配付資料。

（インターネット）

アジア歴史資料センター　http://www.jacar.go.jp/

（写真提供・対馬釜山事務所）

対馬での朝鮮通信使パレードの再現

福岡・釜山超広域経済圏構想

加峯隆義

●かぶ・たかよし　一九七〇年生。(財)九州経済調査協会調査研究部次長。著書に『地域企業のグローバル経営戦略』(共著、九州大学出版会)『Collaborative Regional Development across the Korea-Japan Strait Zone』(共著、韓国国土研究院)など。

はじめに

九州と韓国との国境を越えた超広域経済圏がにわかに動き出している。その中心に位置する福岡市と釜山市は、「福岡・釜山超広域経済圏」協力事業を策定し、すでに事業の実施段階に移行している。

九州と韓国東南部の国境を越えた地域間交流は、二〇年続いた行政交流、学界交流、研究交流を経て、ようやく民間を含めた産学官の一体的な交流まで発展してきた。嚆矢となったのは、二〇〇八年の李明博大統領の提案である。大統領は、就任前、韓国東南圏と九州の一体的な超広域経済圏を公約の一つに掲げた。就任翌月にはさっそく釜山市から福岡市に対して超広域経済圏形成の呼びかけがあり、福岡もこれに呼応して産官研（研究機関）からなる「福岡・釜山経済協力協議会」を設立、二〇〇九年八月に協力事業の策定に至った。

本稿では、九州と韓国の交流を概観しながら、福岡・釜山超広域経済圏の内容と進捗状況を整理し、最後に現在の課題と今後の取り組みについて提案を行いたい。

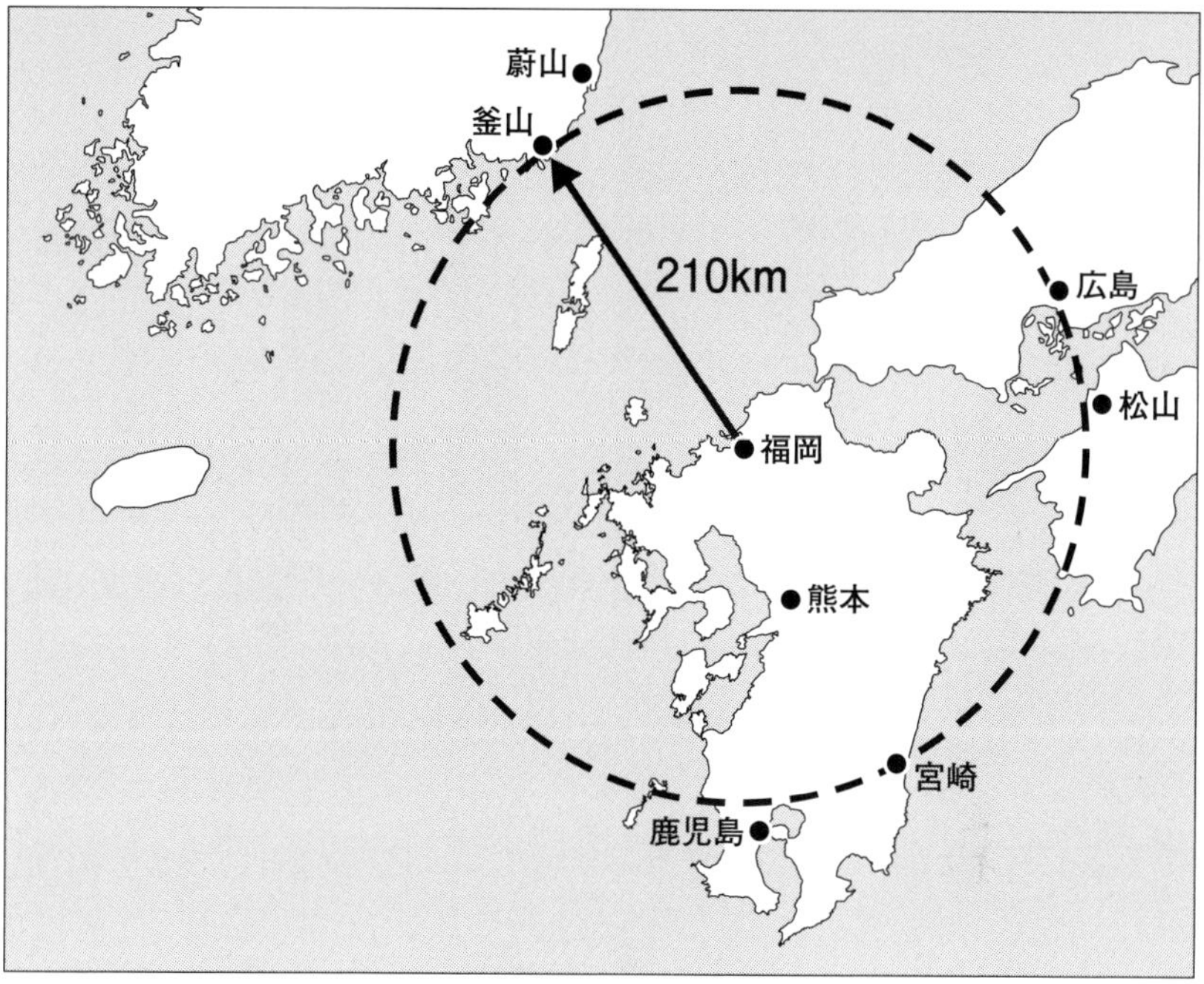

図１　福岡と釜山の距離
（資料）著者作成

活発になる九州と韓国の交流

活発な人の往来と貿易

エリアを福岡と釜山に限定する前に、まず九州と韓国の交流を概観したい。九州と韓国は、対馬海峡を挟んで二一〇キロメートル離れている（**図1**）。直線距離で福岡から宮崎や広島と同程度にあり、充実した航空・海上ネットワークは、活発な人の往来を生んでいる。海上交通だけで年間延べ一〇〇万人が往来するこのエリアは、日韓交流の大動脈となっている（**図2**）。

モノの動きの指標となる貿易統計をみると、九州と韓国の結びつきは強まっている。二〇〇八年のリーマンショックによる景気低迷などで、一時的に貿易額を下げたものの、輸出入とも基調としては増加傾向にある（**図3**）。

中分類品目をみると、工業製品の取引が多い。上位五品目の中には、輸出では、半導体製造装置や鉄鋼、プラスチック、科学光学機器、有機化合物、輸入では石油製品、半導体など電子部品、鉄鋼、魚介類及び同調整品、金属製品が占めている（**表1**）。

低調な投資交流

経済交流を表す別の指標に海外直接投資を含む韓国への事業進出がある。ところが支店・事務所の開設を含めても、九州からの

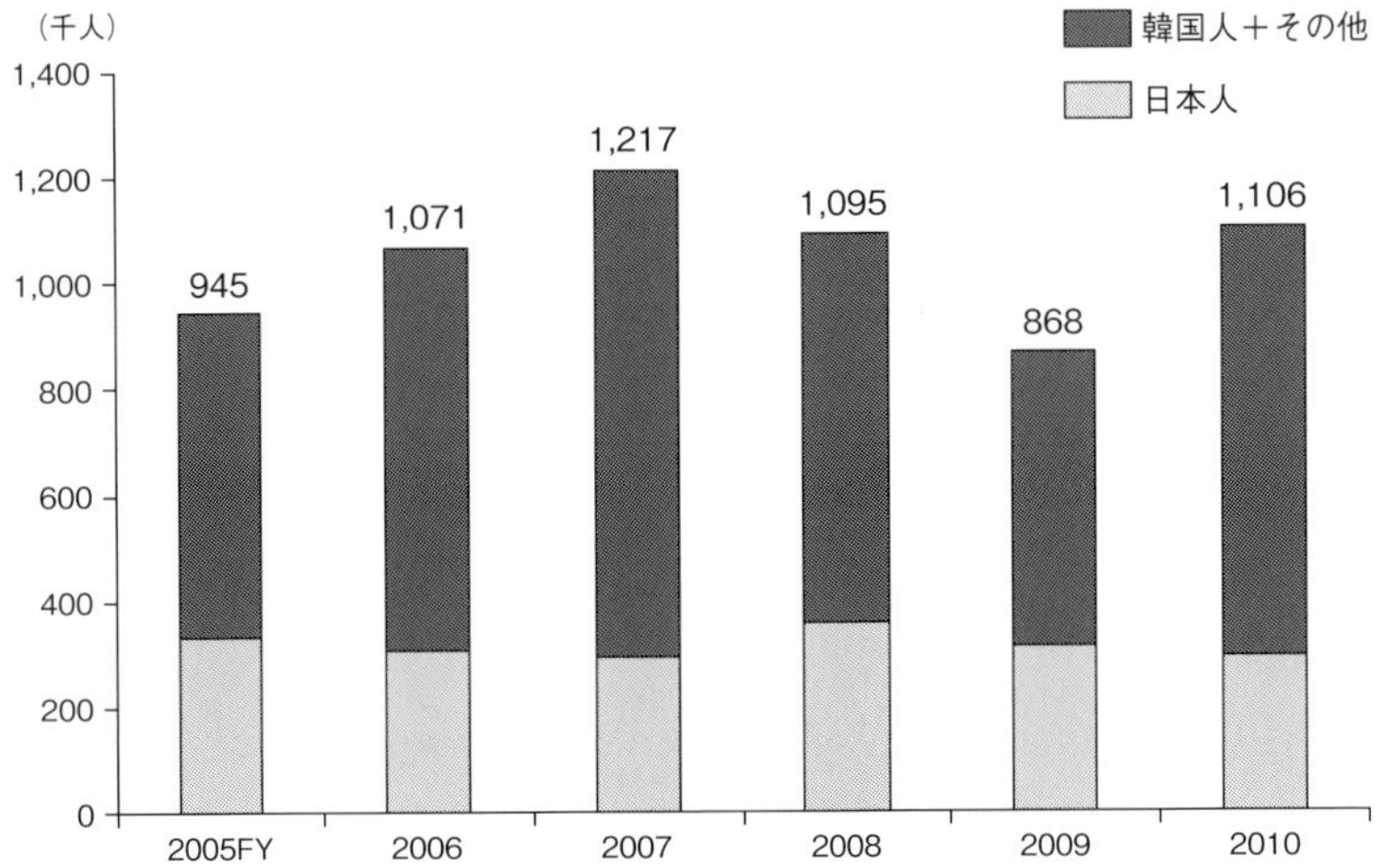

図 2　日韓旅客定期航路輸送実績の推移
(資料) 九州運輸局

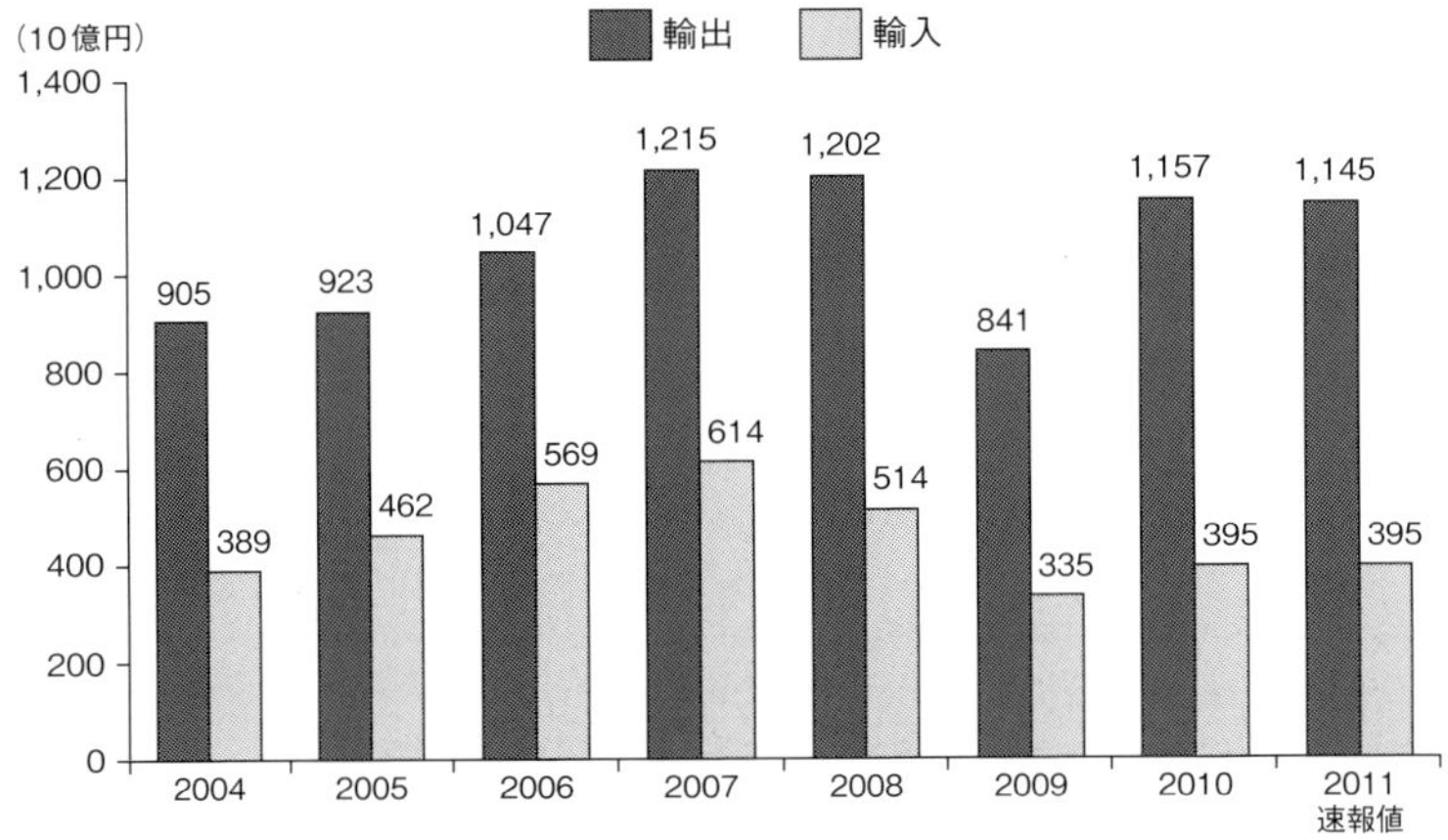

図 3　九州経済圏の対韓国貿易の推移
(資料) 門司税関

(単位：百万円)

九 州 → 韓 国		韓 国 → 九 州	
計	1,145,210	計	395,185
半導体等製造装置	262,875	石油製品	56,354
鉄　　鋼	139,804	半導体等電子部品	37,611
プラスチック	109,795	鉄　　鋼	35,428
科学光学機器	98,316	魚介類及び同調製品	29,316
有機化合物	93,218	金属製品	14,990

表 1　九州経済圏の対韓国貿易
(品目別。2010 年) (単位：百万円)
(資料) 門司税関

対韓国進出は低調である。この一〇年間を見ると、多くて七件にとどまる（**図4**）。事業内容は、販売拠点や卸売拠点、専門学校の設置など、市場性を見越した進出が目立つ。

逆に韓国からの九州進出は、ホテル、ゴルフ場が顕著である。現在、メディアを通して把握できた数では、ホテルが一一軒、ゴルフ場が二二軒にのぼる。いずれも二〇〇〇年以降の例で、新規の開設ではなくＭ＆Ａによる事業継承が多い（**図5**）。これらは九州を訪れる韓国人観光客の受け皿となっている。

以上より、九州は韓国に近く、交流が活発であるとのイメージをもたれるが、その中身は、観光を目的とした人の往来が中心で、直接投資はごく少数にとどまっているのである。投資を中心とした経済交流の創出が超広域経済圏形成に課された最大の課題となっている。

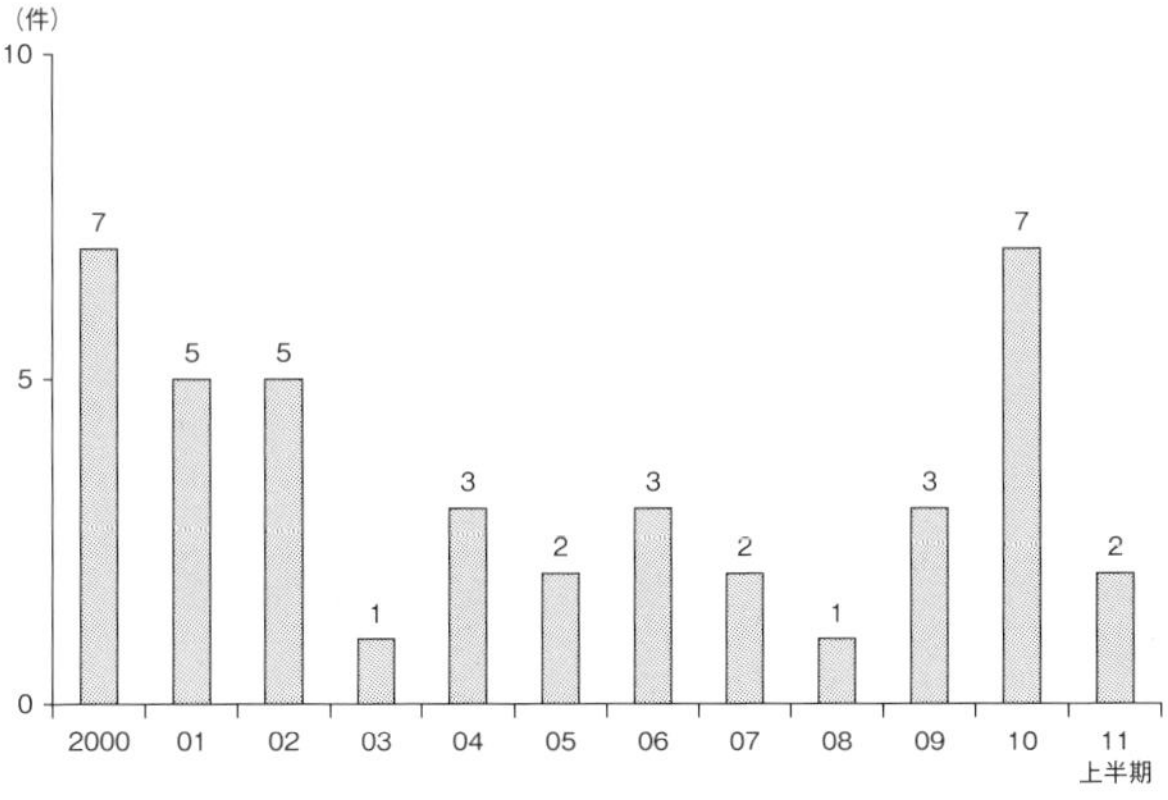

図4　地場企業の韓国進出件数の推移
（備考）山口、沖縄を含む。撤退企業は除く
（資料）九経調「九州・山口地場企業の海外進出」

動き始めた福岡・釜山超広域経済圏

取り組みが進む九州・韓国の三つの枠組み

福岡・釜山をはじめとした九州と韓国南部地域の交流は、二〇年以上前から議論されてきた。行政においては三つの枠組みが存在するが、いずれも現在進行形で様々な取組みを行っている（**図6**）。

一つは、福岡市と釜山市の都市間交流である「福岡・釜山超広域経済圏」で、点と点を結んだ交流である。この現況については後述する。二つ目は、北部九州・山口四県と韓国南部一市三道による「日韓海峡沿岸県市道知事交流会議（日韓海峡知事会議）」である。広域市である釜山市と、県・道を単位とした交流で、一九九二年から続けられている。これまで経済、観光、環境、住民、若者など多様な共同交流事業を実施してきた。三つ目は、九州・

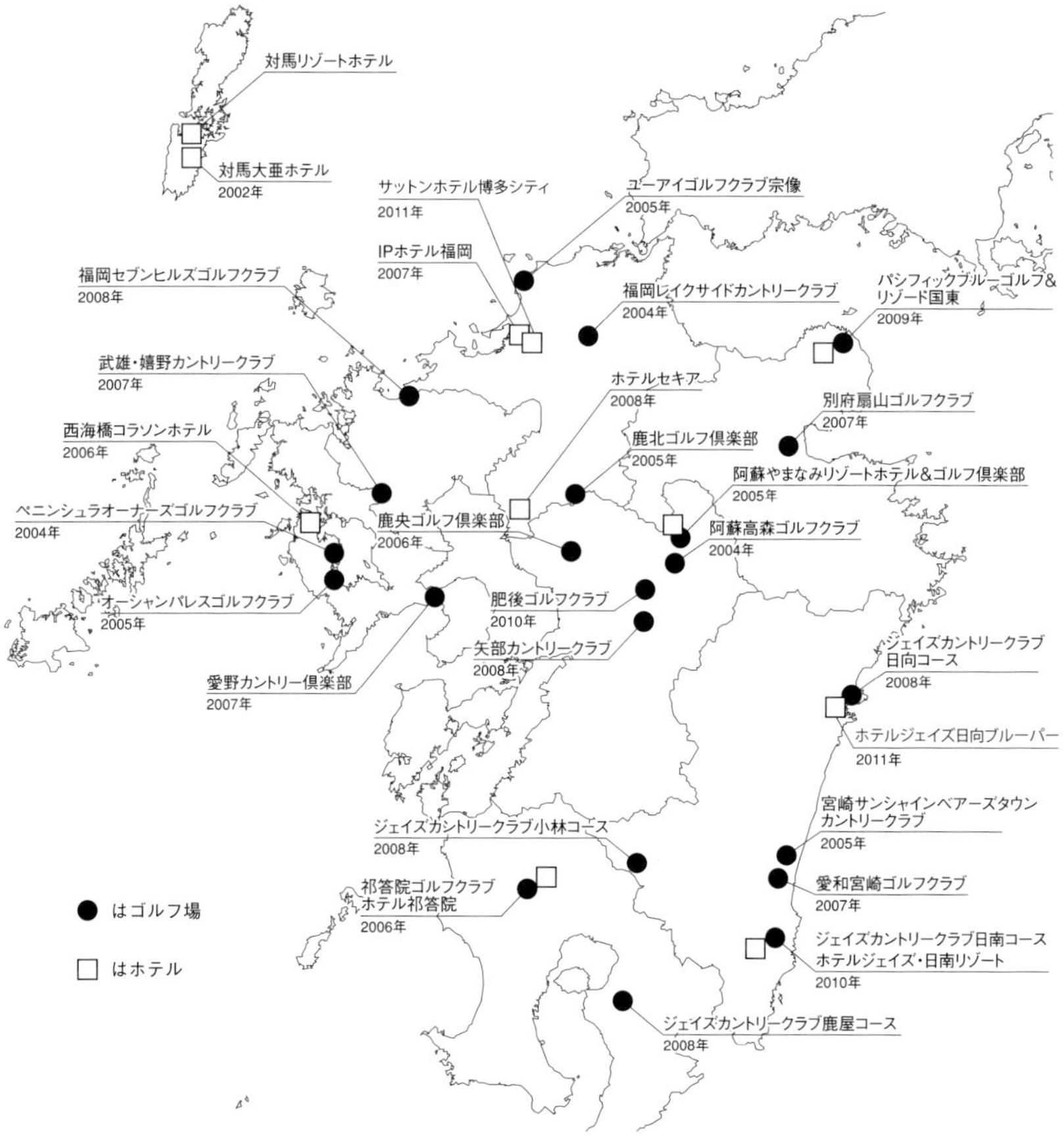

図5　九州の韓国系資本のホテル・ゴルフ場
（資料）九経調『九州経済白書 2011――訪日外国人観光の新段階』

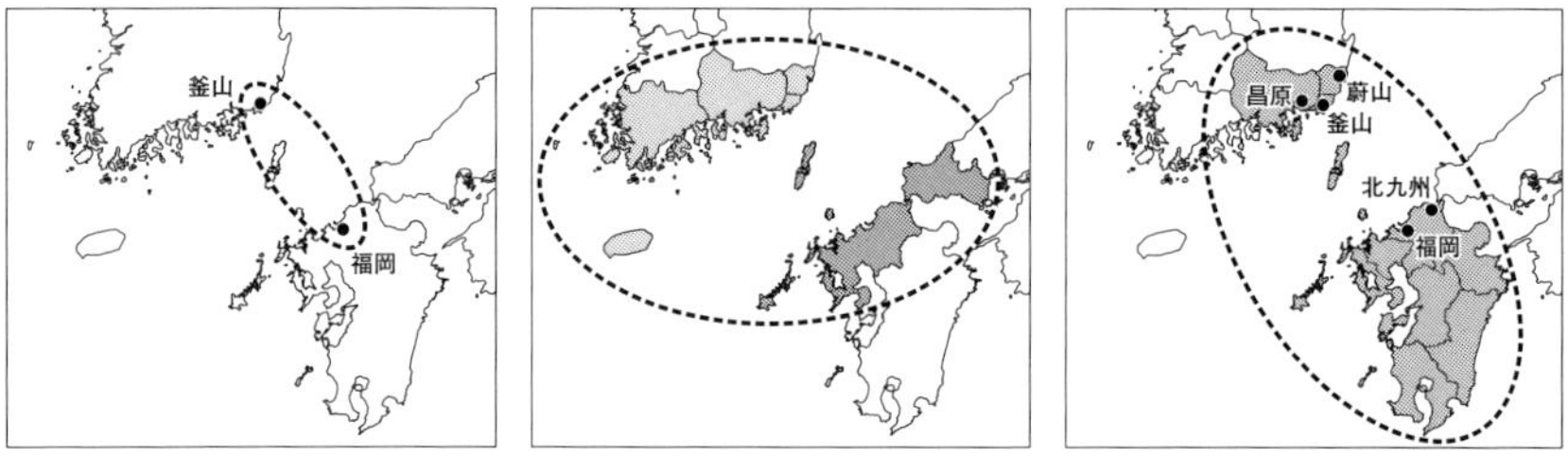

福岡・釜山超広域経済圏　　日韓海峡知事会議のエリア　　九州・韓国東南圏の超広域経済圏

図6　九州で進む広域経済圏のエリア
（資料）行政資料をもとに作成

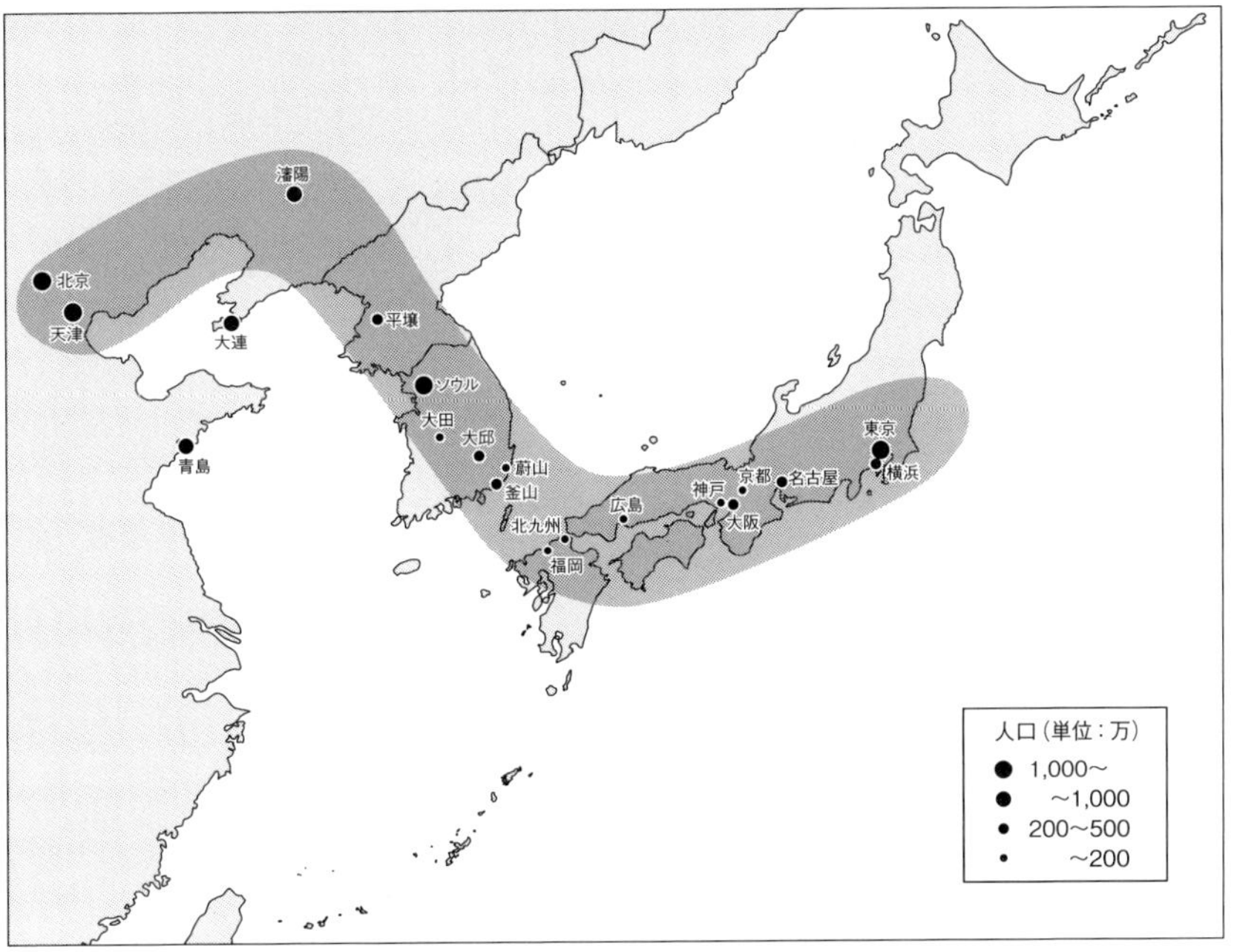

図７　北東アジアの新国土発展軸のイメージ
（資料）CHOE, Sang-Chuel「Urban corridors in Pacific Asia」

東南圏の超広域経済圏で、広域エリア間の交流である。韓国側は、釜山市・蔚山市・慶尚南道の二市一道をエリアとする東南圏広域経済発展委員会が主体的な役割を果たしている。九州側の主体は特に存在しない。エリアから判断すれば、九州経済産業局の活動域がこれに近い。九州経済産業局では、これまで東南圏のみならず韓国南部との具体的な企業連携モデル調査などを進めてきた実績がある。

福岡・釜山超広域経済圏形成の三つの意義

上記三つの枠組みの中で、歴史的に古いのは「日韓海峡知事会議」で、着実に実績を生んでいる。エリアはずれるが、九州経済産業局も韓国全域を対象とした九州・韓国経済交流会議を一九九二年から毎年開催している。一方で、現在最も積極的に動いているのは、「福岡・釜山超広域経済圏」である。以下では、胎動する「福岡・釜山超広域経済圏」の意義について説明を加えたい。

①両都市の一体的な連携強化による国際競争力の向上と地域活性化

グローバリゼーションの進展により、国境の垣根が低くなるにつれて、世界は「国家間競争」の時代から、大都市中心の「都市間競争」の時代へと移行しつつある。さらに国境を挟んで向かい合う都市が一体となる「超広域経済圏」の時代へと移ろうとしている。我が国は島国であるため、国境を挟んで向き合う都市とな

表２　福岡・釜山超広域経済圏協力事業と成果

（備考）事業内容のうち、短期は３～４年内に実施、中期はそれ以降10年内をめどに実施

（資料）福岡市

基本方向	戦　　略	協力事業		課　　題		実績及び予定
Ⅰ未来志向のビジネス協力促進	福岡側: 企業間協力の環境づくり 釜山側: 企業間協力環境の造成	1-1-1	経済協力事務所の相互設置	短期	・相互の産業情報・企業情報を取得できる事務所の設置 ・両地域の企業同士のマッチング機能の拡充 ・テレビ会議システムの導入	○経済協力事務所を両市に開設(22年中)、テレビ会議システムの導入、産業・企業情報収集とビジネスマッチング
		1-1-2	中小企業間交流の支援	短期	・両地域の商工会議所によるインターネット商談会の開催支援 ・福岡・釜山中小企業CEOフォーラム(業種別交流を含む)の運営支援 ・貿易商談会の開催支援	○中小企業CEOフォーラム(H22.9.30釜山:福岡側23名、釜山側150名、H23.7.7福岡:福岡側215名、釜山側38名)、貿易商談会(11月1日 福岡、釜山企業8社14名参加)
		1-1-3	鮮魚市場を始めとした市場間交流	短期	・鮮魚市場の交流の促進	○両市の鮮魚市場姉妹締結(21年11月)、韓国水産物フェア(22年11月福岡)※両国の魚の好みの違いを活かし、鮮魚を融通しあう。輸入総量規制や関税の差等の規制をクリアする必要あり。
				中期	・鮮魚市場間取引の実現(市場間鮮魚運搬船の運航など) ・青果市場などの交流の促進	
		1-1-4	福岡・釜山共同ブランドの創設	短期	・両地域の郵便局の提携による福岡・釜山特産品の日本・韓国の全地域への配送 ・地域商品物産展の相互開催検討	
				中期	・「福岡・釜山ブランド」創設(シンボルマークの作成、特産品の選定などについて検討)	
	未来型産業の育成	1-2-1	未来型産業の共同育成のための仕組みづくり	短期	・産業支援機関及び研究機関の交流促進	○九州経済調査協会と韓国・東南圏広域経済発展委員会覚書締結(22年7月9日)九州先端科学技術研究所と釜山テクノパークの覚書締結(平成23年7月5日)
				中期	・未来型知識産業創造のための中核的推進組織設立の検討	
		1-2-2	IT産業の交流促進	短期	・デジタルコンテンツ(ゲーム・アニメ等)分野の交流会・商談会開催支援 ・IT分野協力モデル事業への検討及び発掘	○「Gスター」(ゲームイベント)へ出展(21年、22年11月釜山)、「ゲームフロンティアin 福岡」へ釜山企業参加(22年3月) ○「釜山IT Expo」を福岡エレコン交流会が視察(21年9月)、出展(22年9月)福岡アジアコンテンツマーケット2011へ釜山企業参加(23年1月、2社2名)
		1-2-3	自動車関連産業の交流促進	短期	・部品購買商談会・展示会等を利用した自動車部品産業間の交流 ・次世代自動車関連産業集積に向けた交流	○「ものづくりフェア」へ釜山企業出展(21年10月、22年10月14日～16日　福岡) ○「釜山・福岡自動車産業共同セミナー」でISIT・九大教授が講演(22年5月釜山)
		1-2-4	環境・エネルギー産業連携体制の構築	短期	・釜山側環境関連施設視察ミッションの受入などの協力 ・環境関連展示会の相互参加支援	○「ENTECH」(22年9月1～4日　釜山)、「New環境展」(22年11月18日～20日　福岡)へ相互出展
				中期	・九州及び韓国東南圏まで拡大した広域的連携を検討	
	相互投資促進	1-3-1	企業誘致の相互協力	短期	・両地域の誘致促進地域情報(釜山部品素材専用団地、福岡アイランドシティなど)のPR ・釜山投資支援会(九州投資支援会のカウンターパート)の設置及び九州投資支援会との連携・協力 ・投資誘致セミナー開催への支援 ・投資ミッションへの相互支援 ・相手地域企業のベンチャーマーケット参加支援	○九州投資支援会設立(20年7月)、釜山投資支援会設立(21年8月)、九州投資支援会が「九州投資Keypoint」を作成(23年7月) ○釜山広域市と釜山・鎮海経済自由区域庁が釜山投資説明会開催(22年5月　福岡) ○フクオカベンチャーマーケット(FVM協会と釜山テクノパーク業務連携協定締結、商談会(22年1月福岡))
		1-3-2	韓国企業の上場に関する福岡証券取引所に対する支援	短期	・福岡証券取引所のアジア株式市場での企画運営に対する協力	○福岡証券取引所アジア株上場開始(22年4月)、4ヵ国語でパンフ作成(同6月)、中小企業ビジネスCEOフォーラムにて講演(22年9月 釜山)
	観光コンベンションの交流協力	1-4-1	両都市への観光客誘致促進(釜山-福岡アジアゲートウェイ2011の推進)	短期	・釜山-福岡アジアゲートウェイ 2011で行われる事業の推進(共同プロモーションの実施、TV番組制作、スポーツ交流戦の開催、ガイドブックの作成等) ・環境・介護・福祉分野の産業観光商品の開発 ・新たなテーマ型観光商品（美容エステ・テンプルステイなど)の開発	○共同観光説明会(21年瀋陽、上海22年広州、23年3月東京<震災により延期>)、プロ野球交流戦(21年度)、ガイドブック、WEB共同運営等(21、22年度)
		1-4-2	福岡側:コンベンションの相互協力 釜山側:展示・コンベンションの相互協力	短期	・展示コンベンション参加拡大に向けた相互PR ・アフターコンベンションの協力・連携	○コンベンションの共同開催調査、コンベンション・プランニングガイドで釜山広域市を紹介(22年度)
				中期	・両地域のコンベンションビューローの連携 ・新たな国際展示コンベンションの開催検討	○両市コンベンションビューロー実務レベルで業務協力協定締結(22年度)

Ⅱ福岡側: 人材(海峡人)の育成・活用 釜山側: 人材の育成・活用	福岡側: 若き'海峡人'の育成 釜山側: 若き人材の育成	2-1-1	相手国文化・言語の学習機会の充実	短期	・小学校での副読本を使った相互理解促進 ・中学校・高等学校での相手国言語同好会の活動支援	○副読本を使った相互理解の授業を両市小学校で開始(22年1月~) ※福岡側は小学6年生が対象。
		2-1-2	青少年の交流促進	短期	・小・中・高校生のホームステイ交流の継続 ・スポーツ交流・体験学習交流の拡大 ・教育(修学)旅行の共同誘致 ・学校間姉妹交流の支援	○高校生のスポーツ交流事業を実施(21年8月 福岡、22年8月 釜山、23年8月 福岡) ○教育交流の覚書締結(21年9月)、両市教育委員会交流(22年2月)、生徒及び教師の訪問交流(23年1月~2月)
		2-1-3	大学生の交流活性化	短期	・両地域の留学情報の提供 ・大学間コンソーシアムの活動協力	
	福岡側: 即戦力となる人材の活用 釜山側: 実務型人材の活用	2-2-1	インターンシップの受入支援	短期	・インターンシップ受入事業の継続 ・インターンシップ事業を行う既存の諸団体への協力 ・生活情報の提供	○釜山の大学生インターン受入れ(福岡市 21年7月~8月12名、22年7月~8月10名、23年7月~8月12名 日韓インターンシップ協会50名/22年度)
		2-2-2	専門人材マッチングへの協力	短期	・釜山市における専門人材仲介体制の構築への協力 ・釜山市における専門人材マッチング商談会の開催への協力	
				中期	・広域的な専門人材マッチングの仕組みづくりへの協力	
Ⅲ日常交流圏形成	交流圏形成の環境づくり	3-1-1	友情年の認定事業の継続開催	短期	・現在行っている友情年認定事業の継続開催 ・新たな事業開催(文化行事、セミナー、交流会、展示会等)の働きかけ	○「福岡ー釜山友情年」認定事業(21年度 49件)、各事業者へ継続開催働きかけ(22年度)
		3-1-2	福岡・釜山超広域経済圏の広報体制の強化	短期	・ポータルサイトの運営 ・観光・文化情報発信コーナーの相互設置 ・メディアを通じた広報・招聘などの共同企画・推進	○観光案内所の運営(空港、博多駅、天神)と再整備(天神 22年度) ○経済協力事務所内にて観光・文化情報を提供
	人とモノの移動における利便性の向上	3-2-1	電子マネーの利用環境づくり	短期	・空港・港湾での電子マネーの販売・払い戻し ・観光施設・デパート等の利用可能店舗数の拡大 ・電子マネーの利用方法等の相手国言語での情報提供	○福岡市・釜山市関係企業で既存のICカードの販売方法等について協議(22年2月) ※将来的には1枚のカードを実現したいが、当面は相互のカードを販売。
				中期	・日韓共通電子マネーの発行要請	
		3-2-2	両都市を結ぶ交通手段の充実	短期	・既存の高速船・フェリーの増便働きかけ ・既存の航空便数の増便働きかけ ・新たな地域航空会社への就航働きかけ ・福岡・釜山パッケージチケットの開発要請	
		3-2-3	相手国の言語標記の拡大	短期	・交通機関・公共施設・飲食店などにおける相手国言語表記の拡大 ・誤脱字の修正協力	○4ヶ国語観光案内板整備(21年度)
Ⅳ福岡側:政府への共同要望 釜山側:政府への共同建議		4-1-1	政府への共同要望	福岡・釜山超広域経済圏の実現のために制度、資金支援などに対して要望していく{例: 出入国及び通関手続きの利便性向上、両地域の協力事業に対する財政的支援など}		○「福岡・アジア国際戦略特区」を県、北九州市とともに国に提言

ると間に海を隔てることになるが、陸続きの国では自然に交流が行われている。

超広域経済圏は、一定の規模と機能をもった経済圏となることで、自律した地域発展を望むことができる。福岡市と釜山市は、それぞれ単独で経済圏を形成するには世界的に見て規模が小さく、そのうえ東京やソウル、上海などの大都市に囲まれて、都市の個性が埋没しかねない。そこで福岡と釜山という、海峡を挟んだ二つの都市が一体となることで、シナジー効果を発揮し、存在感を高めることができる。存在感を高めることで求心力を増し、人材や資金、情報、企業を他地域から呼び込むことができる。まずは両地域の一体化を進めることが先決で、個性を発揮する要素を作り出していくことが重要である。

②日韓新時代における国境を越えた新たな地域連携モデル

世界的にFTA・EPAの締結、さらにはTPP(環太平洋戦略的経済連携協定)の議論が進む中で、二〇〇三年に始まった日韓FTA・EPA交渉は六回の会合を重ねた後、二〇〇四年十一月を最後に交渉が中断している。政府間交渉が沈滞する現在、福岡市と釜山市は、地方から突破口を見出すべく、地方で可能なあらゆる交流に着手し、一体性を醸成している。政府レベルで進展しないＦＴＡ・ＥＰＡを地方レベルで代替する。ＦＴＡ・ＥＰＡ交渉が進展すれば、福岡―釜山がパイロットゾーンとなり、日韓ＦＴＡ・ＥＰＡの効果を検証する役割を担うことができよう。

③日韓両国をつなぐ北東アジアの新国土発展軸の形成

日韓両国はともに首都圏一極集中が進んでおり、近年はこの状況がより一層強まっている。そこで、福岡―釜山間において超広域経済圏を形成することで、「規模の経済」効果を生み出すことができ、都市圏として一つの核を作り出すことができる。

おりしも三・一一東日本大震災以降、リスク分散の見地から国土の重心が東から西へ、太平洋側から日本海側へシフトしつつある。福岡は日本国内においてさまざまな機能が集積する潜在力を高めている。そして福岡と釜山が超広域経済圏を形成すれば、日本列島と韓半島を連結する役割を担い、経済発展の新国土軸を形成できる。国土軸が連綿とつながることで、経済、産業集積の分散と日韓両国の首都圏一極集中の是正につながることが期待できる（**図7**）。

四つの基本方向、八つの戦略、二三の協力事業、六四の課題

次に福岡・釜山超広域経済圏実現に向けた具体的な戦略と戦術をみることとしたい。福岡・釜山超広域経済圏協力事業は、体系的に、四つの基本方向と八つの戦略、二三の協力事業と六四の課題にまとめられている（**表2**）。

基本方向は、ビジネス面、人材面、人の往来面から、それぞれ「未来志向のビジネス協力促進」、「人材（海峡人）の育成・活用」、「日常交流圏形成」が示され、「政府への共同要望」を加えて四つに整理されている。

八つの戦略は、方向性を分類したもので、ビジネス面では「企業間協力の環境づくり」、「未来型産業の育成」、「相互投資促進」、「観光コンベンションの交流協力」の四戦略、人材面では「若き〝海峡人〟の育成」、「即戦力となる人材の活用」の二戦略、人の往来面は「交流圏形成の環境づくり」と「人とモノの移動における利便性の向上」の二戦略が挙げられている。

二三の協力事業は、戦略をより具体化したものである。目玉事業として、ビジネス面では「経済協力事務所の相互設置」や「福岡・釜山共同ブランドの創設」、「環境・エネルギー産業連携体制の構築」、「両都市への観光客誘致促進」、「コンベンションの相互協力」などが挙げられる。同様に、人材面では「相手国文化・言語の学習機会の充実」、観光・人の往来面では、「電子マネーの利用環境づくり」などが挙げられる。

六四の課題は、より個別具体的でさまざまな主体による、広範囲な事業へと拡大している。

図９　副読本を使った授業風景
（資料）筆者撮影

図８　福岡・釜山経済協力事務所
（資料）筆者撮影

福岡・釜山超広域経済圏の課題と今後

着実に生まれる成果、課題は経済交流の成果

協力事業の策定から二年半が経過して、成果は少しずつ出始めている。その中で特筆すべき三つの課題を紹介したい。

一つは、両市役所に、経済協力事務所が開設されたことである。二〇一〇年八月に開設され、事務所には、福岡市から釜山市へ、釜山市から福岡市へ交換派遣された職員を所長として常駐スタッフを配置、コミュニケーション手段としてＴＶ会議システムも備えられている。ＴＶ会議システムは、両都市企業の事前商談などに利用可能で、ビジネス交流のツールとして開放されている（図８）。事務所にはビジネス面での相談も寄せられている。

二つ目は、副読本を使った相互理解の授業を、両市の小学校で開始したことである。両市において、福岡・釜山を紹介した副読本「もっと知りたい福岡・釜山」を作成し、小学六年生を対象に授業を行っている。副読本は、Ａ４版二三ページで、両国の交流の歴史や双方の都市の概要のほか、文化的側面から食べ物、施設、スポーツ、祭り、伝統工芸、文化財などが紹介されている（図９）。

三つ目は、プロ野球交流戦が実現したことである。二〇〇九年、二〇一〇年と、二度にわたって福岡ソフトバンクホークスと釜山ロッテジャイアンツの試合が行われた。一年目は二軍戦、二年目は一軍戦のゲームが開催された。いずれも釜山ロッテジャイアンツが勝利している。

この他にも成果は生まれているが、課題を挙げれば、産業連携など経済交流の成果が少ないことであろう。展示会・見本市、フォーラム、フェアなどは着実に開催されているものの、これらは産業連携を生み出す仕掛けでしかない。その後が続かないことが問題である。目標値を設定するなど、今後は仕掛けの先にある産業連携や企業連携に結びつけられるように、一歩踏み込んだ働きかけが必要である。

プロジェクト推進のカギは計画性・財源・情報・推進組織

協力事業の策定当初は、地元経済界からも高い評価を得ていた。しかし時間の経過とともに、成果の出方が鈍く、評価は徐々に低下している。それに伴って、協力事業、そして福岡・釜山超広域経済圏の存在感も少しずつ小さくなっているようだ。つまりプロジェクトの成果を出し続けることが重要なのだが、それが今のところ必ずしも十分とは言えず、協力事業の存在価値の低下につながっているのである。さらには超広域経済圏の実現が遠のいていくことが危惧されている。

では成果が出ないプロジェクトは何が問題なのか。次の四点が理由として挙げられる(図10)。

(一)計画性

一つは、計画性である。プロジェクトの意義が不在で、そもそもニーズに裏付けられたプロジェクトなのかどうか、また、両市が主導する超広域経済圏との関係や位置づけが不明確であることが挙げられる。

(二)財　源

二つ目は、財源である。商談会などは一過性のイベントで終わり、交流推進のための組織設立は順調である。肝心なのはその後のアクションにつなげていくことだが、後が続かないのが現状である。持続的な推進に向けた財源の確保が求められる。特に日本側は支援にあたって事業の価値が理解されず、予算がつかないことが多い。国や市から予算がつきやすい釜山側と活動予算面でバランスがとれていないのが実態である。

(三)情　報

三つ目は、情報である。福岡側の立場からみると、プロジェクトの推進にあたって釜山側の情報が不足している。情報とは、企業情報や経済・社会的な一般情報、ものの考え方などの商習慣を指す。例えば、福岡において、釜山市に本社を置く企業で売上高の多い企業ベスト五を尋ねて、福岡の市民や経済人は、果たして

福岡・釜山経済協力事業調印（2009年8月）

総評

» 策定当初、経済界から高い評価を受けていた
» 時間の経過とともに成果が乏しくなってきている
» 超広域経済圏の存在感が小さくなってきている

	問題点（障害）	解決策
Ⅰ. 計画性	●各プロジェクトの意義が不在 ●両市が主導する超広域経済圏との関係や位置づけが不明確	●日韓共有のビジョン、中長期プラン、年次プランの作成 ●民間プロジェクトとの連動
Ⅱ. 財源	●イベント開催、組織設立は順調だが、その後のアクションにつながっていない ●プロジェクトの持続的な推進に向けた財源が不足 ●民間プロジェクトにおける行政の支援 ●国や市から予算が付く釜山側と活動予算面でバランスがとれていない	●行政からの支援 ●民間からの支援
Ⅲ. 情報	●プロジェクトの推進にあたって、釜山情報（企業情報、一般情報）が不足している。（→ニーズの不明確さにつながる） ●福岡・釜山関連の情報が一元的に管理されていない ●福岡市と釜山市ならびに関係機関同士の情報が共有されていない ●一般市民等への広報が弱い。超広域経済圏の認知度の低さにつながっている。福岡・釜山経済協力事務所の利用が限定的になっている	●プロジェクトに沿ったニーズ調査の実施 ●専門調査員の配置 ●「釜山経済情報ブック」（仮題）の作成 ●福岡・釜山経済協力事務所の活用（情報センターとして、「釜山経済情報ブック」（仮題）の作成部署として、広報担当として）
Ⅳ. 組織	●福岡・釜山経済協力協議会が限定的である協議会メンバーをはじめとした福岡・釜山のリーダーが顔を合わせる機会が少ない ●新規事業や統廃合事業など、プロジェクトを見直す機会がない ●専属で動けるチームがない ●釜山側カウンターパートとの意思疎通が希薄である	●福岡・釜山経済協力協議会の機能強化 ●定期的な会議の実施。体制・事業内容・運用の見直し ●経済協力事務所の有効活用、機能強化 ●専門の事務局の設置と専門職員の配置 ●担当の責任と役割の明確化

図10　プロジェクトの推進にあたっての課題
（資料）九経調「福岡・釜山インターリージョン形成調査報告書」

何社回答できるか。ほとんどの人が回答できないだろう。その逆も同じである。ましてや相手企業がどのようなビジネスを望んでいるのかという情報はなかなか伝わってこず、プロジェクトをスタートする際の意義の不明確さにもつながっている。情報管理の問題も指摘される。集めた情報を一元的に管理する体制がとられておらず、行政、民間を問わず関係機関同士で情報が共有されていない。さらには情報発信面から、一般市民などへの広報の弱さが指摘される。超広域経済圏の担い手である企業人は、企業人である以前に市民である。支えるのは市民であり、市民に理解、支持されないことには超広域経済圏の実現は難しいと判断できる。二〇一〇年八月に、両市において経済協力事務所が設置されたが、今のところ利用はきわめて限定的である。事務所の立地を、市民の眼につきやすく誰でも気軽に入れる場所に移転することが望ましい。例えば商業ビルに入居するなどが

提案される。

（四）組　織

四つ目は、組織である。福岡市と釜山市の間には、産官のオピニオンリーダーで構成される「福岡・釜山経済協力協議会」がある。発言力と地域への影響力をもつメンバーが揃っているものの、二〇〇九年八月以降、開催されておらず、活動が限定的となっている。協議会が開催されれば自ずと地域のリーダー達が顔を合わせることとなり、福岡・釜山の将来について意見を交わすことができる。新規事業や統廃合事業など、プロジェクトを具体的に見直す機会となる。優先的に取り組むべき事項があれば、即実行に移すことも可能であろう。それだけに福岡・釜山経済協力協議会が開店休業状態となっているのは、損失につながっている。その一つの理由は、事務局機能を含めて福岡・釜山に専属して行動するスタッフがいないことである。通常業務と並行して業務にあたるために、優先順位が低くとどまっている。よって、主体的に責任をもって行動する専属チームが必要である。

解決策

課題解決にあたっては、**図10**に整理したとおりである。計画性に対しては、もう一度大局的な見地から考え直しても良いのではないか。つまり超広域経済圏の形成に向けたビジョンを日韓で共有すること、中長期的なプラン、そして足元の年次プランを立てる。プランには民間プロジェクトも当然含まれるので、ビジョンや中長期的なプラン、年次プランとの連動を意識しておく必要がある。

財源については、官民両者からの支援を仰ぎたい。メリットが具体的に見えない中では民間企業の動きは鈍くならざるを得ないため、まずは官への依存が高くなることは否定できない。民間からは、専門組織に人材を出向させるなど、形を変えて支援することもできるであろう。

情報については、プロジェクトを立ち上げるにあたってニーズがあるのかを明確に把握すること、相手国・都市の経済状況や企業情報を収集する専門調査員を配置することが必要である。情報発信の手段として、福岡側では「釜山経済情報ブック」（仮題。冊子、オンライン情報）の作成が必要である。こういったことを含めて、福岡・釜山経済協力事務所は情報センターや広報担当としての役目を担うことが求められる。

組織については、福岡・釜山経済協力協議会の機能強化を最優先で考える必要がある。これまで不定期で開催された会議を定期的に実施することや、体制、事業内容、運用の見直しを行う。また、専門の事務局を設置して、専門職員を配置する。その場合に担当の責任と役割を明確にすることも重要である。福岡・釜山経済協力協議会の機能強化にあたっては、福岡・釜山経済協力事務

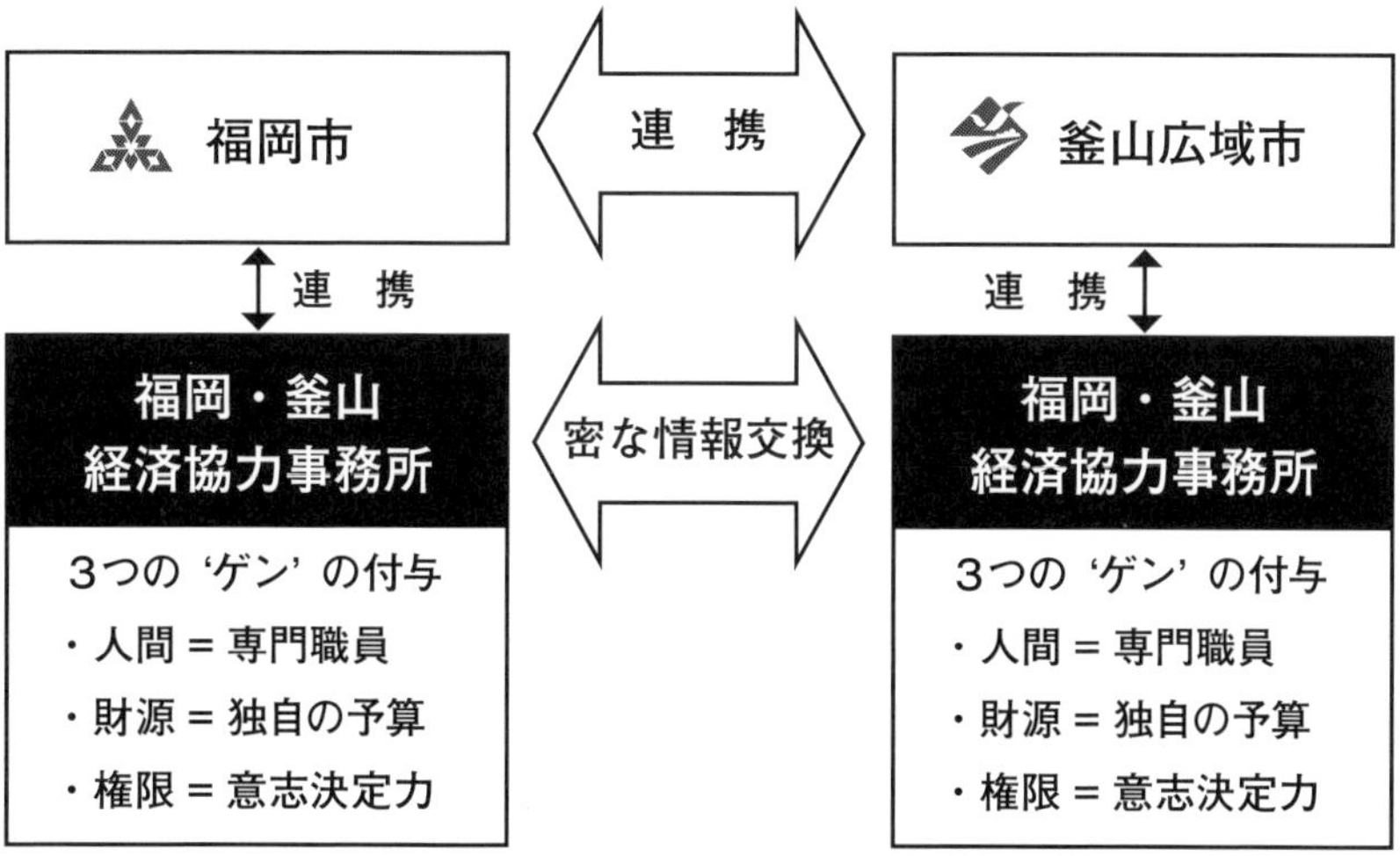

図 11　専門機関のイメージ
（資料）筆者作成

所を窓口とするなど、機能を強化することも想定しておく必要がある。

三つの〝ゲン〟を有する専門機関の設置

ここまで、福岡市と釜山市の交流の概要と協力事業の内容、評価、課題をみてきたが、両市のさらなる交流活性化に向けた提案を行いたい。第一ステップとして、三つの〝ゲン〟をもった専門機関を設置すること。三つの〝ゲン〟とは、すなわち〝人間〟〝財源〟〝権限〟である。

人間とは専門職員であり、財源とは自由に使える予算であり、権限は独自に判断する意思決定力である。この三つの機能を有する専門機関があれば、福岡・釜山の交流は機動的かつ効果的となるであろう。

専門機関は、新たに設置するよりも、既存の機関を機能拡張することを提案したい。福岡市と釜山市の両方にある福岡・釜山経済協力事務所を活用して、そこに三つの〝ゲン〟を与えて機能強化するのである（**図11**）。具体的には、福岡市から釜山市へ現在一名が派遣されている釜山・福岡経済協力事務所の所員を三名に増員する。そのうち一名を局長級とすることで、権限と意思決定力を強化する。また民間からの出向者を募ることも提案したい。韓国に関心をもつ民間企業にとっては、固定費を抑制しながら情報収集に努めることができるメリットがある。さらには、現在の経済協力協議会を「在福岡釜山市領事館」、「在釜山福岡市領事館」に名称を変更して、権限強化した印象を与えたい。前述した局長級の呼び名を「総領事」、他の職員を「領事」という呼称をつけても良いのではないだろうか。領事館、肩書については、正式な呼び名が困難であれば、カッコ付きの通称でもかまわない。いずれにしても、形から入ることへの批判を恐れず、先鋭的な組織に改善することを提案したい。

おわりに

福岡市と釜山市は、一九八九年に「行政交流都市」としてパートナーシップ宣言を行って以来、緊密な交流を続けてきた。しかし市民交流や行政交流は活発だが、民間の経済交流は立ち遅れていた。二〇〇九年八月に福岡・釜山超広域経済圏協力事業をスタートしたものの、やはり経済交流における成果は乏しい。ここへ来て、超国境経済圏形成への行き詰まりがみられる。そもそも超広域経済圏は必要なのか、そんな声も聞こえてきそうだ。

確かに福岡市と釜山市の交流において、うまく調和できない面もある。予算面、企業の関心度合いなどに温度差があり、釜山では積極的だが福岡では及び腰になる面が多々見られる。さまざまな温度差の解消には、企業へのメリットの提示が必要となろう。そのためにも国からの権限委譲により自律性と自由度をもった超広域経済圏にならなければならない。

アジア経済を牽引する二つの先進国、日本と韓国。両国の国境をなくし、先進国型の超広域経済圏の実験を、福岡と釜山で行う意義は十分にあるだろう。福岡・釜山の超広域経済圏が成功しないことには、他地域でのインターローカルの進展も難しいと言えるだろう。

参考文献

- ㈶九州経済調査協会『福岡・釜山インターリージョン形成調査報告書』二〇一一年
- ㈶九州経済調査協会『福岡・釜山超広域経済圏の形成促進に向けた協力事業』二〇〇九年
- 加峯隆義「福岡が提案する二つの総合特区」『都市計画』㈳日本都市計画学会、二〇一一年
- 加峯隆義「動き始めた福岡・釜山超広域経済圏」『九州経済調査月報』㈶九州経済調査協会、二〇一一年
- 加峯隆義「動き出した九州と韓国東南圏地域の超広域経済圏」〈玄海圏（韓国内部地域―九州北部地域）における地域連携のあり方〉『九州国際大学経営経済論集』、二〇一〇年

対馬市の国境交流構想

財部能成

●たからべ・やすなり　一九五八年長崎県生。一九八〇年福岡大学人文学部中退。長崎県対馬市長。

マイナス九海里の国境線

対馬市は九州最北部に位置し韓国まで約五〇キロメートルと日本で隣国に最も近い島です。

ところで、「領海法」って、皆さんはご存じですか？　その法律の附則に次のような記述があります。

（特定海域に係る領海の範囲）

２　当分の間〔中略〕、**対馬海峡東水道、西水道**及び〔中略〕（これらの海域にそれぞれ隣接し、かつ、船舶が通常航行する経路からみてこれらの海域とそれぞれ一体をなすと認められる海域を含む。以下「特定海域」という）については、第一条の規定は適用せず、特定海域に係る領海は、それぞれ、基線からその**外側三海里の線**及びこれと接続して引かれる線までの海域とする。

「あれっ、領海って一二海里じゃないの？」という皆さんの呟きが聞こえてきます。三〇年以上前に領海は三海里から一二海里に広がっているのが常識であり、驚かれる皆様の方が正しい認識です。この領海の設定は外国船に対して海峡の自由通航を確保してあげるためと云われています。

対馬海峡西水道側には韓国が隣接し、天候次第では朝鮮半島の山々やビルのシルエットがはっきりと望め、まさに対馬は国境を感じられる島です。

隣国が望める対馬市は、今日まで国境を逆手にとった振興策はないものかと色々な取り組みを行ってきました。官民様々な団体が姉妹縁組を結んだり、三セクで国際航路を開設したり、隣人同士のつながりを強くするため毎年ホームステイ事業を展開したり、そのほかにも国際交流イベントも毎年実施しています。

そのような実績を積むなかで、約一〇年程前から韓国と対馬を結ぶ定期航路が開設されました。航路開設後、多くの韓国人観光客が身近な外国に一度は行ってみたいとの思いで、対馬を訪問されています。ところが、頭の痛い問題が時として頭をもたげてきます。島根県沖の竹島に絡む領土問題が国家間で再燃すると呼応するかのように必ず韓国内の自治体等で「対馬は韓国領土だ」との意見を対岸の議会が採択し、過熱的な飛び火報道がなされます。私にとっては笑止千万な話ですが、その時対馬の上空で行き交う熱い報道を耳にした対馬市民は韓国に対する感情が一時的にせよ一気に悪化します。

しかし、韓国内でこの種の報道があると、韓国の高名な歴史学者が火元の団体に掛け合って、その誤った歴史認識を正してくださっています。その方と対馬は二〇年来のお付き合いで、対馬と韓国との歴史的関係にも造詣の深い先生です。大変有り難く心強い限りです。

基幹産業としての漁業

しかし、いつまでも知己の働きに甘えてはおれませんので、「国境」を資源と捉えた国境交流策を組み立てねばと考えました。

対馬は当然ながら島ゆえ漁業が基幹産業です。しかしその基幹産業に黄色信号が点滅しています。豊穣の海を有しているからなのか？　国内の大中巻き網船団などが我が物顔に（大臣許可のもと）跋扈しています。船団が一度操業すると漁価は一気に大暴落します。ブラックマンデーよりも酷い、目を覆いたくなる金額で漁民は手取りが無い日もあるそうです。意気消沈し、操業意欲さえも湧かない惨状です。対馬周辺海域ではこのような状況が四〇年以上続いています。さらに資源に目を向けると対馬近海を主たる漁場としている長崎県の水揚げ高は約三〇年前に比べると半分以下まで減少し、うち対馬市の水揚げ高は約1／3になっています。このまま推移すると近い将来、生活の糧が無くなると危惧されています。追い打ちをかけるように「二〇五〇年対馬近海から魚がいなくなる」とのショッキングな新聞報道もありました。

巻き網船団は三海里付近で操業しています。漁協代表者も船団との協議を重ねていますが、色よい返事が貰えぬまま時ばかりが過ぎています。ため息混じりに水平線を眺めるばかりで、いささか漁民も業を煮やしています。

また台風などが対馬に接近すると中国の漁船などは時化が収まるまで島影に停泊して待避しています。その情景から対馬の周辺は豊かなのだと改めて感じています。

私は対馬の売りの最たるものはこの三海里しか認められていない海であると考えました。永遠にマイナス九海里を甘受しなければいけない環境下におかれた対馬は他の地域とは明らかに違います。また日韓中間線が近くに設定されているため、対馬近海の日韓双方の排他的経済水域では国内外船籍が入り乱れています。私達の対馬は自分たちの漁場から永続的に生活の糧を頂く事が生きる道だと考え、一昨年秋に名古屋で開催されたＣＯＰ10で宣言された愛知ターゲットに即して漁民も自分自身も資源管理を行い、収奪的漁法も周辺一二海里以遠で実施して貰うような「海洋保護区」設定に向けての協議会を立ち上げ検討を重ねています。

また対馬では海洋保護区設定協議と相まって一二海里以遠で操業している国内外の漁船が好漁場に隣接する対馬島内で水揚げできる市場開設を模索しています。

現在の我が国の法律では外国漁船が鮮魚等を直接日本国内に持ち込むことは禁止されています。しかし、この禁止条項を打破することは好漁場を有する国境離島が自立できる最短の手法であると確信します。

おそらく、国際市場が開設されると市場周辺には加工場などが林立し活況を呈するのではないかと描けます。また国境に近いこの地からは日本国内も韓国も中国にも鮮魚や加工品を輸出することが可能となります。

この構想には様々な障壁が存在しているのですが、島が島らしく生きていくためにはマイナス九海里も資源と捉えて生きていけば、隣接する外国とも頻繁に行き交い、かつ日本の法律の範疇で商取引を行うこととなり、冒頭説明した対馬を悩ます領土問題が顔をもたげることは無くなるものと考えます。なぜならば私達対馬島民がイニシアティブを持ち、対馬らしく実効支配していけるからです。

まさにこの策は平成十九年の海洋基本法の考え方に即したものであり、日中韓三カ国にとっても利点があり、現在就航しています人流を中心とした海と空の航路からさらに飛躍的な伸びで人も物も行き交うことが、国境に隣接する島の交流のあり方であると考えます。

近い将来、皆様が対馬を訪問された際は今回提案した構想が実現し対馬が島らしく元気で多くの言語が飛び交っていることでしょう。

日韓観光交流に生きる国境の島・対馬

新井直樹

●あらい・なおき　群馬県高崎市生。早稲田大学卒業後、NHK、読売新聞社の記者を経て、高崎経済大学大学院地域政策研究科博士後期課程修了。専門・関心領域、地域政策学。総合研究開発機構（NIRA）を経て、現在、（財）福岡アジア都市研究所研究主査。

はじめに

わが国のインバウンド観光客を国籍別の比率で見ると、アジア通貨危機の影響によって急減した一九九八年を除いて、韓国人が例年、二〇〜三〇%台を占め、一九八〇年代から連続して首位（二〇一〇年・約二四四万人）となっている。

特に、わが国の中で、最も韓国と地理的に近接する九州においては、二〇一〇年の外国人入国者の総数、約一〇〇万人のうち、韓国人が約六四・五万人と過半数を占め、わが国全体の韓国人入国者の約四分の一に達するなど、九州と韓国の間の人的往来が活発となっている。

九州と韓国の間には、一衣帯水と言われる対馬海峡の間に国境が引かれ、海峡を挟んだ両国の直線距離は、最短で二〇〇キロメートルほどにしか過ぎない。現在、九州と韓国の間の往来においては対馬海峡間の船舶定期航路（高速船、フェリー）が主要渡航ルートとなっており、わが国の中で、他に類例のない地理的な近接性を活かした海路を利用した国際観光交流の形態が大きな特徴となっている。

こうした中、海峡の中央に位置する対馬においては、近年、船舶定期航路の開設に伴い、韓国から最も近い海外旅行先、日本の観光地として人気を集め、二〇〇七年の韓国人入国数が、対馬の人口（約三万五〇〇〇人）の倍以上の約七万二〇〇〇人に達するなど、わが国と韓国の観光交流の最前線の様相を呈している。一方で、対馬に来島する韓国人観光客の増加や韓国資本による土地取得をセンセーショナルに取り上げる、東京を中心とした一部、マスコミ報道もなされている。

しかしながら、過疎化に伴う人口減少や地域産業の低迷に悩む国境の離島、対馬は、領土、歴史問題等で、時には大きく揺れ動く日韓関係の中にあっても、海峡を挟んで、すぐ隣の韓国との交流を通して、今後の島の活路を見出そうとしている。

本稿では、このような現状をふまえ、まず、日韓国境地域、九州と韓国、対馬海峡間において活発化する船舶航路の往来実態について見ていく。次に、対馬の現状や課題にふれた上で、韓国との観光交流を中心に、国境の島、対馬の独自の取り組みについて述べたい。

日韓国境地域、対馬海峡間の往来状況

近年、対馬海峡を挟んで日本と韓国が国境を接する九州と韓国の間の人的往来、観光交流はめざましく、活発化しており、わが国の中でも、他に類例のない地理的近接性を活かした、海峡間を結ぶ船舶往来主体の国際観光交流の形態が大きな特徴となっている。

図表1は、近年の九州（山口県下関港を含む）と韓国を結ぶ対馬海峡間の船舶定期航路の旅客数の推移を示したものである。

九州と韓国を結ぶ船舶定期航路は、一九七〇年に下関港（山口県）―釜山港間の「関釜フェリー」が就航して以降、暫く新規航路の開設は無かったが、一九九〇年代以降、博多港（福岡市）―釜山港のフェリー、「カメリアライン」（一九九〇年就航）、JR九州高速船㈱の「ビートル」（一九九一年就航）や、韓国の海運会社の大亜高速海運㈱の釜山港―対馬間（二〇〇〇年就航）などの定期航路の開設が相次いだ。

二〇一一年九月の時点では、日韓の船社が共同運航している航路を含めて、七社四区間（フェリー四隻・高速船八隻）の、定期船舶航路が就航している。(1)

その結果、一九九一年には二〇万人弱に過ぎなかった九州―韓国、対馬海峡間の船舶定期航路旅客数は、二〇〇六年には年間一〇〇万人を突破し、二〇〇九年は、前年、後半からの急激な円高ウォン安の進展と日本国内の新型インフルエンザ流行の影響を受けて、八〇万人台に落ち込んだものの、二〇一〇年には一一〇万人余りに回復している。

また、対馬海峡間の船舶定期航路の往来においては、二〇〇四年から韓国人旅客数が日本人旅客数を上回り、二〇一〇年には、

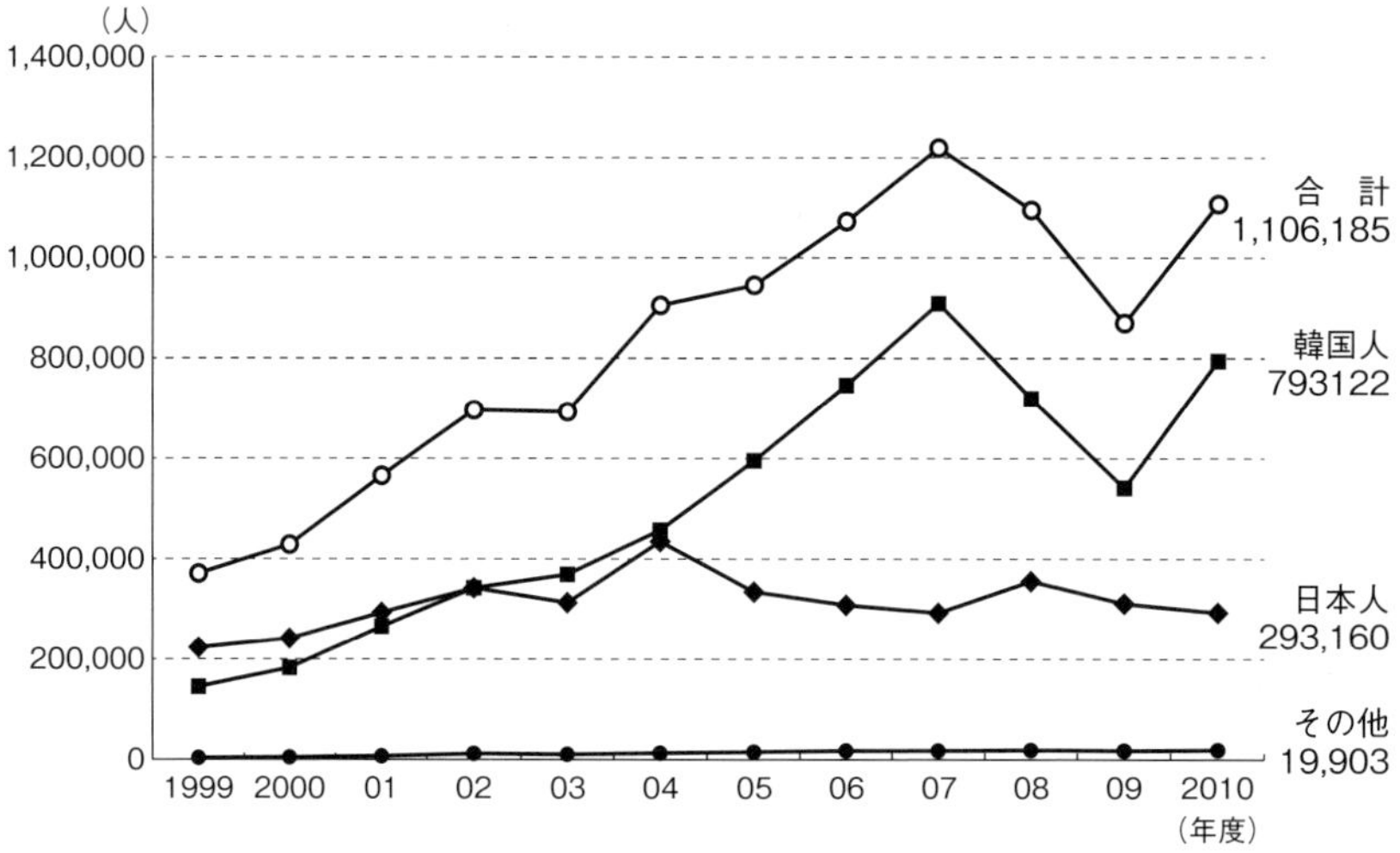

図表１　九州―韓国間の船舶定期航路旅客数の推移

（出所）九州運輸局（2011）「平成二十二年度日韓定期航路の輸送実績について」

韓国人旅客数が約八〇万人と、約三〇万人の日本人旅客数の倍以上となっている（**図表1**参照）。

こうした中、九州・山口県において韓国人が年間一万人以上、入国する主要な港（空・海港）を見ると、**図表2**の通り、空港よりも海港が主要な入国地となっている。

このうち、対馬海峡の中央に位置する対馬の厳原港の二〇一〇年の韓国人入国者は、四万人余りで、福岡空港、博多港、下関港に次いで、第四位と高位に位置し、第七位の比田勝港からの韓国人入国者（約一万八〇〇〇人）を合わせると、五万八〇〇〇人余りに達している。

日本においては国境離島と言うイメージの強い対馬だが、韓国から見れば、最も近い日本であり、近年の船舶定期航路の就航によって、済州島より気軽に行ける海外旅行先として、人気を集め、対馬への韓国人来訪者が増加傾向にある。こうした中、対馬は、日韓関係が領土問題や歴史問題をめぐって、時には揺れ動く状況にあっても、海峡を挟んで、すぐ隣の韓国との交流を活発にさせることによって、独自の活路を見出そうとしている。本稿では、以下、国境の島、対馬における韓国との観光交流を中心に、対馬の現状や課題、今後の展望について、見ていきたい。

港名	港種	所在地	韓国人入国者数（人）
①福　岡	空港	福岡県福岡市	265,887
②博　多	海港	福岡県福岡市	211,165
③下　関	海港	山口県下関市	103,116
④厳　原	海港	長崎県対馬市	40,816
⑤門　司	海港	福岡県北九州市	30,444
⑥北九州	空港	福岡県北九州市	19,139
⑦比田勝	海港	長崎県対馬市	17,745
⑧鹿児島	空港	鹿児島県霧島市	13,389
⑨宮　崎	空港	宮崎県宮崎市	12,808

図表2　九州・山口県の港別入国韓国人数（2010年・年間1万人以上の港）

（出所）法務省出入国管理統計（2011）をもとに作成

対馬の概要と課題

対馬（長崎県）は、対馬海峡の中央に位置し、海峡の北部、東水道上において韓国と国境を接する南北八二キロメートル、東西一八キロメートルの細長い島で、面積は約七〇九平方キロメートル、沖縄本島と北方四島を除けば、佐渡島、奄美大島に次いで、日本で三番目に大きな島である。

行政的には、二〇〇四年に島内の六町（厳原・美津島・豊玉・峰・上県・上対馬町）が合併し、全島が対馬市となった。

地理的には、対馬市役所などがある島南部の中心地、厳原から海を挟んで福岡市（人口約一四〇万人）までの距離が海路、約一三八キロメートルあるのに対して、島の北部から韓国の釜山市（人口約三六〇万人）までの最短距離は、その半分以下の約四九・五キロメートルの近距離となっており、天気が良ければ釜山市を目視することも可能である（**図表3**参照）。

歴史的にも対馬は、古来から、わが国と朝鮮半島との海上往来、交流に重要な役割を果たしてきた。既に三世紀の中国の史書「魏志倭人伝」において邪馬台国へ向かう行程の中で、対馬が登場し、古代から近世に至るまで、日本と朝鮮半島との交流、交易の中継地であった。このため、歴史的に韓国との結びつきが強く、一五九二〜九七年の豊臣秀吉の朝鮮出兵「文禄・慶長の役」で一時、

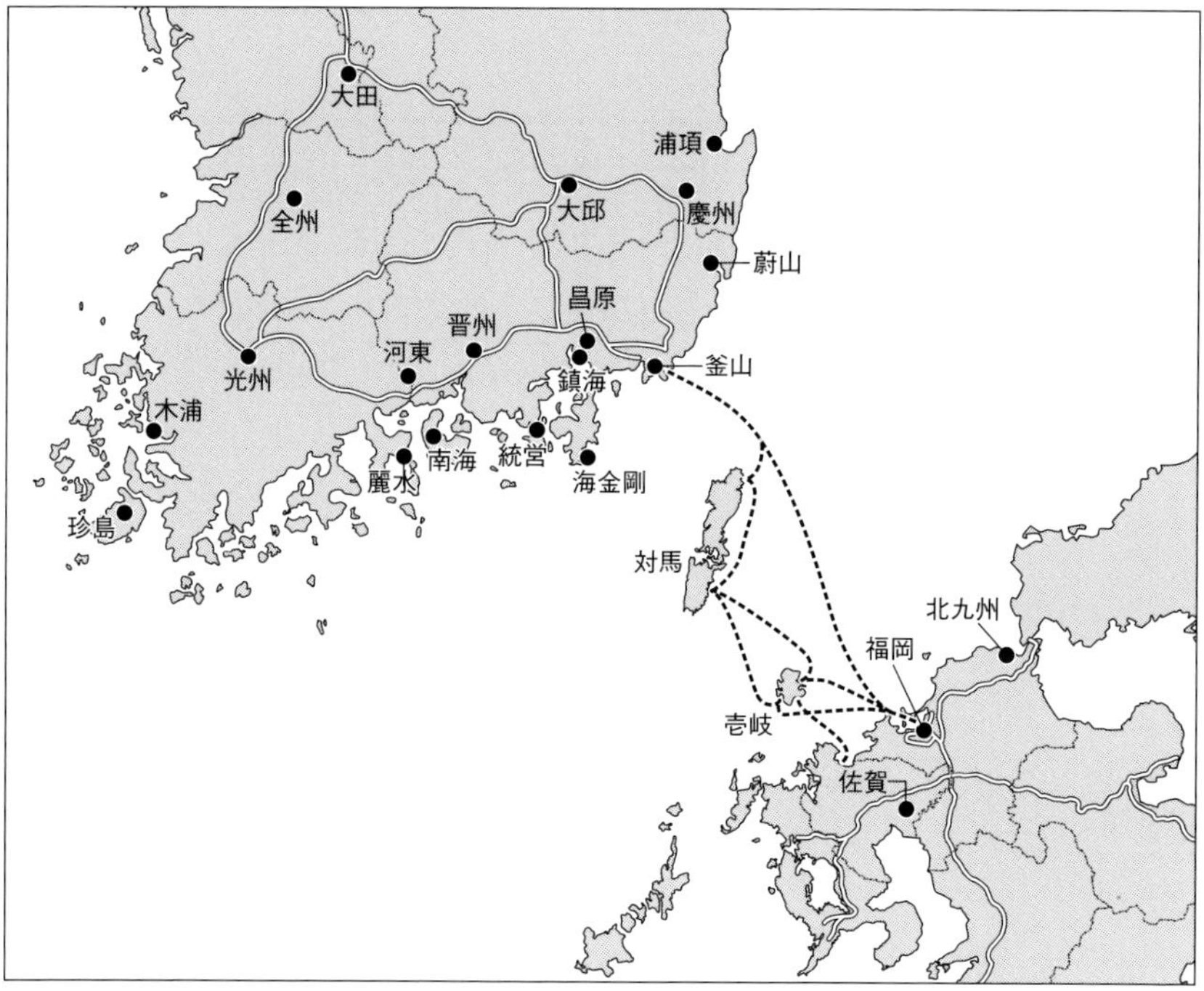

図表3　対馬の位置と対馬海峡間の高速船航路

釜山、福岡、対馬、壱岐を結ぶ線は、国内航路も含む日韓海峡間の高速船航路。

中断する時期もあったとは言え、鎖国下の江戸時代においても、対馬藩は例外的に釜山に倭館を置いて交易を行い、朝鮮通信使の受け入れ口となり、わが国と朝鮮半島の交流の窓口となるなど、国境離島という地理的条件が、島の歴史、伝統、風土などの特性に大きな影響を与えてきた。

対馬の面積の約九〇％は林野となっており、耕作、宅地面積をあわせても五％未満に過ぎず、平地に乏しいが、山と周囲の海岸を中心に豊かな自然が残っている。人口は、高度経済成長期の一九六〇年には、約七万人だったが、その後、若年者を中心とした島外への転出超過による人口減少と高齢化が進展し、二〇一一年八月時点で三万四八九九人と人口がほぼ半減し、二〇〇五年の国勢調査では六十五歳以上の高齢者人口比が二六・二％と全国平均、二〇・一％を大きく上回り、就業人口も一〇年前と比べて約一五％減少している。

国立社会保障・人口問題研究所が発表した「日本の市区町村別推計人口」（二〇〇三年推計）によると、対馬の人口は二〇一五年には、約三万四〇〇〇人（二〇〇五年比八八・一％）、二〇三〇年には約二万六〇〇〇人（同六七・六％）と推測されており、急速な人口減少と高齢化が島の将来に大きな不安を与えている。

主要産業としては、漁業と建設業が挙げられる。対馬の就業構造人口を見ると、第一次産業従事者が労働人口の二一・

一%、このうち漁業従事者が一六・九%を占めているほか、建設業の労働人口が一三・三%となっている（二〇〇五年国勢調査）。

対馬の産業別総生産の割合では、漁業の収入が安定せず、後継者も少なく、離職する漁業従事者も多いことから、一九八六年から建設業が水産業を抜き、二〇〇四年には、建設業一五・九%、水産業八・九%となっている。また、政府の離島振興対策実施地域に指定されているものの、人口のみならず、公共事業や国、県からの補助金が減少する中、観光など新しい産業分野を振興させ、交流人口の拡大と地域経済社会の活性化を図ることが期待されていた[2]。

こうした中、対馬では、国内の観光客の誘致に積極的に取り組んできたが、日本人観光客の入り込みは、バブル経済崩壊後の一九九〇年代以降、減少傾向にあり、国内からの対馬へのツアー旅行者等の増加も望めない状況が続いていた。

対馬と韓国の交流の経緯と現状

一方で、対馬と韓国の交流は第二次世界大戦後、途絶えていたものの、一九八六年、対馬島と釜山市影島区との間で姉妹島の縁組みが締結されたほか、一九九四年には対馬町村会と釜山市影島区の「行政交流に関する協定書」が締結されたことを契機に、行政間やスポーツ事業など対馬と韓国の様々な交流が再開され始めた。これらの動きを背景に、一九九七年、島南部の厳原港に、一九九九年、島北部の比田勝港に国際ターミナルを開設し、低迷する国内からの観光客誘致とは別に、韓国からの国際船舶航路と観光客の誘致事業に積極的に乗り出した。

その結果、一九九九年、韓国の海運会社、大亜高速海運㈱（韓国浦項市）によって釜山港と厳原港を結ぶ、高速船航路が開設され、二〇〇〇年には、定期航路となった。また、二〇〇一年には同社によって、釜山港と比田勝港を結ぶ定期航路も開設されたことから韓国人旅行者が急増することとなった。

二〇一一年九月現在、対馬には釜山港から厳原港（所要時間二時間四〇分）と、島北部の比田勝港（所要時間一時間四〇分間）を結ぶ高速船（厳原港着「シーフラワーⅡ」（三七六人定員）、比田勝港着「ドリームフラワー」（三〇〇名定員））の定期航路が平日で一往復、週末は二往復程度、運航している。

図表4は、一九九九年に釜山港との高速船航路が就航して以来の厳原、比田勝港から、対馬に入国する韓国人の推移を示したものである。高速船定期航路が就航した、二〇〇〇年の韓国人入国者は八〇〇〇人余りであったが、韓国人旅行者にとって、対馬は最も近く、気軽に行ける海外旅行先、日本の観光地として人気を集め、増加傾向にある。

二〇〇九年は、先に述べたように、前年からの円高ウォン安の進展と日本国内の新型インフルエンザ流行の影響を受けて、来島する韓国人旅行者が、四万五〇〇〇人余りに減少したものの、二

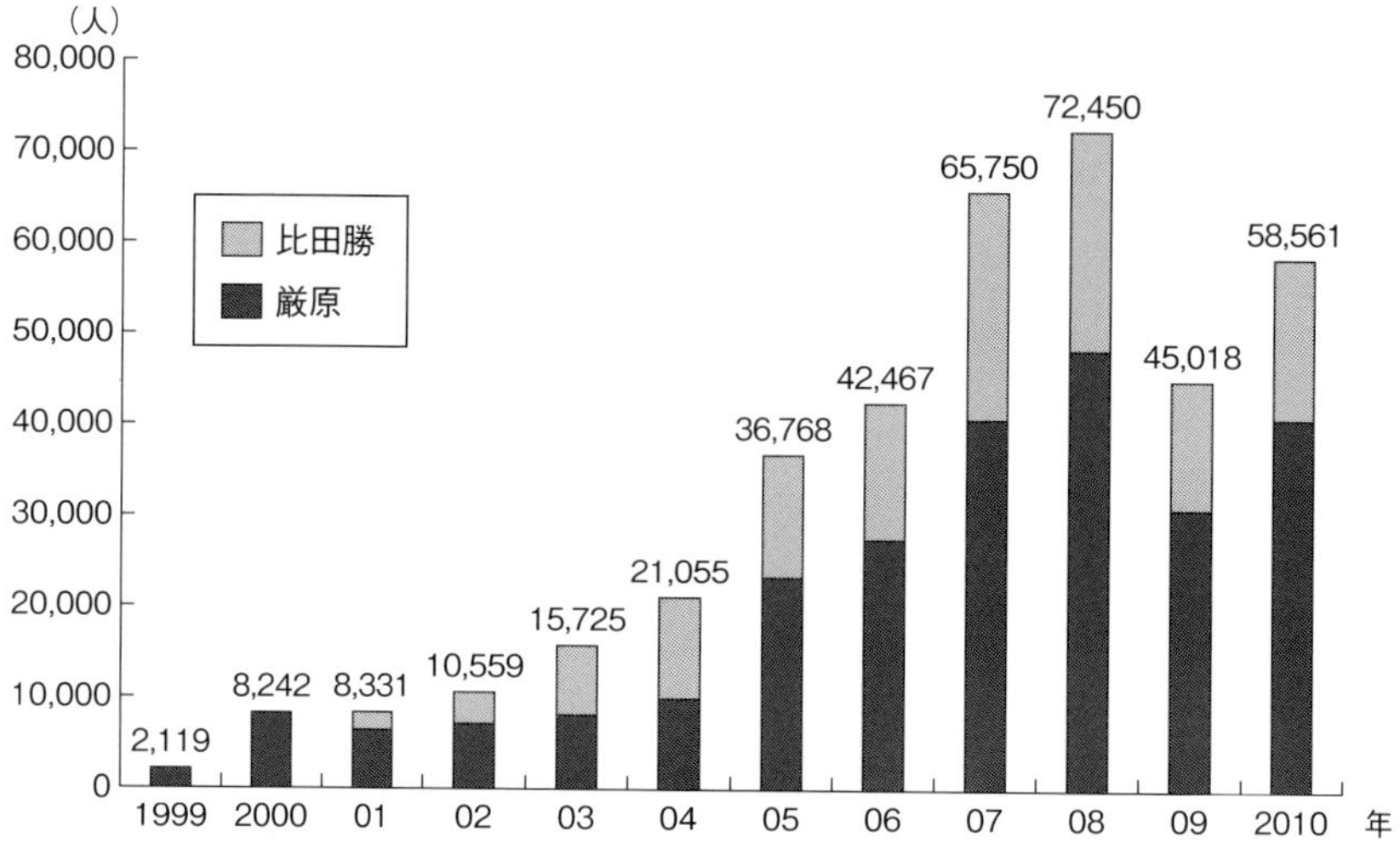

図表4　対馬（厳原・比田勝港）への韓国人入国者数の推移

（出所）法務省出入国管理統計年報より筆者作成

〇〇八年には島の人口の二倍以上の、過去最高の七万二〇〇〇人余り、二〇一〇年には、約五万八〇〇〇人が来島し、回復傾向にある。

また、二〇一一年三月に発生した東日本大震災の発生に伴う福島原発事故の放射能汚染の影響による風評被害は、対馬にも及び、同月末には釜山への船舶定期航路が全面運休するなど、韓国人観光客が激減した。しかし、風評被害の払拭とともに、同年六月から、釜山航路が運航し始め、震災直後の観光客の急減状況からは回復しつつある。

さらに、博多港と釜山港を結ぶ高速船「ビートル」を運航する、JR九州高速船㈱と、高速船「コビー」を運航する韓国の海運会社、未来高速㈱（韓国釜山市）の日韓の海運会社両社は、対馬への韓国人観光客が回復基調であると判断し、二〇一一年十月から、釜山港—比田勝港間（JR九州高速船㈱）、釜山港—厳原港間（未来高速㈱）に高速船航路を新設した。そのため、今後、対馬と韓国の船舶航路は、日韓の三つの海運会社が競合しながら、活発化する見込みとなっており、さらなる韓国人観光客の来島が望めそうである。[3]

対馬の韓国人を対象とした「体験・交流」型観光の取り組み

こうした中、対馬では、韓国との観光交流の拡大が、過疎化に伴い地域産業が衰退する島の交流人口を拡大させ、地域経済社会を活性化させるための活路と捉えて、韓国人旅行者をターゲットとした、インバウンド観光事業に積極的に取り組んでいる。周知の通り、対馬には特別に目立った大型の観光施設が存在するわけではなく、島独自の韓国との歴史的なつながりを物語る史跡や豊かな自然など地域資源を活用することや、地域住民が企画、参加した祭り、イベントを開催するなど、韓国人観光客を対象にした「体験・交流」型の観光事業が中心になっていることが大きな特徴である。

わが国において「体験・交流」型の観光は、バブル経済崩壊後、発地主導のマスツーリズムからの国内旅行市場の構造変化や、地方自治体の財政難によるハードからソフトへの観光振興策への転換に伴い、着地型の地域主導のオルタナティブツーリズムの一種として注目を集めている。これら取り組みの多くは、地域住民が主体となった祭り、イベントへの旅行者の参加や、地域の日常生活と密着した自然、景観、農林漁業、伝統文化などの体験を通して、旅行者が地域住民と交流を行うという地域資源を活用した住民参加型の観光振興策として、現在では全国各地で取り組まれるようになった[4]。

「体験・交流」型の観光を振興する地域の中には、交流人口の拡大や農林水産物、特産物の販売増等、地域の新たな観光消費や雇用を創出するなど地域活性化に成果を収めるところも少なからず見られる。九州のみならず、わが国の各地域において「体験・交流」型の観光メニューの充実を図り、地域の観光振興を推進しているところも少なくないが、外国人旅行者の需要やニーズに対応した取り組みは、未だ数少ないのが現状である。

韓国人旅行者の対馬への主な訪問目的は、朝鮮通信使ゆかりの史跡巡りや、対馬の豊かな自然を楽しめる釣り、登山、トレッキングなどである[5]。

中世、江戸時代を通じて対馬と朝鮮との交流を担ってきた、宗氏の居城、金石城や、朝鮮通信使関連の文化財が展示される県立歴史民俗資料館などには、韓国人団体客の訪問が多い。ツアーにおいても、朝鮮通信使の史跡観光コースの他、登山、トレッキング、海水浴、スキューバダイビング、シーカヤック体験など、対馬の自然を体験出来るものが主体で、韓国人旅行者向けのエコツアーなど対馬独自の着地型の観光メニューも開発されている。

また、厳原町には高速船を運航する海運会社が経営する「対馬大亜ホテル」（二〇〇二年開業）が進出しており、韓国人宿泊者で賑わっているほか、厳原町全体のホテル宿泊者の約六割が韓国人宿泊者となっている[6]。

対馬の代表的な「体験・交流」型のイベントとしては、毎年、夏に行われ、対馬の三大イベントと言われる「アリラン祭」、「チング音楽祭」、「国境マラソン」がある。これら、対馬において取り組まれる「体験・交流」型の観光、イベント事業は、島民と来島する韓国人、日本人旅行者の交流も視野に入れたところに特徴がある。

「アリラン祭」は、一九八八年から毎年、八月上旬に厳原町で開催される対馬最大のイベントで、メインの事業として、島民、来島する韓国人、日本人旅行者、四〇〇〜五〇〇名が、参加して、江戸時代の朝鮮通信使の行列を再現したパレードが行われている。行列には島民や韓国から招かれた団体のほかに、来島する韓国人、日本人観光客も祭りに参加することが可能で、参加希望者には韓国の伝統衣装の韓服やチマチョゴリも貸し出され、日韓の旅行者がともに衣装を身につけて行列などのイベントに参加し、交流している。二〇〇九年には「アリラン祭」への参加や祭りの見物を目的に、韓国人旅行者、約二〇〇〇人が来島していると言う。

韓国語で友達・仲良しと言う意味の言葉を冠した「チング音楽祭」は、音楽を通した日韓交流を目的に一九九八年から、毎年、八月下旬に美津島町で行われているイベントである。日本と韓国のミュージシャンを招いて、野外コンサートが開催され、島民、日韓の来島旅行者が音楽を聴きながら交流する。例年、一〇〇〇人余りの観客で、韓国人の観客は一割ほどとなっている。

「国境マラソン」は、一九九七年から、韓国を望む島北部の上対馬町の海岸線で開催され、島民、日韓の来島者が様々なコースのマラソンに参加している。例年、一〇〇〇人余りの参加者があり、韓国人の参加者は、年毎に異なるが一〜三割となっている。

韓国との観光交流の拡大、深化に向けて

これら「体験・交流」型の観光事業の充実とともに、二〇〇三年には、合併前の対馬六町が共同出資し、韓国、釜山市に対馬の総合窓口として㈶対馬国際交流協会釜山事務所を開設している。同協会事務所では、現地採用の韓国人スタッフ二名を雇用し、韓国語ホームページを通じた対馬の詳細な観光情報の提供や各種問い合わせ、韓国の旅行会社に対するツアーのプロモーションに積極的に取り組んでいる。

また、対馬においては島内の主要な道路標識や史跡・名所等の案内・説明版の多くに、韓国語の標記も加えたほか、二〇〇六年には対馬市商工会が、韓国人旅行者が多数、来訪する厳原町のショッピングセンター内に「韓国語支援センター」を設置し、サポーターと呼ばれる韓国語通訳を常駐させている。サポーターは、通訳、観光案内のほか、市内の商業施設、店舗などで、韓国語の商品紹介や案内表示に協力するなど、韓国人旅行者への対応を行っている。

これら対馬の取り組みによって、二〇〇七年に来訪した韓国人観光客の島内での観光消費による経済波及効果が、年間で約二一億六〇〇〇万円（土産品・約八億二〇〇〇万円、飲食・約六億二〇〇〇万円、宿泊・約四億九〇〇〇万円、交通費約一億七〇〇〇万円他。長崎県調査）と推計されている。また島内消費額から産業連関表に基づく対馬の生産誘発額は、約二九億円、雇用者所得誘発額は、約八

写真　「アリラン祭」朝鮮通信使の行列再現パレード
対馬市提供（2011年8月撮影）

億七〇〇〇万円、就業誘発数は三四二人と算出されており、地域経済の低迷に悩む離島の振興にも大きく寄与している[7]。

一方で、長崎県は、二〇〇二年に政府の構造改革特区推進本部に対馬における「しま交流人口拡大特区」を提案し、二〇〇三年に国からの認定を受けている。同特区事業では、韓国からの団体旅行ビザの申請において、在職証明書（旅行主催者）や住民登録証明書（修学旅行生）の提出を免除し、入国手続きを簡略化することによって、韓国人旅行者の増加を図るなどの取り組みを全国に先駆けて、独自に行ってきた[8]。

また、同特区認定後の二〇〇三年には、対馬が全島一体となって、自然、歴史などの地域資源と最大の特徴、独自性である韓国との地理的条件、交流の歴史を活用して、韓国人観光客の誘致の促進、受け入れ態勢の整備を図るために、県対馬支庁長を本部長、島内の産業（交通・宿泊・飲食等）事業者二〇名をメンバーとして、「対馬交流特区推進本部」を設置した。同本部は、二〇〇四年の対馬六町の合併後、新たに誕生とした対馬市を主体とする枠組みに改組され、対馬市長を本部長として、島内の産業事業者のみならず、NPO、市民団体関係者など二〇名をメンバーとする「つしまブランド化推進協議会」に発展し、行政と民間、多様な地域の主体が一体となり、より地域に密着して韓国人観光客を対象とした観光振興と地域活性化に取り組んでいる。

さらに、今後の韓国との交流の拡大、深化のためには人材の育成が必要との認識から、同特区事業において、長崎県立対馬高等学校に国際文化交流コース（一学年一〇〜二〇人在籍）を開設している。同コースではわが国の独自の教育カリキュラムを実施している。同コースではわが国の公立高校で唯一、韓国語や韓国の歴史、文化、社会などを専門的、体系的に学ぶことが可能で、これら科目、「韓国学」の必要単位数を拡大し、学習内容を充実させ、今後の韓国との交流を担う人材の育成を目指している。二〇〇六年以降、同コースの卒業生の一二名（二〇〇九年まで）が、釜山の大学へ進学したほか、対馬や九州の観光地の宿泊、観光施設などに就職し、韓国人旅行者の対応に従事する卒業生も多く、今後の活躍が期待される。

おわりに

本稿では、日韓が国境を接する九州と韓国、対馬海峡間の船舶航路による往来が活発となる中、海峡の中央に位置する、対馬において低迷する地域経済社会の活性化を図るため、韓国との観光交流に積極的に取り組む現状について見てきた。

もちろん、対馬という小さな島に短期間に韓国人旅行者が急増することによって、様々なトラブルが生じていることも事実である。日本と韓国の旅行業界の商慣行の違いから生じる問題のみならず、無許可の磯釣りや両国の文化、生活習慣、ルール、作法の違いから生じる、飲食店へのキムチ、焼酎の持ち込み、トイレの使用方法、ゴミの処理のトラブルに至るまで、地域住民との間に摩擦があることは否定できない。

また、韓国人観光客の来訪によって直接、潤っている島内の観光、商業関係の事業者、従事者と、それらと全く関係の無い住民の間に温度差があることも事実であるが、外部からの来訪者の増加が地域住民との間に摩擦や軋轢を生じさせることは、国内の日本人旅行者が中心の観光地においても、よく見られる現象である。

さらに、一部、東京のマスコミを中心に韓国人観光客の来島増加や韓国資本の土地の取得によって、あたかも島が韓国に飲み込まれ、占領されるかのようなセンセーショナルな報道に至っては、実際に対馬に訪れてみればわかることだが、違和感を覚える。

既に、対馬市や観光物産協会などは、日韓の文化や生活習慣の違いの注意点やトラブルの処理方法について冊子をつくり、地域住民に配布、対応を協議したり、韓国側の旅行会社と頻繁に韓国人旅行者の行動の注意点を確認し合うなど、きめの細かい地道な取り組みが継続的に行われており、現在では問題はかなり解消されている。

日本では国境の離島というイメージの強い対馬であるが、地域資源を有効に活用し、韓国人観光客と文化や生活習慣の違いも乗り越えた観光交流を通じて、地域振興を図る取り組みは、観光立国宣言の下、インバウンド観光振興によって地域活性化を図る、全国の地域が学ぶべき手本を示しているように見える。今後も、国境の島、対馬の取り組みに注目したい。

注

（1）九州と韓国を結ぶ対馬海峡間の船定期航路としては、二〇一一年九月現在、下関港—釜山港間の関釜フェリー㈱と韓国の海運会社の釜関フェリー㈱の共同運航によるフェリー航路（一日一往復）、博多港（福岡市）—釜山港間のＪＲ九州高速船㈱と未来高速㈱（韓国の海運会社）の共同運航による高速船航路（一日三〜六往復）、カメリアライン㈱と（日本の船舶会社）によるフェリー航路（一日一往復）、対馬（厳原・比田勝港）—釜山港間の大亜高速海運㈱による高速船航路のほかに、下関—光陽間の韓国の海運会社、光陽フェリー㈱のフェリー航路（週三便）が就航している。

（2）対馬観光物産協会『つしま百科』（二〇〇八年）を参照。

（3）『西日本新聞』二〇一一年九月二二日付参照。

（4）「体験・交流」型の観光に関しては、大社充『体験交流型ツーリズムの手法——地域資源を活かす着地型観光』（二〇〇八年、学芸出版社）に詳しい。

（5）二〇一〇年、対馬市観光物産推進本部ヒアリング。

（6）『長崎新聞』二〇〇八年十一月二日付参照。

（7）長崎県「長崎県統計課分析資料」（二〇〇八年）。

（8）二〇〇五年の愛知万博の開催以降、訪日韓国人に関しては、短期滞在者に対する訪日ビザの免除措置（九〇日間）が全国で実施されている。

主要参考文献

・新井直樹「九州におけるインバウンド観光と地域活性化」『地域活性研究』第一号、地域活性学会、二〇一〇年

・新井直樹「日韓海峡圏地域における国際観光交流の実態と課題」『海峡圏研究』第八号、日韓海峡圏研究機関協議会、二〇一〇年

・新井直樹「地域におけるインバウンド観光振興策のあり方に関する一考察——対馬における『体験・交流』型インバウンド観光の取り組みを事例に」『日本地域政策研究』第一号、地域活性学会、二〇一一年

・岩田貢「変容する地域を捉える　観光と交流に生きる対馬」『地理』54（5）、九〇—九五頁、古今書院、二〇〇九年五月号

・観光庁『平成二十三年版　観光白書』日経印刷株式会社、二〇一一年

・国土交通省九州運輸局『九州観光ムーブ２００９』二〇〇九年

・つしまブランド化推進協議会『国境離島の交流促進方策に関する調査報告書』二〇〇六年

・福岡アジア都市研究所『福岡・釜山間高速船利用客（日本人・韓国人旅行者）観光動向調査報告書 本編』二〇一〇年

主要参考ＵＲＬ

・対馬市ＨＰ　http://www.city.tsushima.nagasaki.jp

・日本政府観光局（ＪＮＴＯ）ＨＰ　http://www.jnto.go.jp/jpn/

韓国から最も近い日本・対馬

金京一

●キム・キョンイル 一九七二年韓国釜山広域市生。二〇〇八年釜慶大学国際大学院日本学科卒業。対馬釜山事務所副所長。地理学。

韓国の人々に最もよく知られている島

日本の皆様、「対馬」をご存知でしょうか? もし、ピンと来ないなら、世界地図を開いて韓国と日本をじっと見てください。日本の九州と韓国の間に、まるで飛び石のように置かれている島が見えますでしょうか。そこが対馬なのです。

対馬は、日本ではあまり知られてないような気がしますが(私の経験上、〝対馬〟だけでは分かってもらえずに、〝壱岐対馬〟と言った時に気がつく日本の方が多かったです)、韓国では東京の次に知られている所であると言えます。韓国の港町である釜山広域市から南南東へわずか四九・五キロメートルの距離にある対馬は、台風が通った後や空気が澄んだ日、釜山の海岸や海側にある山からその姿がくっきりと見えます。対馬のPR活動をする時に、たびたび人々から対馬を見たことがあると言われますし、地域新聞には釜山から取った対馬の写真が載ることもあります。このように肉眼で見える島だったので、昔から韓国ではツシマ(対馬)を「テマド(対馬島)」という名で呼んでいます。

昨年の三月、対馬市は釜山市民一〇〇〇人を対象に、対馬の知名度に関して電話調査をしたことがあります。その結果、「ツシ

ちんぐ音楽祭

（写真提供・対馬釜山事務所）

マ（対馬）」を「良く知っている」と答えた人が一八・七％、「地名だけ知っている」と答えた人は四一・一％で、「テマド（対馬島）」を「よく知っている」と答えた人は四一・七％、「地名だけ知っている」と答えた人が五一・八％にもなりました。言い換えますと「ツシマ（対馬）」としては約六〇％、「テマド（対馬島）」としては九四％に及ぶ人々が対馬の存在を知っていると答えたのです。電話調査は釜山市という特定の場所でしたが、調査結果は韓国全体に拡大して適用しても同じではないかと思います。

ここまで対馬が韓国内で知られている理由を推測してみますと、対馬が韓国・釜山市から見える島であるゆえに、領土問題でたびたび話題になるからではないかと思います。しかし、後者のまずい理由でも、国境の島として観光で地域振興を目指し頑張っている対馬には有利に働きます。人と人が友達になるためには真っ先にお名前を交わすことと同じく、観光地として人々を呼びこさせるためには、まず地名を覚えてもらうことから始まります。例えば、韓国の人に「栃木県の〇〇市に来て下さい。」と言いますと、殆どの人々は「〇〇市って何処？」と聞いてくるでしょう。ならば、「日本の首都である東京をご存知でしょう？　栃木県は東京から東北の方向へ一時間の距離にある……」のような複雑な説明をし兼ねないし、その説明で栃木県の〇〇市が分かる韓国人も少ないでしょう。しかし、対馬の場合は「ツシマ（対馬）に来てみませんか」と声をかけますと、反応が早かったら「ツシマに行け

国境マラソン in 対馬

（写真提供・対馬釜山事務所）

ますか？　船がありますか？」と聞いて来ますし、遅い人でも「ツシマ（対馬）はテマド（対馬島）のことです」の一言さえ添えれば、後は前者と同じ手順で関心を示します。対馬の地名を知っている人々はすぐに親密感を持ち、行く気にもなりやすいです。その結果が、年間六万人を超える（二〇一〇年度）対馬訪問の韓国人観光客数に現れていると思います。

対馬が果たした歴史的役割を再現

しかし、ここまでなるのに対馬がひたすら待っていたわけではありません。対馬は島の位置づけが表しているように日本と韓国をつないできた島であり、両国の間で生きてきた島でもあります。江戸時代に朝鮮通信使の招聘のために対馬藩が外交を務め、日朝の間で貿易を行い、そして釜山に設置された日本人町である倭館にも対馬人は生活していました。

しかし、対馬の役割や生き方は近代化の交通手段の発達により生命が尽きたように見えました。その雰囲気を昔のように蘇らすために試みたのが、朝鮮通信使行列の再現であります。町のお祭りとして始めた「厳原港まつり」の中で、一九七八年初めて朝鮮通信使行列を再現しました。一九八一年は韓国の舞踊団を招待・参加させ、一九八八年からはお祭りのサブタイトルとして「対馬アリラン祭」が付けられました。一番韓国的な単語とも言える「ア

対馬アリラン祭り(国書交換式)

（写真提供・対馬釜山事務所）

リラン」をお祭りのタイトルに付けたことは、対馬と言ったらアリラン祭を連想させることになりました。そして、七月第一日曜日には「国境マラソンIN対馬」を開催し、毎年一〇〇名以上の韓国人ランナーが参加するようになりました。また、八月の第四土曜日は、「ちんぐ音楽祭」という日韓共同コンサートを開催し、韓国と同じ言葉である〝ちんぐ（友達）〟を使う島として知られています。この他、道路の看板や食堂のメニュー、観光地の説明などに韓国語を取り入れ、韓国人観光客にとって異国の島でありながら韓国から近い島であることを感じさせてくれます。そして、釜山広域市の影島区との行政交流や慶尚南道の蔚州郡との文化交流をはじめとして、写真家交流、ラグビー交流、高校生のブラスバンド交流などの行政及び民間交流も活発に続けております。

　このように対馬は、国境が二つの文化や人々を分かつところではなくて二つの切れ端を一つに繋ぎ合わせるところとしてあり、日本と韓国の両国の文化がここ対馬で交ることを、そして、それが自然に地域振興へ繋がることを望んでおります。このことに貢献できるように、私ども対馬釜山事務所の職員も頑張っております。

　皆様、対馬の地図をよくみてください。私だけの想像かも知れませんが、対馬はまるで二つの手が指切りをしているような形をしています。対馬は昔からも今でも、日韓友好の約束を守るために頑張っている国境の島なのです。

国際交流としての対馬の観光事業

比田勝 亨

ひたかつ・とおる　一九五八年対馬生。「対馬みうだペンション」オーナー。

　三月二十八日から六カ月の運休、突然韓国釜山の船舶会社より釜山対馬間の運航に関する通知があった。

　平成二十三年三月十一日、大震災と津波、東北で起きた天災が対馬の国際船運航に、影響を与えるとは考えもしなかった。その原因が未曾有の災害によるものなのか、他にあるのか、我々代理店で働く一契約社員には、知るよしも無く、即座に次の行動に出るしか無かった。

　私は、対馬・上対馬で生まれ、育ち、高校を卒業してお決まりみたいに、対馬を飛び出した。新天地は大阪東淀川、アルバイトをしながら当時ブームだったディスコに友達と夜ごと出没していた。

　その後就職して、家庭を持ったが、安月給だったせいかアルバイトをしたこともある。数年後家族三人で対馬に帰り、父の仕事をしたり大工の仕事をしたり、私にとって仕事は収入を得るため何でも良かった。そんな生活が一〇年くらい続いたある日、人生に大きな転機となる、国際交流と密接な関わりを持つ会社に就職する。

　当時の国民宿舎上対馬荘付き兼務職として㈱対馬国際ラインの事務局長の辞令を交付された。この兼務職が後の私を民間外交の第一線に導いた。

　数年は会社が所有する小型船舶で、主に対馬の方を釜山まで運び三泊四日の韓国旅行を案内するなど旅行プラン作りから積み重ねた。そんな中韓国からの乗客も増加し、比田勝釜山航路が韓国の船舶会社の眼にとまり受け入れ代理店として再スタートし実績を積み重ね、年間約七万人の観光客を運ぶまでの航路に成長した。平成二十年十二月に退職してペンションの経営に専念し現在に至っている。

　前述した運休による次の行動とは、JR九州高速船㈱への寄港のお願いである。長年この会社の代理店としてお互いの信頼関係を構築できたことが、このような状況を打開する唯一の方法であることは瞬間に感じ取った。このような緊急時における スピード感のある対応が今の対馬の行政には欠落しているように思われる。

　韓国の観光客と直接関わりを持つホテルや食堂の事業者達からは、対馬市からの説明がないとか、商工会の対応が遅いとか、不安と戸惑いの声が私の携帯電話にも多数寄せられた。やはりそこにもいろいろな組織の壁があり、情報の伝達を遅らせていた。

　このような事態を踏まえて、今後対馬の進むべき国際交流は、船舶にあっても単独事業者に依存するのではなく、複数の船舶会社を誘致し協力していくこと、これまでの安かろう、悪かろう、の料金を考え直し、対馬独自の料金体系をつくるためにみんなで知恵を出し合うことが必要である。また、観光事業に対して積極的に取り組む人達の組織を立ち上げることも考えなければならない。

対馬みうだペンション
（日本渚百選「三宇田海水浴場」の近くにある）

　二〇一一年六月末現在、毎週週末のみＪＲ九州高速船の寄港と、韓国の大亜高速海運の寄港が再開したが、この二社による運航継続がこれからの対馬に大きな経済効果をもたらすことは誰にでも想像できることではないだろうか。しかしそうする上での最大の問題は、対馬の島民の中には、いまだ韓国に対し偏見を持ち、観光客に対して快く思わない人々がいることである。

　受け入れる事業者は、ここ一〇年くらい大きく変化してきたが、「おもてなしの心」を持っている方は少ないように感じられる。「おもてなし」にお金はかからない。各事業者がそれぞれの特性を生かして迎えることが大切で、お客様の要望にあれこれ「できません」ではなく、何とかしてあげることから、サービスも始まり良い関係になるように思う。対馬の島民自ら、おもてなしの方法を勉強し、恥ずかしがらずに人の眼を気にせずに、誰よりも、何処よりも一歩前へ出て実践することが観光事業として真の国際交流になると信じ、これからも韓国との事業を継続していきたい。

　対馬が置かれた環境を考えると、五〇キロ足らずしか離れていない外国、そこに八〇〇万人ほどの市場があるわけで、海と空のアクセスの充実と、韓国とのビジネスを考えることは自然ではないだろうか。九州に新幹線がつながることによってさらに需要が拡大するように、対馬も韓国の新幹線ＫＴＸと釜山港国際船ターミナルの接続が完成すれば、さらなる市場がソウル中心に広がるはずで、これからも仲間と意見交換しながら小さな起業家を増やし、流出した若者が一人でも夢を持って帰れる魅力ある対馬にしたい。

流出した若者が一人でも夢を持って帰れる魅力ある対馬にしたい。

防衛の最前線基地としての対馬

武末聖子

たけすえ・しょうこ　一九七四年生。株式会社タケスエ（スーパーマーケット　タケスエ）代表取締役社長。著書に『知っとったぁ？　こんな対馬の歴史（はなし）』。

私の住んでいる対馬は、ショーケースのない歴史博物館といっても過言ではないほどに歴史と文化があふれている島です。

歴史的に考えた時、一三〇〇年前の天智天皇（中大兄皇子）の白村江の戦い、文永、弘安の役の元寇や一九〇五年の日露対馬沖海戦と一歩間違えば国ごとたいらげられてしまうほどの危機的状況の中にこの対馬はあったのです。その中で一九〇五年の日露対馬沖海戦の感動の史実をご紹介させていただきます。

世界史上に多大なる影響を与えた日露戦争。明治三十八年五月二十七日、上対馬町西泊地区から一望に見渡せる対馬沖が、日本の命運をかけた日本海対馬沖海戦（TUSHIMA WAR）の激戦地となり、司馬遼太郎の『坂の上の雲』最終章の海域です。この地の人達はこれを「こないだの戦争」と言います。西泊地区にロシア政府が記念建立した「日露慰霊の碑」と対馬歴史顕彰事業推進委員会が日露対馬沖海戦一〇〇周年記念に建立した、東郷平八郎司令長官がロシアの司令長官ロジェスト・ウェンスキー中将を見舞っている巨大レリーフがあります。

日露対馬沖海戦の激戦後、上対馬町西泊地区にバルチック艦隊モノマフ号の傷兵一四三名が漂着しました。空腹で飢え、水を欲し、寒さに震えた傷兵達を西泊地区の人々は民家に分宿させ、炊き込みをし、風呂を沸かし衣服を与え、医者の手当を受けさせたりと、誰しもが彼らを手厚く看護したのです。全員の体調が整ってから対馬を離れる時、介護した地元民も、元気になったロシア兵達も涙してその別れを惜しんだのでした。戦争を知らない私達は何もわからずに平和というものを平気で享受していますが、約一〇〇年前の日本人が残して下さった日露戦争の大勝利という「誇り」は決して忘れてはならない歴史です。特に対馬の先人が「敵国の傷兵を救助」したというこの史実を大切に後世に語り継がなければと思います。

そしてもう一つ「こないだの戦争」での感動秘話をご紹介させていただきます。

ロシアの司令長官ロジェスト・ウェンスキー中将が対馬沖で捕獲されて佐世保港に入港しているロシア艦ベドウィン号に重傷の容態のままでいるのを聞いて、東郷元帥は、新しい病衣や必需品を用意させて山本信次郎大尉をベドゥイン号に向わせました。その時、対応したのがデ・コロン大佐らの幕僚達でした。

ロジェスト・ウェンスキー中将との会見と見舞いを要望いたしましたが、コロン大佐は重傷と発熱を理由に断ってきたのです。すると隣室からウェンスキー中将の痛々しい呻き声が聞こえてきたので武士道として面会の強要を避けねばならないと思った山本大尉は、東郷元帥からと申されて持参の病衣を渡されたのです。佐世保海軍病院の加藤軍医と山本大尉は、東郷元帥の命を受けてベドウィン号で病んでいるウェンスキー中将に「佐世保海軍病院にご入院なさいませんか？」と申し出るために訪艦されたのでした。ウェンスキー中将はこの熱い友情に涙を流して感激されたのです。その時、山本大尉は「東郷元帥は毎日でも閣下をお見舞いしたい」と申されておりますと述べていたのです。

そして明治三十八年六月三日、佐世保の海軍病院に入院中のバルチック艦隊司令長官のロジェストウィンスキー提督を日本連合艦隊司令長官、東郷平八郎提督が見舞ったのです。その歴史に残る感動のシーンが西泊地区にある巨大レリーフです。

前述した通り、対馬は過去の歴史が語るように防衛の最前線基地として大きな役割を果たしてきたのです。歴史的国難のなか幾度となく尊い犠牲を払って「水際」でこの「日本国」を守り抜いて来たのです。

その思いから見れば源平の合戦や応仁の乱、南北朝、信長、秀吉、家康などが関わった戦いなどはほんの極地的な内戦にしかすぎません。日本という国に、もし「この対馬なかりせば」と考えた時、世界の歴史そのものが大きく変わっていただろうと思われます。国境と領土問題を語る時、対馬はその原点であり今も最前線である事は言うまでもありません。

対馬が、「若者の流出、少子化、過疎化」「高齢化に於ける限界集落化」の現状にある中で、国は国境離島の振興と国境の管理の責任を放置したまま今日に至っています。このまま放置すると対馬の過疎化は急速に激化し、日本固有の「領土・海域」は外国のものとなってしまう可能性すら危惧されます。

数々の日本の国難に立ち向かって日本のいまを築きあげて来た対馬は、今日、韓国との国際交流の架橋的役割を果たそうとしています。国土保全上の監視、海上交通の安全、排他的経済水域など国の安全保障に対馬は重大な役割を果たしています。

そんな対馬に住み、商業を通じて対馬の発展に貢献しようとしている私も、何かと気が抜けない日々をすごさせていただいています。

「敵国の傷兵を救助」したというこの史実を大切に後世に語り継がなければと思います。

国境離島としての五島

久保　実

くぼ・みのる　一九六〇年長崎県生。一九八三年、明治大学法学部卒業。五島市企画課長。

五島列島は九州の最西端に位置し、わが国の西の玄関口である長崎港から更に西へ約一〇〇キロメートル、九州の最果ての海、「五島灘」を隔て、中国大陸へつながる潮路の中に、西南から北東へおよそ八〇キロメートルにわたって、斜走している。

五島市は、その五島列島の南西部にある最大の福江島に位置し、一一の有人島と五二の無人島で構成され、人口約四万人、高齢者比率約三二%と少子高齢化、過疎化の先進地となっている。

五島列島は、古代には「値嘉島」と呼ばれ、「古事記」、「肥前風土記」にも登場し、現在の五島という地名になったのは、平安時代末期の頃からで、当時日本へ渡航してくる中国人によって「五峰」或いは「五島」と呼ばれるようになったといわれている。

また、中国に最も近い日本の島として、中国大陸との関係は非常に古く、奈良及び平安時代初期には遣唐使船の日本最後の風待ちの地として、遣唐使制度廃止後も中国商船の博多太宰府への中継地として国際的にも大変重要な島であった。

さて、今、島に暮らしていて国境を意識しているかと言われたら、普段の生活の中では、ほとんど意識していない。

ただ、海岸への漂着ゴミのなかに、韓国語、中国語で書かれたものがかなり混ざっている。

また、台風などの接近による海上の時化の時は、福江島西部の玉之浦湾には多数の中国漁船が避泊する。一九九九年には、一七五七隻もの中国漁船が避泊し、最近では、二〇一〇年で二六七隻の避泊状況となっている。人道上、避泊は、必要であると思うが、簡易水道の海底配水管の破損や、定置網の破損、生け簀の破損などの被害が発生しており、市が負担する対策経費も多額になっている。

この玉之浦湾の防波堤には、「搁浅危险！　从这前方水域很浅！」との表示があり、「この先に浅瀬があり危険、この先は水深が浅い」と注意を喚起し、座礁等の回避を呼びかけている。島に暮らすものにとっては当たり前の光景であるが、やはり、国境の島なんだなと感じる。

現在、五島市では、「日本一の椿のしまづくり」、「マグロ養殖基地化」、「長崎の教会群とキリスト教関連遺産の世界遺産への登録推進」、「電気自動車によるエ

千年以上前に先人達が挑んだ苦難の遣唐使の道を歩いていかなければならない。

コアイランド構想」の四つの柱を基本にまちづくりを進めているが、今後は、中国、韓国、台湾などの東アジアとの国際交流により交流人口の増大をもたらす政策も大きな柱として推進していかなければならない。

　五島と上海の距離は、約七三〇キロメートルであるが、この距離を半径に地図上に円を描くと、東は、京都市、南は、那覇市、北は、北緯三八度線となる。五島を中心にして地図をながめていると、やはり国境を意識する。一番近い外国は、韓国の済州島で約二三〇キロメートルだ。五島～福岡間の距離である。近くて遠い島である。

座礁回避のための中国語の注意書き
（写真提供・五島市）

　近代になって中国、韓国と五島間の正式な航路、航空路はなく、現在、韓国からのチャーター便の運航が計画されており、臨時のＣＩＱの設置、おもてなし研修の開催等の受け入れ体制の整備が着々と進んでいる状況である。

　なお、韓国のキリスト信者は、総人口の約三割を占め、約一四〇〇万人弱の信者数である。五島は、カクレキリシタンの歴史と数多くの教会が残っており、巡礼ツアーの実施など韓国からの誘客の可能性は、充分に持っている。

　また、長崎県は、大陸との地理的近接性から歴史的に海外とのゲートウェイとして、経済的にも文化的にも時代の先端を担ってきたが、その優位性を復活させ、海外からの観光客誘致や県産品の輸出拡大、企業の海外展開などを目指し、「アジア・国際戦略」を総合計画の政策横断プロジェクトとして位置づけ、これに力をいれている。その施策の一環として、長崎上海航路の復活を目指しており、ハウステンボスが三万トン級の船舶を利用して運航する計画で、ハウステンボスを始め長崎県や九州へアジアからの訪日客を誘致することを試みている（編集部注――その後、長崎上海航路は、二〇一一年十一月に復活し、二〇一二年二月末より営業運航を開始した）。五島市も県と一緒になって、「アジア・国際戦略」を推進していく必要があり、これを今後のまちづくりの基本戦略の一つとして展開していきたい。

　五島がアジアに打って出る環境は、少しずつ整いつつある。今後は、国境離島という立場を充分に活かしながら、千年以上前に先人達が挑んだ苦難の遣唐使の道を歩いていかなければならない。明日の五島のために。

与那国島・西崎から台湾を望む（水平線上に台湾の山並みが見える）
（写真提供・与那国町）

V　台湾と八重山

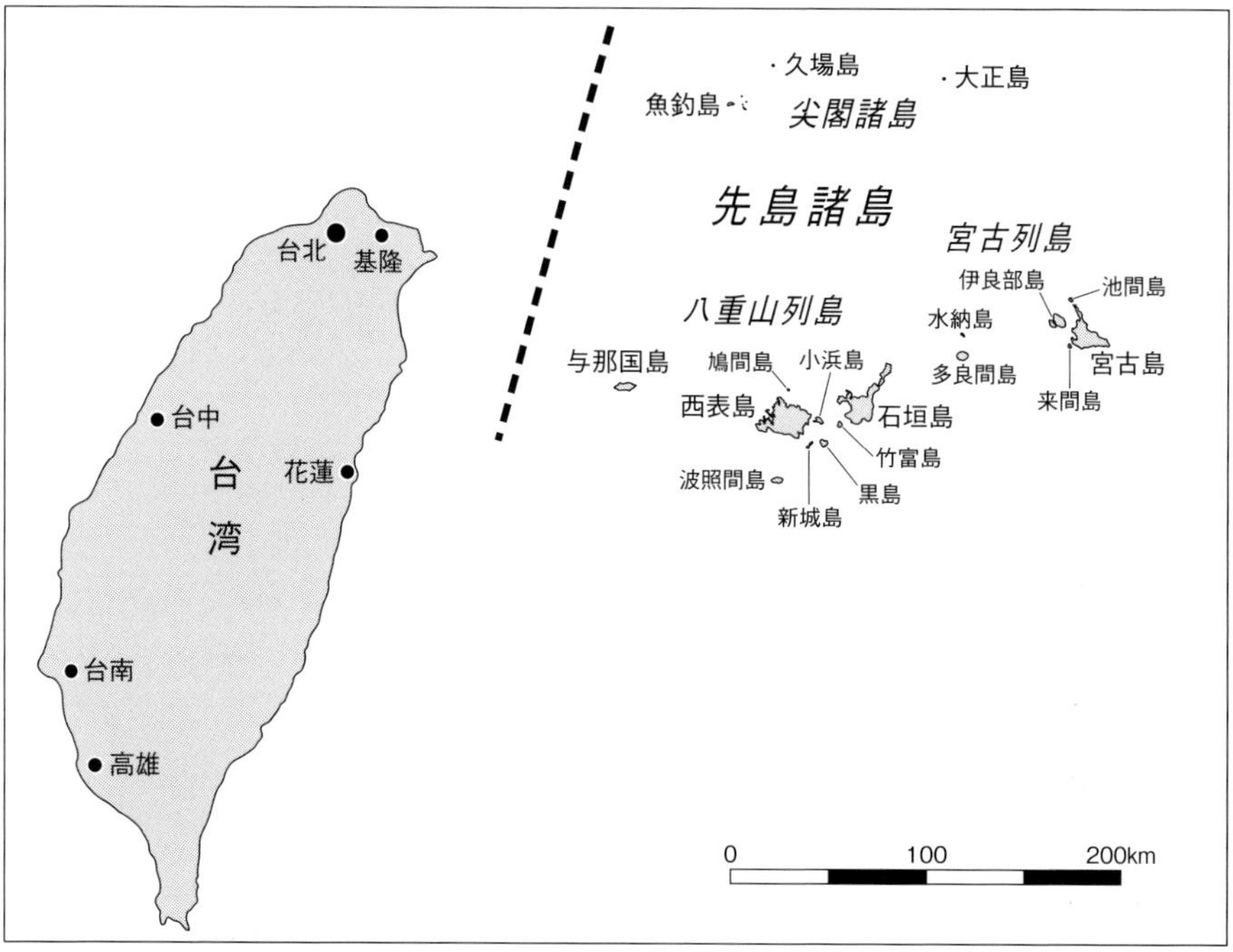
久場島
大正島
魚釣島
尖閣諸島
先島諸島
宮古列島
伊良部島
池間島
八重山列島
水納島
与那国島
鳩間島
小浜島
多良間島
宮古島
西表島
石垣島
来間島
竹富島
波照間島
黒島
新城島
台北
基隆
台中
台
湾
花蓮
台南
高雄
0
100
200km

八重山台湾交流史
松田良孝

与那国町の将来展望
【人口増加という課題】
外間守吉

「与那国・自立へのビジョン」断想
【「国境地域政策」の欠落】
上妻毅

南西諸島における自衛隊配備問題
佐道明広

与那国・中国・台湾の三角貿易構想
【「もう一つの外交」としての国境地域政策】
吉川博也

竹富町における海洋政策
【海洋保全とまちづくり】
小濱啓由

八重山台湾交流史

松田良孝

●まつだ・よしたか　一九六九年埼玉県生。一九九一年、北海道大学農学部卒業。八重山毎日新聞記者。著書に『八重山の台湾人』『台湾疎開――「琉球難民」の一年一一カ月』（南山舎）。

歌をめぐる話から始めてみよう。

今日は北風突き船日和
表リン鐘ジャンジャン鳴れば
とりかぜおもかぜヨーソロヨーソロ
投げたもり竿ピンッと跳ねる

日本で最も台湾に近い沖縄県の与那国島の、そのなかでも最も台湾に近い久部良という集落で聞かせてもらった歌である(1)。

「突き船」とは、海を泳ぐカジキを、船の上から直接もりを打って仕留める突き棒（つんぼ）漁を行うための船のことで、「突き棒船」とも呼ばれる。船首から長く台が伸びているのが突き棒船の特徴で、もりを手にした船員がそこに乗ってカジキにもりを投げる。

「北風突き船日和」という歌詞から分かるように、カジキ漁の時期は北風が強くなる冬場である。風波が強まる海を行く船は、激しく揺れる。その振幅が最も大きくなる船首に船員が立ち、海を泳いでいくカジキにもりを放つわけだ。

なんとすさまじい漁法だろうか。

似たような歌は、台湾の東海岸にある港町、新港（台東県成功鎮）でも歌われている。これはインターネットで動画が公開されてお

突き棒船

カジキ漁を行う突き棒（つきんぼ）船。船首から長く伸びた台に船員が乗り、海を泳ぐカジキにもりを打ち込んで仕留める。

（2011年2月24日、台湾・台東県成功鎮の新港漁港で筆者撮影）

り、台湾が日本の植民地だったころに日本語を覚えたと思われる年配の方が歌っている様子を見ることができる[2]。

久部良で聞かせてもらった歌と、インターネットで公開されている台湾の歌とは、一致していない部分があるが、どちらが正しいかということは分からないし、歌の確からしさは大きな問題ではないように思える。

突き棒漁は、台湾では新港などで続けられているが、与那国ではもう行われていない。漁法はすでに消滅しているのに、歌は残っている。

台湾が日本の植民地だったころ、与那国島を含む沖縄県の八重山地域と台湾との間では人びとが盛んに行き来しており、台湾で突き棒漁に従事したという与那国出身者もいる。その体験が台湾と与那国の双方で歌として残され、人びとが活発に往来していたころの記憶をとどめていた。

八重山で台湾を体験する

八重山地方は、南西諸島の南西端に位置する島嶼地域で、与那国町と竹富町、石垣市という三つの地方自治体で構成される。主島の石垣島と台湾とは二〇〇キロ余りしか離れておらず、北東側に約四五〇キロ離れた県庁所在地の那覇よりも台湾のほうが近いという位置関係にある。

しかし、現在、定期的に運航している交通機関で石垣島から台湾へ行こうとすると、飛行機でいったん那覇空港へ行き、そこで中華航空の台北桃園国際空港行きに乗り換えるという面倒なことをしなければならない。大きくUターンしながら、八重山を飛び越えるようにして台湾を目指すわけだ。中華航空の機内からは石垣島の全景が見えることもあり、それはそれで得難い体験だが、石垣台湾間の距離を知っている身にとっては理不尽さを感じる体験でもある。(3)

ただ、実際に台湾へ行かなくても、台湾を感じ取ることができるのが八重山のおもしろいところである。

石垣島へ来たことがある読者は少なくないだろう。八重山は年間七〇万人が訪れる観光地だ。(4)八重山の観光を紹介したガイドブックやパンフレットはほとんどの場合、水牛車観光の写真が入っていて、ゆったりとした時の流れをイメージさせている。また、八重山を訪れ、パインアップルを食べたり、そのジュースを飲んだり、果肉を使った菓子を口にしたりしたことのある読者もいるのではないか。

水牛もパインも、どちらも八重山オリジナルであるかのごとく扱われ、八重山の観光や産業を代表する顔といってもいい存在だが、もともとは台湾の人々が八重山へ持ちこんだものである。

台湾が日本の植民地だったころ、主に昭和期に入ってから大勢の人たちが台湾から八重山へやってきた。台湾出身者らが一九三五（昭和十）年に設立した大同拓殖株式会社(5)は八重山に初めてパインを持ち込み、一九三八（昭和十三）年に沖縄初となるパイン缶詰の製造を石垣島で開始する。(6)八重山のパイン産業はここから始まっているのである。

八重山で農業開発を試みた台湾出身者たちは、役畜として水牛を八重山に持ち込む。後ろのほうに反り返った巨大なつの。水牛はその姿だけでもけっこうインパクトがあるが、八重山の人たちを驚かせたのは、一頭で何人分もの仕事をこなす水牛の能力である。

太平洋戦争が終わったことにより、台湾は日本の植民地支配を脱し、八重山は沖縄のほかの地域と同じように米軍統治下に置かれる。それでも、パインによって結ばれた八重山と台湾の縁は続いていく。一九六〇年代、八重山は「パインブーム」に湧き、パイン缶詰の生産が活発になる。(7)パインの缶詰工場は一九六九（昭和四十四）年現在、石垣島に八カ所、西表島に二カ所あった。(8)

その生産体制を支えるうえで重要な役割を担ったのは台湾からやってきた労働者であった。一九六三（昭和三十八）年から一九七一（昭和四十六）年にかけて、八重山のパイン工場には台湾人労働者が働いている。その人数は、ピーク時の一九六八（昭和四十三）年には七一一人に達した。(9)評価されたのは人数だけではない。「台湾人労働者が持つ高い技術力や労働意欲は、パイン業界への導入を通じて八重山で知られるようになった。また、台湾人労働

石垣島に移り住んできた台湾系住民の家族

ブタなどたくさんの供え物を用意して、祭祀を行っているところ。
（1953年撮影。玉木玉代氏提供）

者の導入が、コスト削減や労働力不足の解消に有効であることが証明された」[10]。

八重山の水牛とパインには、台湾抜きに物語ることができない物語が隠されているのだ。

八重山に暮らす台湾系の人びと

八重山に住む台湾系住民でつくる琉球華僑総会八重山分会によると、八重山には現在、推定で約一〇〇世帯合わせて五〇〇人の台湾系住民が暮らしている。全人口のほぼ一％に相当する[11]。そのほとんどが日本国籍を取得しており、里帰りをするにも日本のパスポートを使っているが、曲折を経てここまで来たのである。

八重山に暮らしている台湾出身の人たちがたどってきた道を考えるうえで、押さえておきたいインパクトが三つある。一つは、一八九五（明治二十八）年の下関条約である。清朝が台湾を日本に割譲し、日本による植民地支配が始まるのがこの時である。続いて、一九四五（昭和二十）年。太平洋戦争が終わり、日本の敗戦によって、台湾は日本の植民地支配を脱する。台湾の人々は日本国籍から中華民国籍に変わる。これは、八重山で終戦を迎えた台湾出身の人びとについても同様である。自分でもほとんど気付かないまま、ほかならぬ自分自身の国籍が変わっていたという事実。

石垣島に住む台湾系の人たちが毎年旧暦8月15日に合わせて行う土地公祭

（2010年9月22日、石垣市名蔵（なぐら）の名蔵御嶽（オン）で筆者撮影）
（＊「御嶽」とは聖地のことで、通常は八重山の伝統的な祭祀が行われる）

戦後も八重山に住むことを選択した台湾出身者のなかには、日本国籍を「取り戻したい」と思うようになった人もいる。その思いとは裏腹に、制度のほうは、八重山に住む台湾出身者を外国人として扱い、外国人登録証や永住許可証明書が発行されていく[12]。

そして、三つ目のインパクトが一九七一（昭和四十六）年から一九七二（昭和四十七）年にかけてである。この期間に、中華民国・台湾は国連を脱退し、沖縄の施政権は米国から日本に返還され、大陸の中国が国連の代表権を獲得する。八重山にいた台湾出身の人びとは、本国の、国際的な地位の激変に動揺する。

この間、国籍をめぐる問題だけをみれば、一九六四年に四世帯合わせて二二人が、石垣に住む台湾系住民として初めて日本国籍を取得している[13]。一九七三年から一九七五年には一七八人もの台湾系住民が日本国籍を取得し[14]、沖縄や日本のなかで、八重山の台湾系住民は自らの社会的な立場を徐々に安定させていく。

しかし、台湾出身の人びとの悩みは尽きない。沖縄には「タイワナー」という言葉がある。直訳すると、「台湾の人」という意味だが、台湾の人々を侮蔑する言葉として用いられ、今も使われることがある。いやな言葉だが、台湾出身の人びとが悩まされてきた問題と関係があるので、あえて取り上げておく。

八重山に住む台湾系の人たちの国籍が中華民国から日本に変わったとしても、そのルーツが台湾であることは変わらない。台湾出身の人たちが日本国籍を取得したとしても、もともと八重山に住んでいる人たちの眼には、依然として「台湾人」として映り続ける。「あの人たちは『タイワナー』だ」と。台湾出身であることを公言せずに八重山に暮らす人は今もいる。[16] 台湾出身の人たちが八重山で置かれた立場やアイデンティティをめぐる問題は解決済みではなく、現在進行形である。

台湾へ渡った八重山の人びと

植民地台湾は八重山に台湾出身者や台湾由来のモノを送り込んだだけではなかった。植民地台湾は八重山の人々を吸収してもいる。移民の流れは双方向的だったのである。[17]

二〇一一年八月上旬の四日間、私は石垣島の住民ら一〇人ほどの団体の一員として台湾を訪れた。「台湾で八重山を探す旅」と題したこのツアーで、私は案内役を務めたのだが、この旅のルートを本稿でたどり直すことによって、八重山の人びとが植民地台湾とどのようにかかわっていたのか紹介していこう。キーワードは「移民」、「疎開」、「引き揚げ」である。読者には、戦後の八重山社会と台湾のかかわりにも意識を向けておいてもらいたい。

台湾の旅は台北から始めるべきであろう。といって、高層ビルの「101」などには行かない。おなじみの観光ツアーでは行かないような所にも「台湾の八重山」が隠れているのである。

たとえば、台北駅の北側。台北當代藝術館という美術館がある。「Museum of Contemporary Art, Taipei」という英名が示すように、現代アートの展示施設である。ガムテープをはがしたようなクズを山盛りにして、その上に鳥かごを提げたりしたような難解な作品が展示されていたかと思うと、ゲームソフトで見るようなデジタルアートの作品展に若者たちがどっと集まっていたりする。

この芸術施設は、もともと建成（けんせい）小学校という学校の校舎だった建物を再利用したものである。建設は一九二〇（大正九）年から一九二一（大正十）年にかけて。[18] 戦後はいったん廃校となり、一九四六（昭和二十一）年から[19] 台北市政府庁舎として四十数年間使用された。一九九三年に庁舎としての役割を終えたあと、修復され、中学校と台北當代藝術館の併用となった。

植民地台湾で建成小学校に学んだ人たちでつくる同窓会には、八重山出身者も参加している。八重山の人びとは戦前、就労や修学などの機会を求めて植民地台湾に渡っている。五〇年に及んだ植民地期には、台湾で家庭をつくり、台湾で生まれた子どもを台湾の学校に通わせていたケースも珍しくない。建成小学校に通っていた八重山出身者とは、こうした子どもや、八重山で生まれたあとで台湾に向かい、建成小学校に通うことになった子どもなど[20] である。

「建成」とは、台北駅の北側にあった町名から取ったものだ。「臺北市民住所録（内地ノ部）」（一九四〇年）で沖縄出身者の分布を調

台湾を代表する港湾都市、基隆

日本が台湾を植民地統治していたころ、定期的に運航する船で台湾を目指した八重山の人たちのなかには、ここで台湾への第一歩を記したケースが多い。基隆に到着した八重山の人たちは、ここからさらに台北などへ向かったほか、このまちで暮らしながら、働いたり、学校へ通ったり、家庭生活を営んだりした。

（2010 年 8 月 27 日、筆者撮影）

べてみると、台北駅北側では建成町や御成町、下奎府町といった地域に沖縄出身者が多く暮らしており、そこには八重山の人々も住んでいた。

植民地台湾で暮らしていた八重山の人たちの人数を正確につかむことは難しいが、目安となる統計は残されている。台湾、朝鮮、樺太、関東庁、南洋庁に暮らす沖縄出身者の人数を一九三五（昭和十）年十二月末現在でまとめた「殖民地在住者調」によると、台湾に暮らしていた沖縄出身者三九三〇人のうち、八重山出身者は一四五四人で、沖縄出身者全体の三七・〇%を占めている。一方、「殖民地在住者調」が対象としている台湾など五地域に暮らしていた八重山出身者は一六二八人で、このうちの八九・三%に当たる一四五四人が台湾に暮らしていた[21]。

植民地台湾へ出ていく八重山の人たちがいかに多かったかが分かるであろう。

また、一九三四（昭和九）年に旧石垣町から台湾へ出稼ぎにいった人びとは三八七人で、女性二二一人、男性一六六人の内訳であった。職業別では、女性の場合は、「戸内使用人」（いわゆる「女中」）が一九七人で最多となり、女性全体の八九・一%を占めていた。男性では▽戸内使用人＝六五人▽商業＝八人▽工業＝五人▽土木建築業＝四人▽水産業＝三人▽鉱業＝一人——となっていた[22]。

こうした統計的な情報のほかに、聞き取り調査から得られる傾向として「男性では台湾で公務員・商業・漁業などがあげられ、

若者たちが集まる台北の繁華街、西門

日本が台湾を植民地統治していたころには「西門町（せいもんちょう）」と呼ばれ、日本人向けの公設市場があった。台湾へやってきたあと、台北で女中奉公をしていた八重山の女性のなかには、奉公先の家庭のためにここで買い物をするケースもあった。

（2010 年 10 月 28 日、筆者撮影）

女性では台北や基隆などの都市に在住する日本人の家庭で家事使用人として働くことが広く行われた[23]」、「当時台湾で働いた八重山出身者の多くが、台北や基隆など都市部に居留し、女性は住み込みの家事使用人、電話交換手、事務員などとして働き、男性は公務員や商店の店員、工場労働者として雇用されるのが一般的だった[24]」といった指摘がなされている。

古都・台南

足を南に向けて、台南へ行ってみよう。台湾の古都として知られる台南からバスで一時間ほどのところに麻豆（まとう）という地域がある。私はここに三、四回来ているが、日本人観光客に会ったことは一回もない。台湾観光のなかではまったくレアな地域である。特別おもしろいスポットがあるわけではない。だからこそ、「レア」なのであるが、台湾と八重山の関係を考えるうえで麻豆は外せない土地のひとつである。

太平洋戦争末期の一九四四（昭和十九）年七月の臨時閣議で、南西諸島から一〇万人を疎開させることが決まる。八重山や宮古からは台湾へ二万人を疎開させる計画で、実際に一万人余り[25]の沖縄出身者が台湾に疎開しており、そのうち、八重山からは二五〇〇—三〇〇〇人余が疎開したとみられる[26]。疎開先となった地域は確認されているだけで三六カ所[27]に及ぶ。そのうちの一カ所が麻豆である。

麻豆の郷土史家、詹評仁(チャンピンレン)が現地に残されている戸籍登記簿を基に、一九四四（昭和十九）年十一月から一九四五（昭和二十）年十二月の間に麻豆に移住してきた人を疎開者としてカウントしたところ、日本人三二三人が疎開しており、このうち、沖縄からの疎開者は三一四人で全体の九七・二％を占めていた。

この三一四人を市郡別でみると、八重山からは二四一人（七六・八％）で、沖縄から麻豆へ来た疎開者は四人に三人が八重山からの疎開者であった。

植民地時代、麻豆には明治製糖の本社と工場があった。戦後は中華民国に接収され、しばらくの間は台湾糖業公司の工場として継続している。[28]石垣島から麻豆にやってきた疎開者たちは、製糖工場周辺や学校、廟（道教の寺院）などに疎開している。ただ、麻豆の目抜き通りは、一九四五（昭和二十）年六月二十三日という、沖縄戦が終結したとされるその日に米軍の空襲に見舞われており、[29]沖縄から疎開してきた人のなかからも犠牲者が出ている。[30]安全な場所へ身を寄せるために疎開してきたのに、そこで危険な目に遭ってしまった疎開者たちは、さらに別の疎開地へと移動することを余儀なくされた。[31]

このように、八重山の人びとのなかには戦時中の疎開をきっかけにして台湾と付き合うことになった人もいるのである。

戦後八重山社会の台湾

日本でもよく紹介されている観光スポットに八重山の人たちが疎開していたケースがある。それは台南の孔子廟である。私たちのツアーが訪問したのは八月で、夏の暑いさなかであったが、濃い緑に包まれた孔子廟はいかにも涼しげである。正門にある高い敷居をまたぎ越して中に入ると、風格のある大成殿がどっしりと構えている。その大成殿の左側の建物にも、石垣島からやってきた疎開者が暮らしていた。

疎開者が暮らしていた孔子廟のもとをたびたび訪れていた人物に、沖縄出身の安里積千代(あさとつみちよ)（一九〇三―八六）がいる。安里は沖縄の座間味村出身。一九三〇（昭和五）年に弁護士となり、その後、渡台。台南では弁護士活動を行うとともに、台南市議や台南沖縄県人会長も務めている。[32]

太平洋戦争が終わり、台湾が日本の植民地支配を脱すると、台湾にいた沖縄出身者は一九四五（昭和二十）年十一月ごろ、台湾沖縄同郷会連合会（与儀喜宣会長）を結成した。[33]安里はその副会長として、沖縄から台湾へ来ていた疎開者を救援したり、台湾から沖縄への帰還について台湾当局に掛け合ったりしている。孔子廟に身を寄せていた石垣島の疎開者たちを世話していた体験も、その後の救援活動につながるきっかけになっていたのではないか。

台湾・宜蘭県蘇澳鎮の漁港、南方澳
台湾の中で与那国島に最も近い場所。日本が台湾を植民地統治していた時代、八重山と台湾を結ぶ出入り口の役割を果たした。
(2009年9月6日、筆者撮影)

安里は、台湾に残された沖縄出身者の窮状を日本政府に訴えるため、台湾から密航しており、この密航が八重山の戦後社会に大きな影響を与えることになる。安里が台湾へ戻るために乗り込んでいた船は石垣島北部で座礁し、安里はそのまま石垣島で暮らすことになった。安里はその後、米軍統治下の一九五〇（昭和二十五）年に行われた八重山群島政府[34]知事選挙に立候補し、八重山の行政責任者として公選されている。八重山出身でもなく、八重山で政治活動をしたこともない安里が当選したのはなぜなのか。その背景には、石垣島から台南の孔子廟に疎開してきた人々との出会いがあった。群島政府知事選ではこの疎開者の親類から支援を受けているのだ。

台湾への疎開者やその救援を通じて培われた人脈が初代群島政府

知事を支えるという構図。戦時中の台湾疎開と戦後の八重山社会が台南で結び付いていた。

台湾東部の漁港

台湾のなかで、八重山との関係が凝縮されている場所を一カ所だけ挙げるとするならば、私は南方澳（なんぽうおう）を選ぶ。台湾東部にある宜蘭県蘇澳鎮の漁港である。植民地台湾を経験した八重山の人たちのなかでは「蘇澳南方」の呼び名で記憶されていることも多い。台湾で最も八重山に近い場所は、この南方澳のことである。与那国島との距離はわずか一一一キロに過ぎない。

台湾総督府は一九二一—二五（大正十—十四）年度、六七万円を投じて南方澳に蘇澳漁港を整備する。[35] 一九二五（大正十四）年には魚市場が業務を開始し、漁港としての機能が充実していく。[36] これと並行し、一九二四（大正十三）年一二月[37]には蘇澳を終着駅とする鉄道の宜蘭線九八・八キロ[38]が開通した。台北高雄間を結ぶ縦貫線と宜蘭線は基隆の手前で接続し、南方澳は島都、台北や基隆、高雄などの港湾都市と結ばれることになった。魚市場の取扱高は一九三九（昭和十四）年には一一七六円に達し、高雄の四七五一円、台北の二六九六円、基隆の一四三四円に次いで、堂々の第四位である。[39]

この南方澳に向かって、八重山の人々が集まってくる。南方澳と八重山の間を行き来する漁船に便乗して移動したケース[40]や、南方澳に発達した漁業を当て込んで就労し、漁労を覚えたケース[41]もあった。五人の兄弟姉妹のうち、四人が南方澳で両親と暮らし、残りの一人が与那国島祖納で祖父母と暮らすというケース[42]もあった。一つの家族が南方澳と与那国島にまたがって成り立っていたのである。

南方澳は、植民地台湾と八重山をつなぐ出入り口であり、植民地台湾にわたってきた八重山の人たちが暮らす場でもあった。南方澳と八重山はひとつの生活圏として、海を挟んでつながっていたということもできるだろう。

太平洋戦争末期には、軍需物資の調達ルートとしても使われている。ゲリラ戦（遊撃戦）などを任務とする離島派遣残地工作員として与那国島に派遣されていた陸軍中野学校出身の宮島敏朗は、沖縄本島の戦況が悪化してきたことから、島内で遊撃戦を行うための体制を構築しようと試み、その一環で「武器弾薬および被服、食糧などを台湾軍から調達することにした」[43]。宮島は一九四五（昭和二十）年五月十二日夜に祖納を出港し、翌十三日早朝に南方澳に到着。そこから、さらに基隆に向かい、十四日には台湾軍（第一〇方面軍）司令部に到着している。その後、台湾軍で情報収集したり、遊撃戦に必要な武器などを調達したりしたあと、装備や食糧、医薬品などを積み込んだ三〇トンの輸送船で基隆を出港し、再び南方澳経由で与那国へ戻った。祖納に戻ったのは七月七日早朝だという[44]。

太平洋戦争は一九四五（昭和二十）年八月十五日に終わり、同年十月二十五日には、九月九日に南京で調印された投降文書に即して、台湾の行政権や軍事権などが中華民国に移管された[45]。

沖縄出身者を含む日本人たちは公式には基隆から引き揚げることになっていたが、私的にチャーターした船で故郷の島へ戻ろうとする人[46]もいて、そうした場合には南方澳が重要な送り出し港となった。この流れとは逆に、戦後しばらくの間は、台湾で漁業の仕事に就くために、八重山から南方澳へやってくる人[47]もいた。

そして、いわゆる「密貿易」である。米軍統治下に置かれた沖縄と中華民国の版図に入った台湾との間には国境線が引かれていたのに、人びとが行き交い、物資のやりとりを続けていたのだ[48]。

八月のツアーでは、私たちが台湾を去る最終日に南方澳を訪問した。南方澳が終戦後に引き揚げ港として重要な役割を果たしていたことを思うと、旅の最後の訪問地とすることがふさわしいと思えたからだ。

結びに

今回のツアーに参加した人たちは、自身が、または、年長の家族が植民地台湾を経験していたり、台湾と八重山のつながりに関心を寄せたりする人たちばかりである。そういう人たちであっても、八重山と植民地台湾の間にある交流の歴史をトータルに把握するのは難しい。台湾が日本の植民地支配を脱して六〇年以上が経過し、八重山の人たちにとって重要な存在であったはずの、植民地台湾との交流史が忘れられようとしている。植民地台湾を直接体験し、その体験を語ることができる人も少なくなってきた。

こうしたなか、与那国島の中学生が二〇一〇年十二月、台湾を訪問した。与那国中学校の三年生二一人が修学旅行で台湾に行ったのである。沖縄県内の公立中学校が修学旅行で海外へ行くのは初めてとあって話題になった。二〇一一年は二校ある町立の中学校がいずれも台湾へ修学旅行に行っており、「与那国から台湾へ修学旅行」という流れは年ごとに実績を積み重ねている。

台湾へ修学旅行に行った与那国の中学生たちは、台湾と八重山の間にある交流史をどのように学んでいくのだろうか。もちろん、最新の台湾、たとえば高層ビルの「101」を訪れてみるのもいい。台湾の今を見て、そこから、かつて活発だった交流の足取りに思いを寄せること。そのためには、豊かなイマジネーションが必要だ。中学生たちを島から送り出す大人たちが、島の人々が経験してきた植民地台湾での体験を伝え、中学生たちが修学旅行で台湾へ渡り、現在の台湾からかつての交流へとイマジネーションを働かせる――。

色あせつつある交流史が、むしろ豊かに彩られていくような期待を覚える。

付記

本稿の執筆に関する資料収集にあたっては、二〇〇八年度～二〇一〇年度日本学術振興会科学研究費補助金　基盤研究（C）「近・現代における八重山―台湾間の双方向的な人の移動と地域の変容」（課題番号20520696研究代表者　水田憲志）、トヨタ財団助成八重山―台湾関係を学ぶ教材開発プロジェクト（プロジェクトリーダー　松田良孝）の助成を受けた。

注

（1）与那国島久部良在住の女性、U氏（一九三五年生）の歌。

（2）http://tw.myblog.yahoo.com/sidneychu-wahaha/article?mid=1885&prev=1959&next=1809&l=f&fid=20。この歌については日本女子大学人間社会学部助教の西村一之氏の教示を受けた。

（3）本稿を執筆している二〇一二年二月現在、台湾の航空会社が五月から石垣―台北間で定期便を運航予定と報じられている。

（4）二〇一〇年に八重山を訪れた観光客は七二万五六三五人。沖縄県ホームページ（http://www3.pref.okinawa.jp/site/contents/attach/16899/yae-nyuiki-2010-annual.pdf）。二〇一一年九月九日閲覧。

（5）林発『沖縄パイン産業史』沖縄パイン産業史刊行会、一九八四年、二〇頁。

（6）前掲『沖縄パイン産業史』三七頁。

（7）国永美智子「戦後八重山的鳳梨産業與臺灣『女工』」（二〇一一年、台湾・淡江大学亜洲研究所碩士班碩士論文）二九頁によると、八重山のパイン生産は一九六二年以降、増加傾向にあり、一九六九年には五万七五七トンの原料生産高を記録。収穫面積は一六二二ヘクタールに達していた。

（8）前掲『沖縄パイン産業史』一頁。

（9）前掲「戦後八重山的鳳梨産業與臺灣『女工』」二八頁。

（10）前掲「戦後八重山的鳳梨産業與臺灣『女工』」四九頁。

（11）国勢調査によると、八重山の人口は二〇一〇年十月現在、五万二四二七人。総務省が公開している国勢調査の結果による。http://www.stat.go.jp/data/kokusei/2010/index.htm。二〇一一年九月十六日閲覧。

（12）松田良孝『八重山の台湾人』南山舎、二〇〇四年、一一〇―一一一頁。

（13）前掲『八重山の台湾人』一〇七―一一七頁。

（14）嵩田公民館記念誌編集委員会編『嵩田　五〇年のあゆみ』一九九六年、七八頁。

（15）ここでは、台湾出身の人たちと対比させる意味で「もともと八重山に住んでいる人たち」と表現した。八重山は移民社会であり、先祖代々八重山で暮らし続けている人ばかりでなく、宮古や沖縄本島など八重山以外の沖縄各地から移民してきた人たちや日本本土出身の人など、八重山の外からやってきた人たちが多数暮らしている。

（16）前掲『八重山の台湾人』二一〇―二一六頁。

（17）野入直美「生活史から見る沖縄・台湾間の双方向的移動」（蘭信三編著『日本帝国をめぐる人口移動の国際社会学』不二出版、二〇〇八年、五五九―五九二頁）。

（18）臺北市役所『臺北市政二〇年史』（一九四〇年）三三〇頁と台北當代藝術館の表示による。

（19）台北當代藝術館の表示による。

（20）石垣市字石垣出身の男性、I氏（一九三一年生）からのインタビュー。

（21）「殖民地在住者調」。沖縄県教育委員会編『沖縄県史　第七巻　各論編6　移民』（一九七四年）六八―六九頁。ここでいう八重山とは当時の石垣町、大浜村、竹富村、与那国村の四町村である。

（22）喜舎場永珣『石垣町誌』国書刊行会、一九七五年、四三二頁。

（23）水田憲志「沖縄県から台湾への移住　第二次世界大戦前における八重山郡出身者を中心として」（関西大学文学部地理学教室編『地理学の諸相――「実証」の地平』大明堂、一九九八年、三九四頁）。

（24）松田ヒロ子「沖縄県八重山地方から植民地下台湾への人の移動」（蘭信

三編『日本帝国をめぐる人口移動の国際社会学』不二出版、二〇〇八年、五三四頁）。

(25) 台湾総督府『台湾統治概要』（一九四五年）六四頁では「一万二四四七人」。「沖縄縣疏散來臺人民請遣送救濟案」（国史館台湾文献館蔵）に含まれる「沖縄県疎開者調」では「一万二九三九人」、一九四五（昭和二十）年十一月四日付で「台湾軍管区参謀長（台北）」が発した至急電報「台湾疎開沖縄県人帰還ノ件」（厚生労働省社会・援護局業務課調査資料室蔵）では「約一万人」とされている。

(26) 松田良孝『台湾疎開――「琉球難民」の一年一一カ月』南山舎、二〇一〇年、四九―五三頁。

(27) 大田静男『八重山の戦争』南山舎、一九九六年、二〇九頁、前掲『台湾疎開――「琉球難民」の一年一一カ月』一二頁。

(28) 行政院文化建設委員会文化資産總管理處籌備處ホームページ（http://www.hach.gov.tw/）で検索。二〇一一年九月十日閲覧。

(29) 沖縄の旧日本軍が組織的な戦闘を終結したとされる。六月二十二日とも言われる。沖縄県は条例によって六月二十三日を「慰霊の日」とし、県内では公休日となっている。

(30) 詹評仁『柚城寫真史話（上）』柚城文史采風社、二〇〇四年、八五頁。

(31) このように疎開地を移動することを「二次疎開」と呼ぶ。前掲『台湾疎開「琉球難民」の一年一一カ月』一一一―一三二頁。

(32) 安里積千代については安里積千代『一粒の麦――米軍施政下の四半世紀八十年の回顧』（民社党沖縄県連合会、一九八三年）と長女、宮良百恵氏からのインタビューによる。

(33) 前掲『台湾疎開「琉球難民」の一年一一カ月』二七六―二七七頁。

(34) 南西諸島を統治していた米軍は、その統治の初期、南西諸島を奄美、沖縄本島、宮古、八重山の四地区に分けており、八重山には八重山群島政府を置いていた。

(35) 蘇澳水産株式会社『蘇澳漁港』一九三五年、二一―二二頁。

(36) 前掲『蘇澳漁港』二一―二三頁。

(37) 台湾総督官房調査課編『施政四十年の台湾』伊藤憐之助、一九三五年、二六六頁。

(38) 台北州自動車協会編『台湾地誌』一九四〇年、四頁。

(39) 緒方武歳編集・発行『台湾年鑑　昭和十六年度版』台湾通信社、一九四〇年、二四八―二四九頁。

(40) 与那国島祖納出身の女性、Y氏（一九二八年生）へのインタビュー。

(41) 与那国島久部良出身の男性、O氏（一九二三年生）と与那国島祖納出身の男性、M氏（一九一八年生）へのインタビュー。

(42) 与那国島祖納出身の男性、M氏（一九三五年生）へのインタビュー。

(43) 宮島敏朗「離島派遣残滓工作員として――与那国島で訓導となる」（石垣市史編集室『市民の戦時・戦後体験記録　第二集』一九八四年、一四八頁）。

(44) 前掲「離島派遣残滓工作員として――与那国島で訓導となる」（前掲『市民の戦時・戦後体験記録　第二集』一四八―一四九頁）。

(45) 川島真他『日台関係史――一九四五―二〇〇八』東京大学出版会、二〇〇九年、二六頁。

(46) たとえば、竹富町小浜島出身の女性、T氏（一九一八年生）からのインタビュー。

(47) 与那国島久部良出身の男性、K氏（一九三一年生）と与那国島久部良出身の男性、N氏（一九三一年生）へのインタビュー。

(48) 南方澳在住の台湾人男性、K氏（一九二九年生）へのインタビュー。

与那国島の最西端に位置する西崎（いりざき）。台湾はここから西へ 111 キロ。
Photo by Yoshitaka Matsuda

与那国町の将来展望

【人口増加という課題】

外間守吉

●ほかま・しゅきち　一九四九年生。沖縄国際大学卒業。与那国町長。境界地域研究ネットワークJAPAN（JIBSN）代表。

与那国町は日本の最も西の端、その先の台湾までわずか一一一キロの一島一町の孤島である。離島県沖縄の中の離島のさらに離島という国内だけに目を向ければハンディーの固まりのような島で平成二十三年十二月末現在人口一六〇一人、二〇年後の推計人口は一三〇〇人台へと漸減することが予測されている。

戦前、漁業、農業を中心に、東洋一といわれた鰹節工場もある活力のある島として発展し、戦後、台湾との（密）貿易の中継基地として人、物、金が島に集まり昭和二十二年には約一万二〇〇〇人の人口を有するまでになった。しかし、その人口も戦後の動乱期を過ぎ国境線ができると同時に台湾との交易が困難になり、動脈が切れたように人、物、金の流れがストップし文字通り端っこの島となった。その後の島の衰退は言うまでもない。近年は三月の年度末には中学生の卒業後の進学や学校関係者の移動などにより一時的に一五〇〇人台にまで減少する混沌とした時代の中、五年後、一〇年後がどうなっているのか予測するのは難しいが、ただ、減少の一途を辿っている町の人口は、何の対策もとらなければ自治機能を維持していく上で必要な限界値に近づいていることは確実だ。

誤解を恐れずあえていうと、隣接する市町村と地続きの他の自治体とは違い、島一つを独立した自治体として維持していくにはそれなりの人口の規模が必要である。空港・港湾を中心とした交通、診療所を核とした医療・福祉、小学校・中学校を中心とした教育、公民館を核とした島独特の伝統文化・芸能、さとうきびを中心とした農業はある程度の生産規模がなければ維持できない。それらを全て島の中で独立して行わなければならないからである。

今、我々は島の将来展望というより島の生き残りをかけて必死に国、県そして町民へと島の内外へ働きかけている。

一括交付金の活用と国境離島振興法の制定

町の今後一〇年間の指針として島の将来像を描いたのが平成二十三年度から始まる「第四次与那国町総合計画」である。内容については紙面の都合上省くが（ホームページに掲載）、これまで策定してきた総合計画の反省のもと、できるところから小さな成功体験を生み出すチャレンジを行い、島の再生に向けて一歩を踏み出すことを目標とした。具体的には、人口問題については第三次計画では目標を三〇〇〇人としたが、今回は一〇年後の目標人口を一八〇〇人とし、そのために一〇〇人の雇用創出のためのドゥナンファンド（基金）を設立するなど様々な施策を予定している。

当計画では一〇年後のバラ色の計画というより、現実に対応した計画となっているが、それらを具現化していくためには人材、資金が必要で、とりわけ資金面については、従前の町予算枠ではなかなかとらえきれないものも多く、資金をどう調達していくのか課題であるが、平成二十四年度より沖縄県に、他県に先行して一括交付金制度が導入されることから、どのような形になるのかまだ未知数ではあるが、当制度をうまく活用できればと考えており、そのための体制作りを準備中である。

「国境離島振興法」という法律は実際はまだない。現在、沖縄振興、奄美振興、半島振興、北海道観光振興など条件不利地域への特別措置的な振興法がある。当町も沖縄振興法の下にある。しかし、どうしても既存の振興法ではピックアップできない、国境離島固有の様々な課題があり、それらを解決するために与那国には与那国にあった振興法があってもいいのではということで、国や国会議員と協力しながら法制度化へ向けて準備中である。

冒頭でも記したが、島の特性として、経済、文化、行政など全ての面においてこの島が中心から離れていること、面積、人口、市場などの規模が狭小であること、さらには、四面を海にかこまれていること、台風などの自然災害を受けやすく、農産物被害、空路、海路の欠航、それによる観光客キャンセルなど経済活動が外的環境により常に左右される負の要因があり、逆な面で言うと孤島であるがゆえに面積の割に固有種が多いなど特有な自然生態系があり、さらに、人的にも他との交流が少なかったため、独自の文化、歴史、風土が残っているなど優位な面もあり、加えて国境に面しているという特性があげられる。

それらをふまえ、領土、領海、ＥＥＺの保全のための「安全・治安の確保」「離島地域の保全」「定住促進のための産業振興」「海洋環境の保全」「国際交流」などをどう制度化し、これをどう具体化していくのかがこれからの課題でもある。

自衛隊誘致の意義

平成二十一年に当時の自民党政権下の浜田防衛大臣、翌年には民主党政権下の北澤防衛大臣が当町を直接訪れた。いずれも、平成十九年に町議会によって自衛隊誘致に関する議決がなされたことがきっかけとなっている。平成二十三年度は町民への説明会を二度実施し、一定の理解が得られたものと考えている。もちろん、沖縄という歴史的背景のもと反対の意見も数多くあるが、防衛上の問題には我々も協力していかなければならないと考える。

自衛隊誘致に関しては、議会議決に際し、防衛上の問題、経済の問題をめぐって様々な意見が表明されたが、私個人としては上述してきた問題である人口減少の歯止めの一つとなればとの思いが強い。レーダー監視所を中心とした一〇〇名規模の駐屯となる見込みだが、その家族等を含めると与那国町の人口規模でいえばかなり大きい。もちろん、これが人口減少問題の根本的解決策だとは思わないが、一方策であることは間違いない。

隣国台湾との交流

今年、当町は台湾花蓮市との姉妹都市締結三〇周年を迎える。それに向けた記念行事を計画中であり、花蓮空港と与那国空港を直接結ぶチャーター便を就航させ相互に交流する予定である。このように地理上も、歴史上も深い関係にある隣国台湾へは、これまでも様々なアプローチを仕掛けてきた。しかし、晴れた日には年に数回大陸的島影が望める近さにある台湾も政治上は遠い存在である。

我々は、島が困窮している打開策として「国境交流特区」を二〇〇五年、二〇〇六年に国に対して申請してきた。結果は残念ながらほぼ不可として退けられてきた。そのことから、作戦を変更しチャーター便を飛ばすなど台湾との直接交流の実績を重ねてきたのである。

与那国空港から飛行機に乗ると、決められた国際航空路上を飛び、少し遠回りをするが、それでもわずか数十分で台湾が見える。この近くて遠い国へ与那国島からいつでも自由に往来できるようにする。近い将来に日本の西の端の玄関口を目指す、この夢は必ず実現させる。そう決意しながら新年を迎えた。

「与那国・自立へのビジョン」断想

【「国境地域政策」の欠落】

上妻 毅

●こうづま・たけし　一九六三年東京都生。一九八九年、学習院大学法学部卒業。財団法人都市経済研究所常務理事。内閣府沖縄振興審議会専門委員、沖縄県振興審議会専門委員、竹富町海洋基本計画専門委員等。

はじめに

筆者が勤務する研究所では、二〇〇四年から二〇〇九年までの五年間、「島の自立」をめざした与那国町の取組みを支援した。小職自身、「与那国・自立へのビジョン」（以下、「自立ビジョン」）の策定と推進、「国境交流特区」の立案と具体化へのアプローチ、「全国都市再生モデル調査」「地方の元気再生事業」等々の地域活性化支援事業の導入などを担当しながら、特に、海を挟んで隣接する台湾との国境交流の推進を主眼に、各種プロジェクトに参画した。

コンサルと呼ばれる生業は因果なもので、種々の縁や行き掛かりから特定の地域と深い関わりを持つことが多い。筆者は島おこしの主体となる地元の人間でもなく、学術的な関心や意図から当該地域を調査研究の対象とする研究者でもない。気がつけば、与那国の、国境離島ゆえの問題・課題にあれこれコミットしていたというのが実際のところである。とは言え、一連の過程に関わり、国境地域へのそれなりの問題意識を、また、島への愛慕とでもいうような独り勝手な想いも深めた。

本稿は、「国境離島振興」の現場に立会い、島の自立プロジェクトに関与した一部外者の断想である。

「自立ビジョン」の原点

二〇〇五年の「自立ビジョン」の策定から六年余が経過した今、過去の取組み等を書き連ねることにどれほどの意味があるのか、不明である。だが、与那国町では、二〇〇四年十月に「一島一自治体としての自立」の道を選択して以降、このビジョンを軸に、島の存続と自立に向けた独自の取組みを重ねてきた。それは、平成の大合併や三位一体改革等々の荒波に揉まれながらの歩みでもあった。その積み重ねの上に与那国の現在があると見ても差し支えないだろう。

ここでは、「自立ビジョン」策定の趣旨とともに「国境離島のアイデンティティ表明」とも言える部分を取り上げ、その出発点における論点を整理したい。

「自立ビジョン」策定の契機となったのは、二〇〇四年六月に緊急開催された「与那国の将来を考える意見交換会」である。当時、八重山地域合併協議会に参加していた与那国町は、石垣市、竹富町と合併するか否か、最終局面での選択を迫られていた。そうした中、与那国出身で元沖縄県副知事の吉元政矩氏が招聘され、町長、歴代の町長経験者、町議会議長・議員等の有志が参集した会合がこの「意見交換会」である。但し、そこでは合併の是非について結論は出されていない。合意事項は、①合併については島民の総意をふまえて最終の意思決定を図ること（住民投票の実施へ）、②合併の有無にかかわらず与那国島としての将来ビジョンを構築すること（自立ビジョンの策定へ）の二点に集約される。国境の島の存続と自立に向けた、文字通りのキックオフ会議となった。

上述の合意をふまえ、財団法人都市経済研究所では、提言書「与那国の新しい将来像と自立へのビジョン――新しい島づくり・島興しへの骨太の方針」を作成、六月十七日、与那国町に提出した。当提言は、左記の三点を基本的視座としている。

①「一島一自治体」としての歩みに思いを致しつつ、人口減少、地域産業の活力低下、財政運営の逼迫など、直面する厳しい現実を直視し、与那国島の新しい将来像と自立へのビジョンを展望する。

②日本最西端に位置する孤島としての立地特性、陸域から海域に連なる自然・生態系や景観等の観光資源、島固有の歴史的・文化的資産等を「持続可能な発展」のための貴重な地域資源と捉え、次代への継承を図るとともに、自立的発展への方策を探る。

③「国境の島」としてわが国の国土・領海・経済水域等を守り、国境地域の平和的な安全保障に寄与している与那国を再評価するとともに、隣接する台湾や中国大陸との交流のフロン

◆国境の島としての与那国の再評価と政策導入

与那国から見た空域・海域の保全等の状況（防空識別圏問題を含む）、与那国島近海における国際情勢（軍事演習問題を含む）、与那国島により確保される排他的経済水域等、台湾との交流の歴史的経緯と実績、国境地域の衰退がもたらす国土・防衛上のリスク／危機、国境地域の離島定住者が担っている国益確保の役割

国策への問題提起：

国境離島の役割と拠点的重要性の再評価、国境地域定住支援等特別措置、その他

◆ 21 世紀与那国の新しい将来像と自立への戦略（案）

日本最西端の海洋交流拠点としての将来像：

八重山広域連合の拠点都市、台湾・中国大陸沿岸等との交流を担う新たな地域間交流の拠点（フロンティア）

国境型自由貿易実現に向けた戦略的方策：

構造改革特区 →自由交流圏 →自由貿易圏

ティア等、新たな地域間交流の拠点としてのあり方（与那国の新しい将来像）を提起する。

また、「今後の協議・検討に係る主要テーマと論点」を列挙した（上表参照）。

その後、与那国町が提起する「国境交流特区」構想はここを出発点としている。他方、国土、排他的経済水域の保全など国益の維持に果たしている役割、その一方での有人国境離島の恒常的な人口減少や地域社会衰退の実態、そして、国境地域に対する国の無策（国境地域政策の欠落）に焦点を当てている（これらの議論は、二〇〇八年以後の「自衛隊誘致問題」とも絡み合うことになる）。

以上のいきさつを経て、与那国町は二〇〇四年十月十六日、「合併についての意思を問う住民投票」を実施。中学生以上の全島民（有権者数一三七八人）を対象にした投票の結果を受け、「与那国町は合併せず、独自の自立をめざしていきます」（尾辻吉兼町長／当時）とする選択を行う。一方、「自立ビジョン」については、これに先立つ八月二十六日、「与那国・自立へのビジョン策定推進協議会」が立ち上げられる。計六回の協議会、テーマ別円卓会議、自治公民館を中心とする地区別会議、パブリックコメント等を経て、二〇〇五年三月八日、成案がまとまり、町長に答申した。以下、同ビジョンの「国境離島としてのアイデンティティ表明」に相当する部分を抜粋する。

ビジョン策定にあたっての基本認識

・今後益々加速するであろうボーダーレス化／グローバル化、また、全国的に推進される規制緩和の流れは、「辺境の島」から「交流の島」への転換を図る絶好の機会である。

・国境の島に自国民が居住・生活することは、国土を保全し、かつ、わが国の領土・領海・経済水域等を平和的に守る上で極めて重要であり、われわれ与那国町民はその役割を担っている。

・島は長年、その地理的特性から「島ちゃび」と呼ばれる離島苦に悩まされてきた。近年、状況は緩和されつつあるものの、医療、教育、物価、生活利便性など各面の地理的不利性は今も存在する。

・与那国島の住民が、日本国民としてふさわしい「安全・安心」と「持続可能な地域社会」を実現するためには、与那国島固有の条件や特性をふまえた、国による制度的措置が強く求められる。

ビジョン実現への三つの基本戦略

◆基本戦略Ⅰ：住民主体の自治・島おこし・まちづくり

アクション：「自治基本条例」の制定、「美ら島事業」等による産業おこし、人材育成

◆基本戦略Ⅱ：国境交流を通じた地域活性化と人づくり

アクション：「与那国特区」「自由往来」の実現
（与那国⇔台湾直行便、国境離島型開港）

◆基本戦略Ⅲ：ＩＴ／情報通信基盤の整備など定住条件向上と国土保全への政策支援強化

アクション：「光ケーブル」の敷設・活用
（新しい情報通信ネットワークの構築）

上記の基本認識、基本戦略等に基づき、「自立ビジョン」は実行過程に入っていく。うち、二〇〇五、二〇〇六両年の構造改革特区公募への「国境交流特区」の提案は、上記「基本戦略Ⅱ」を実行したものである。一方、「基本戦略Ⅲ」の光ケーブルについては、通信事業者の採算性判断などから今なお実現していない（国内光ケーブル敷設の西端は石垣島。竹富、与那国両町の有線通信回線はＡＤＳＬにとどまっている）。

「自立ビジョン」の原点検証として、最後に、与那国「自立・自治宣言」（一部抜粋）を記したい。ビジョンの根底にある、国境の島の思想を読み取っていただければ幸いである

一　私たちは、島興しと地域づくりの主体が一人一人の町民であることを確認し、二十一世紀の与那国が「自立」と「自治」の島として、さらなる発展を遂げるよう、ここ

に地域の総力を結集する新しい指針を明らかにする。

一　私たちは、「どぅなんちま」(与那国島のこと) の豊かな自然と暮らしを守り抜き、固有の文化を築き上げてきた先人に心から感謝の意を捧げ、その歴史に裏打ちされた知恵と自立・自治の精神をわれわれ一人一人が引き継いでいくことを誓う。

一　私たちは、国境地域の孤島であるが故の「離島苦(しまちゃび)」を克服するため、島の医療・福祉・教育等の基礎条件の向上や地域産業の振興に不可欠な「光ケーブル」の敷設など情報通信網の基盤整備をめざす。

一　私たちは、既に友好関係を深めている花蓮市をはじめとする台湾など、近隣・東アジア地域と一層の友好・交流を推進するとともに、相互発展の道を築き、国際社会の模範となる地域間交流特別区の実現に向け努力することを誓う。

一　私たちは、東アジアの平和維持と国土・海域の平和的保全等に与那国が果たしてきた役割への正当な評価のもとに、日本国民としての平穏な暮らしを実現しながら、平和な国境と近隣諸国との友好関係に寄与する「国境の島守」として生きることを誓う。

二〇〇五年四月五日　与那国町議会全会一致決議(決議第一号)

与那国「国境交流特区」構想とその挫折

二〇〇五年・二〇〇六年の両年、与那国町は、当時、政府が進めていた「構造改革特区」の認定を求め、与那国「国境交流特区」構想を提案した。

「官から民へ」、「国から地方へ」等を標榜した小泉改革の一環として登場した「構造改革特区」だが、振り返れば、そもそも税財政に関わる提案は取り扱わない、既存の法令には手を付けず、所管官庁が許容する範囲内で特例ないし適用除外を限定的に認めるに過ぎないなど、この「構造改革特区」なる制度そのものの限界、「羊頭狗肉」的な実態は改めて批判せざるを得ない。また、甚だ低い認定率(第七次特区では応募三一七件に対し認定件数一七件＝認定率五%)、某省からの内々の取り下げ要請など、特区申請にまつわる余談も少なくないが、ここでは限られた紙面の中、「国境交流特区」の趣旨と概略を紹介したい。

「国境交流特区」提案を通じて与那国島が求めたもの、それは、生きるための生活圏の回復だったと言える。その背景には、戦前から終戦後までの台湾との自由な往来、生活物資の交易、台湾での就学・就業を含む、台湾との生活圏の一体化のなかで与那国島が、常に四〇〇〇〜五〇〇〇名規模の人口を保っていたという過去の現実がある。

本特区構想の意義と本質については、大城肇琉球大学教授が的確な評価を与えている。以下、二〇〇五年の同教授コメントの一部を紹介する。

・与那国が求める国境交流は、生活圏を東の八重山圏から西の台湾東部圏に広げようという越境広域交流であり、島民ならびに八重山圏の住民生活水準の向上を図るものである。
・国境交流により、島の活力の回復、民間主導による自立的な地域づくりが可能となる。また、本県の二重構造である離島・過疎地域の振興、県土の均衡ある発展にも寄与する。
・台湾との平和的共存により、沖縄県が掲げるアジア・太平洋地域における平和交流拠点の一角を形成するフロンティア外交を目指すのが、与那国の国境交流特区構想でもある。
・国境交流による与那国の活性化は、沖縄の振興にとって有益であるのみならず、国土・海域の保全、東アジア地域との共生、外交・安全保障、観光立国政策等、日本の国益にとっても極めて重要である。

併せて、第一〇次特区応募（二〇〇六年）における提案理由書の一部を抜粋・掲載する。

「台湾からの訪日観光客は、目下、全国的な広がりを見せ、沖縄県においても一七万人超の入域が見られる。しかし、台湾に最も近接する与那国への直接入域客は目下〇人。こうした〝近くて遠い〟国境の現実により、本町は地域の活性化や経済活動に関わる様々なチャンスを逸するなど多大な不利益を蒙り、もはや〝疲弊した辺境〟となりつつある。（中略）かつて与那国島では、地理的条件や歴史から活力ある国境都市が形成された。今般、政府が推進する構造改革特区・地域再生は、地域が主体性を発揮し、その特性や独自の資源を活かした〝新しい自立〟の実現を促進するものと認識する。本構想は、海を介して与那国島に隣接し、二〇〇七年に姉妹都市締結二五周年を迎える台湾花蓮市との地域間交流／協力を中心に、地域存続に係る諸問題に直面する島の活性化、離島における安全・安心の確保、国境の国土を守る島民の生活・定住条件の向上、次代を担う国際的人材の育成、国境地域間の人的交流推進と平和・共生の構築を目指すものである。」

そして実際になされた提案と回答は以下の通りである。

「第七次構造改革特区提案」（主務官庁三省／三項目）

一　国境の離島における「開港」要件の緩和等（「国境離島型開港」）
　財務省回答：C（特区として対応不可）

二　国境の離島における短国際航海（与那国―花蓮間六〇海

里）の航行許可に関する要件緩和もしくは地域の実情をふまえた規制適用等

国土交通省回答：C（特区として対応不可）

三　台湾からの旅行者に対する査証免除

外務省回答：D―一（現行の規定で対応可能）

「第一〇次構造改革特区提案」（主務官庁七府省／一二項目）

一　国際防災協力特区

①国外の地方公共団体等との防災気象情報共有体制の構築

内閣府回答：D（現行規定により対応可能）

総務省回答：E（事実誤認／規制自体が存在しない等）

②海外支援物資の迅速な受入れ体制の構築

内閣府回答：D（現行規定により対応可能）

法務省回答：D（同上）

財務省回答：D（同上）

厚労省回答：D（同上）

農水省回答：D（同上）

二　国境交流支援・短国際航海安全航行促進特区（国境離島における短国際航海安全航行促進に資する地域の実情を踏まえた制度適用等の特例措置）

国交省回答：C（特区として対応不可）

三　どなん海人特区（与那国島を起点とした小型貨物船・貨客船等の短国際航海推進に資する特例措置）

国交省回答：D（現行規定により対応可能）

四　クリアランス船等受入れ促進特区

①非検疫港状態の与那国島でのクリアランス船等の入港に関する要件緩和

厚労省回答：C（特区として対応不可）

②不開港状態の与那国島でのクリアランス船等の入港促進と実績評価に係る特例措置

財務省回答：C（特区として対応不可）

五　期間限定トライアル開港（国境離島の振興等に資する期間限定・需要創出型トライアル開港）

財務省回答：C（特区として対応不可）

以上が与那国「国境交流特区」提案と国（主務官庁）の回答のあらましである。島の悲願も込めた提案の切実さ、認定への期待、種々の作業に注いだ労力など考えると、合計十数項目に及ぶ特区提案に対し一つの認定も得られなかったのは無念である。しかし、敢えて補足すれば、二度目の提案（第一〇次）では、初回の経験と結果をふまえ、攻め口を変えたアプローチを図った。すなわち、既存法令には手を付けず、主務官庁が許容する範囲内での限定的特例を認める程度が「構造改革特区」制度の実態であり限界ならば、「現行の規定でもできる」という承認を一つでも多く取り付ける。これが第一〇次特区提案で意図したところである。

故尾辻町長の宿願でもあった「開港」の問題に関しては、第七次では「国境離島型開港」として、島の実情に適う開港要件の緩和等を切々と訴えた。が、その結果は、まさに木で鼻をくくった回答（C：特区として対応不可）だった。そこで第一〇次では、当時、石垣港への過密な出入港が懸案となっていたクリアランス船問題（漁師操業の障害、海洋環境への悪影響、事故発生への懸念等）に着目し、当該外国船の与那国入港の取り扱いとともに、「不開港状態の与那国島でのクリアランス船等の入港促進に係る特例措置」を提起した。

財務省関税局の回答は、前回と同じCではあったが、「不開港とは（中略）税関長の許可を受けた場合を除くほか外国貿易船の出入港を原則禁止している港であるが、税関長から不開港出入の許可を受けることにより外国貿易船の出入港が可能となっている。さらに、税関において取締上支障がないと認める場合には、現行制度においても直接入港が可能であることから、クリアランス船側から具体的な出入港の要請があれば管轄する税関に相談いただきたい」とする回答を得た。「不開港の外国船出入は原則禁止」から踏み込み、取締上支障がない場合と限定しつつ「入港は可能」との見解を明言した点、「要請」に応じて「相談」を受け入れると明示した点は、実質的成果として注目できる。「与那国―台湾間の自由往来の復活」というそもそもの趣旨に立ち返れば、要は、この航路（六〇海里）を航行できる船さえ調達できれば、不開港扱いの与那国であっても、旅客も貨物も、往来は可能なのである。

本件は、いわゆるＣＩＱ（税関、出入国管理、検疫・植物防疫）体制の問題も伴っている。この点、与那国は、本特区提案の後に空路（チャーター機）による台湾直航を複数回実行し（①二〇〇七年十月姉妹都市二五周年事業、②二〇〇八年七月与那国―花蓮直行ツアー、③二〇〇九年二月社会実験・与那国―花蓮間直航事業）、既にＣＩＱ問題はクリアしている。

また、空路にとどまらず、二〇〇八年度には、国境地域間の船舶運航計画実施にあたってのＣＩＱ当局等との調整もクリアしている。奮闘したのは、当時、与那国町職員だった田里千代基氏である。台湾との直接交流を叶える交通手段の確保と相互往来は、田里氏の情熱と尽力があって実現し得たものであることも付言しておきたい。

その他、第一〇次提案では、「国際防災協力特区」、「どなん海人特区」で七項目のD回答、すなわち「現行規定により対応可能」とする公式回答を得た。「与那国町がやりたいなら、どうぞおやりください」という主務官庁の承認である。総括すれば、切望した「国境交流特区」の認定は得られなかったが、各種法令・規制の元締め（霞が関）のお墨付きとともに、与那国として「やれること」がある程度明確になったのも事実である。

「国境地域政策」の欠落

結びに代え、「国境地域政策」に関する雑感を綴って本稿を終えたい。

紹介した「自立ビジョン」と種々の取組みは、とどまることのない島民の減少、最果ての立地による物価高、その他、医療、教育、情報通信、輸送、物流など様々な側面の「離島苦」の克服をめざす試みでもあった。一方、「本来、国境地域は栄え得る場所ではないのか？」という問いかけとともに、かつて生活圏をも共有した台湾との交流の復活をめざす試みでもあった。事実、与那国が特に強く求めてきたのは「高等学校の設置」、そして、隣接のメリットを活かした「台湾との自由な往来」である。そこには、有人国境離島の存続という含意もあり、国に座視、傍観などさせてはならない課題が存在していた。

与那国が必要とした支援は何か。それは、①外洋離島の諸条件・諸状況に適う、地域振興への実効的支援、②国境地域に人が住み、諸活動が営まれていることの「国益としての意味」をふまえた定住への多角的支援である。もう一つ加えれば、③「交流」（国境交流）の促進とこれを支える「セキュリティ」確立のための条件整備がある。但し、それは国境地域の交流増大に必要な安全管理体制・機能等の強化であって、安直な国防増強論の類ではない。むしろ、今後の東アジア経済圏の進展も展望した、国策レベルの「国境地域戦略」として検討されるべきものかも知れない。

以前、外間守吉町長が掲げていた公約、「東アジア経済圏の拠点として自立する与那国島の確立」にも明らかなように、周囲三〇キロメートルに満たない小さな島ながら、与那国は将来の東アジア共同体の一角を構成するという思いで国境交流事業に取り組んできた。その一環で、「国境交流」と「セキュリティ」を両立させ、立地特性を発揮し、国境の島を活性化する。これは現実に即した具体的な要件であり目標であって、絵空事ではない。こうした課題に応え得る「国境地域政策」を与那国は必要とした。言い換えれば、自立ビジョン、国境交流特区等を通じて、与那国は、この国の「国境地域政策の欠落」を照射したのである。

「国土計画」なるものがある。折しも与那国がビジョンを策定した二〇〇五年は、国土総合開発法が改正され、従来の「国土総合開発計画」に代わる「国土形成計画」の策定が決定した年でもある。その後、二〇〇七年に中間報告、二〇〇八年七月に閣議決定をされた。しかし、この計画にしても、国境の島の実情や切実な課題、あるいは国境の立地を活かそうとする与那国の種々の取組みや新たな展望に、果たして目を向けたことはあっただろうか。関連計画の中身も含めて検証が必要だろう。ちなみに「地理的、自然的、社会的条件の厳しい地域への対応」という項目（第二部第一章第五節）では、従前同様、離島、豪雪地帯、山村、半島、過疎地域が取り上げられている。他方、「東アジアとの直接交流の促進に向けた施策」（第二部第四章第一節）では、交流圏の形成、物流や情報のネットワークなどが記されている。しかし、百数十頁に及ぶ計画の中、国の際（きわ）にある国境地域の特殊性、あるいは、隣国との交流や往来のフロントに位置する国境地域の重要性・可能性に関する言及は見当たらない。「与那国島を含む条件不利地域については、過疎地域特別措置法などそれなりの手当てもある」と言う役人もいた。しかし、国境地域が顕著に過疎化している現実への危機感、憂慮はおろか、いささかの問題意識も窺えなかった。

与那国に限らず、疲弊する国境地域からの問題提起を受け止めることもなく、関心すら持たぬ計画。これを国土計画と呼ぶべきだろうか。国土形成計画なる呼称はあっても、そこに、あるべき国土政策はない。

与那国にとってはほとんど意味のない国土計画はさておき、この国には国境地域の諸課題に対応する何らかの政策なり指針はあるのか、筆者は寡聞にして知らない。むしろ、隣国との領土問題には後追い的対処を重ねる一方、長期にわたって衰退傾向にある国境地域の振興については、国としての総合的な政策も、指針も、体制もないように見える。

与那国島の人口減少は今も進行中である（**与那国島の人口推移**参照）。終戦後、復興貿易が盛んだった時期（いわゆる密貿易時代）の滞在人口は一万二〇〇〇人超と言われる。その後、戦後初の国勢調査が行われた一九五〇（昭和二十五）年の住民総数は六一五八。以降、人口は減少に減少を重ね、二〇〇九年には統計史上初めて一五〇〇人台となる。二〇一〇年三月末の住民登録数は一五六一、世帯数七六六。復帰後に限定しても、国は国境離島の人口流出を放置し、何の政策も講じることはなかったのである。

実際、与那国ならびに同様の諸条件にある外海離島では、医療も出産も、流通も物価も、生産者の出荷も、高等教育機会とそれに伴う家族の負担も、あらゆる面で島民の苦労、負担は絶えない。それを承知で住み続けられる者、住み続ける意思のある者だけが残るほかないと見る向きもあるだろう。しかし、離島苦の中で生活を営む住民が存在することによって、国土も国境も、あるいは海域も、安定して守られている現実がある。そうした国境地域に住まい、暮らしている島民を対象に、国益の観点も含めて定住支援策を講じることは政府が担うべき仕事ではないのか。そして、それは自衛隊に委ねるべき筋のものか、改めて問うべきである。

今、与那国は、自衛隊の「誘致」をめぐって賛否双方の署名活動が激しく行われるなど、島内が二分される不幸な様相を呈している。しかし、この問題の本質に、戦後とどまることなく続いてきた国境離島の人口減少、これに伴う地域活力の衰退があり、他方、国がこれを放置してきたという実態があることを忘れてはならない。

与那国島の人口推移
（1920 年～ 2010 年／国勢調査ベース）

与那国町	人口および世帯数				
	総　数	男	女	世帯数	
1920（大正9年）　国調	3,802	1,971	1,831	729	与那国村
1925（大正14年）　国調	4,174	2,139	2,035	844	与那国村
1930（昭和5年）　国調	4,462	2,261	2,201	911	与那国村
1935（昭和10年）　国調	4,609	2,264	2,345	940	与那国村
1940（昭和15年）　国調	4,580	2,268	2,312	910	与那国村
昭和22年12月1日　与那国町に昇格					いわゆる「密貿易」時代 滞在人口：約12,000人（約20,000とも言われる）
1950（昭和25年）　国調	6,158	2,907	3,251	1,248	
1955（昭和30年）　国調	5,259	2,622	2,637	984	
1960（昭和35年）　国調	4,701	2,374	2,327	892	
1965（昭和40年）　国調	3,671	1,840	1,831	733	
1970（昭和45年）　国調	2,913	1,484	1,429	670	1972年　沖縄復帰
1975（昭和50年）　国調	2,155	1,076	1,079	583	
1980（昭和55年）　国調	2,119	1,063	1,056	669	
1985（昭和60年）　国調	2,054	1,078	976	706	
1990（平成2年）　国調	1,833	925	908	667	平成へ 住民2,000名を切る
1995（平成7年）　国調	1,801	911	890	674	
2000（平成12年）　国調	1,852	957	895	718	
2005（平成17年）　国調	1,796	939	857	802	
2010年3月31日 住民登録人口	1,561	795	766	766	2009年 戦後（史上）初めて人口1,500人台に
2010（平成22年）　国調	1,657	841	816	713	

同時に、与那国は「国を守る」という意味の多義性をわれわれに開示している。多少なりとも現場の実態等を知る者として、南西諸島の自衛隊配備に関しては佐道明広中京大学教授の論旨に共鳴するが、他方、大上段から「国を守れ」、「陸自駐留で国境の島を防衛すべし」という主張なり見解もあるだろう。しかし、国防のみが「国を守る」ことなのか。現場の住民の暮らしを支えることも「国を守る」具体的な方策、あるべき政策ではないのか。

自衛隊誘致活動に賛成の署名をした島民の過半は、これによる「島の活性化」に期待した。他方、現町長は、町としての自衛隊誘致を「苦渋の決断」とも述べた。では、自衛隊の誘致により期待される「島の活性化」とは何か。自衛隊駐留に伴う用地の貸付ないし売却等で直接収益を得る特定の者は別として、防衛施設周辺整備事業、交付金、配属隊員による消費等を見込んでの「島の活性化」と思われる。但し、当該事業や交付金を根拠づける「防衛施設周辺の生活環境の整備等に関する法律」のそもそもの趣旨は、「自衛隊等の行為又は防衛施設の設置若しくは運用により生ずる障害の防止等のため防衛施設周辺地域の生活環境等の整備について必要な措置」、つまり、自衛隊の駐留等に伴う障害の防止、有り体に言えば「迷惑の見返り」であって、地域活性化を本旨とするものではない。ちなみに「特定防衛施設周辺整備調整交付金」といった特別メニューもあるが、現行規定では、①ジェット機が離着陸する飛行場、②砲撃又は航空機による射爆撃が実施される演習場、③港湾、④大規模な弾薬庫等のうち、「その設置又は運用がその周辺地域における生活環境又はその周辺地域の開発に及ぼす影響の程度及び範囲その他の事情を考慮し、当該周辺地域を管轄する市町村がその区域内において行う公共用の施設の整備又はその他の生活環境の改善若しくは開発の円滑な実施に寄与する事業について特に配慮する必要があると認められる」ものを「特定防衛施設」としている。当然と言えば当然だが、「負の影響」が大きいと認められなければ「多額の見返り」は得られないのである。

与那国にとって、この「見返り」の最大化を追求することが、果たして島の自立への道、プロセスなのか。首長、議会だけでなく、今後、すべての島民に論議、判断が委ねられる重大な問題となるだろう。他方、省設置法を含めて法改正でも図らぬ限り、自衛隊が「島の活性化」を本分ないしミッションとすることは有り得ない。

与那国が必要としているのは、離島苦の条件下で暮らしている住民に照準を合わせた定住支援と国境の立地をふまえた地域の活性化である。そして、それが国を守り、国益を維持する施策でもあることは明らかである。また、国境離島の振興に必要な具体策もより明確なものとなっている。これを自衛隊の「誘致」に求めるしかないとすれば、その現実こそ問題である。

その意味でも、島嶼防衛、南西諸島の国防増強論、その延長線の部隊配置をめぐる動向ばかりがクローズアップされる今般の状況は、あるべき「国境地域政策」の本質を見落としかねない危うさを抱えている。国境の現場の課題、切実なニーズに応え得る国境地域振興の新たな枠組み、然るべき政策、具体的な措置についての真摯な検討が求められる。

七〇〇〇近い有人・無人の島々からなる島嶼国日本を一つの身体と見なせば、与那国島は、足の小指の第一関節より小さい存在だろう。だが、末端は全身にも影響を及ぼす。国の際（きわ）の状態・機能は良好か、何らかの手当てが必要な状態か。「有事」にはかまびすしいマスコミに囲まれながら、日常のなかで、国民が国の隅々にも多少なりとも意識を及ぼすことができるか。種々持ち越しである。

南西諸島における自衛隊配備問題

佐道明広

●さどう・あきひろ　一九五八年生。中京大学総合政策学部教授。博士（政治学）。著書に『戦後日本の防衛と政治』『戦後政治と自衛隊』、近著に『改革政治の混迷　現代日本政治史　五巻』（以上、吉川弘文館）など。

はじめに

最近、南西諸島での自衛隊配備増強計画が進んでいる。もともと沖縄本島には陸海空自衛隊が配備されているが、それを増強するとともに、新たにこれまで配備されていなかった「空白地域」に自衛隊の基地を置こうという動きである。もともと沖縄は、日本全体の七四・二％に及ぶ米軍基地が集中している地域である。米軍再編および沖縄の基地負担軽減で米軍基地が整理統合される中で、今回の自衛隊配備増強は進められている。これは経済発展を背景に、軍事力を大幅に増強している中国の脅威と、削減される米軍による「抑止力」を自衛隊によって補おうという考えで推進されている。一部の本土メディアを中心とした先島への自衛隊配備賛成論も、中国脅威論を背景とした安全保障問題からの議論である。

一方で、日本の最西端に位置し、現実の自衛隊配備問題で揺れる与那国島では、自衛隊誘致で活動する島民の多くが自衛隊配備で得られる経済的利益に期待している。それに反対する住民も多く、自衛隊配備問題の進展によって島内が二分されてしまう状況となっている。すなわちこの問題は、安全保障上だけではなく、地域経済振興問題とも結びつく問題となっているわけである。つまり、本土の人々には安全保障の側面だけで見られがちなこの問題は、実は地域振興や地域社会の在り方そのものにも目を配って考えなければならない課題となっているのである。

　そこで小論では、南西諸島自衛隊配備問題の背景や内容を検討しつつ、特に与那国島の問題を中心に、この問題の影響や今後について展望することにしたい。まず、自衛隊配備問題の背景となっている中国の軍事的脅威について分析し、ついで自衛隊の配備について検討する。そのうえで、自衛隊配備問題が地域振興問題と結びついている側面を、主として与那国の事例で検討することとしたい。ではまず中国の問題から見ていこう。

中国の軍事的脅威とは

　南西諸島の防衛力強化は、前述のように中国の軍事力増強を背景としている。すでに二〇〇四年の前防衛大綱で「この地域の安全保障に大きな影響力を有する中国は、核・ミサイル戦力や海・空軍力の近代化を推進するとともに、海洋における活動範囲の拡大などを図っており、このような動向には今後も注目していく必要がある」と書かれていた[1]。

　日本の防衛力は、冷戦時代にはソ連に対応して北方重視であったのが、今度は対中国ということで南方重視となったわけである。とくに多くの島嶼から形成される沖縄には、在日米軍が多く展開しているが、自衛隊は本島に陸上自衛隊第一混成団や航空機を中心とした海空自衛隊が置かれているものの、宮古・八重山地域には、宮古島の航空自衛隊のレーダー基地がある程度であった。多数の島々からなる地域が、これまで「防衛空白地帯」となっていたわけで、中国脅威論を背景に、前述の防衛大綱でも「島嶼部に対する侵略に対しては、部隊を機動的に輸送・展開し、迅速に対応するものとし、実効的な対処能力を備えた体制を保持する」と書かれていた。そして二〇一〇年の新防衛大綱では、「自衛隊配備の空白地域となっている島嶼部について、必要最小限の部隊を新たに配置するとともに、部隊が活動を行う際の拠点、機動力、輸送能力及び実効的な対処能力を整備することにより、島嶼部への攻撃に対する対応や周辺海空域の安全確保に関する能力を強化する」と、さらに進んで島嶼防衛の強化がうたわれていた[2]。

　こうして陸上自衛隊第一混成団が約三〇〇名増強されて第一五旅団に昇格し、今まで自衛隊基地がなかった与那国島に陸上自衛隊の沿岸監視部隊（一〇〇名程度）を置く方向となり、基地用地買収費用などが予算計上されている[3]。さらに、石垣島、宮古島には普通科部隊を置く方向で検討されているという[4]。

　たしかに中国の軍事力増強は著しい。国防費だけを見ても別掲の表のように、拡大する経済力を背景として年率一〇％を超える増強ぶりである。

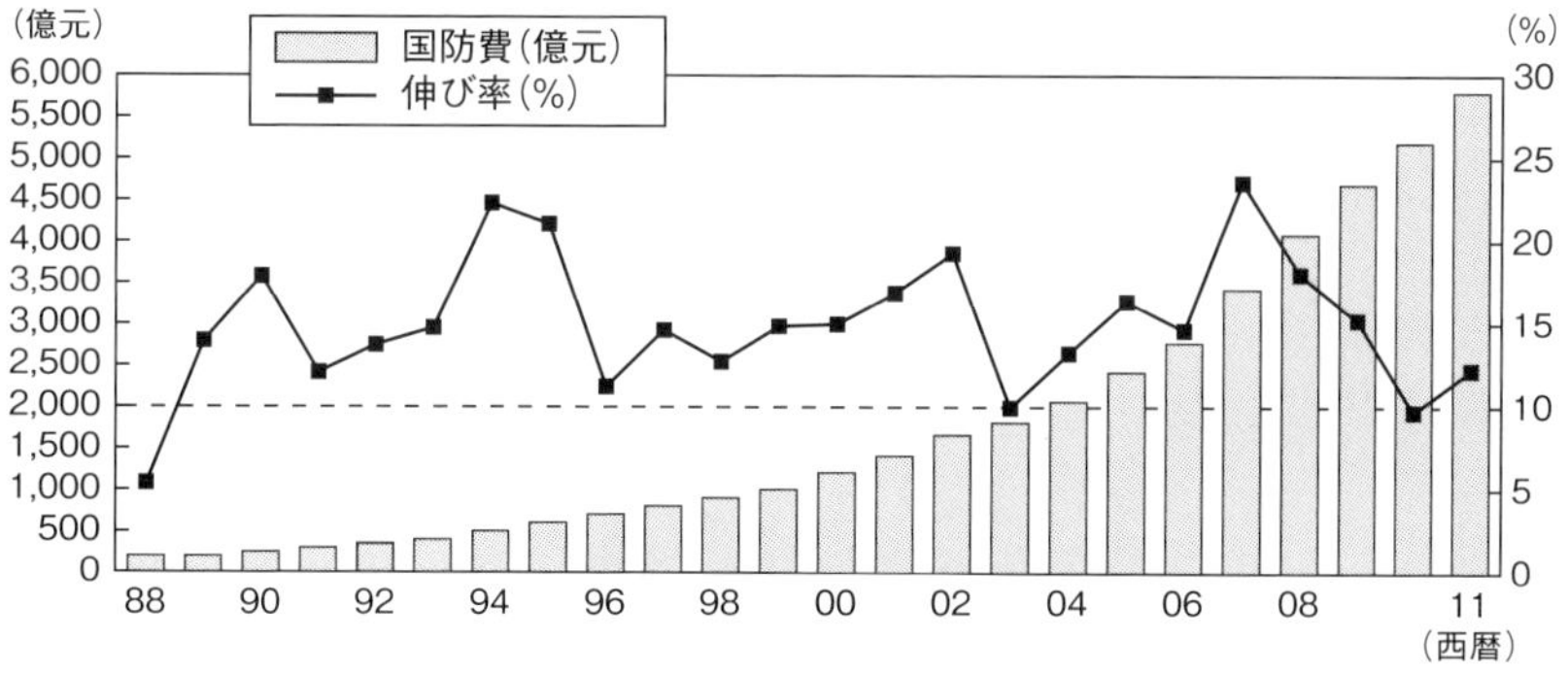

中国の公表国防費の推移
『防衛白書平成 23 年度版』

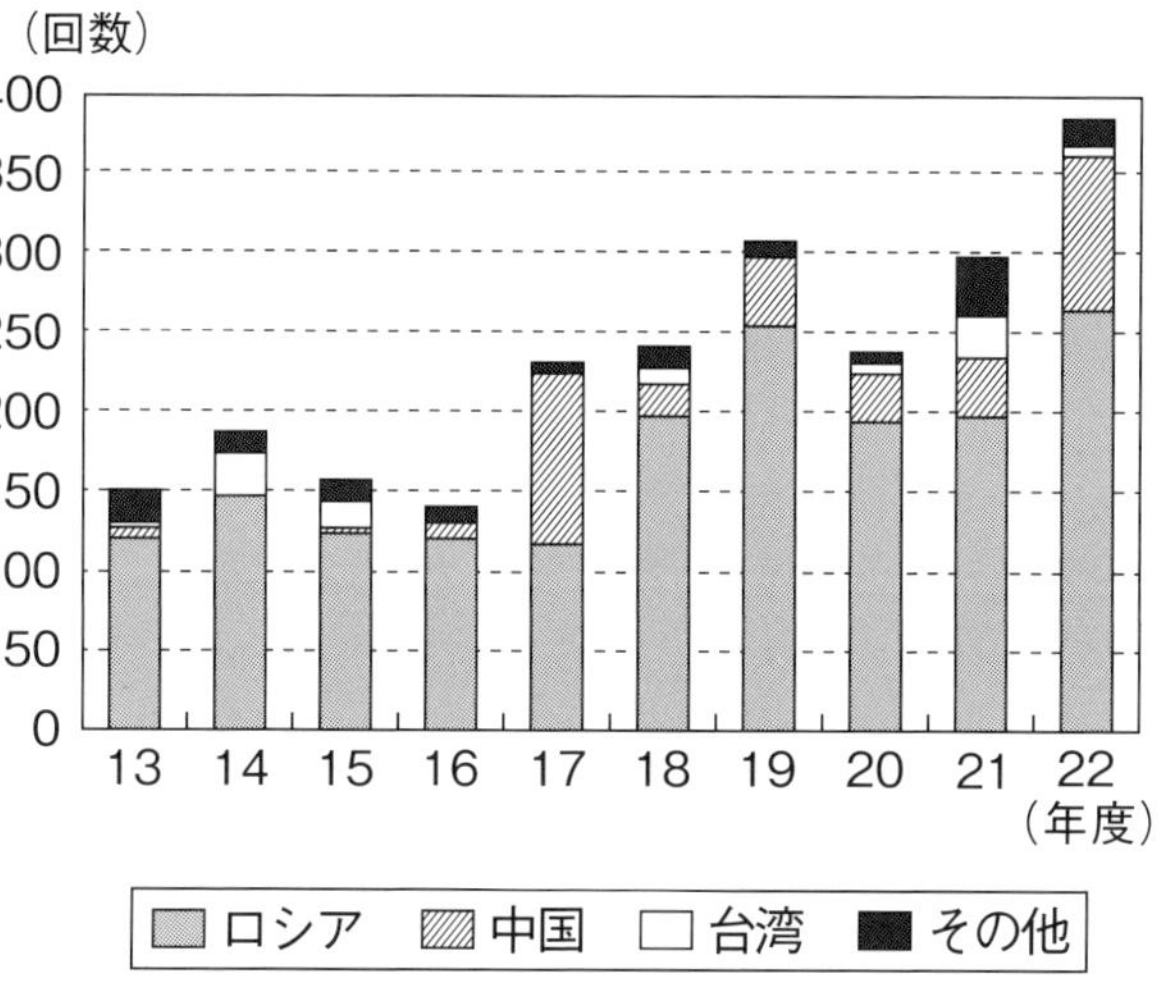

領空侵犯時のスクランブル回数（国別）

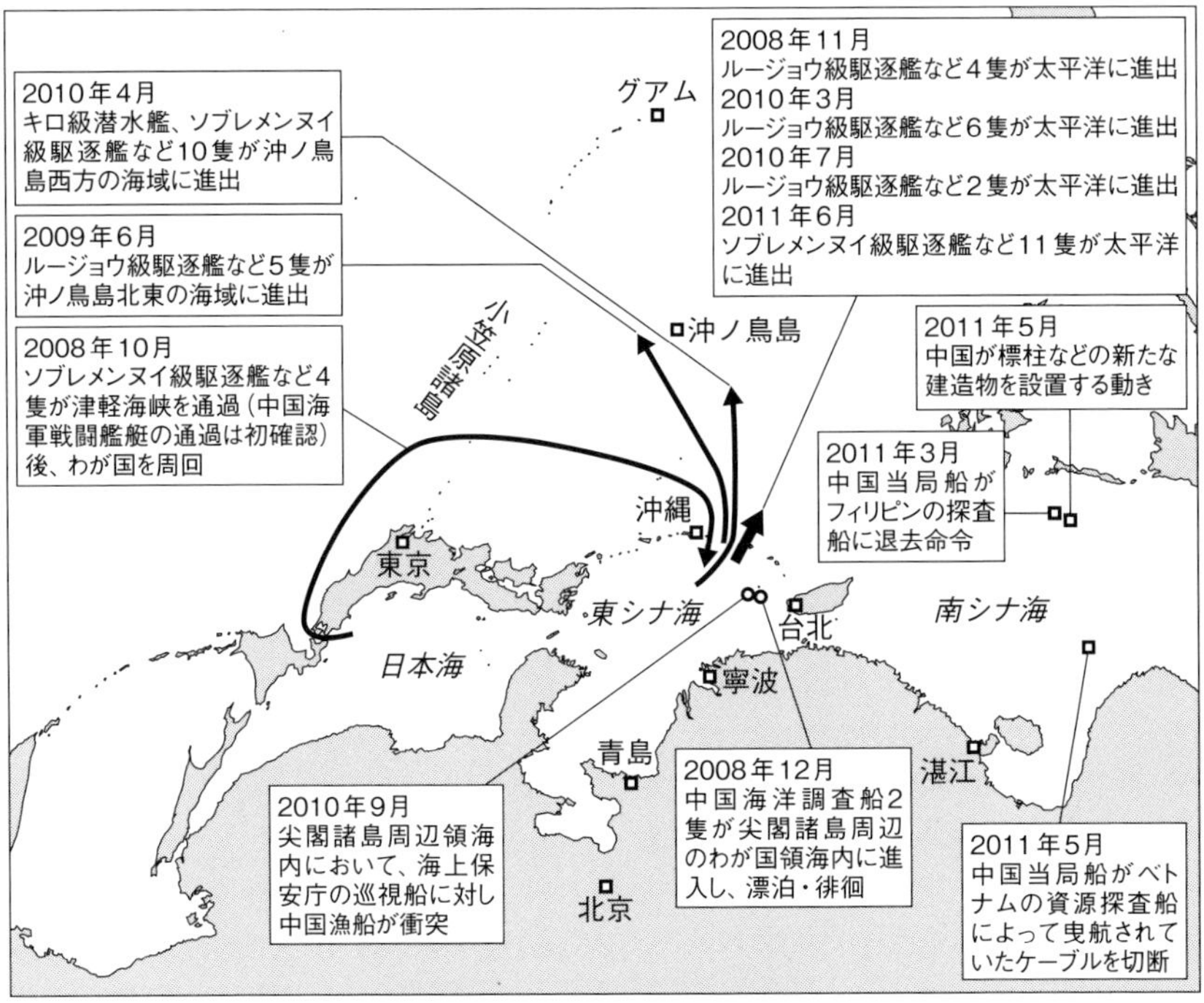
2010年4月
キロ級潜水艦、ソブレメンヌイ級駆逐艦など10隻が沖ノ鳥島西方の海域に進出
2009年6月
ルージョウ級駆逐艦など5隻が沖ノ鳥島北東の海域に進出
2008年10月
ソブレメンヌイ級駆逐艦など4隻が津軽海峡を通過（中国海軍戦闘艦艇の通過は初確認）後、わが国を周回
2008年11月
ルージョウ級駆逐艦など4隻が太平洋に進出
2010年3月
ルージョウ級駆逐艦など6隻が太平洋に進出
2010年7月
ルージョウ級駆逐艦など2隻が太平洋に進出
2011年6月
ソブレメンヌイ級駆逐艦など11隻が太平洋に進出
グアム
小笠原諸島
沖ノ鳥島
2011年5月
中国が標柱などの新たな建造物を設置する動き
2011年3月
中国当局船がフィリピンの探査船に退去命令
沖縄
東京
東シナ海
台北
南シナ海
日本海
寧波
青島
湛江
北京
2010年9月
尖閣諸島周辺領海内において、海上保安庁の巡視船に対し中国漁船が衝突
2008年12月
中国海洋調査船2隻が尖閣諸島周辺のわが国領海内に進入し、漂泊・徘徊
2011年5月
中国当局船がベトナムの資源探査船によって曳航されていたケーブルを切断

日本近海における中国軍の動向
『防衛白書平成23年度版』

しかも、中国の国防費は公表されていない部分が多く、実質的には公表分の二倍以上あると推定されている。こうした国防費の増大を背景に中国は軍事力の近代化に努めているだけでなく、積極的な活動も注目されている。たとえば、領空侵犯時のスクランブル回数は表のようになっている。

中国機の侵犯が増加しているのがわかる。また、海軍艦艇の動きも図のように活発である。

こうした中国の活動は、二〇一〇年の尖閣列島での漁船衝突問題にも見られたように、強引なものが多く、それが中国の脅威感を一層増幅させている。中国のこうした活動の背景には、成長する経済を支えるための資源獲得要求があり、そのため日本だけでなく東南アジア各国とも軋轢をおこしている。中国は軍事力増強を、自らの自衛のためと説明するが、それを信じる国はないのが現状である。それではこうした動きをしている中国に対し、現在の南西諸島への自衛隊配備計画は妥当なものといえるのだろうか。

南西諸島への配備計画は妥当か

前述のような中国の軍事力増強に対して計画されているのが陸上自衛隊の与那国、そして石垣や宮古への配備計画である。一見すると、無防備だった国境地域に防衛力を配備するということであり、国境防衛への強い意志を示すものとして評価すべきものと思える。中国脅威論を唱える論者の多くが、この視点で与那国などへの陸上自衛隊配備に賛成している。だが果たしてそうであろうか。

重要な点は、中国の軍事力増強が海軍と空軍の近代化を中心としている点である。これは資源獲得を念頭にした勢力圏拡大を図る中国の動きからすると当然であろう[5]。新しい防衛大綱でも次のように書かれている。

「中国は国防費を継続的に増加し、核・ミサイル戦力や海・空軍を中心とした軍事力の広範かつ急速な近代化を進め、戦力を遠方に投射する能力の強化に取り組んでいるほか、周辺海域において活動を拡大・活発化させており、このような動向は、中国の軍事や安全保障に関する透明性の不足とあいまって、地域・国際社会の懸念事項となっている[6]。」

最近注目を集めた中国の空母や、原子力潜水艦の増強、ソブレメンヌイ級ミサイル駆逐艦、さらに最新鋭のステルス戦闘機など、海空戦力の近代化、増強ぶりは著しい。それに対応するのに、なぜ陸上自衛隊なのだろうか。本来、海空戦力を増強している相手を脅威とするなら、同様に海空戦力の増強をもって対応すべきであろう。最新の航空機やミサイル駆逐艦を相手に、陸上自衛隊がどの程度対応できるのか疑問である。防衛白書などをみると、島嶼防衛について陸海空の統合運用が想定されており、陸上自衛隊も対艦攻撃用ミサイルの装備などが計画されている。ということは、そこで考えられているのは第二次大戦のときのサイパンや硫黄島、そして沖縄戦のような離島防衛作戦ということになる。しかし、住民がいたまま行われる防衛戦がどのような悲惨な状況を招くか、一番よく知っているのが沖縄の人々であろう。基地がおかれることでかえって攻撃の対象となることを恐れる人は多い。

そもそも、島嶼防衛といった場合、どこが想定されているのであろうか。自衛隊配備が具体化しつつある与那国や、検討されている石垣、宮古といった島々に、直接侵攻あるいはゲリラなどが侵入することが想定されているのだろうか。だとしたら、明確に日本領土であるそれらの地域に軍事侵攻することは、日米安保体制の下で米軍との交戦を想定しておかなければならない。その危険を冒してまであえてそういった島嶼に侵攻する可能性は、いくら中国の軍事力が増強されていても考えにくい。むしろ、鳩山政権時代以来の民主党の外交政策で日米関係が揺らいでいることのほうが問題であろう。

ただ、尖閣列島の場合は事情が異なる。日本が実効支配しているといってもかなり不安定である。よく言われることであるが、中国の漁船（あるいは偽装漁船）が遭難したと言って尖閣列島に上陸し、それを足がかりに拠点化を強引に進めるといった可能性は否定できない。ではその時にどうするのか。中国軍との交戦を覚悟していきなり石垣か宮古に置いた自衛隊を使うのだろうか。そこまで政府の覚悟はできているのだろうか。尖閣列島の問題は慎重な考慮を要するし、今からいくつものシナリオを想定して準備しておかなければならないが、そのうえでの配備計画なのだろうか。

国境警備といっても、長大な海岸線と多数の離島を持つ日本が、すべてに兵員を配備するのは不可能である。しかも、防衛予算は年々削減傾向であり、人員も減少している。先島に強引とも思えるやり方で陸上自衛隊配備を進めるのは、九〇年代以降ずっと削減の主たる対象となっていた陸上自衛隊の生き残り策ではないかと考えるのは無理な推論だろうか。

繰り返しになるが、海空戦力には海空戦力の増強を以ってあたるべきであろう。その意味で、筆者は海上自衛隊と航空自衛隊の増強に賛成である。離島侵攻作戦の可能性を考えても、制海権と制空権がないところで侵攻しても維持できないし、制海権・制空権があれば取り戻すことは可能である。海上保安庁も含めた総合的なシーパワーの増強によってこの地域の安全保障を考えたほうがいいのではないだろうか。安易な陸上自衛隊の配備は、予算に制限がある中で効果的な方法とは思えないし、これから述べるように、与那国島ではそれが深刻な問題を引き起こしているのである。

与那国への自衛隊配備をめぐって

五一四対五三五。これが与那国の現在の状況を表す数字である。何の数字かというと、前者が自衛隊誘致賛成の署名数、後者が反対の署名数である。人口約一六〇〇人の島が二分されている状況をよく示している。与那国島で、自衛隊誘致論は以前からも存在した。しかし、問題が本格的に動き始めたのは二〇〇八年に誘致を求める署名が集められ、町議会で誘致決議が行われてからである。島民の要請、議会決議という、いかにも民主主義的手続きを踏んだ与那国島自身による自衛隊誘致活動によって、自衛隊配備は急速に現実化に向けて動き出したのである。

島を挙げて自衛隊を誘致しているかに見える与那国島は厳しい離島苦の中にある。かつては台湾との密貿易で栄え、人口も一万人を超えていたが、現在は約一六〇〇人足らず。新年度になると高校に上がる子供が島を離れ、家族も共に島を後にすることもあって人口減は毎年続いている。自衛隊配備で人口減にも歯止めがかかり、経済振興の予算も付いてくる。グラウンドの整備やその他の整備も約束されて、沈滞していた島の経済の活性化も期待される。こうした思いで島の多くの人々は誘致署名を行ったという(7)。つまり、自衛隊誘致は日本の安全保障というより、島の経済振興を大いに期待してのものだったのである。特に、減少し続ける人口を懸念して、自衛隊員が来ることによる人口増加に期待する人は多い。もちろん、島民の中にも純粋に防衛上の考慮で誘致活動を行った人もいるだろうが、多くは島の活性化が目的である。

たしかに、基地周辺対策費やいくつかの交付金、基地建設に関する費用など、短期的に経済的メリットがあることは間違いない。基地関係の交付金は、与那国町規模の自治体にとっては決して少額ではない。自衛隊員およびその家族が消費するお金もある。しかし、基地建設当時のお金がそのまま永続するわけではないし、交付金で島が必要な支出がすべて賄えるわけではない。また、転勤族である自衛隊員家族が島に定着するわけではなく、一〇〇人程度という一定規模の人員が固定して存在するに過ぎない。自衛隊配備は人口減少を食い止める手段にはなりえない。それは、陸海空自衛隊の基地が存在する長崎県対馬で、一九六〇年に約七万人であった人口が現在は約三万五〇〇〇人と半減している事実が証明している。対馬だけではない。今回配備が計画されている沿岸監視部隊は、北海道の礼文島に駐屯する部隊がモデルとされる。その礼文島では一九七〇年の七五三五人が二〇一〇年には三〇七八人へと半分以下に人口は減少している。[8] 自衛隊配備は過疎対策にはなりえないし、自衛隊自体は何ら生産活動を行わないわけで、そもそも地域振興のための組織ではないのである。

よく知られているように、平成の大合併期に石垣市、竹富町との合併を住民投票の結果拒否した与那国は、台湾との交流に活路を見出すべく独自に自立計画を策定した。献身的な担当者の努力もあり、島内外の支援の輪も広がることで、当初はその実現性を疑っていた周辺も驚くほど台湾との交流の実績を挙げつつあった。[9] 与那国の自立構想については別に紹介があるのでここでは詳しく述べる必要はないだろう。

重要なことは、同じ八重山地域の石垣市や竹富町も台湾交流に本格的に乗り出し、県も支援する姿勢を見せていた時期に起こったのが自衛隊配備問題だったということである。与那国町長自身は台湾交流をやめていないと語っているが、これまでの与那国の活動からすると、明らかな後退がみられる。台湾側から見ても、人口一六〇〇人の与那国単独ではなく、人口六万人に及ぶ石垣・竹富との交流に魅力を感じるのは自然である。また、明らかに台湾海峡を監視するとしか思えない部隊が、これまで基地が存在しなかった与那国に配備されることは、交流相手に負のメッセージを送ることになる。そもそも、中国海軍や空軍の動向監視ということであれば、先の図のように、本島と宮古島の間を活発に往来しているわけで、与那国は方向違いであろう。むしろ宮古島のレーダーサイトの強化が図られるべきである。こうした基地の建設によって、拡大の可能性を見せる台湾交流の中で与那国が埋没することを真剣に懸念する島民は多い。そうなれば与那国が取り組んできた経済振興の柱が失われ、やがて与那国は、自衛隊基地は存在するが島民は住んでいない島になってしまう恐れもある。かつて人が住んでいた尖閣諸島が無人となったことでどのような事態が生じているか、安全保障の観点からも懸念される。

二〇一一年七月十七、十八日に与那国を訪れた民主党岡田幹事長に対し、自衛隊誘致反対を唱える島民の発言が相次ぎ、幹事長は島が二分されて対峙している状況は非常に望ましくないと述べた。しかし島の混乱は、長期戦略不在の安全保障を掲げ、離島苦に悩む島の振興に有効な手を打ちえていない政府・与党に大きな責任があるといえよう。

おわりに

安全保障は総合的な判断を必要とする課題である。中国の軍事的脅威は確かだが、それに反応して無計画な対抗措置を取ると一層の緊張増大を招く。中国の最近の行動に強引さがみられ、それが各地で摩擦を引き起こしていることは前述したが、ではそれに反発して単純にこちらも力で対応すればいいというものでもない。こちらは正当な対応をしているつもりでもそれが相手のさらなる反発を招き、摩擦が増大するという「安全保障のジレンマ」に陥る可能性がある。

中国は経済関係からすると重要な相手であり、むやみに対決姿勢を取ればいいわけではない。では、ただ我慢していればいいのかというと、そうではない。前述のように、こちらも海空防衛力の増強や近代化を進め、効果的にそれを配置して「抑止力」の向上を目指すことが肝要だろう。沖縄本島には航空自衛隊基地があり、F-15戦闘機などが配備されている。F-15も現在では最新鋭ではないものの、増強と近代化措置を進め、次のF-Xが決まり次第沖縄に優先配備する必要があるだろう。海上自衛隊は那覇空港においている航空機部隊のほか、勝連に小規模の海上部隊がおり、これをさらに強化する必要がある。この問題は小論の主題と異なるのでここまでにしたいが、沖縄における自衛隊の増強は、米軍の整理縮小と関係して、自衛隊によって米軍の任務を肩代わりする意味があり、今後その役割と配置を一層検討すべきである。

さらに必要なのが海上保安庁の増強である。現在も増強される傾向であるが、不十分である。そもそも、危険のエスカレーションを避けるためにも、海上警察機構である海上保安庁が領海警備に第一にあたる必要がある。いきなり軍事力同士で対抗するのは危険である。石垣にある海上保安庁を大幅に拡充するとともに、与那国にも配備する必要がある。自衛隊誘致に反対する人も、海上保安庁の誘致には賛成している。与那国が台湾の花蓮に災害時の相互支援協定を提案したところ、花蓮側から歓迎されたことからも、海上保安庁であれば台湾側も問題はない。

一方で、有事の際は海上保安庁は海上自衛隊の下に置かれることになっており、海外では海軍と海上警察機構を合わせて「シー・パワー」(Sea Power) と認識している。[10] 海上保安庁の増強は、総体での海空戦力増大につながり、「抑止力」向上に日本が務めているというメッセージになる。もちろん、こうした日本側の姿勢に対し、中国側は「日本軍国主義復活」や「軍事大国化」といった批判を加えることは十分考えられる。しかし、合理的かつ必要な施策であれば批判を恐れる必要はない。一方で、明確な理由が判明せず、地域に混乱の原因をもたらしている陸上部隊配備の方は再検討すべきであろう。

現在、国境に関しては大きく二つの傾向がある。グローバリゼーションの進展で、経済・情報面での国境がきわめて低くなりつつあるということと、九・一一同時多発テロ以来、安全保障面での国境が高くなってきているという相反した現象である。与那国の取り組みは、国境を低くして歴史的・地理的結びつきの大きい台湾との交流を活性化して島の自立を図ろうというものである。これに対して、南西諸島の自衛隊配備問題は、この地域の国境をなるべく高くしようという試みである。安全保障が重要なことは言うまでもないが、地域が自滅してしまうようなことは避けるべきである。前述したように、人が住み続けることも重要な安全保障政策である。南西諸島の防衛問題では、まさに日本の「国境政策」の内容が問われていると言えるだろう。

注

(1)「平成十七年度以降に係る防衛計画の大綱について」(平成十六年(二〇〇四年)十二月十日、閣議決定)。

(2)「平成二十三年度以降に係る防衛計画の大綱について」(平成二十二年(二〇一〇年)十二月十七日、閣議決定)。

(3)『朝雲新聞』二〇一一年十月六日。

(4)『沖縄タイムス』二〇一一年八月二十一日。

(5) 中国海軍の動向や戦略については、Michael D. Swaine, M. Taylor Fravel, *China's Assertive Behavior—Part Two: The Maritime Periphery*. China Leadership Monitor, No. 35, Summer 2011. Bernerd D. Cole, *The Great Wall at Sea;China's Navy in the 21th Century*, Second Edition. Naval Institute Press. 2010. 参照。中国の国境問題に関する政策については、M. Taylor Fravel, *Strong Borders, Secure Nation; cooperation and Conflict in China's Territorial Disputes*. Prinston University Press. 2008. 参照。

(6) 前掲、「平成二十三年度以降に係る防衛計画の大綱について」。

(7) 二〇〇九年九月二十日、NHK九州で放送された「九州沖縄インサイド『国境の島を揺るがす自衛隊誘致』」の中で、当時の崎原町議会議長が、自衛隊を「優良企業を誘致する気持ちで」とインタビューに答えているのが、誘致活動をおこなった島民の多くの声を代弁している。

(8) 総務省「国勢調査」参照。

(9) 与那国の自立構想については、拙稿「東アジアにおける新しい『地域主義』の形成とその意味」中部大学『アリーナ二〇〇六年』参照。

(10) Richard J. Samuels, "*New Fighting Power!*: *Japan's Growing Maritime Capabilities and East Asian Security*". International Security Vol. 32, No. 3 Winter 2007/2008.

与那国・中国・台湾の三角貿易構想

【「もう一つの外交」としての国境地域政策】

吉川博也

●よしかわ・ひろや　一九四二年東京都生。一九七〇年、日本大学商学部博士課程単位取得退学。沖縄大学名誉教授。専門・関心領域、地域開発。著書に『与那国——島の人類生態学』（三省堂）『二一世紀、沖縄の企業・産業戦略』（サザンプレス）など。

「第二次与那国開港」

「与那国から台湾へのチャーター便（五月十五日）が飛びます」という新聞記事（二〇一一年）を目にして、大変喜んだ。と同時に、今度こそ「第二次（八〇、九〇年代）、与那国開港」が実現することをぜひ期待している。

与那国島の人々と話をすると、特に飲みながら胸をときめかせるのは、終戦直後のバーター密貿易の時代のことである。「第一次開港」と私は呼んでいるが、この現代版をいかに仕掛け、かつ法的にも正規なものとして再現するかにおいて、島のイニシアティブを発揮すべきである。私はお役に立ちたく、この実現化のために与那国島と台湾、中国南部沿岸との「国境貿易構想」をひそかにあたためていた。しかし、国境環境の変化が訪れるまで、しばらく待たねばならなかった。好機が到来した、一九八七年、ＹＳ機（五六人）の与那国就航、台湾の中国に対する三不主義を続けながらの戒厳令解除、中国南部沿岸経済特区の開放経済などの諸条件が整った。

まず一九八七年七月にシンポジウム「僻地政策から国境政策へ」を、台湾・花蓮市の助役もお呼びして開催した。開港のメリット

与那国町地域交流シンポジウム
（1987年7月4日）

と可能性、そして何よりも島の人たちの同意、熱心さを確認した。当時、筑波大学に勤務し東京に近いということで、私が町から委任をいただきＣＩＱ等の交渉に当った。その結果、日本で最西南端に位置し、国境で、台湾まで一〇〇キロ、中国まで三五〇キロの与那国の開港（臨時）を一九八八年十二月に実現。そして一九九〇年五月にフェリー「よなぐに」で島の人々、九〇名を台湾・花蓮へ直行でお連れする大役を果たさせていただいた。その際、総統府から帰途、李総統との時間が合えば、表敬訪問が可能だとの連絡が入った。

幻に終わったシンポジウム

　その背後には、一九七二年には日本、また各国も中国を国家承認して、当時、台湾が孤立感を深めていた、という事情がある。そのような時、与那国が花蓮市との交易・交流を促進していたために総統府から招待を受けたのではなかろうか。花蓮市を訪問していた沖縄通関社・平良哲社長（当時）と帰途、総統府を訪問し、運よく李総統と四〇分ほどお会いすることが出来た。

　その時、私達は「与那国・中国・台湾三角貿易構想」の話をした。花蓮市長と、中国アモイ市長が直接会うことができれば、構想も進むであろうと。李総統は流暢な日本語で、直接は答えなかったものの、与那国で隣り合う両市長が偶然会うこともありますね、

中・台市長が来月接触

経済シンポに同席

与那国国境交易サミット　李総統決断で実現

東京新聞 '90.4.3（朝刊）

【香港二日清水特派員】四十年余にわたって交流の途絶えてきた中国・厦門（アモイ）市と台湾・花蓮市の市長がそろって五月に日本最南端の島、沖縄県の与那国島で開かれる経済シンポジウムに出席、中台経済関係の在り方を討論することが二日までに明らかになった。台湾当局は大陸との「三不政策」（妥協せず、接触せず、話し合わず）を貫き、台湾の公務員の大陸側との接触を禁じてきた。しかし、香港などを中継した中台の間接貿易が発展していることや大陸への台湾資本の進出ラッシュから、三不政策を再検討しているといわれる。今回、花蓮市長と厦門市長との接触を認めたのは同政策が緩和される兆しとみられ、極めて注目される。

『三不政策』見直しに拍車

このシンポジウムは五月二十日に沖縄県与那国町などが主催して開く「与那国国境交易サミット」。中台経済交流の現状を考える中から、中台間接貿易の拠点として与那国島の将来性を探るのが狙い。

国外からの参加者として鄒爾鈞・厦門市長・魏木村・花蓮市長の中台双方に招待を打診したところ、厦門市側は出席を快諾したが、花蓮市長の出席には台湾外交部（外務省に相当）が当初、三不政策の建前から難色を示した。

このため、シンポジウム関係者が直接、李登輝・台湾総統に花蓮市長の出席許可を要請し、李総統の決裁で出席が実現したという。厦門、花蓮の両市長はそれぞれの立場から中台経済関係への見解を報告、討論に参加する。

台湾では昨年六月四日の天安門事件以降も、通貨である台湾ドル高の進行や労働力不足もあって企業の大陸進出は衰えていない。今年一月には「台湾の松下幸之助」といわれる大物財界人の王永慶・台湾プラスチック会長が投資環境調査に大陸を訪れた。

経済界の要請を背景に、国民党非主流派の一部は大陸との交流自由化を求め、李登輝総統に揺さぶりをかけている。こうした情勢に対応するため、李総統も今年六月招集予定の「国是会議」のテーマの一つに「大陸政策」を取り上げ協議、三不政策見直しの意向を示している。

『東京新聞』1990年4月3日付朝刊

というヒントを頂いた（昼食としてサンドウィッチが出てきたのが、妙に記憶に残っている）。

シンポで台湾と中国の両市長が直接会うことが出来れば、「蟻の一穴」ではないが、台湾の「三不（主義）政策の変更」を促すことができるかもしれない。与那国が中国と台湾、そして日本の三者の友好に協力できる絶好のチャンスでもある。そこで花蓮市側とは韓国訪問の帰途、与那国から花蓮直行があり、通過のためこれを利用するということを打合わせた。一方、アモイ市長（及びアモイ大学・台湾研究所・陳所長〟参加）には、与那国・大島企画室長と同行し、町長のシンポへの招待状を渡し、台湾・花蓮市長も同席することも説明した。後日、出席の返事を貰い、私がアモイへ行きシンポの詳細説明や、香港、那覇、与那国のチケットの手配など旅行社役を務めた。両市長とも中国と台湾との橋渡しを果たしたいと、非常に熱心であった。

このことは与那国の関係者以外、内密にしていたが『東京新聞』朝刊（九〇年四月三日）に「経済シンポに同席、『三不政策』見直しに拍車」と大きく報道されてしまった。このことでシンポの前々日、「最速件」と印のあるFAXが届き、結局、中国、台湾両市長とが席を一緒にするという記念すべき場は実現しなかった。FAXは亜東関係協会（在日・台湾大使館に相当）経由で届き、そこには台湾の外交部・連部長名で「当該、琉球の地位については、第二次大戦中の主要同盟国によるカイロ、ポツダム宣言によって、

与那国開港トライアル

（1988年12月24日）

既に共同解決したことは、わが政府は一貫して主張しており、これに対して影響が出るので参加をしない」（原文、中文を訳）とあった。

私は当時、この文章の意味をよく理解することが出来なかった。後日、私の知りえた情報では花蓮市長に「許可を出す」「黙殺する」「不許可にする」かで行政院、外交部内で二転、三転したようであり、不参加にしても、その直接の理由を挙げられず、琉球地位問題にすり替えられたようである。

残念ながら、与那国で台湾と中国の両市長に直接会ってもらうという構想は頓挫してしまったが、こうしたやりとりを踏まえて、一九九四年、同じ国境に位置する那覇・中国（アモイ）間貨物チャーター船、そして一九九六年、同航空チャーター機（㈱アモイ航空）の就航に成功した。これが現在月三便のアモイ定期コンテナ船（㈱南西海運）、さらに那覇・上海、香港を始めとする定期航空路開設に結びついた。そして今の、沖縄と中国間の貿易、ビジネスに成長したのである。

交易こそ自立への道

さて前述の与那国開港、フェリー花蓮行きは一見、順調にいったように見えるが、大変な苦労と工夫・知恵が必要だった。例えば家計（サンプル）の実態調査を行い、沖縄で一番物価が高くなっている離島・与那国での、開港による引き下げの具体的な効果を示し、理解を深めた。また石垣からの出張によるCIQ関係の業務の依頼、郵便局での信用状の特別発行、国境・離島型によるトライアルという形での不開港小輸入量の認可、等々いろいろ知恵を絞った。CIQ関係機関に対し、それぞれ二〇回以上は交渉を重ねた。

またフェリー花蓮直行では、運輸省から、現行のフェリーは内航船で外航船ではない故に、いろいろ外航用のものを要求された。陸地からの距離などを理由に特別にパスしてもらうなど、多くの難問をクリアーして就航にこぎつけた。与那国側は一時諦めたが、これを叱咤激励しゲームとは言わないまでも、これまた、今となれば楽しかった。

重要なことは、島の人々にとって、開港の成果がいかに生活に生かされるかである。まず花蓮からの輸入により、生鮮品を中心に物価引下げ効果が三〇％近く見込め、年間、約六〇〇〇万円（当時人口二〇〇〇人）、また公共工事で使われる鉄骨、セメントなど年間三億八〇〇〇万円（当時）引き下げが可能となる。また花蓮市は勿論のこと中国・アモイ市（与那国から三七〇キロ）など周辺の国々との直接交流を可能にし、ひいては島の安全にもつながっていく。

私はさらに開港を手がかりに島嶼産業複合化政策、全島自由貿易地域、台湾・中国間三角貿易、専用小型船舶案（五〇トン前後の中古遠洋漁船の改造）などの提案をした。これらの貿易、そして提案は、現在の久部良漁港で充分実現可能である。しかし国が提案した「祖納港マリン・タウンプロジェクト」という箱物に、島の人々が飛びついた。確かにそのほうが土木工事で、簡単に多くの収入が得られる。しかし、この港湾建設も中途半端に終わり、また私の提案した計画は全く実行されることはなかった。

国境地域として周辺地域との交流・交易を促進することの方が、自衛隊誘致よりも、与那国の発展に何倍も貢献するのではないか。新たな「与那国・台湾・中国三角貿易・交流」を実行し、両者との友好を深めることは、単に与那国に利益をもたらすだけではない。いま、尖閣諸島（魚釣島）問題でギクシャクしている日本と台湾・中国とのバッファー役、台湾と中国との仲介役を与那国が果たすことになる。これこそ国境地域政策であり、「もう一つの外交」ではないか。今後も、求められればいつでもアイデアを提供し、協力もしようと思う。

竹富町における海洋政策

【海洋保全とまちづくり】

小濵啓由

●こはま・けいゆう　一九七五年沖縄県生。日本大学法学部卒業。二〇〇一年より竹富町役場職員。農林水産課、建設課、沖縄県企画部市町村課（出向）勤務を経て、二〇〇七年四月から企画財政課に所属。

はじめに

日本最南端の町に位置する竹富町は、沖縄本島から南西に約四五〇キロメートル離れた八重山諸島にあり、東西約四二キロメートル、南北約四〇キロメートルの広範囲に点在する一六の島からなる島嶼の町である。石垣島と西表島の間に広がる美しい石西礁湖（国内最大のサンゴ礁の海域）の海と、西表島の山河など亜熱帯の雄大な自然環境に恵まれ、イリオモテヤマネコをはじめとする数々の希少な野生生物が生息するなど日本最後の秘境と称されている。

背景とねらい

わが国も一九九六年に批准した国連海洋法条約により海洋に新しい法秩序が構築され、広大な海域を国土として管理していく新しい時代を迎えている。今までのように陸域のみを国土（＝領域）と考えるのではなく、管轄海域を含む「国土」を新しい国際秩序にのっとり管理する新たな海洋の法秩序を築くため、二〇〇七年七月には海洋基本法が施行された。その基本法を受けて、二〇〇八年三月には五年間を見通した国の海洋基本計画（二二の施策）が策定された。

海洋基本法第九条「地方公共団体の責務」では、「地方公共団体は、基本理念にのっとり、海洋に関し国との適切な役割分担を踏まえて、その地方公共団体の区域の自然的社会的条件に応じた施策を策定し、及び実施する責務を有する」と明記するとともに、地方公共団体に一定の裁量を与えている。また、同法第二六条には「離島の保全等」がうたわれ、「国は、離島がわが国の領海及び排他的経済水域等の保全等に重要な役割を担っていることにかんがみ、離島に関し、住民の生活基盤の整備その他の必要な措置を講ずるものとする」（要約）としており、国が海洋施策を展開していく中で、国の責務において「離島」に対して必要な措置を講ずると明記している。

これらの背景を踏まえ、多面的機能を有する国の海洋施策を地域振興策のツールの一つとして活用していくことはできないものかとの思いから、二〇〇九年に策定した地方自治法に基づく町づくりの指針である「竹富町総合計画第四次基本構想及び第七次基本計画」において、町独自の海洋基本計画を策定することとした。国の海洋基本法の理念を敷衍することにより新たな海洋国家の形成に向けての先端を担い、安定かつ安全な地域社会の形成促進を図ることをめざし、具体策として「町及び町民が施策・制度を自ら創生して実行する」などの「地方提案型」の施策を打ち出している。これまでの法律、制度を活用していくことも大切であるが、それだけでなく、今後の竹富町、八重山地域、沖縄県に何が必要なのかを常に考え、そこから各種制度、施策を創り出していく方向に発想を切り替えていかなければならないと考えている。

具体的な取り組み

近年、わが町でも漂流・漂着ごみによる環境・景観の悪化、船舶の安全航行や漁業への被害の発生等が問題となっている。島々の漂流・漂着ごみは季節風の影響を受けて漂着する場所が異なり景観を損ね生態系を破壊する。このような実態から、町内のＮＰＯ等が主体となり、海岸漂着ごみ対策の取り組みが活発化してきた。本町の最北端に位置する鳩間島では、社団法人日本海難防止協会が日本財団の協力を得て、地元ＮＰＯとタイアップして漂着ごみをエネルギーに変える「宝の島プロジェクト」を展開している。海岸漂着ごみのうち、容積率で約四割を占める発泡スチロール類をスチレン油に変換する実証実験を実施して、ディーゼル機関やボイラー、船舶の燃料に利用するエネルギーの開発に成功し、離島における共通課題である漂着ごみの問題解決に一石を投じている。現在、さらに硬化プラスチック製の漁具や漁網などにも対応できる処理方策や、一昨年に開発した移動式油化装置の広域的な社会実験への活用が進められている。また、現状の漂着ごみの

「宝の島プロジェクト」
移動式油化装置を使った海岸漂着ごみのエネルギー資源化実験（右）、船舶でえい航される海岸漂着ごみの発砲スチロール移送実験（左）。ともに西表島

運搬処理費用の経費節減を図るため、発泡スチロールの海上えい航実験を実施し、地域の自然的社会的条件に応じた施策の推進に取り組んでいる。本来ならば、行政が取り組むべき課題にＮＰＯが率先して取り組んでいる。いわば「新しい公共」の成り立ちである。

竹富町のポテンシャル

竹富町には自然、景観、伝統文化、歴史、島人という五つの魅力があり、日本最大のサンゴ礁である石西礁湖に代表される海洋環境など世界に誇れる自然環境をはじめ、大自然を背景に育まれた国際的にも貴重な文化、日本最南端の住民生活や経済活動による領海・排他的経済水域（ＥＥＺ）の確保、自然体験学習・海洋教育の場の提供、船舶安全航行のためのランドマーク機能などの点において、竹富町は、世界レベル、国家レベルで貢献しうる。

海洋環境に支えられた「大自然と文化」を守り、地域的課題を克服して「安全・安心」な地域社会を構築して未来に継承していくことは、海洋立国形成の促進に大きく寄与するものである。近年の国際的な海洋環境への関心の高まりや国内における海洋施策の進展を見通すと、海洋と深い関わりをもつ竹富町がそのポテンシャルを十分に発揮していく絶好の機会であると捉えている。

Ⅵ 大東島

南大東島一望　*Photo by Naomi Yoshizawa*

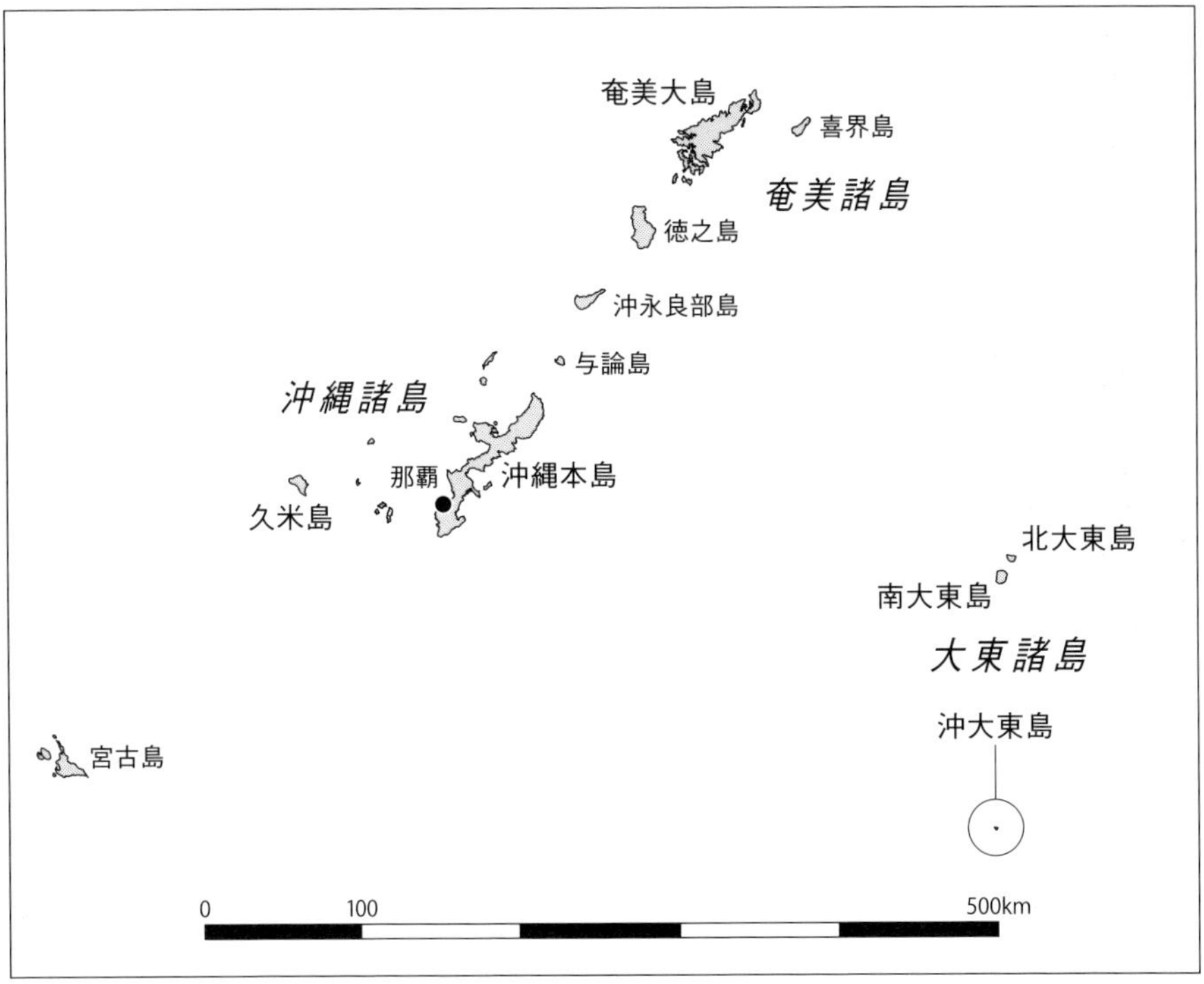
奄美大島
喜界島
奄美諸島
徳之島
沖永良部島
与論島
沖縄諸島
那覇
沖縄本島
久米島
北大東島
南大東島
大東諸島
沖大東島
宮古島
0
100
500km

大東島の歴史に連なる兄弟たち
山上博信

〈コラム〉南大東島観光大使として
吉澤直美

ボロジノからボロジノへ
【南・北大東島発見史】
木村崇

大東島の歴史に連なる兄弟たち

山上博信

●やまがみ・ひろのぶ　一九六六年生。日本島嶼学会理事、国立民族学博物館共同研究員、名古屋管理職ユニオン代表者。専門分野、速度取締りでおきる誤りと冤罪防止策について、過疎地域における司法サービスの充実について。著書「科学的捜査過程の可視化に関する一考察」（『法と政治』四六―一）「小笠原巡回無料法律相談事業略年表」（『小笠原研究年報』二三）など。

はじめに

ヤマト文化と琉球文化の交錯する大東諸島は、古くから「うふあがりじま」と呼ばれ、沖縄本島はるか東に位置する隔絶島嶼である。人口の多い順に、那覇から東へ空路約三六〇キロメートルに位置する「南大東島」（沖縄県島尻郡南大東村、一二六三人）、同島の北東約八キロメートルに位置する「北大東島」（島尻郡北大東村、五二四人）、また南方約一六〇キロメートルに位置する「ラサ島」あるいは「沖大東島」（北大東村字ラサ、無人島）という二つの自治体と三つの島から成り立っている（人口について[1]）。

これらの島々は、絶海の中に周辺が高いところで四〇メートル近い隆起サンゴ礁によって形成されており、小笠原諸島同様、大陸と接したことのない「海洋島」である。南大東島は、太平洋上の台風観測に適していることから、南大東島地方気象台が置かれ、毎日の天気予報でその名を聞くが、実際に現地を訪れるには、旅行（もしくは貨物の輸送）手段が限られている。

南北大東島には、那覇から、高額の航空運賃を支払って空路（**写真1**）、もしくは不定期の貨客船「だいとう」（大東海運所属）（**写真2**）に乗船しなければならない。現地の港では、貨物のみならず

写真1　那覇と南北大東間を飛ぶ琉球エア・コミュータのDHC8-100型旅客機（筆者撮影）

乗客もクレーンで積み下ろしされる（**写真3**）。南北大東島の村民は、今も自らを絶海に浮かぶヤシの木に住む「大東アンマク」（アンマクとは「ヤシガニ」の意）（**図1**）に喩えることがある。

　南北大東諸島の発見の経緯については、他稿（木村崇「ボロジノからボロジノへ」）に譲ることとし、本稿は、大東諸島の歴史に登場する人物を追いつつ、大東諸島の歴史とそれに関連する島々の物語を再構成するものである。

大東諸島の日本帰属

　大東諸島は、明治新政府により、南北大東島、沖大東島の順で探検され、日本に帰属することとなった。

南北大東島の日本帰属

　明治新政府は、一八七九（明治十二）年に琉球処分を敢行後、沖縄県の周囲にあるとされるいくつかの島嶼の存在の確認と帰属を明らかにすることとした。

　南北大東島については、沖縄本島のはるか東に古くから「うふあがりじま」の存在があるとされており、外国船が往来することにより探検のみならず小笠原島同様に外国人の定住が考えられることから、一八八五（明治十八）年、第四代沖縄県令西村捨三が、内務卿山県有朋の命を受け、八月に汽船出雲丸（東京共同運輸会社

写真2　那覇・南北大東島を往復する旅客船「(新) だいとう」（那覇港にて、筆者撮影）

写真3 「だいとう」のクレーン
上下船する際、旅客はクレーンで吊り上げられ、甲板に案内される（南大東島西港にて、筆者撮影）。

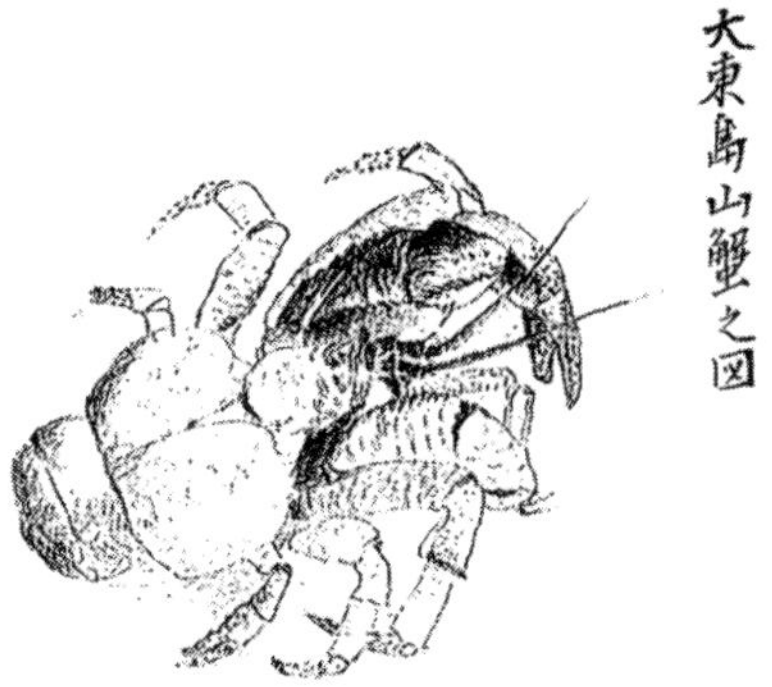

図１　「大東島山蟹之図」
「軍艦海門沖縄群島探検并復命書（1）」
JACAR（アジア歴史資料センター）Ref. C06090956000、明治 25　公文備考　艦船下水路兵員巻 4（防衛省防衛研究所）、第 8 画像目

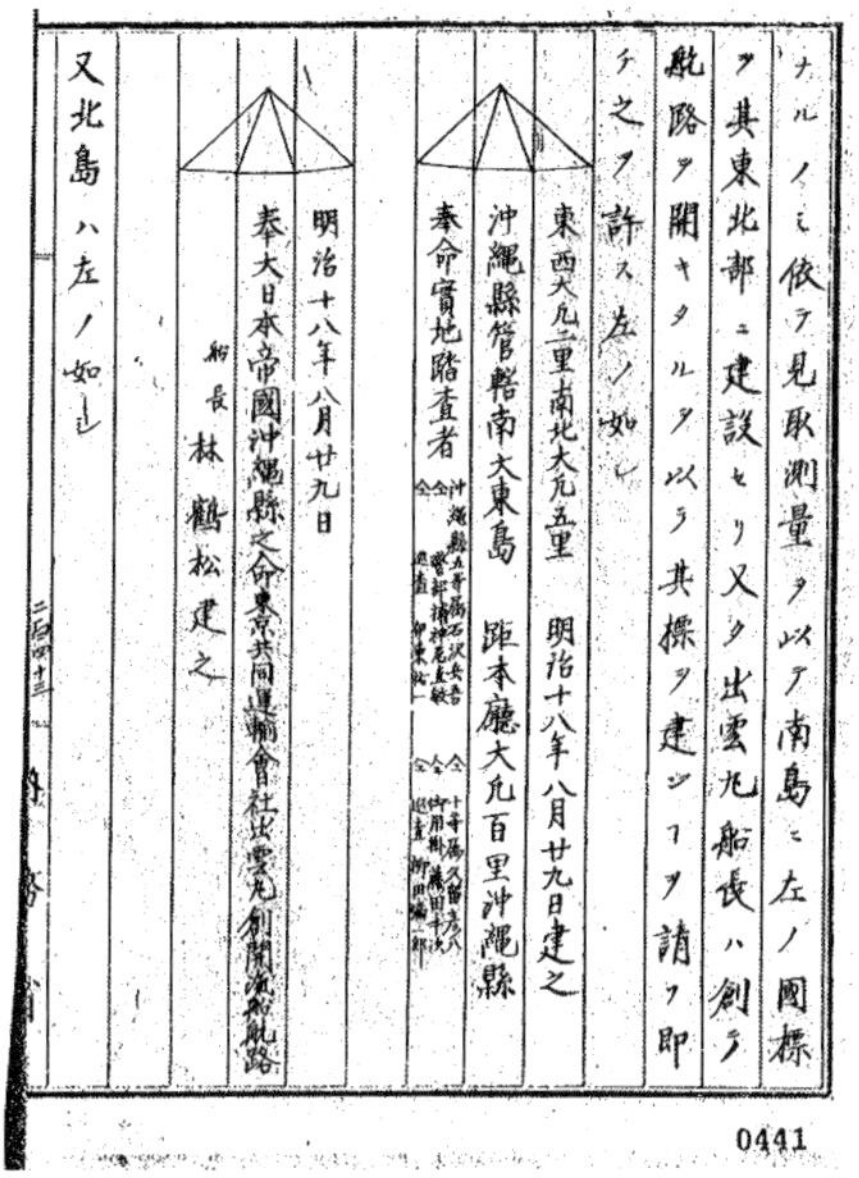
ナルノミ依テ見取測量ヲ以テ南島ニ左ノ國標
ヲ其東北部ニ建設セリ又タ出雲丸船長ハ創テ
航路ヲ開キタルヲ以テ其標ヲ建ツコトヲ請フ即
チ之ヲ許ス左ノ如シ
東西大凡二里南北大凡五里　明治十八年八月廿九日建之
沖縄縣管轄南大東島　距本廳大凡百里沖縄縣
奉命實地踏査者
明治十八年八月廿九日
奉大日本帝國沖縄縣之命東京共同運輸会社出雲丸創開航路
船長　林鶴松建之
又北島ハ左ノ如シ
0441

図２　南大東島に建立された「国標」
「明治 18 年 10 月 12 日　西村沖縄県令より差出の無人島大東島巡視の義」
JACAR Ref.C11019564600、明治 18 年、普号通覧、巻 27、自普 2531 号至普 2620 号、9・10 月分（防衛省防衛研究所）、第 12 画像目

所有）を南北大東島に派遣、県属石澤兵吾ら六名に実地調査させた。
石澤ら調査団は、南大東島、北大東島に相次いで上陸し、これらの島に「人蹟ナキ」ことを確認し、八月二十九日に南大東島に、三十一日に北大東島にそれぞれ国標を建立した（図２）。

ラサ島の日本帰属

一八九二（明治二十五）年、海軍は、軍艦「海門（かいもん）」を派遣し、南北大東島とラサ島の探検調査を行った（沖縄県下大東島等探査の儀[2]）。これは、沖縄県知事丸岡莞爾作成名義同年一月二十七日付「無人島探求等の儀に付き上申」と題する書面別紙[3]「調査未済島嶼之景状概略」記載の各無人島、すなわち、南北大東島、尖閣諸島（久米赤島、久場島、魚釣島）、南風波照間島（一般に「南波照間島」と書き「パイパティローマ」と読む）、ラサ島の現状を指摘し、調査を要請したことによる。

中でも、南波照間島とラサ島については、所在も判然としないことから、帝国の版図を確定し、年々増大する海防の必要性に応えようとしたものである。海門は、八月五日から七日にかけて、南大東島とラサ島に上陸、調査を行った（北大東島は、艦上からの視察に留まる）。調査隊は、両島に調査隊が天測したことに由来する「大日本帝国軍艦海門」「明治二十五年八月六日建之」と記した標柱を建てた。ラサ島は、このことが日本に帰属する証左となった。また、南大東島においては、天測した地点に標柱が建てられ

たことによって、今も「海軍棒」という地名が残っている。

大東諸島島尻郡へ帰属する

明治新政府は、上記探検により大東諸島が日本に帰属したので、勅令をもって「島尻各間切、久米島、慶良間諸島、渡名喜島、粟國島、伊平屋諸島、鳥島及大東島」を沖縄県島尻郡とした（「沖縄県郡編制ニ関スル件」明治二十九年・勅令第一三号）[4]。ラサ島については、一九〇〇（明治三十三）年十月に後述する中村十作の探検をきっかけに「沖大東島」として閣議決定の上、内務大臣は沖縄県知事に訓令し、島尻郡に編入された[5]。

大東島開拓ことはじめ

大東諸島開拓に挑んだ者

明治新政府が、南北大東島を日本に帰属させて以降、開拓を志すものが現れた。南大東島開拓志願第一号は、古賀辰四郎（現在の福岡県八女市出身・一八五六（安政三）年～一九一八（大正七）年）[6]であった。古賀は、大東島開拓を二度願い出るもいずれも上陸を断念し転進、尖閣諸島の開拓に挑むこととなった[7]。

さらに、五名が開拓を試みるも断念、七人目の開拓志願者が、八丈島大賀郷の出身で東京市京橋区（当時）在住の玉置半右衛門（一八三八（天保九）年～一九一〇（明治四十三）年）であった（**写真4**）。

玉置は、南北大東島の開拓を一八九九（明治三十二）年十月五日に出願、三〇年間の無償開拓が許可された。

ラサ島については、一八九九（明治三十二）年に中村十作（新潟県出身）が探検を遂げ、翌一九〇〇（明治三十三）年七月開拓を願い出たが、願書は中村に返戻された。表向きは、ラサ島の帰属が未確定であったとされるが、同人が宮古島において人頭税廃止運動をしていたので、それが真の原因であるとされる[8]。続いて開拓を願い出た者は、南鳥島を開拓した水谷新六であったが、悪天候により沖大東島にたどり着けず、これを断念した。結局、玉置が一九〇六（明治三十九）年、ラサ島開拓を願い出、一五年間の無償開拓の許可を得た[9]。

玉置が南北大東島開拓に至るまで（八丈島の生み出した移民の風土）

玉置は、八丈島およびその属島（八丈小島、鳥島）などから希望者を募り、一八九九（明治三十二）年十一月二十三日に八丈島の洞輪沢港を出航、鳥島で応募者を乗せ、あわせて六〇日もの航海の末、一九〇〇（明治三十三）年一月二十三日に南大東島に到達した[10]。

ここで、玉置という開拓者を生み出した背景を簡単に紹介する。

もともと八丈島（東京から約二九〇キロメートル）は、三宅島（東京から約一九〇キロメートル）との間に黒潮が横たわっており、航海の難所として知られてきた。特に江戸幕府が鎖国政策を実施して以降、外洋航海術が伝承されず、八丈島への渡航は、困難な状

写真5　玉置が建立した親族のための巨大な墓碑（八丈島大賀郷、筆者撮影）
今は荒れ果てている。隣には、八丈島流刑第一号となった宇喜多秀家とその家臣らの墓があり、今も参拝者が多く、供花も絶えない。

写真4　玉置半右衛門

況となった。加えて、関ヶ原の合戦以来、流刑地として多数の流人が送致されたので、島内の適正人口を維持することが大きな課題となっていった。島民は、明和の飢饉以降、年季奉公に長期間出ることを幕府が黙認する状況をきっかけとして、「出百姓（=出島開墾）」の制度が始まった。島民は、幕府の援助を得てつくば山麓をはじめ各地に開拓移民を出すことにより、島内の人口を一定にし、くらしを維持してきた(11)。

玉置は、八丈島が絶海の孤島にありながら、幼少のときから流人のもたらす文化と開拓移民に接してきたのである。やがて一八六二（文久二）年、玉置は、幕府による小笠原開拓移民三〇名とともに官舎建設のため出稼ぎ大工として、咸臨丸に乗り組み、小笠原に渡航した。咸臨丸に通訳として乗り組んでいたジョン万次郎から、鳥島（別名「三ツ子島」、外国名「ポナフィディン島」）に舞い飛ぶアホウドリの話を聞いたことは想像に難くない。

彼は、一八八八（明治二十一）年、鳥島開拓に着手、「南洋物産玉置商会」を設立するなど、無人島開拓と物産交易を通じて大きく発展、やがて大東諸島開拓に着手したのである（**写真5**）。

南大東島における権蔵池の発見、蔗作・製糖事業の発展

玉置が募集した開拓移民が南大東島に上陸した七日目、鳥島から乗船した沖山権蔵が島内に多数の池（うち一つを「権蔵池」と言う）

を発見した。これを好機と捉えた玉置は、度重なる農業試験を経て、南大東島における甘蔗栽培収穫に成功、一九〇二（明治三十五）年に初めて砂糖の製造に成功した。以後、玉置は、「玉置紙幣（物品交換券）」を発行し、労働者の財布の中身に至るまで支配しようとした。

島内では、八丈島出身者を「島民・親方」として島嶼経営の中心に置き、沖縄県内を中心に労働者を「仲間」と称して雇用することにより、封建的関係による開拓事業が展開されたのである。[12]

このことについて、玉置の息子二代目半右衛門（長男鍋太郎が襲名）の妻ヒデらは、戦後、南北大東島の土地所有権が問題となった際に、

「明治三十二年、明治政府は、玉置半右衛門翁がさきに鳥島やその他の島を発見し、それ等が日本国の領土として帰属した功績に酬ゆるために、これ等大東島を与えたものであります。

玉置翁は直ちにこの両大東島を探検開発し……砂糖キビの栽培を開始し……明治四十三年頃には六〇〇〇人位の島民がいて一〇万樽（目方約一〇〇瓩）以上の粗糖を神戸市の鈴木商店を通じて内地に販売していました。

従って島民の福祉、厚生のため、初代半右衛門、二代目半右衛門は玉置小学校を建て内地から先生を招聘し、文部省の定める正式の教科書に基いて教育を施しました。

……更に医院やお寺を建てました。

村政も施行して数カ村の連絡、村会の開催などが円滑に運営されていました。

その上島民の流通経済に役立てるため、特に玉置家に於て金券を発行し、これによって島の財政をまかない自治を保ち文化を向上しつつ全く楽園にも似た玉置王国を作っていました」。

と自ら治めた時代を評している。[13]

なお、玉置は、鳥島開拓の際、一九〇〇（明治三十三）年に鳥島に移住した者たちに対し、満一五年以上鳥島に定住し、開墾事業に参加した者に対しては、五〇〇坪の土地を与えるとの口約束をしたとされる。同時期、玉置は、大東島においても同様に三〇年間開墾事業に参加した者には、土地を与えるとの口約束をしたと推察される。これが戦後の土地闘争に発展していくこととなる。[14]

鳥島大爆発と玉置家衰退の始まり

一九〇二（明治三十五）年八月、玉置が精力的に開拓に取り組んだ鳥島が大爆発を起した。鳥島は、富士火山帯に位置し、歴史上しばしば大噴火を繰り返してきたが、このときの大噴火は、噴火直前に船に乗り組んだ乗客を除き、在島者一二五名全員が死亡し、島の形状も変えてしまうほどの災害となった。[15] 八丈島には、今も慰霊碑（**写真6**）が残っている。

この事件は、玉置商会の経営に打撃を与えたのみならず、玉置自身に大きな衝撃を与えたことは想像に難くない。その上、一九〇六（明治三十九）年に鳥島のアホウドリが保護鳥に指定されたことで事業の継続ができなくなった。[16] これらの出来事は、玉置家の衰退の始まったきっかけと言うことができる。玉置は、一九一〇（明治四十三）年、鳥島へ出張した帰りに発病したことが原因で病没した（満七十二歳）。彼の戒名は、海洋開拓家らしく「信天院義挙勇猛至道居士」と付けられた。

写真6　鳥島罹災者招魂碑（八丈島にて筆者撮影）

北大東島の開拓

玉置は、鳥島に引き続いて南大東島を開拓したため、北大東島開拓に遅れが生じていた。北大東島は、一九〇三（明治三十六）年六月までは無人であったところ、一八九五（明治二十八）年、南北大東島開拓を願い出て断念した広川勇之助（長崎県出身）が北大東島開拓を企てる動きを見せたため、玉置は、急遽鳥島から乗船した玉置の事務員山田多恵吉を北大東島に派遣し、甘蔗八株を植え、開拓の意を表した。[17] しかし、玉置は、北大東島においては、製糖よりも燐鉱採掘を主眼においており、製糖事業は従たる事業となっていった。

沖大東島の開拓

玉置は、一九〇六（明治三十九）年春、沖大東島の無償開墾の許可を得たことにより沖大東島への調査船を派遣した。しかし、北大東島の開拓もままならない中、開拓事業は着手できないままであった。

ところで、沖大東島を開拓した第一人者は恒藤規隆（つねふじのりたか）（一八五七―一九三九）である。ここで、彼を紹介し、沖大東島との出会い、彼の事業が今日まで南洋においていかに大きな影響を与えたかを述べることとする。[18]

恒藤は、大分県中津藩士の子として生まれ、一八七七（明治十）年、大阪英語学校を卒業後、駒場農学校（東大農学部）第二期生として進学した。卒業後は内務省勧農局地質課に採用された。一八九四（明治二十七）年、宮崎県油津港近くで燐鉱石の存在を発見したことが、人生の転機となった。彼は、一八九九（明治三十二）年、帝国大学評議会の推薦により、改正された学位令により、農学博士を授与された第一号となった。

油津港付近で燐鉱石が発見されたことは、渋沢栄一の知るところとなった。渋沢は、主要な出資者として日本人造肥料会社を設立して、過燐酸肥料を発売したところであった。渋沢は、恒藤の話を聞きに足を運び、成果を評価するのみならず「燐酸なるものは我国に産地なく、一方肥料原料としては絶対必要なものであるから、日向海岸の小産地に限らず他にも産出するとすれば、それは国家にとっても重大な幸福である」と賞賛したという。

恒藤は、農商務省所管の肥料鉱物調査所の設立（明治三十四年勅令四六号）により、同所長となった。同所は、一九〇三（明治三十六）年十二月に廃止されるまで（恒藤は、廃所により免官となり、市井の研究者として、鉱物資源の発見に尽力するようになった）[19]の三年に満たない期間しか存在しなかったが、その間の事業が沖大東島をはじめ、南洋各地に点在する島嶼の燐鉱開発に及ぼした影響は多大なものがあった。

恒藤は、前述した一九〇二（明治三十五）年の鳥島大噴火の際、救助に向かった軍艦高千穂に技師を添乗させ、現地鉱石の採取を試みた。高千穂は、鳥島寄港の後、はるか南に向かい南鳥島に回航した。[20] 恒藤は、持ち帰らせた資料を分析し、南鳥島に優れた燐鉱石があることを発見した。これを契機に、恒藤は、南洋諸島で燐鉱石の調査を行うことの必要を説くようになった。

恒藤は、沖大東島開拓をはじめ南鳥島などの開拓に挑戦した水谷新六に、かねてより燐鉱石調査に協力を求めてきた。一九〇六（明治三十九）年に玉置が実施した沖大東島調査には、たまたま水谷の甥が参加しており、偶然にも、上記調査で持ち帰った岩石標本を恒藤が分析することができた。分析結果は、これも優秀な成績であり、恒藤は、沖大東島の燐鉱開発の意義を認識した。

恒藤は、玉置商会の協力を得て、再三調査を実施したが、玉置や水谷のみならず複数の事業家たちがラサ島燐鉱利権を巡って激しく争う事態となった。しかし、英国事業家がラサ島の実権を掌握しようとしていたことが発覚し、沖大東島の開拓を巡っては、利権を巡って国内で争うわけにもいかず、一九一一（明治四十四）年、ラサ島燐鉱合資会社が設立され、恒藤がその代表者となった。

恒藤による燐鉱開発の発展と戦後

ラサ島燐鉱合資会社は、一九一三（大正二）年に「ラサ島燐鉱株式会社」に組織を変更し、一九三四（昭和九）年、「ラサ工業」に名称変更した。同社は、ラサ島の燐鉱開発に留まらず、一九二一（大正十）年に新南群島の経営に着手している。恒藤は、帝国政府に対し、新南群島の領有権を宣言するよう進言したが、政府はこれを聞き入れなかった。一九三三（昭和八）年、フランスが新南群島の領有権を宣言したので、日本がこれに抗議し、終戦に至るまで事実上、台湾総督府下高雄市の管轄としてきた。終戦後、ポツダム宣言の受諾により、日本は新南群島の権原を放棄したが、今日に至るまで東南アジア諸国が領有を巡る争いを続けている。

　また、恒藤は、南洋群島アンガウル島にも優秀な燐鉱石があることを知り、燐鉱開発に乗り出そうとした。戦前、南洋庁は、アンガウル島に大規模な露天掘りによる燐鉱採掘を行ったが、終戦後、ＧＨＱは、日本人引揚の例外として燐鉱開発会社を設立し、一九五〇年代に至るまで、日本人労働者を中心に燐鉱採掘を行った。現在、アンガウル島は、パラオ共和国アンガウル州となったが、今でも日本語を理解する島民が多く、同州憲法は、公用語として日本語を用いるとの規定を置いている。[21]

玉置家の没落と島民の帰趨

　玉置の病没後、玉置商会は経営不振に陥った。玉置商会は、大東島の砂糖販売を一手に引き受けていた神戸の鈴木商店（米騒動で焼き討ちに遭い、昭和恐慌で倒産）のあっ旋で、一九一六（大正五）年、同社の子会社であった東洋製糖株式会社に「南北大東島土地使用権（土地払下げを得るときはその所有権）開墾事業ならびにこれに関する権利」を譲渡した。しかし、前述のとおり、玉置は、永年開墾事業に参加した開拓移民に対し、土地を譲渡するとの口約束をしていたことから、東洋精糖は、将来土地を譲渡されるべきだと主張する島民と対立した。しかしながら、島民の立場は弱く、彼らの権利確定は、戦後、米琉土地諮問委員会での政治解決をみるまで待つしかなかった。[22]

　東洋製糖は、鈴木商店の子会社であったため、昭和恐慌で経営不振に陥り、一九二七（昭和二）年、大日本製糖株式会社と（大日本株二株対東洋株三株の割合で）合併した。[23]同社は、戦時中に「日糖興業株式会社」に改称した。大東島では、同社は「日糖社」と略称されている。

　同社は、敗戦まで南北大東島において、主に精糖業（農務部）、燐鉱石採掘（専ら北大東島、燐鉱部、燐鉱石は採掘後当該に搬出し、関連会社をしてアルミナの含まれる燐鉱石から肥料とアルミニウムを製造させた）で莫大な利益を上げた。終戦まで、大東諸島には町村制が実施されず、日糖社も玉置家と同様、一企業が島を統治し、金券を発行し、住民のくらしを一手に掌握したのである。

大東諸島の鉄道について

玉置は、開拓を始めて三年目の一九〇二（明治三十五）年に鳥島における鳥獣運搬の例に倣い、南大東島において、手押しトロッコによる鉄道運搬を始めた。軌道は、一・五フィートの規格を採用した。東洋精糖の時代に移ると、同社は、玉置商会の軌道を撤去し、一九一七（大正六）年四月から二・五フィート（七六二ミリ）の狭軌軽便鉄道の敷設を開始した。一九四三（昭和十八）年二月には、線路総延長は約三二キロメートルに及んでいる。

戦時に大きな被害を受けるも、一九八三（昭和五十八）年に廃止されるまで、沖縄県においては、戦後の一時期、唯一の鉄道であったことから、島内の砂糖運搬のみならず、遠くは内地からも鉄道ファンが遠路はるばると試乗しに来るほど有名であった（**写真7**）。[24]

北大東島にも、燐鉱採掘のための軽便鉄道が約一〇キロメートルに渡って敷設された記録がある。[25] さらに、沖大東島には、戦前、採掘現場から燐鉱石を積み出すための大規模な鉄道が敷設されていたことが写真により確認できる。[26]

終戦直後の大東諸島

第二次世界大戦の際、大東諸島は硫黄島のように玉砕はしなかったが、三つの島とも日本軍の主要な陣地となったため、空襲と艦砲射撃により、製糖工場や家屋に大きな被害が出た。しかし、大東諸島は、あまり固くない石灰岩質でできていたため、避難壕を掘ることが容易であったため、人的被害は比較的少なかったと伝えられている。[27]

敗戦により、北緯三〇度以南の南西諸島および大東諸島は、米軍政におかれることとなった。しかし、大東諸島は、米占領下の制限された状況下で、皮肉にも明治政府以来、初めて自治体が設置された。

一九四六（昭和二十一）年六月十日、米軍関係者と共に沖縄民政府農務局長石橋好徳、農務局員福島文夫（元ラサ工業慶良鉱山所長）[28]が南大東島に上陸した。渡航の目的は、本来、燐鉱石の調査であったが、民政府からの命を受け、福島は民政官として、接収事務および統治代行機関として任にあたった。[29]

一九四六（昭和二十一）年六月十一日をもって日糖社の全資産は米軍に接収され、翌十二日付で南大東村、北大東村（沖大東島を含む）を設置する旨、告示がなされた。[30]

南北大東島は、全島を企業所有としていたため、同年六月十五日をもって会社の会計勘定を打ち切り、翌十六日付で南北大東島に村政を開始し、会計も同日付で開始した。大東諸島の戦後民政の復興開始は、一九四六（昭和二十一）年六月十六日と言うことができる。

写真７　木村崇京都大学名誉教授（左）と濱里保之産業課長（右）
南大東村ふるさと文化センター前に静態保存される大東糖業の軽便鉄道の前でボロジノ村の記録ビデオを木村氏が濱里氏に手渡す（筆者撮影）。

翌七月には南大東島に沖縄民政府大東支庁が設置されることが決まり、九月十一日に開庁した。[31] なお、同庁は一九四八（昭和二十三）年三月三十一日廃止。[32] 大東支庁長には、石橋が任命された。[33]

翌十月八日、日糖社事業は、完全に閉鎖された。製糖事業および戦前の企業統治の歴史が完全に停止した。[34]

南大東島村役所の設置[35]

一九四六（昭和二十一）年六月十五日、南大東村では、福島民政官が各部落長を区長に任命し、各区長の一致した推薦により、伊佐栄久（いさえいきゅう）を初代村長に任命した（六月十六日付）。[36] 村役所は、日糖社売店の東側を区切って開庁された。[37]

北大東島村役所の設置

一九四六（昭和二十一）年六月十五日、北大東村では、福島民政官が日糖興業株式会社北大東出張所の経理担当者であった前城（まえしろ）嘉達（かたつ）を区長の一致した推薦により村長に任命した。村役所は、日糖社の傭人クラブが利用された。[38]

沖大東島の戦後と大東諸島での燐工業について

特筆すべきは、沖大東島については、一九四五（昭和二十）年十月十四日に軍民共に全員が引き揚げて以降、無人島となって今日に至っていることである。島は、ラサ工業の所有で、一九六六

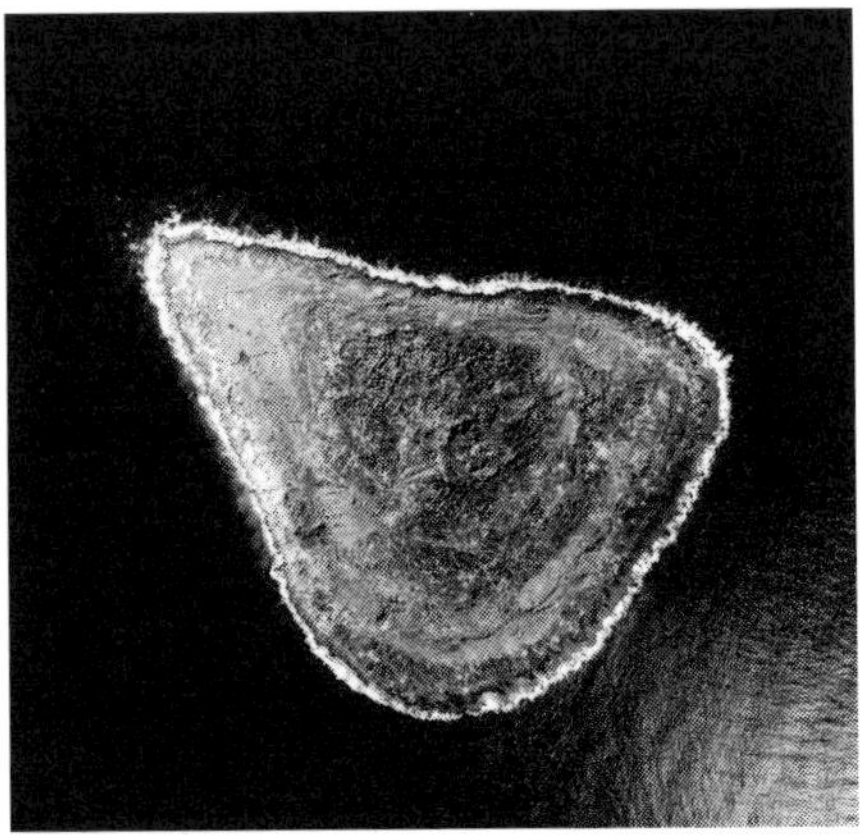

写真８　沖大東島の空中写真
国土画像情報閲覧システムによる
http://w3land.mlit.go.jp/WebGIS/index.html の
「カラー空中写真閲覧へ」
http://w3land.mlit.go.jp/Air/photo400/78/cok-78-2/c7/cok-78-2_c7_2.jpg
整理番号 COK-78-2, 撮影年度 昭和 53 年度 , 地区名 大東島 , 撮影縮尺 1/10000 , 地形図番号 NG-52-4-9,10,13,14,5 万分の 1 地形図名 南北大東島 , 撮影コース C7, 写真番号 2
緯度 24°　28′　23″／経度 131°　11′　3″

（昭和四十一）年以降米軍の射爆撃場となり、写真のとおり空爆の跡だらけで民間人は到底上陸できない（**写真８**）[39]。

北大東島における燐鉱業については、戦後、産出する燐鉱石の質の低下に伴い、一九五〇（昭和二十五）年九月、採掘の停止に至った[40]。

なお、ラサの名は、ラサ工業が一九六三（昭和三十八）年に阪神淀川駅近くの工場敷地を「ラサ国際スケートリンク」に転用した。一時は、スポーツランドとして名を馳せたこともあり、一昔前に阪神間に居住していた者にとって、ラサといえばスケートリンクを思い出す者も多い。

非琉球人の公民権剥奪について

戦後琉球列島においては、順次戸籍制度ならびに非琉球人の「外人登録（＊琉球法令用語）」の制度が整備されていった。南北大東島においては、開拓当初に移民した八丈島に本籍を置く者が非琉球人として「外人登録」をすることが義務付けられた。

南大東村議会（当時定数一二）では、一九五四（昭和二十九）年六月十九日付で非琉球人の議員五名が失格となるだけでなく、公民権を失った者たちが、やむを得ず、住み慣れた島を離れるという事態が起きた[41]。

両大東島土地所有権問題[42]

はじめに

南北大東島の歴史を振り返るとき、農民による土地所有権闘争を抜きに語ることはできない。

南北大東島は、玉置が開拓を始めた際、開拓農民たちに、三〇年間開墾すればその土地を与えるとの口約束をしたということに端を発するが、玉置の病没後、東洋製糖、日糖社と南北大東島を経営する者が交代し、戦中戦後の混乱期を経たために、その口約束を信じて農業に従事してきた島民と地主の日糖社および玉置の遺族との間でそれぞれ土地所有権の主張が衝突し、解決を見ない状況に至ってしまったのである。

さらに、戦後は、日糖社（大地主と主張するが、島の資産は、占領軍当局に接収された）と小作人（その多くが開拓初期に移民した八丈系島民に由来する島民で、小作料は支払わず、土地の私有を主張してきた）、さらに小作人のもとで働く沖縄県各地域からやってきた賃金労働者という島内の複雑な関係の調整も必要であった。

土地所有権闘争のはじまり

土地所有権問題は、一九五一（昭和二十六）年、日糖社が土地の現況を調査するために来島したことで再燃した。

キャラウェイ高等弁務官に直訴

島民と日糖社との間の闘争が一〇年に及び、立法院も見過ごしにできない大きな政治問題となったころ、一九六一（昭和三十六）年六月、当時の高等弁務官キャラウェイが視察のため大東諸島を訪問した際、南北大東両村長は、弁務官に直訴し、土地問題の解決に関し協力を請願した。

司法判断

しかし、政治闘争とは別に、島尻巡回裁判所は、日糖社に土地所有権があることを認定した（一九六二年九月五日決定、事件番号一九六二年（チ）第一号土地所有権認定申請事件）ので、島民たちは、アメリカ（米琉土地諮問委員会）に陳情することとなった。

米琉土地諮問委員会での解決

米琉土地諮問委員会は、司法手続に準じた審議を行い、一九六四（昭和三十九）年七月十七日に土地所有権が島民にあると認定した。

その理由は、大要「両大東島は日本政府から移住及び開発の許可を得て玉置半右衛門との契約を履行するために日本国民が一八九九（明治三十二）年頃に住みついた処で、その契約によれば最初の移住者とその承継人又は譲受人は、三〇カ年に亘って開墾し、農耕してきた。そして、現在の請求者又はその先代はこれらの土地を悠に三〇以上即（ち）約六〇年間も耕作し且利用してきたことによって各自の契約を履行してきた[43]」というものである。

日糖社は、これを受諾し、土地問題は完全解決が図られた。南北大東島では盛大に祝賀会を行った[44]。

さいごに

一九七二（昭和四十七）年五月、「琉球諸島及び大東諸島に関する日本国とアメリカ合衆国との間の協定（いわゆる沖縄返還協定）」により、大東諸島は、沖縄県島尻郡南大東村および北大東村として日本に復帰した。しかしながら、琉球列島から隔絶した位置にあり、隆起サンゴ礁の島々に住むこれら島民の生活は大変不利な条件の下にある。

那覇・大東間の交通路は限られ、旅行する困難は、未だ十分に解消されていない。テレビ放送は、地上波デジタル放送のサービスが開始されるまで、東京都内のアナログ放送を小笠原諸島に向けた衛星放送を見る不便を強いられてきた（したがって、沖縄県下の政見放送を見ることができなかった）。AMラジオは、周波数をFM変調しなければこれを聴取することができない。台風が襲来することにより交通途絶が何日にも及び生活物資が欠乏することが未だにあるし、急患搬送も自衛隊が担っている。中学生が卒業すると高校が島内にないため、教育費の負担は島民にとって大変重い。

未だにこのような不便を強いられると同時に、島特有の良好な環境、豊かな自然、濃密な人間関係ゆえに島外での活発な郷友会活動と大東を愛する旅行者との交流の深化など、換価できない大きな価値があることもまた事実である。

注

（1）住民基本台帳による人口は、平成二十三年三月三十一日現在、南大東村一二六三人、北大東村五二四人（「住民基本台帳年齢別人口」沖縄県企画部市町村課調べ）。「住民基本台帳年齢別人口」については、http://www3.pref.okinawa.jp/site/view/contview.jsp?cateid=38&id=2422&page=1.

（2）「軍艦海門沖縄群島探検并復命書（1）」（JACAR（アジア歴史資料センター）Ref.C06090956000）、「軍艦海門沖縄群島探検并復命書（2）」（JACAR Ref.C06090956100）。

（3）「軍艦海門沖縄群島探検并復命書（2）」（JACAR Ref.C06090956100 第34画像目）。

（4）「御署名原本・明治二十九年・勅令第十三号・沖縄県郡編制ニ関スル件」（JACAR Ref.A03020225300）。

（5）「南鳥島事件軍艦笠置　高千穂派遣并噴火の件（2）」（JACAR Ref.C06091434700）、明治三十五年　公文備考　巻四三土木三止外国人建白請願外交及騒乱（防衛省防衛研究所）、第32および33画面目。

（6）「八女あれこれ①〜国境の島と八女〜（八女あれこれ1）」http://www.city.yame.fukuoka.jp/kouhou_yame/arekore/a1.html.

（7）『南大東村誌』八六頁以下。

（8）中村十作記念館（上杉謙信公のふるさと上越市の観光のページ）http://www.city.joetsu.niigata.jp/site/kanko/kankou-shisetsu-itakura-1.html.『南大東村誌』八九頁、『北大東村誌』六六五頁。

（9）付記するに、玉置は、ラサ島を開拓する権利を得てはいたが、大正二年に開墾借地名義人を玉置からラサ島燐鉱株式会社に変更している（『北大東村誌』六八九頁）。

（10）『南大東村誌』九八頁以下、『八丈島誌』二二二頁以下。

（11）『八丈島誌』四〇二頁以下。

（12）『北大東村誌』一一一頁以下。

（13）陳述の内容は、一九六三年開催の米琉合同土地諮問委員会に玉置家側が自ら所有権を主張した際の申立書に記された内容である。『南大東村誌』八三九頁。

（14）『南大東村誌』一一三頁。

（15）「火山学者に聞いてみよう——トピック編 身近の火山：伊豆・伊豆諸島・小笠原　伊豆鳥島　Question #2488」http://wwwsoc.nii.ac.jp/kazan/J/QA/topic/topic202.html.

（16）『南大東村誌』一七三頁。

（17）『北大東村誌』一一三頁以下。

（18）佐藤博之『恒藤規隆と肥料鉱物調査所——百年史の一こま（5）』『地質

ニュース』一九八六年二月号）http://www.gsj.jp/Pub/News/pdf/1986/02/86_02_05.pdf. に詳しい。

（19）御署名原本・明治三十六年・勅令第二百三十九号・肥料鉱物調査所官制廃止（JACAR Ref.A03020579200）、御署名原本・明治三十六年・勅令第二百三十九号・肥料鉱物調査所官制廃止（国立公文書館）。

（20）（5）「南鳥島事件軍艦笠置　高千穂派遣并噴火の件」にて詳述。

（21）アンガウル州憲法（Angaur no Kempo）一二条（A）（筆者がパラオ共和国最高裁図書館で調査）。

（22）『南大東村誌』一七七頁以下。

（23）『南大東村誌』二九一頁以下。

（24）『南大東村誌』一二三、二四六―二五二、三四〇―三四二、七〇〇頁。

（25）『北大東村誌』二七二頁。

（26）『北大東村誌』六五一頁以下。

（27）『北大東村誌』二九一頁。

（28）『北大東村誌』六九九頁。

（29）『南大東村誌』四六五頁以下。

（30）沖縄民政府公報一九四六年二号一九四六年六月十五日公布「大東島を沖縄民政府行政区域に編入（沖縄民政府告示一九四六年四号―1）」。公報画像（http://www.archives.pref.okinawa.jp/kouhou/PDF/okinawamin/1946-06-15.pdf）。

（31）沖縄民政府公報一九四六年四号一九四六年八月一日公布「支庁の位置名称及管轄区域（沖縄民政府布告一九四六年八号）」「大東支庁長に対する委任事項（訓令一九四六年甲一三号）」公報画像（いずれも）http://www.archives.pref.okinawa.jp/kouhou/PDF/okinawamin/1946-08-01.pdf.

（32）『南大東村誌』四八六頁。

（33）『南大東村誌』四八八頁。

（34）『南大東村誌』四八九頁。

（35）復帰前の琉球列島では、自治体の役場は、市役所、町役所（ちょうやくしょ）、村役所（そんやくしょ）で統一されていた。

（36）『南大東村誌』四六六頁。息子は元祖大東そば富士食堂亭主として、南大東島で活躍する伊佐盛和氏である。栄久村長は、いわゆる「ウチナンチュぬハルサー（琉球人の百姓）」であり、六区長のうち五区長が八丈系である中で推挙されたのには特殊の事情があったはずである。北大東島の前城嘉達氏を村長に推挙した経緯とは違う。栄久村長は平成四年に死亡しており、村長の妻キヌ氏と盛和氏に聴き取りをしたところ、終戦直後、八丈系島民と琉球人とのわだかまりが大きく、教育を受けるため南大東を出ることもままならなかった状況にあって、本島で教育を受けた栄久氏が、人心をまとめ、初めての自治体設置に際して、適任ではないかという意見でまとまったようである。琉球人が村長に就く流れができたようであるが、結果として、一九五四年に琉球人以外の日本人や奄美人は、非琉球人として外国人になり公職追放されたのであるから、終戦直後の島民の判断は正しかったといえよう。

（37）『南大東村誌』四八八頁。西半分は、日糖社の閉鎖に伴い、島民の労働の場として結成された農業組合事務所が利用した。

（38）『北大東村誌』三〇八頁。

（39）『北大東村誌』六九二頁以下。

（40）『北大東村誌』四〇四頁。

（41）『南大東村誌』五一六頁、五二七頁。

（42）詳細は、『南大東村誌』「大東島土地問題の部」（七九五頁）、『北大東村誌』「大東島の土地問題特集編」（七〇五頁以下）。

（43）『南大東村誌』八五二頁以下、『北大東村誌』七五七頁以下。

（44）民政府布告一九六四年第二三号（一九六四年八月十四日）「両大東島の土地所有権について」（琉球政府公報一九六四年六五号）。公報画像http://www.archives.pref.okinawa.jp/kouhou/PDF/ryukyu/1964-08-14.pdf.

＊大東諸島の歴史を知るには、本稿で多数引用した『南大東村誌』（南大東村役場、二〇〇〇年）、および『北大東村誌』（北大東村役場、一九八六年）を基本書とすると良い。特に、『南大東村誌』を事実上編集した西浜良修氏、さらに南大東村元教育長松田秀夫氏には、多大な協力をいただいた。深く感謝する次第である。

南大東島観光大使として

吉澤直美

よしざわ・なおみ　神奈川県生。テレビ信州アナウンサー勤務を経てフリーランスへ。南大東島観光大使。二〇〇〇年より沖縄在住。

天気予報や、台風の時期になると、日本のはるか南の太平洋上に浮かぶ沖縄県南大東島は有名になる。台風銀座といわれるぐらい、台風が南大東島やその近海を通過して行くことが多いからだ（しかし、実際には、近年は台風が来ないこともあり、島民にとっては農作物への雨不足が心配されることもあるのだが――）。だから天気予報で名前は聞いたことがある、知っているという人はいても、島へ渡ったことがある、旅行したことがあるかといえば、まだまだ少ないのが現実であり、大概の場合「人が住んでいるとは思わなかった」「沖縄県だとは知らなかった」「飛行機が飛んでいるのも知らなかった」と、南大東島の名前以外は、よほどの島好きや島に縁のある方以外にはまだまだ知られていないことが多い。

たとえば、日本中を歩いている永六輔氏でさえ名前や存在は知ってはいたが「最後に行くところとしてとっておいた」のが南大東島だったそうだ。しかし、平成十七年十二月に島の商工会一〇周年記念にその永氏を島へお招きし、特別講演をしていただいた。奇縁にも永氏は島の出身者であり日本のオペラ界の奇才といわれた故粟国康彦氏と生前大変懇意であったことから、粟国氏を通して島に関心を寄せて頂いていたのだという。ついに、島を見て歩いた永氏は「隆起して海からそそり立つような島の地形や、船のお客はクレーンで吊り上げられて上陸するなど、いろいろ驚きの多い島だった、大変印象に残った」と話された。

誰もがこの島に来れば忘れられない体験が待っている。私が公式に南大東島観光大使になってからすでに一〇年以上経つ。ちょうど島が有人島一〇〇周年を迎える二〇〇〇年一月二十三日に向けて県内外へ島の特産品や観光など島のＰＲをしようと東京の大手デパートで開催された沖縄物産展に、「南大東島」コーナーが初登場した時、私は偶然司会という仕事で一緒になった（私の職業は今も当時もアナウンサー）。元々島巡りが趣味で、ちょうど南大東島旅行をしたばかりだった私は興奮した。島であるのに、北海道の大地のような広大さや、沖縄であってそうでないような独特な島の魅力にはまり、島ファン熱を発熱中だったので、これこそ縁だと感激し、島に行った経験を活かし島の大応援をし始めた。

それは物産展が終わっても東京のテレビやラジオ番組で自分の仕事中に「沖縄県の南大東島はもうすぐ有人島になって一〇〇周年です」と、周囲にあきれられるぐらい話していた。こうして勝手に島応援団からスタートして、やがて島からありがたくも公式観光大使としての拝命を受けることになり、今も島が大好きで観光大使を継続させていただき、永久不滅に応援したいと思っている。

島は沖縄本島の那覇から東へ約三六〇キロメートル、飛行機で那覇から一時間余りにある。島の外周は二〇・八キロメートル、人口一四〇〇人余り。島の基幹産業はさとうきび栽培。自然動植物は貴重な固有種が多く生存していることから、島まるごとミュージアムといわれている。

観光名所の一つ、神秘的な鍾乳洞（星野洞）の白く美しい様は東洋一！「バリバリ岩」とユニークな名前が付けられたポイントは、太古の歴史にタイムトリップしたかのような不思議な自然散策を体験できる。周囲の青く美しい海は魚が豊富で、マグロやサワラがダイナミックに回遊し、漁業を営む地元の漁師にはもちろん、ダイビングや釣りファンが虜になる極上の海がある。さらに島の大池には非常に珍しい国指定の天然記念物・内陸封鎖型マングローブ（オヒルギ群落）が広がり、貴重な野鳥や島のアイドル・ダイトウオオコウモリの観察、カヌーで池散策も楽しめる。

島ならではの味には「大東そば」「大東寿司」「大東ようかん」「シージャーキー」「黒糖」のほか、サトウキビから作る、無添加無着色の香り豊な地酒「ラム酒（ＣＯＲＣＯＲ（コルコル））」がある。

有人歴は一一一年と若い島だが、背景の歴史には意外なこともありロマンも多い。はるか昔（一八二〇年）、ロシアの艦船が航海の途中で現在の大東諸島を発見し、その船の名前から「ボロジノ諸島」と欧米の地図に記載された歴史を持つ。「ボロジノ」の名は今も島人に親しまれ、三線教室に通うこどもたちで構成する民謡グループは「ボロジノ娘」と名前がつけられるなど親しまれている。ロシアに現存する同名のボロジノ村はトルストイの戦争と平和に描かれ、ロシア軍がフランス軍のナポレオンを追い返した誇り高き栄誉ある土地。

一昨年初めて観光大使として民間交流の一歩としてロシアのボロジノ村を表敬訪問した折には島の景観が似ているところにも感動した。二〇一二年には島の代表も一緒に二度目の訪問を予定している。

次代を担う人材育成、島の文化歴史の発展に寄与すべく観光大使として島のＰＲに益々励みます。ぜひあなたも島へおじやりやれ（いらっしゃいませ）。

島であるのに、北海道の大地のような広大さや、沖縄であってそうでないような独特な島の魅力にはまり、これこそ縁だと感激し、島の大応援をし始めた。

ボロジノ娘（大東島の“ネーネーズ”）
Photo by Akihiro Iwashita

（壁面のラム酒広告に写っているのは
南大東島の唄者・濱里保之氏）

ボロジノからボロジノへ

【南・北大東島発見史】

木村 崇

●きむら・たかし　一九四四年満州（中国東北部）生。一九七一年、東京外国語大学大学院修士課程修了。京都大学名誉教授、北海道大学スラブ研究センター名誉研究員。専門・関心領域、ロシア文学、ロシア文化論。著書に『カフカース、二つの文明が交差する境界』（共編著、彩流社）。主要論文に「境界なき空間――時代的事象としてのボロジノ」（『境界研究』二号）など。

ボロジノという地名の分布状況

ロシアの地名には末尾に -vo とか -no のつくものがけっこうある。それらはたいてい村か、あるいはかつて村だった土地である。モスクワの空の表玄関のひとつ、シェレメーチエヴォもこの部類に属し、裕福なシェレメーチエフ伯爵の領地であった。姓の綴りの -ev/-ov とか -in はもともと、「だれそれの～」を意味する所有形容詞の語幹末で、中性名詞に係るとき短語尾の -o がついて、-evo/-ovo とか -ino に変化する。ちなみに村を意味する selo は中性名詞である。ついで selo を省略した所有形容詞のかたちが、そのまま不変化の固有名詞として使われるようになったというわけである。

ボロジノという地名は、かつてその村と農民とを所有していたのがボロジンという姓の地主であったことを思わせる。そういえばボロジンという有名な作曲家がいた。かれは、十九世紀初頭のロシア帝国によるグルジア併合の際、帰化貴族となったゲヂアノフ公爵の婚外子で、出生届では下僕ポルフィーリイ・ボロジンの子になっている。そのためポルフィーリエヴィチという農民臭い父称[1]を持つことになった。出自がわざわいしてギムナジウムには入れなかったが、立派な家庭教育を受けて育つ。かれが十七歳の時、別の人物に嫁いだ実母の骨折りで、(表向きは彼女の甥御として)商人身分を獲得したので、医学・化学アカデミーの聴講生になることができた。医学界で活躍しだしたころはすでに農奴制廃止の後だったから、かれの生活圏にボロジノという名の村があったとしても本人と結びつけることはできないであろう。

「あごひげ」を語源とするボロジンはありふれた姓なので、ボロジノという村はあちこちにできたと思われる。ロシア語版の世界地図で、地名索引の数では最大級と思われる(重さじつに六・四キロ)アトラス[2]で調べてみたところ、ボロジノという地名は一一カ所に現に存在していた。そのうちの七つは現ロシア連邦領内だが、ほかにウクライナとカザフスタンにひとつずつある。したがって旧帝政ロシア領内にあったボロジノで、存続したものは九カ所ということになる。モスクワ周辺が圧倒的に多く、いちばん近いものは市域の境界線となっている環状道路の真北あたりにある。クレムリンから東北東二〇〇キロ(以下、いずれも直線距離での概数)でウラジーミル市の五〇キロ北方向にさらにひとつ、西南西一〇〇キロのところに並んでふたつ、そして北北西一五〇キロのところにもうひとつと、計五カ所を数える。つぎに多いのはシベリアである。エニセイ河上流のほとり近くにひとつ、その三〇〇キロ下流にあるクラスノヤルスクから東へ一〇〇キロ内陸に入ったところにもうひとつの計二カ所だが、じつはこの他にもある。二〇〇〇年にイギリスで出版された大アトラス[3]によると、クラスノヤルスクからさらに一〇〇〇キロ下ったエニセイ河畔に三つめのボロジノが載っているからである。このボロジノがロシア語版に載っていないのはいったいなぜだろう。どちらのアトラスも頁によって縮尺がまちまちだから、精粗の差がまねいた結果かもしれない。英語版に載っているボロジノはロシア連邦が四つ、ウクライナ共和国がひとつの計五カ所しかないのも、そのためだろう。ウクライナのボロジノは、ロシア語版も英語版もオデッサの西方一二〇キロの、モルダヴィア共和国との国境近くにある。ロシア語版にしかないカザフスタンのボロジノは、セミパラチンスクの東南東三〇〇キロ地点の、アルタイ山脈西南端のふもとにある巨大な貯水湖付近に記されている。したがって二つのアトラスをあわせると、旧ロシア帝国領内のボロジノはエニセイ河下流のものも含めて一〇カ所で、総計は一二カ所ということになる。しかしこれですべてであるかどうかは定かでない。

さて、残りの二つは旧ロシア帝国領外のはるかかなたにある。ひとつはアメリカ合衆国のニューヨーク州に見つけることができる。オンタリオ湖の南に、細い指を五本そろえて置いたような湖があるが(じっさいFinger Lakesと呼ばれている)、その右手薬指と小指の間に位置するのがアメリカのボロジノである。ウェブ上で公開されている米国の「ボロジノ史」によると、一八一六年にこの町(実態は寒村)へやってきたベンジャミン・トランブル博士が名付け親ということになっている[4]。それまでのスパフォードという、ニューヨーク新聞の創設者で法学博士だった人物にちなんだ名称をやめて、わざわざロシアの地名を借用した事実は興味深いが、残念ながらなぜそうしたかの記述はない。推定される理由としては、一八一二年四月に開かれた第一回町民集会で正式に町役人が選出され、この時ようやく町としての一歩を踏み出した点が考えられる。アメリカでは一八一二年に対英宣戦布告がなされ、一八一五年まで続いたこの戦争にこの地の町民たちも大勢参加したという。一八一二年九月七日、ナポレオン率いる大軍を迎え撃って、ロシアの将兵が戦場のボロジノで見せた壮絶な防衛戦の報道が、自分たちの置かれた状況と重ね合わさり町民たちの心を揺さぶったのではないだろうか。だがこれはあくまでもたんなる推測でしかない。

さてロシア国外にある残りひとつのボロジノの所在地は、なんと日本なのである。

太平洋に浮かぶボロジノ諸島

あれは二〇一一年九月中旬のことだった。台風一五号が沖縄本島に接近する前に太平洋上でしばらく足踏みし、ゆっくりと円軌道を描いてみせたのを鮮明に記憶する。その真下にあったのがボロジノ諸島である。もうおわかりだと思うが、日本での島名は南大東島と北大東島である。

両大東島の島民は、自分たちの島がかつてボロジノ諸島という名前であったことをよく知っており、レンタカーやダイビングの会社、釣り具店などにはボロジノという名前が当たり前のように冠せられている。那覇に行けば南大東島出身者の経営するボロジノ食堂があるし、南大東島の特産品である黒砂糖を原料にしたCORCORという銘柄のラム酒のラベルには、South Borodino Islandという文字が印刷されている。南大東島を訪れた人は、モーニング娘ならぬ「ボロジノ娘」という少女民謡アンサンブルの元気のよい歌声を聞けるチャンスがあるかもしれない。島の伝統衣装と髪型といういでたちで、三線や打楽器を打ち鳴らしながら沖縄独特の節回しで歌う現グループは四代目で、みな小学生と中学生だ。島には高校がないから、才能豊かな娘さんたちも、その能力を伸ばすには島外へ出て行かねばならない。

沖縄には、はるか東方洋上にウファアガリシマという島があるという民間伝承がある。「ウフ」は「大きい」を、「アガリ」は「東」を意味するところから、島の現在名はこの伝承を踏まえての命名だと思われる。南大東島村誌によれば、一八八五年の日本領編入を機に、当時の海図にあった「ボロジノ諸島」という島名にかえて「大東島」と呼ぶことを決定したのは明治政府であった[5]。しかしその時点では南・北大東島はまだ無人島であった。島に入植者が上陸したのは一五年後の一九〇〇年のことである。その人たちの子孫が「ボロジノ」という名に愛着を抱いたのはなぜであろう。東京の人が「江戸っ子」と称したり、「お国はどちら」と聞かれて「信州です」とか「越後です」と答える人たちとおなじメンタリティだろうか。すこし違うように思う。なにしろ日本のボロジノに人は住んでいなかったのだから。そのことについて推察する前に、双子のように並んだ小さな珊瑚島がボロジノ諸島と命名されたいきさつを知っておく価値があるように思う。そうすればボロジノという名称自体が内包する意味合いと、人々を惹きつけずにはおかないその名の「磁力」がおのずと明らかになるであろうからだ。

時は今をさかのぼること一九二年前の一八二〇年八月十五日、二〇門の大砲を搭載した排水量六〇〇トンのロシアの大型帆船が、総勢一二二名の乗員と大量の物資を載せフィリピンのマニラ港を出帆した。この船は一路北米西岸のアラスカ最南端にある露米会社の本拠地ノヴォ・アルハンゲリスクをめざしていた。九月一日明け方、艦長ザハル・イワノヴィチ・ポナフィヂン海軍中佐は、島影発見の報を受ける。以下は彼が露米会社重役会宛てに提出した公式報告書にある新島発見の記述である。

「昨年の八月二十日〔現行暦では九月一日〕、穏やかな北西風のもと、早暁まもない、水平線にまだほの暗さが残るころ、推定一二ないし一五イタリア・マイル〔一二―一五キロメートル〕先の真北方向に、低い砂地の島が発見されました。その西から東までの幅はおよそ一〇〔イタリア・〕マイル〔一〇キロメートル〕でした。風向きがよかったので、近づいてみることにしました。島の緯度を測定するときは、調整済みの機器数台を用いて正午の太陽の高さを艦の所定の天測位置にて実施、また経度の計測には、マニラ滞在時に精度点検をして今日まで機器相互間の算定の作動差がほんの数秒しかないものを用いました。前者は北緯二五度五〇分一四秒、後者はグリニッジを起点として東経一三一度一一分三九秒という結果でした。／午後になって間もなく、同じ風のもとで島にそって航行を続けていたところ、そこから北北東方向に、最初のものによく似た島がもう一つ、一二マイルほどの位置関係で姿を見せました。両島間は海面がおだやかなところから、海峡の水深は深いものと判断します。本船の本来の使命とは異なりますし、その時はこれらの島からほとんど真向かいに吹いてくる風も弱く、島の形そのものからして航海者にはなんら有益なものはもたらしそうもなかったため、付近に留まることはいたしませんでした。測定は正確に、完全かつ成功裏になされたはずであると思いましたので、見るからに不毛と断定してよい砂状の丘陵や岬を、これらの島に近寄ってスケッチするために航行を遅らせたところで、また水を確保できない島だと判断できることもあって、なんら益するところはないと考えました。それらの島の方位測定をした際、二度にわたり船から一〇〇サージェン〔二一三メートル〕の段索に繋いだ鉛錘を投げ入れましたが海底には達せず、コンパスの〔磁場〕偏角は両島から一度二八分東寄りであると算定されました。新旧いずれの地図にも、またこの経度の海域を通過した著名な航海者たちの航海記にも、このあたりには岸らしきものは毫も見いだせないので、これらの島はみな、あえて我ら自身の発見に帰してよいと考え、したがってこれらの島を艦名に因んでボロジノ諸島と命名いたしました」(6)。

実際の緯度・経度とは若干の差があるが、ポナフィヂン艦長が新島と見なした島々は、たしかに現在の南大東と北大東である。また艦名の「ボロジノ」からとって、ロシア語で Borodinskie ostrova（ボロジノ諸島）と名付けたということがわかる。

ボロジノという名称の象徴化

ボロジノ号がイギリスから購入した新造船であることは、一八一八年の露米会社株主総会への報告書に書かれている。したがって一八一二年の「ボロジノの戦い」の熱気がまださめやらぬ一〇年代に建造され命名されたことはたしかなので、ポナフィヂンの載った艦船はまちがいなく初代「ボロジノ号」である。ロシア海軍史の文献をひもとくと、このあとにも続々とボロジノ号が登場する。日本になじみの深いものとしては、一九〇五年の日本海海戦においてあえなく沈んだロシア戦艦の中にもボロジノ号という船があった。なお「ボロジノ」という名称は前弩級艦の艦級を表す「ボロジノ級」という言葉としても定着していた。このことからも、ロシア人が「ボロジノ」という響きに並々ならぬ思いを寄せてきたのがよく分かる。

かれらの言うボロジノとは、モスクワの西北西一〇〇キロのところにあるボロジノ村（他にもシェヴァルジノとかセミョーノフスコエなどの村々が戦場になった）に面する、四方を森で囲まれ大きく開けたボロジノヶ原（Borodinskoe pole）のことである。一九九九年版のロシアの地図ではボロジノ村が二つ隣接していることになっているが、現在は近隣の村や集落など計四六カ所の居住地点をまとめて人口三三八〇人の大きなボロジノ集合村落となり、旧戦場跡もそのテリトリーに入っている。なお白壁平屋の農家を思わせる役場は、元来のボロジノ村の教会の近くに置かれている。歴史に残る戦場となったためか後世になって、いかに戦場にふさわしい地形であったかと強調されることが多い。しかし実際には、露仏両軍が幾度となく奪還をくり返し、死者の山を築いたことで有名な大角面堡（Bol'shoi redut）さえ、今訪れてみるときわめてなだらかな丘で、起伏差は校庭の築山ほどしかない。トルストイは『戦争と平和』のなかで皮肉たっぷりにこう書いている。

「ロシア軍は最良の陣地を探したことなどなかった。それどころか、ボロジノよりよい陣地を退却中にたくさん通り過ごしていたのだ。ロシア軍はそういった陣地のどれひとつにも踏みとどまらなかった。そのわけは、クトゥーゾフがひとの選んだ陣地を受け入れたがらなかったからでもあれば、人々の全体的戦闘意欲がまだ十分に盛り上がっていなかったからでもあり、いまだ民兵を率いたミロラードヴィチが到着していなかったからとか、そのほか数え切れないほどの他の原因があったからでもあった。事実は、通り過ごしてきた陣地の方がずっと強力で、ボロジノ陣地（戦場として授かったかの地）は脆弱だっただけでなく、当てずっぽうにロシア帝国の地図にピンを刺して示したどんな場所より、多少なりともすぐれたところのある陣地などでは決してなかったということである(7)」。

だがこの箇所に皮肉だけを読み取るなら、大きな過ちを犯すことになるだろう。トルストイは歴史の流れを決める原動力とは何かを探し求めていたのである。だから「人々の全体的戦闘意欲がまだ十分に盛り上がっていなかった」という指摘は真実の一端を伝えている。総司令官のクトゥーゾフ将軍もそれを知っていて、戦略や戦術を越えた何かが彼に陣地を選ばせる秋を待っていたふしがある。たしかに、ボロジノという土地の地形自体に何かとりたてて優位なところがあったわけではない。要は、一〇万人を優に超えるロシア軍が、「もうこれ以上退却を続けるのは我慢がならない」という気持ちでひとつにまとまった、そしてそこがボロジノだったということなのだ。

同じことをレールモントフも「ボロジノ」（一八三七年作）という詩に書いている。一八一四年生れの詩人と同世代らしい若い兵士がボロジノ戦で生き残った老兵に、「教えてくれよ、おやじさん」と問いかける言葉で始まる一四連のこの詩の、三連目と四連目はこうなっている。

「長いことだんまりきめて退却ばかりさ／くやしかった、戦いが待ちどおしかった／すると別のおやじさんらが、吐き出すみたいに口を開いた／わしら何かい、越冬宿営にでも行くんかい？／あちら様の司令官たちゃ何かい、ロシア兵の銃剣で／軍服穴だらけにされねえとでも？／そしたらでっかい原っぱがみつかった／すきなだけお遊び出来そうな場所だ！／壕を掘っては砦を築いた／戦友たちは天にも昇る気持ちさ！／朝日がほんのり照らし出したのは砲列／そして森の梢の青いぎざぎざも／フランス野郎たちがあっちにも、ほらあっちにも(8)」。

レールモントフの世代にとってボロジノの戦いは未知の過去になりつつあった。トルストイはさらに後の世代である。「おやじさんたち」のリアルだった話も、時代と共に勇猛で崇高な物語性を色濃くしてゆく。ボロジノはこうして、血と土埃と硝煙、目を覆うような死体の山や手足をもぎ取られた負傷兵の群れという惨劇の場から、ロシアの運命を決した「聖なる地」へと昇華していったのである。この流れに抗おうとしたレールモントフやトルストイの努力は徒労だったかもしれない。しかし、日露戦争の神話化に積極的に荷担し、日本人の歴史観を歪めてしまった日本の作家や映画監督たちなどにくらべれば、その文学精神には雲泥の差があったといえよう。

新島発見とその命名法

ふたたび一八二〇年九月一日に戻り、新島発見時のポナフィチン艦長の心境を推察してみよう。この頃、未発見島嶼はまだかなりたくさんあった。それどころか樺太（サハリン）が島だということさえも、鎖国下にあった日本国内でだけ知られていた事実で、当時の世界の海図にはみな半島として描かれていた。北海道のオホーツク海岸ですら未詳の地としてあやしげなかたちで描かれていたほどなのだ。だからポナフィチンが、どの海図にも、有名な航海者たちの書いたものにも載っていない二つの珊瑚島を発見して、気持ちの昂ぶりを押さえきれなかったのは無理もない。

十九世紀という時代は、新島発見情報が寄せられると、つぎつぎに海図に書き加えられていくという有様だったらしい。だから海図上に記載されても存在確認のできないものも当然出てくる。そういうものを指す「疑存島」という海図用語まであり、いつまでも存在が明らかにされないものにはＥＤ（Existence Doubtful）という記号が付されるという。(9) 功をあせるあまり島でないものを島と見誤ったり、なかには意図的に虚偽情報を伝えたものもいたのであろう。いずれにせよ、海図に記載された島嶼は再確認が必要となる。ポナフィチン艦長の報告書には、かれのまじめな性格がよく表れている。最終目的地付近まで来て、緯度・経度が正確に分かっているある岬を測定し、航海中に使用したクロノメーターが三マイルの差もなかったということを報告書に特筆していることにも、その性格がよくうかがえる。

測量データだけでなく、島の形状、付近の水深や潮流、風向き、天候のくわしい記述・描写などはもちろんだが、発見した島にどんな名前を付けるかも大事である。これは発見者に与えられる特権であり、ロシア語名が国際的な海図に記載されるわけだから、あだやおろそかに命名することはできない。じつは、ポナフィチンは四日後にももうひとつ新島を発見している。報告書の中程にある次の文書からは、彼の命名に対する姿勢がよく読み取れる。

「八月二十四日〔現行暦、九月五日〕一〇時、上述いたしました島々〔全聖人島と聖フォマー島、現在の須美寿島と孀婦岩〕の、一方よりは北、他方よりは南の中間にさしかかったとき、艦の船首の真正面に三つの高い丘のある島が見えました。正午にそれと同じ緯度線に並びましたが、その緯度は北緯三〇度二九分、経度は東経一四〇度六分三〇秒でした。この発見によって全聖人島と聖フォマー島の存在意義が損なわれることのないよう、またおのれの栄誉心におもねることなく、さらには航海者たちが気づきやすいよう、私はこの島を三丘島と名付けました。本文書に添付いたしました島の図を御覧になればこれが、海鳥が羽を休めるためにしか益のない断崖絶壁以外の何ものでもなく、この近辺の海上を航行する者にはこう命名したことによって、わかりやすい目印となるであろうことがおわかりいただけるでしょう」。ここで注目したいのは「おのれの栄誉心におもねることなく、さらには航海者たちが気づきやすいよう」という文言である。この島の特徴である「三つの丘からなる岩礁」を意味する「三丘島」という名称には、付近を航行するものたちが気づきやすいようにとの配慮があったのである。ところで、南大東村誌は「彼〔ポナフィヂン〕は伊豆諸島も探検したようで現在の鳥島（三子島）を視認して、自己の名に因んでポナフィディン島と命名している」と書いているが[10]、これは誤りである。かれはすでに知られていた二つの島の中間点を通る航路を採ったに過ぎない。また「ポナフィヂン島」と命名したのは、日本の北辺海域調査でも名高いクルゼンシュテルン海軍少将であって、自分が一八二六年に作製した新しいアトラスに勝手に島名を変えて記載したのである。ポナフィヂンという人は、発見した島に自分の名前を付けるなどという、不遜きわまる行為を自らに許すような人ではない。このような高潔で質実な人間が、最初に発見した二島に、艦名に因んで「ボロジノ諸島」と名付けたのには深いわけがあった。

ネヴァ川河口沖の島クロンシュタートと、アラスカのノヴォ・アルハンゲリスクを往復したロシア艦船による世界周航は、一八六七年までの六〇年間に四三回を数える。この中でボロジノ号の航海は、往路で一九名、復路で一五名のあわせて死者三四人という最大の犠牲者を出したため、もっとも悲劇的な世界周航としても知られている。総員が一二二名だから、ポナフィヂン艦長はじつに三分の一近くの部下を失ったのである。「ボロジノの戦い」での露仏両軍の戦死者は一時間あたり六〇〇〇人以上という、世界の戦争史上に類を見ないほどの高い比率であった。これは有名なスタリングラード攻防戦の時間あたり戦死率をはるかに上回るものであった[11]。戦場での戦死と航海中の病死は同列視できないかも知れないが、殉職であることに変わりはない。「ボロジノ」という命名には、軍人らしい祖国への敬愛とともに、最激戦地同様の犠牲者を出してしまったポナフィヂン艦長の鎮魂の思いが込められていたのである。

ボロジノ諸島の実在確認

ロシアの地図に「ボロジノ諸島」の名前がはじめて登場したのは一八二六年出版の、当時としては最新印刷技術のリトグラフによる超大型の地図帳である。クルゼンシュテルンのアトラスと同年の出版だが、少し先んじている。『東太洋〔太平洋のこと〕北部のアトラス』と題するこの地図帳は、海図局長の職にあったサルィチェフ海軍中将みずからの監修によるもので、ここに「ボロジノ諸島」の名がロシア語で初めて記載されたのである。これには新規発見島の情報について、発見者名とその職名、発見年、緯度・経度確定根拠などについての情報も書かれている。ポナフィヂンが発見した三つめの島「三丘島」もO. Trekh Kholmov とロシア語名で書かれている。クルゼンシュテルンはヨーロッパで読まれることを意識したからであろう、地名は当時国際語であったフランス語で表示している。そのためサルィチェフ版では Os-va Borodinskie や Os. Trekh Kholmov とロシア語で書かれた島名が、それぞれ I-s Borodino、I. Ponafidine として転記されている。

さて、ボロジノ諸島の存在確認はいつ行われたのであろう。海図作製の責任者であるサルィチェフは一八二八年、ノヴォ・アルハンゲリスクに向かうクロトキー号の艦長ガゲメイステル海軍中佐(一八一八年、露米会社の新社長に就任)に、一連の新規発見島について航海中可能な限りその存在を確認するよう託しており、その中にはボロジノ諸島も含まれていた。ガゲメイステルは寄港先から本省に宛ててこまめに航海報告をしたためて送っており、存在を確かめることができた島についても詳しく書いている。しかしその中にボロジノという島名は出てこない。クロトキー号が帰帆したのは一八三〇年の九月であるから、ポナフィヂンの発見についての裏付けは、少なくとも一〇年間はなされていないことになる。EDという印は付けられてはいないと思うが、事実上「疑存島」の状態が続いていたわけだ。

ボロジノ諸島の存在が初めて確認されたのは一八五三年六月二十二日である。発見からじつに三三年近い歳月が過ぎていた。それを成し遂げたのはあのペリー提督であった。『日本遠征日記』のなかにわりと詳しくそのいきさつが述べられている。

「こうしてディサポイントメント島すなわちロザリオ島の位置を確認できたので、こんどは〔小笠原諸島から〕琉球に戻るついでにボロディノス群島を見たくなった。そこで、海図の記載にもとづいて、この島々にまっすぐ船を向けるように命じた。/六月二十二日、真正面に島影を認めた。近づいてみると、二つの島が五マイルほど離れて北北東から南南西方向に並んでいるのがわかった。この二つは珊瑚島のようだが、高所にかなりの大木が生えているところを見ると、非常に古くできたものらしい。最も高い部分は海抜四〇フィートほどだろう。周囲の海には障害物はなさそうだったが、海岸線に適当な湾入がなく、安全に錨泊できそうな場所が見つからなかった。/人の住んでいる気配はなく、どちらも無人島と思われる。推計だが、南側の島は北緯二五度四七分、東経一三一度一九分だった」[12]。ペリーが「ボロディノス群島を見たくなった」のはなぜだろう。

じつは同じ頃、ボロジノ諸島をどうしても見たがっていた人がもう一人いた。ペリーと覇を競い合うようにして日本を訪れていたロシアの遣日使節プチャーチンである。かれは長崎での五回目の交渉で、ようやく徳川幕府側から条約締結に向けてのよい感触を得たらしい。そこでプチャーチンの艦隊は一八五四年二月五日、長崎港を出てスペイン領のマニラへ向かった。英仏との戦争の危機がせまっていたが、信用手形を受け取る必要があったからである。スペインは中立だったから相対的に安全だった。唯一の汽走船であったヴォストーク号は、郵便物の受け取りと情報収集のため、別途上海へ向かわせてあり、艦隊はマニラへ行く前に一度那覇港に集結した。じつはこの時、上海から戻ってきたヴォストーク号には、汽走船の機動性を生かした新たな任務が与えられた。ボロジノ諸島探索が命じられたのである。艦隊本隊がマニラに到着するのは二月二十八日で、ヴォストーク号が任務を終えマニラで合流したのはその一週間後であった。したがってヴォストーク号の乗組員がボロジノ諸島へ上陸し、島の探検を行ったのは一八五四年の二月中旬であろう。この時同船の軍医ヴェイリフが島に自生していた植物を採集してペテルブルグに持ち帰った[13]。ロシア科学アカデミー植物学研究所の付属植物園には、この時採集されたボロジノニシキソウの標本が保管されている。

　日本外交史上に大きな足跡を残した二人の人物が、同じころはからずも太平洋上の「ボロジノ」を見たくなったのは、けっして偶然ではない。「ボロジノ」は世界の戦史に通暁していたはずのこの二人の軍人の胸の中に、心象風景として眠っていたのだ。沖縄や小笠原諸島へ航行することになったとき、かれらは海図に「ボロジノ」という文字を発見した。だから二人にとってこれは、心の中の「ボロジノ」から、未知の現実空間に実在する「ボロジノ」への旅だったのである。

注

（1）ロシア人は本人の名の他に、父親の名から派生させてつくる父称というものを持つ。名に父称をそえて呼びかけると、日本語の「〜さん」にあたる丁寧な表現になる。

（2）ATLAS MIRA（tret'je izdanie）, Federal'naia sluzhba geodezii i kartografii Rossii, M. 1999.

（3）*The Times Comprehensive ATLAS of the WORLD*, Times Book, London, 2000.

（4）http://www.borodinobullet.com/History/history_borodino.htm（二〇一一年九月二十一日閲覧）。

（5）南大東島村誌編集委員会『南大東村誌』改訂版、一九九〇年、六三頁。

（6）モスクワにある帝政ロシア外交文書館（AVPRI）に保管されている現物からの訳。

（7）*Tolstoi, L.* Polnoe sobranie sobranie romanov i povestei v dvukh tomakh, T. I. M., 2009. S. 619-620.

（8）*Lermontov, M.* M. Yu. Lermontov. Sobranie sochinenii v chetyrekh tomakh, T. I. M., 1986. S. 43-44.

（9）長谷川亮一『地図から消えた島々——幻の日本領と南洋探検家たち』吉川弘文館、二〇一一年、二三頁。

（10）前掲書、六五頁。

（11）100 bitv, kotorye izmenili mir,1(Borodino-1812),DeAGOSTINI,2011,S. 22.

（12）M・C・ペリー『ペリー提督日本遠征日記』木原悦子訳、小学館、一九九六年、四〇頁。

（13）Bretschneider. E. *History of European Botanical Discoveries in China* (London, 1898), p. 573.

母島（新夕日ヶ丘から向島を望む）
Photo by Hironobu Yamagami

Ⅶ 小笠原

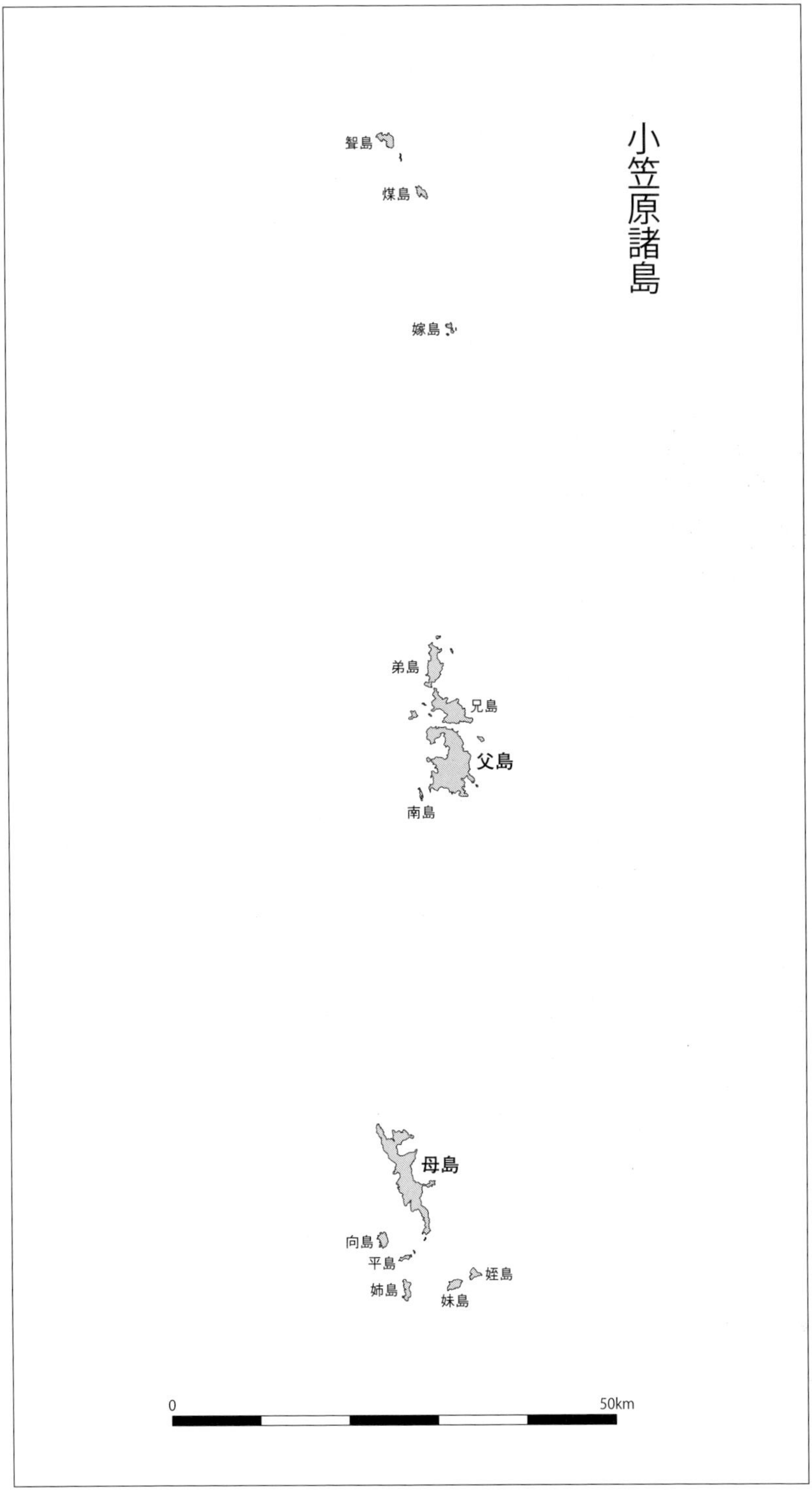
小笠原諸島
聟島
媒島
嫁島
弟島
兄島
父島
南島
母島
向島
平島
姪島
姉島
妹島
0
50km

ディアスポラの島々と日本の「戦後」
【小笠原・硫黄島の歴史的現在を考える】
石原俊

国境と小笠原
【南北八〇〇キロ・東西一六〇〇キロの小笠原村】
渋谷正昭

〈コラム〉小笠原諸島の地理と歴史
延島冬生

生態学からみた小笠原
可知直毅

潮目のまなざし
【ヘンドリック・セーボレー=瀬堀信一さんの回想】
南谷奉良

越境してきた小笠原ことば
【その複雑で豊かな言語史】
ダニエル・ロング

チリ地震津波の体験
【イーデス・ワシントン=大平京子さんの回想】
今村圭介

「南洋踊り」が物語る歴史
【小笠原の越境性と多文化性】
小西潤子

〈コラム〉医師の目からみた小笠原
【国境としての小笠原離島医療の特徴】
越村勲

ディアスポラの島々と日本の「戦後」

【小笠原・硫黄島の歴史的現在を考える】

石原 俊

●いしはら・しゅん 一九七四年京都市生。二〇〇二年、京都大学大学院文学研究科社会学専修博士課程修了。明治学院大学社会学部准教授。専門・関心領域、歴史社会学、島嶼社会論。著書に『近代日本と小笠原諸島——移動民の島々と帝国』（平凡社）『殺すこと／殺されることへの感度——二〇〇九年からみる日本社会のゆくえ』（東信堂）など。

世界自然遺産登録と米軍FCLP移転問題
——〈二〇一一年〉の小笠原・硫黄島をめぐって

二〇一一年に話題になった二つの「時事問題」から始めよう。ひとつは、東京都心の南方ほぼ一〇〇〇キロメートルに位置する小笠原諸島（父島・母島とその周辺の島々）が、六月にユネスコ世界自然遺産に正式登録されたことである。一度も大陸と陸続きになったことがないため動植物の固有種が豊富に生息する小笠原諸島の「美しい自然」「珍しい自然」は、世界遺産登録を機に日本のマスメディアでも大きく取りあげられた。

他方で日本のマスメディアは、この群島とそこで生きてきた人びとがどのような歴史的経験をたどってきたのかについて、正面から取り上げることはあまりなかった。たしかに十九世紀の小笠原諸島の「領有権問題」にかかわるエピソードは、マスメディアでもいくらか言及された。たとえば、この群島の最初の定住者が「日本人」ではなく「アメリカ人」や「イギリス人」や「ハワイ人」であったことや、外交交渉を経て結果的に日本領となったことなどである。しかし、これらの報道の多くは、日本という国家の中心（東京）からの視線によって小笠原諸島の歴史的エピソードを断片的に切り取るにとどまり、「アメリカ人」や「イギリス人」

や「ハワイ人」の移住者とその子孫たちが近代日本国家のなかでどのような状況をくぐりぬけてきたのか、あるいは「日本」から入植した人びととその子孫たちがこの群島をどのように開拓していったのか、そしてかれらがアジア太平洋戦争や「戦後」をどのように生きぬいてきたのかといった、島民の社会史的経験に焦点をあてることはほとんどなかった。

もうひとつは、小笠原諸島の世界遺産登録よりはるかに注目度が低いが、父島から南南西約二七五キロメートルに位置する硫黄島（管轄自治体は東京都小笠原村）から種子島の西方一二キロメートルに位置する馬毛島（まげしま）（管轄自治体は鹿児島県西之表市）への、米軍空母艦載機陸上離着陸訓練（Field Carrier Landing Practice／FCLP）の移転計画をめぐる動向である。自民党政府・防衛省は、米軍空母艦載機の岩国基地への移転を視野に、二〇〇七年からFCLPの馬毛島への移転を検討してきたが、自民党に代わって政権の座についた民主党政府・防衛省は二〇一一年六月以降、近隣の島々とりわけ種子島の住民の反対を押し切って、これを強行しようと画策し始めた。本稿執筆中の二〇一一年十月十五日付『南日本新聞』の報道によれば、すでに種子島と屋久島の一市三町では反対署名数が人口の半数を超えており、首長も四名全員が反対の立場であるという。本稿校正中の二〇一二年一月二十八日付の同紙によれば、二十日までに反対署名は地域外を含めて一〇万筆を超えたという。

軍用機のタッチ・アンド・ゴーによって猛烈な騒音を伴うFCLPは、現在のところ主に硫黄島で実施されている。日本政府・防衛庁は一九九一年、厚木基地などにおいてFCLPがもたらす騒音公害への住民の抗議に対応するため、FCLPを硫黄島の海上自衛隊の滑走路に「暫定的」に移転させた。空母の機動力を高めるために行われるFCLPは、昨今ますますグローバル化・分散化する米軍の展開のために必須の訓練だと主張されるが、FCLPの移転計画は日本各地において地元住民の激しい反対運動に遭い、頓挫し続けてきた。日本政府・防衛庁（防衛省）はそのため、米軍が地元住民を顧慮することなく訓練を実施できる硫黄島に、とりあえずFCLPを置いてきたのである。

だが、硫黄島に地元住民がいないというのは、適切な表現ではない。精確にいえば、北硫黄島・硫黄島・南硫黄島からなる硫黄諸島には現在、かつての島民や地権者とその子孫（行政用語では「旧島民」）を含む、民間人の居住が一切認められていないのである。[1] 硫黄諸島「旧島民」の大多数が故郷の地を踏めるのは、政府諸官庁・都・自衛隊などの後援を受けてほぼ年二回実施されている、日帰りの「墓参」のときだけである。[2] すなわち硫黄島にFCLPが「暫定的」に置かれているのは、「旧島民」に故郷での再居住を許さない状況を作ってきた日米両政府自身が、さらにこの状況に便乗した結果なのである。

かりにFCLPの軍事的必要性を是認する立場をとる場合でも、

そもそも住民が追放され難民化している場所で実施されること（硫黄島）も、近隣住民が生活する上での受忍限度を超えるような激しい騒音公害をもたらす場所で実施されること（厚木基地、馬毛島）も、どちらも許されるものではない。また日本政府は、たとえ硫黄島から馬毛島へのＦＣＬＰ移転を強行したとしても、硫黄諸島「旧島民」の再居住の可能性については一切言及しないものと予想できる。

では、小笠原諸島の世界遺産登録が言祝がれる傍らであまり語られることのない、この群島に生きた人びとの社会史的経験は、いまどのように捉えられるべきだろうか[3]。硫黄諸島「旧島民」はなぜ、どのようにして、故郷に帰れない状況に置かれ続けてきたのだろうか[4]。小笠原諸島の世界遺産登録の傍らには、また硫黄島からのＦＣＬＰ移転問題の背後には、「時事問題」という狭い枠組みではとうてい切り取ることのできない、これらの群島に幾重にも折り重なってきた近代経験――とりわけ島民たちの「戦争」経験と「戦後」経験――が横たわっているのである[5]。

〈捨て石〉化の始まり――地上戦の計画と島民の難民化／動員

現在、小笠原諸島と聞いて日本国内の多数の人が思い浮かべるのは、その「美しい自然」「珍しい自然」といったイメージであろう。また硫黄島と聞いて多くの人が連想するのは、「地上戦」というイメージであるにちがいない。二〇〇六年に公開された硫黄島の地上戦を題材とするクリント・イーストウッド監督のいわゆる「硫黄島二部作」も、このイメージにすくなからぬ影響を与えたと想定できる[6]。しかし、あまり知られていないことだが、硫黄諸島のみならず小笠原諸島でも地上戦は想定されていた。

一九四四年、サイパン島を奪取した米軍は、次の侵攻候補地として台湾など複数の地域を検討した結果、硫黄島と沖縄への侵攻を決定した。いっぽう日本軍も、複数の滑走路を有する硫黄島と強力な要塞を擁する小笠原諸島にて地上戦を計画していた（防衛庁防衛研修所戦史室 1968: 259-265）。もはや日本の敗戦は確定的であったが、周知のように日本の戦争指導者たちは、「国体護持」を含む有利な条件での講和に持ち込む目的で降伏を引き延ばした。小笠原諸島と硫黄諸島は、沖縄諸島とともに、本土（東京）防衛の〈捨て石〉として利用されたのである。

一九四四年六月十五日、小笠原・硫黄諸島が米軍による最初の大空襲を受けたことから、栗林忠道・小笠原兵団長が陸軍大臣に対して非戦闘員の「引揚」を具申し、その結果六月二十六日には東京都長官が内務・厚生両次官の通牒に基づいて小笠原支庁長に「引揚命令」を発動した。結局四四年四月から七月までの約四カ月間に、小笠原諸島民六四五七名のうち五七九二名、硫黄諸島民一二五四名のうち一〇九四名が「内地」に強制疎開させられることになった。両諸島からの疎開者のうち、東京都長官の「引揚命令」以前に二一〇四名の疎開者があった。これは「希望による」疎開であって強制疎開でないとする向きもあるが、[7] すでに大本営は四四年二月段階で、米軍のマーシャル諸島への進攻を受けて小笠原・硫黄諸島を本土（東京）防衛のための前線として使用する作戦計画を策定しており、その意を体した陸軍が小笠原村役場と警察に対して住民の疎開を内々に勧告していたのであるから、六月二十六日以前の疎開も含めて全島強制疎開と表現するほうが適切であろう（東京都［1953］2005: 252-259、防衛庁防衛研修所戦史室 1968: 299-300、小笠原諸島強制疎開から五〇年記録誌編纂委員会 1995: 252-258)。

両諸島の住民は、携行を許されたわずかな荷物を除いて、家屋・畑・船舶とそれに付随するすべての財産の放棄を余儀なくされた。アジア太平洋戦争末期の疎開という言葉からは、内地の都市住民が空襲から逃れるために農山漁村に避難する行動が連想されるだろうが、小笠原諸島や硫黄諸島からの強制疎開は実質的に強制追放であり、これらの群島の住民は〈疎開難民〉（疎開ディアスポラ）となったのである。[8] 父島からの強制疎開者のなかには、当時駐留日本軍当局から「帰化人」＝潜在的「スパイ」とみなされ、きびしい管理と監視の対象になっていた、先住者の子孫たちも含まれていた。

小笠原諸島（英語名：Bonin Islands）は十九世紀初頭まで無人島であったが、一八二〇年代に入ると、当時の主要燃料であり世界商品でもあった鯨油を求めて、米国などを拠点とする捕鯨船が北太平洋で活動するようになり、この群島が北西太平洋における捕鯨船の寄港地として注目され始めた。そうしたなか、寄港する捕鯨船との交易などで生計を立てるべく、ヨーロッパ出身者、北アメリカ出身者、ハワイの先住民などからなる移民団約二五人が、オアフ島からこの無人島に入植し、初めての長期定住者となったのである。

その後も、どの国家の統治下にも組み込まれていなかったこの群島には、当初から入植を目的としていた移住者のほか、寄港した捕鯨船・商船・軍艦などから「病気」などを理由に降りた人、船長によって置き去りにされた人、船上での過酷な労働や上級船員の虐待に耐えかねた脱走者、難破船からの漂着者など、世界各地を出自とする雑多な人びとが住み着き、一種の自主管理領域をつくりあげていった。[9] そして小笠原諸島は、北西大西洋における捕鯨船の重要な寄港地として発展していったのである。

だが一八七五年、明治政府は小笠原諸島に軍艦・明治丸で官吏団を派遣し、世界各地から移住してきていた先住者たちに対して日本国家の法を一方的に宣言したうえで、これへの服従を誓約させ、翌年には欧米一六カ国の公使に向けてこの群島の領有を宣言した。[10] そして明治政府は、統治機関として設置した内務省小笠原島出張所とその後継機関である東京府小笠原島出張所の命により、一八八二年までに先住者全員を日本帝国臣民＝国民として帰化させていった。しかし、かれらは臣民＝国民となったにもかかわらず、日本当局から「帰化人」というカテゴリーで掌握されたのである。

いっぽうで一八七七年以降、明治政府の経済的支援のもと、内地（伊豆諸島を含む）から小笠原諸島への入植が開始され、世紀転換期にかけて糖業が主産業として定着していくなかで、この群島の人口は急激に増加した。一九二五年前後に国際市場糖価が下落すると、冬季の内地市場に向けた蔬菜栽培へと主産業がシフトする。小笠原諸島は当時の東京と「南洋群島」を結ぶ南洋航路の中継地であり、京浜市場と直結していたこともあって、この群島の農業経営は一九三〇年代に最盛期を迎えたのである。[11]

硫黄諸島（火山列島／Volcano Islands）も小笠原諸島と同じく無人島であり、一八九一年に明治政府が勅令によって領有を宣言した後、内地（伊豆諸島を含む）や小笠原諸島からの本格的な（再）移住が開始された。この群島では、一九一〇年前後までに糖業モノカルチャー経済が形成され、一九二〇年代の市場糖価下落後は、コカインの原料となるコカ、香料や虫除けとして使用されるレモングラス、内地市場に移出される蔬菜類など、栽培作物が多角化されていく。

小笠原諸島の入植者の過半が自作農であったのに対して、硫黄諸島の入植者の大多数は拓殖会社の小作人であり[12]、会社に生産物と消費物の流通過程全般を掌握されていたため、かなりの収奪を受けたようである。他方でかれら小作人たちは、会社に指定された作物を栽培する傍ら、サツマイモ・カボチャ・バナナ・パパイヤなどの栽培、牛・豚・鶏の飼育や放牧、トビウオ・ムロアジ・サワラ・マグロなどの漁など、自給自足的な農漁業に従事することが黙認されていたため、衣食住に困窮することはなかったようである。[13]

小笠原・硫黄両諸島における地上戦の企図と強制疎開は、以上のように島民たちが長年作り上げてきた生活・生業の基盤を、日本国家が根こそぎにすることによって遂行されたのである。

内地に疎開した両諸島の島民たちは、関東地方を中心に身寄りを頼って離散（ディアスポラ化）していった。先住者の子孫たちには内地に身寄りがない人が多く、東京・練馬の収容施設に住み軍需工場で働きながら生活することを余儀なくされた。練馬の市街地が大規模な空襲に遭った後、かれらの多くはさらに埼玉・武蔵嵐山方面に疎開したが、「顔が変わっている」とみられ食べ物を売ってもらえないなど、文字通り生きのびるためのたたかいを強いられ続けたのである（ロング 2003: 21-24）。

他方、両諸島に住んでいた青壮年層の男子の大部分は、強制疎開の対象から除外されて軍務徴用された——ただし北硫黄島では徴用された住民はおらず、青壮年層男子を含む全員が強制疎開の対象となった——。小笠原諸島の先住者の子孫のなかにも軍属として動員された人たちがいた。なかには、所属する部隊内で上官から激しい虐待を受けた人もいる[14]。

そして一九四五年二月、硫黄島で地上戦が開始された。軍属として徴用された硫黄島民のうち、一〇三名が地上戦開始まで残留させられて戦闘に動員され、うち九三名が犠牲になった（石原2009a: 32-33）。小笠原諸島では米軍が地上戦の遂行を回避したが、激しい空襲によって主な街地がほぼ破壊され、軍務動員された島民にも犠牲者が出たのである。

二重の〈捨て石〉化——冷戦体制下における島民の分断と再難民化

硫黄諸島と小笠原諸島は日本の降伏後も、沖縄諸島や奄美諸島などとともに米軍の管理下に置かれることとなった。小笠原諸島にいた日本軍関係者は武装解除された後、戦犯容疑者としてサイパン島などに抑留された者や戦犯裁判の証言者を除いて、一九四五年十一月から翌年一月にかけて米軍によって内地に移送された（防衛庁防衛研修所戦史室 1968: 423）。また、硫黄諸島で捕虜となってグアム島・ハワイ諸島や米本土などに送られていた島民も、順次内地に移送された。移送対象には、両諸島で徴用されていた住民も含まれていた。この移送は、内地出身の将兵にとっては「復員」を意味したが、軍務動員されていた住民にとっては故郷から引き離されることを意味した点に留意すべきである。

こうして両諸島は、住民がおらず米軍が排他的に管理する領域となった。だが米国国務・陸軍・海軍三省調整委員会は、小笠原諸島の先住者の子孫とその家族のうち、希望者については父島への帰島・再居住を許可する例外措置を決定した[15]。一九四六年十月、一二九名が米軍管理下の父島への帰島を選択している。米国・米軍は日本帝国下の小笠原諸島で「帰化人」と呼ばれていた先住者の子孫たちが、アジア太平洋戦争期に島の社会のなかで受けていた人種主義的な扱いを利用・逆用し、島民たちの間の分断状況を強化したことがうかがわれる[16]。このことは、帰島できなかった人びとの側に、帰島できないことがあたかも先住者の子孫たちの責任であるかのような意識を産み出すことになり、分断の責任を当事者である島民たちに転嫁する効果をもっていた[17]。

帰島を認められなかった残りの人びとは、一九四七年七月に島民大会を開催して小笠原島硫黄島帰郷促進連盟を結成し、帰島・再居住の実現を求めてGHQや米国政府・海軍に対する組織的運動を開始した（菊池 1957: 110-112、南方同胞援護会 1963: 29）。故郷での生活・生業の基盤を根こそぎ奪われたかれらは、異郷である内地でなんとか生き抜こうとしたが、多くの人びとが生計に困窮し、一九五四年二月に衆議院外務委員会に参考人として招致された帰郷促進連盟常任委員の藤田鳳全が強い調子で証言するように、疎開者のすべての経済階層において、資産や所得がすさまじく下降した。藤田によれば、一九四四年の強制疎開から五三年までに限っても、小笠原・硫黄諸島民のうち連盟が把握できた範囲で、「生活苦のために異常死した者が一四七名」おり、「そのうち一家心中、親子心中が一二件で、合計一八人含まれて」いた（石井 1968: 129, 150-152）。硫黄諸島民全員と帰島を許された一二九名を除く小笠原諸島民は、なし崩し的に〈疎開難民〉から〈戦後難民〉へと移行させられたのである。

かれらのなかには、帰農運動を展開して都の斡旋で土地を与えられ、北関東などに開拓農民として入植した人びともいた。たとえば硫黄島から強制疎開させられた冬木道太郎は、他の島民と一緒に帰農運動を展開し、一九四六年の春に東京都の斡旋で栃木県那須町に七町歩の土地を与えられて開墾・入植した。ここには硫黄諸島からの疎開者二〇世帯が入植しており、メンバーのなかには地上戦に動員され生き延びた島民も含まれていた。

だが冬木によれば、那須は寒冷地のため稲や麦の収穫が思わしくなく、現金の蓄財がほとんどかなわなかった。かれらは硫黄島に住んでいた頃には、前述のように拓殖会社からの収奪によって現金収入がなくても、食料が自前で調達でき生計が維持できていたため、つねに現金のストックがないと生活が維持できない内地の入植地での生活になかなか慣れず、経済的にも精神的にも苦労が絶えなかったという。一九五七年の時点で、同地に入植した二〇世帯のうち残っていたのは一二世帯になっており、小笠原・硫黄諸島の施政権が日本に「返還」された一九六八年の時点では、酪農によって営農を安定させた九世帯だけが残っていた（冬木 1957: 137-142、浅沼 1964: 13, 26、原［1968］1981: 8）。

このように開拓農民となっていった小笠原・硫黄諸島民の置かれた状況は、日本帝国の拡大過程で外地や「満洲」に入植――といっても現地住民からの土地略奪構造に立脚した「入植」だったが――し、帝国の崩壊過程で引き揚げ者として難民化した後、内地で開拓農民になっていった人びとの辿った途とパラレルである。道場親信も指摘するように、そうした開拓農民の多くは、営農基盤の脆弱さのため早期に離農を余儀なくさせられ、またもや難民化していった（道場 2008: 113-118、2009: 267-281）。両諸島からの〈戦後難民〉のなかにも、内地入植後に再難民化した人が少なくなかった(18)。

そして一九五一年、サンフランシスコ講和条約が、軍事同盟である日米安全保障条約とセットで締結された。翌五二年に発効したこの条約の第三条には、小笠原諸島、硫黄諸島（火山列島）、沖縄諸島、奄美諸島、大東諸島などを事実上米国の排他的な施政権下に置くことに日本国が同意するという、例外条項が挿入された（外務省 1998: 5-6）。いわば日本国家は、朝鮮戦争が勃発して冷戦が激化するなかで東アジアに軍事拠点を確保したい米国に対して、これらの島々を自主的に貸与することを条件に、米国の庇護のもとで再独立を果たしたのである。小笠原・硫黄諸島は沖縄諸島などとともに、日本の再独立と復興の〈捨て石〉にもされたといえる。

このように小笠原・硫黄諸島の米軍への貸与が〈日米合作〉でなし崩し的に正当化され、島民の帰島の目途がますます立たなくなるなかで、帰郷促進連盟は米国政府・海軍、日本国政府・国会、東京都などに対して、帰島の実現とともに、帰島できないことによって被った損失に対する補償を強く要求した。これを受けてまず一九五四年度から五五年度にかけて、東京都から計約三五〇〇万円が「更生資金」として連盟に支出された。さらに一九五四年から五六年にかけて、日本政府から計約一億五七〇〇万円が「政府見舞金」として連盟経由で支給された。さらに一九五九年には米国政府が、島民（とその法定相続者）の請求権の放棄を条件に、小笠原・硫黄諸島にある「有形または無形の財産権または利益の使用、収益または行使を不可能としたもの」に対する約六〇〇万ドルの補償を支給することで日本政府と合意し、六一年より連盟経由で全島民（とその法定相続者）に配分され始めた。

だが、これらの補償金は島民への直接給付ではなく、大部分が一民間団体である帰郷促進連盟を通して交付され、また人頭割での配分とならず、両諸島で農地改革が実施されなかったことも影響して配分額の算出基準に日本帝国下の地主―小作関係が反映されたため[19]、配分基準をめぐって旧地主層と小作層の間で対立が激化した。両諸島民の多くが難民状態の長期化のなかで困窮していたこともあって、とりわけ米国から支給された六〇〇万ドルの配分をめぐる対立は激しく、配分基準をめぐって関係者の調停が成立したのは一九六三年末になってからであった。この対立の過程で帰郷促進連盟から三つの団体が分派し、結局一九六四年三月には帰郷促進連盟自体が解体してしまう（南方同胞援護会 1963: 12-17, 19-24、浅沼 1964: 13, 29, 30-37、都市調査会 1982: 32-40）[20]。両諸島民の難民化の責任は明らかに〈日米合作〉であるにもかかわらず、両諸島民を帰島させないための補償金が〈日米合作〉で捻出され、その配分をめぐって島民の運動に分裂が持ち込まれた。両諸島民の難民化の責任は、当事者である島民たちの側に押しつけられていったのである。

いっぽう、朝鮮戦争を契機とした東アジアにおける冷戦の激化とともに、米軍は父島と硫黄島にも本格的に常駐するようになった。父島に駐留した米海軍は、帰島していた先住者の子孫たちのうち、成人の大多数を軍施設の従業員として雇用し、生計を立てるのに十分な給与を支給し始めた。また、駐留軍のために整備したインフラを帰島していた民間人にも使用させ、高熱水費は極端な低額に抑制し、医療も無償で提供した。米国・米軍は、このように帰島した先住者の子孫たちの生を囲い込んだうえで、着々と両諸島の秘密基地化・核基地化を進めていった（石原 2007b: 400-413）。

以上のように、小笠原・硫黄諸島民たちは、東アジアの冷戦体制のもとで、〈日米合作〉による亀裂や分断そして矛盾を幾重にも抱えこませられたのである。

三重の〈捨て石〉化――「返還」後における島民の再分断と再々難民化

一九六八年六月、小笠原・硫黄諸島の施政権が日本に「返還」された。父島に駐留していた米海軍も撤退し、父島と母島に帰島を許されていなかった「旧島民」の再居住も認められた。だが日本政府・防衛庁は、米空軍が撤退した硫黄島に海上自衛隊・航空自衛隊を駐屯させ始め――米国海軍沿岸警備隊も駐留した――、自衛隊が駐屯しなかった北硫黄島を含む硫黄諸島全域を小笠原諸島復興特別措置法に基づく復興計画から除外し[21]、「旧島民」(の子孫)が再居住することを認めなかった(都市調査会 1982: 56-58)。施政権が日本に「返還」されたにもかかわらず、硫黄諸島「旧島民」の難民状態はさらに引き延ばされ、父島・母島の「旧島民」との間に分断線が引かれていったのである。

そうした状況下で一九六九年一月、硫黄諸島の「旧島民」有志によって硫黄島帰島促進協議会が結成され、日本国や東京都に対して帰島と再居住を求める陳情を活発化させ始めた(菊池 1998: 179)。東京都は一九七二年・七六年・八〇年の計三回、「旧硫黄島島民帰島希望調査」を実施しているが[22]、それによれば一九七二年時点では三九世帯一一七名、七六年時点では六五世帯一八二名、八〇年時点では一三四世帯二四四名が帰島を希望している(東京都総務局多摩島しょ対策部 1984: 132)。一九八〇年の調査では、アンケートが回収された二六四世帯五七五人のうち、「帰る意志がある」が一三四世帯二四四名、「帰る意志がない」が一一五世帯二三五名、「未定」が五一世帯九六名であった(東京都総務局多摩島しょ対策部 1981: 2-10)。一九四四年の強制疎開から三六年を経ても、じつに四二・四%(「未定」も含めると六〇%近く)の人が帰島を希望していたことがわかる。

しかし一九八四年五月、中曽根康弘首相の諮問機関である小笠原諸島振興審議会は、「火山活動」や「不発弾」の存在などを理由にあげ、硫黄島への帰島・再居住は困難であるとの答申を出した。その直後、東京都は「硫黄島旧島民への見舞金に関する検討委員会」を設置し、翌八五年には「硫黄島等の旧島民の特別の心情に報いるために」、「旧島民」(とその法定相続人)一人あたり四五万円の「見舞金」を現金給付した(小笠原協会 1997: 12-20)。

また、小笠原諸島振興審議会の答申が出た直後の一九八四年十一月、東京都は硫黄諸島の「旧島民」を対象に硫黄島現地視察を実施した。その目的には、「硫黄島旧島民とともに、硫黄島内の旧集落跡地等を視察することにより、今後帰島できなくなった硫黄島の現状を認識してもらうこと」(傍点引用者)が掲げられた。だが、このように帰島不許可の既成事実化を図ろうとする都の意図に反して、都が視察団参加者に対して実施した「硫黄島旧島民アンケート」には、次のような意見・要望が寄せられた(東京都総務局多摩島しょ対策部 1984: 127)。

・帰島は困難との理由に、火山活動が活発で島の隆起がひどいことを上げて(ママ)いるが、戦前から起こっていたことで特に問題はない。
・不発弾の未処理の件は、物理的には可能で、資金の問題だと思う。
・戦争のため強制疎開させられたのであり、「帰島は認めない」だけでは納得できない。

すくなからぬ人びとが、帰島不許可の理由に「不発弾」や「火山活動」をあげる日本国や東京都の説明に、納得していないことがうかがえる。

そして一九八八年十二月、日本政府・防衛庁と在日米軍は、米軍FCLPを硫黄島に「暫定的」に移転させることに合意し（小笠原協会 1997: 21）、日米両軍による島の〈占領〉の既成事実化がさらに進展した。現在の日本政府の態度は、〈硫黄諸島民の一世が全員この世からいなくなるのを待つ〉方針、言い換えると〈硫黄諸島の生活の記憶が消滅するのを待つ〉方針であると評価しても、不適切ではないだろう。硫黄諸島民のさらなる〈捨て石〉化は、ここにきわまったといえる。

日本の「戦後」が踏み台にした島々
——〈二〇一一年〉から想起すべきこと

小笠原諸島と硫黄諸島は、近代日本をめぐる矛盾、とりわけ総力戦と冷戦の世紀であった二十世紀の日本国家をめぐる矛盾を、幾重にも押しつけられてきた島々である。両諸島の島民たちは、アジア太平洋戦争における日本の総力戦体制の〈捨て石〉として利用され、敗戦後は冷戦体制下における日本の復興の〈捨て石〉として利用された。さらに硫黄諸島民（の子孫）たちは、施政権「返還」後もまたもや〈捨て石〉とされていった。そして「戦後」の日本社会は、小笠原・硫黄諸島民を幾重にも〈捨て石〉にしてきたことそれ自体を、忘れ続けてきたのである。

敗戦によって帝国を他律的に解体された「戦後」日本は、旧植民地・占領地であった東アジア各地や沖縄諸島、そして小笠原・硫黄諸島などに冷戦の軍事的前線を押しつけつつ、アジアの冷戦秩序に便乗して高度経済成長を達成し、その過程で公共事業と補助金を通して非都市部の多くの地域に「完全雇用」状態——「健常」な成人「日本人」男性に限定されていたが——を創出して〈疑似再分配体制〉を確立しながら、国内に「豊かな社会」のイデオロギーをふりまいてきた（石原 2010a: 81-93, 93）。

この開発主義的な〈疑似再分配体制〉の究極形態ともいえるのが、一九七〇年代に田中角栄内閣が導入した、いわゆる電源三法に基づく原発増設路線と困窮海港・海村を標的とする〈原発依存経済〉の創出であった（石原 2011d: 152-153）。

この文脈において「二〇一一・三・一一」とは、〈原発依存経済〉の破綻の結果生じた、福島県民をはじめとする夥しい数の人々の長期離散・難民化（ディアスポラ化）を意味していた。「戦後」の復興と高度経済成長がもたらした日本の開発主義体制は、ポスト冷戦期の二〇年間に進展した「構造改革」によって崩壊しつつあったが、〈原発依存経済〉の破綻はこの開発主義体制の終焉を象徴する出来事であったと言っても過言ではない。そして、このような日本の「戦後」の復興と高度経済成長、そして開発主義体制によって長らく踏み台にされてきた存在が、ディアスポラ化を強いられた小笠原諸島民たちであり、いまもなおディアスポラ化を強いられている硫黄諸島民であった。

「三・一一」以降の日本社会は、多くの原発ディアスポラたちが、多くの場合ひっそりと、しかし激しい怒りを抱えながら、遍在する社会となった。「三・一一」と同じ二〇一一年に起こった小笠原諸島の世界自然遺産登録や硫黄島をめぐるＦＣＬＰ移転問題は、単なる「時事問題」ではない。それらの出来事は、いまや原発ディアスポラが遍在する日本社会のなかで、長らくディアスポラ化を強いられてきた小笠原・硫黄諸島民たちの経験を繰り返し想起する契機となるべきであり、日本の「戦後」がかれらに強いてきた「戦後」を受けとめる始まりとならねばならないのである。

文献

浅沼秀吉編、1964、『硫黄島　その知られざる犠牲の歴史』硫黄島産業株式会社被害者擁護連盟。

エルドリッヂ、ロバート、2008、『硫黄島と小笠原をめぐる日米関係』南方新社。

冬木道太郎、1957、「硫黄島から那須まで」高城重吉／菊池虎彦／饒平名智太郎編『望郷――島民の風土記・手記』三光社。

外務省編、1998、『主要条約集（平成十年版）上』。

菊池虎彦、1957、「南方の門、小笠原島」高城／菊池／饒平名編『望郷――島民の風土記・手記』。

原剛、2002、「小笠原諸島軍事関係史」小笠原村教育委員会編『小笠原村戦跡調査報告書』。

原丹次郎、［1968］1981、「那須町の原丹次郎君よりの便り」中村栄寿／硫黄島同窓会編『同窓会会報　硫黄島の人びと』創刊号。

防衛庁防衛研修所戦史室、1968、『戦史叢書―中部太平洋方面陸軍作戦　2――ペリリュー・アンガウル・硫黄島』朝雲新聞社。

石原俊、2006、「移動民と文明国のはざまから――ジョン万次郎と船乗りの島々」『思想』十月号（九九〇号）、岩波書店。

――、2007a、「忘れられた〈植民地〉――帝国日本と小笠原諸島」『立命館言語文化研究』一九巻一号、立命館大学国際言語文化研究所。

――、2007b、『近代日本と小笠原諸島――移動民の島々と帝国』平凡社。

――、2009a、「そこに社会があった――硫黄島の地上戦と〈島民〉たち」『未来心理 Mobile Society Review』一五号、ＮＴＴドコモ・モバイル社会研究所。

――、2009b、「市場・群島・国家――太平洋世界／小笠原諸島／帝国日本」西川長夫／高橋秀寿編『グローバリゼーションと植民地主義』人文書院。

――、2010a、『殺すこと／殺されることへの感度――二〇〇九年からみる日本社会のゆくえ』東信堂。

――、2010b、「歴史で社会学する――あるいは近代を縁から折り返す方法」塩原良和／竹ノ下弘久編『社会学入門』弘文堂。

――、2011a「Becoming Pirates――海の近代の系譜学へ」『現代思想』七月号（三九巻一〇号）、青土社。

――、2011b「小笠原諸島の近代経験と日本」『科学』八月号（八一巻八号）、岩波書店。

――、2011c「小笠原－硫黄島から日本を眺める――移動民から帝国臣民、そして難民へ」『立命館言語文化研究』二三巻二号。

――、2011d「〈島〉をめぐる方法の苦闘――同時代史とわたりあう宮本常一」『現代思想』十一月臨時増刊号（三九巻一五号）。

石井通則、1968『小笠原諸島概史――日米交渉を中心として　その二』小笠原協会。

ロング、ダニエル、2003「小笠原諸島欧米系島民のことばによる二十世紀の島史――瀬掘エーブルさんのインタビュー」ロング編『日本のもう一つの先住民の危機言語――小笠原諸島における欧米系島民の消滅の危機に瀕した日本語』科学研究費補助金成果報告書。

道場親信、2008「「戦後開拓」再考――「引揚げ」以後の「非／国民」たち」『歴史学研究』十月増刊号（八四六号）、歴史学研究会。

――、2009「「難民入植」と「開発難民」のあいだ　戦後開拓を考える」西川／高橋編『グローバリゼーションと植民地主義』。

南方同胞援護会編、1963『小笠原問題の概要』。

小笠原協会編、1997『小笠原』四三号。

小笠原諸島強制疎開から五〇年記録誌編纂委員会編、1995『小笠原諸島強制疎開から五〇年記録誌』小笠原諸島強制疎開から五〇年の集い実行委員会。

斎藤潤、1998「硫黄島紀行――返還三〇周年の年、小笠原村硫黄島訪問事業に参加して」『しま』四四巻二号（＝二〇〇七、「硫黄島紀行　理想郷から阿鼻叫喚の地獄へ――。そして、今」斎藤『東京の島』光文社）。

東京都編、［1953］2005、『東京都戦災史』明元社。

東京都総務局多摩島しょ対策部編、1981『旧硫黄島島民帰島希望調査結果』。

――、1984『硫黄島及び北硫黄島視察調査報告書』。

都市調査会編、1982『硫黄島関係既存資料等収集・整理調査報告書』。

注

（1）なお南硫黄島は、断崖に囲まれた地形で居住がそもそも困難なうえ、現在は日本政府によって原生自然環境保護地域に指定されているため、学術調査以外での意図的な上陸は認められていない。

（2）そのほか、一九九五年から小笠原村が独自に実施している、小笠原諸島在住の硫黄島「旧島民」を主たる対象にした硫黄島訪問事業がある（斎藤 1998＝2007）。

（3）筆者は十数年前より、小笠原諸島が日本に併合される前からこの群島に住み着いていた先住者とその子孫たちが、近代的なシステムとりわけ近代国家に翻弄されながらどのように生きぬいてきたのかを、文献資料調査や聴き取り調査に基づいて研究してきた。その成果については、石原（2007b）を参照されたい。また、そこで論じつくせなかったことがらについては、石原（2007a; 2009b; 2010b; 2011a; 2011b; 2011c）でも言及している。

（4）硫黄諸島に入植した人びととその子孫たちが、地上戦に至る過程でどのような経験をたどってきたのかについては、石原（2009a）を参照されたい。なお、硫黄諸島の歴史的現在をいかに捉えるべきかに関しては、石原（2011c）などでも言及している。

（5）なお本稿では、小笠原諸島と硫黄諸島は区別して使用する。両諸島ともに現在は東京都小笠原村の行政区内に属しており、行政用語などでは両諸島および南鳥島などを含めて「小笠原諸島」と称する場合も少なくないが、父島・母島とその周辺の島々からなる狭い意味での小笠原諸島と、硫黄島・北硫黄島・南硫黄島などからなる硫黄諸島は、距離的に二〇〇キロメートル以上も離れており、歴史的経験についても、以下で述べるように相当程度異なっているからである。

（6）イーストウッドの「二部作」のうち、『父親たちの星条旗』（Flags of our Fathers）の映像がもつ戦争映画としては希少な国民国家批判・総力戦体制批判の可能性と、反面でこのフィルムがはらんでいる硫黄島の住民の存在を消去していく効果については、石原（2009a: 27-29）でやや詳しく論じている。

(7) たとえば、原（2002: 18-19）などにこうした記述がみられる。

(8) 小笠原諸島強制疎開から五〇年記録誌編纂委員会（一九九五）は、小笠原村と小笠原協会が協力して、両諸島からの強制疎開経験をもつ人たちに対して実施した聞き書き集である。ぜひ一読してほしい。

(9) むろん、島民の間に階級関係や収奪が存在しなかったわけではない。この点については、石原（2007b: 119-124, 128-135）を参照。

(10) 銘記すべきは、「小笠原島回収」という名のもとに進められた小笠原諸島の占領・併合や、それに伴う先住者の帰化や内地からの入植は、近代日本国家が帝国として立ちあがっていく時期に進められた、「北海道開拓」や「琉球処分」という名の占領・併合や、それに伴う先住者の国民化や内地からの入植と、ほぼ同時代的なプロセスであった点である（石原 2007b: 29-38）。

(11) 以上の過程については、石原（2007b）の一・三・六・七章を参照されたい。

(12) 硫黄諸島の社会経済を支配していた拓殖資本は、久保田拓殖合資会社（一九一三年設立）、それを買収した硫黄島拓殖製糖会社（一九二〇年設立）、その後身の硫黄島産業株式会社（一九三六年社名変更）である。

(13) この過程については、石原（2009a: 29-32）を参照されたい。

(14) 先住者の子孫で父島において軍務に動員された五名のうち、一名の方が二〇〇九年まで存命であった。そのジェフレー・ゲレーさんに、晩年の一〇年間、筆者はいくどもお目にかかる機会に恵まれた。とくに石原（2007b）の九・一〇章を参照されたい。

(15) 先住者の子孫たちに対する帰島措置の政策決定過程については、エルドリッヂ（2008: 207-208）を参照。

(16) この点は、前述のジェフレー・ゲレーさんが、日本国民かつ日本軍（元）軍属であるにもかかわらず、敗戦後に武装解除のために入港してきた米海兵隊の将校から異例ともいえる特別待遇を受けたことによっても裏付けられる。詳細は石原（2007: 385-397）を参照されたい。

(17) 筆者も小笠原諸島現地において聴き取り調査を進める過程で、強制疎開経験をもつ世代の間では、そうした敵対的意識が解消されていないことを、たびたび痛感してきた。

(18) 本稿における〈疎開難民〉〈戦後難民〉といった表現も、やや背景は異なるものの、こうした道場の用語法を意識している。

(19) 連盟は、東京都からの「更生資金」については、小笠原漁業株式会社を設立して、世帯割部分と人頭割部分を算出基準として全島民（とその法定相続者）に持株を割り当てたが、後にこの事業は破綻した。日本政府からの「見舞金」については、五四年度は世帯割部分と人頭割部分を算出基準として配分したが、五五年度と五六年度は所有宅地面積、所有農地面積、強制疎開前の漁業所得を算出基準として配分し、小作人については配分額が地主の六割に抑えられた。米国政府からの補償金の配分にさいしては、「土地関係配分金」「漁業関係配分金」「鉱業権関係配分金」「所得関係配分金」「世帯・人頭関係配分金」を主たる算出基準とした（都市調査会 1982: 33-40）。

(20) 連盟の解体後、分派した各団体のメンバーを一定程度統合して、自民党の福田篤泰衆議院議員を初代会長とする小笠原協会が設立されている。

(21) 小笠原諸島復興特別措置法は一九七九年に一部が改定され、小笠原諸島振興特別措置法となった。

(22) いずれの回も、「硫黄島引揚者（強制引揚以外の事情で離島した者を含む）、その子孫およびそれらの配偶者」、「現在小笠原村硫黄島に本籍がある者」、「過去に小笠原に本籍があった者およびその子孫等で東京都作成の小笠原島民名簿（昭和四十六年三月作成）に登載されている硫黄島関係者」のうち、「いずれかに該当する者で、現住所が確認された者」を対象に、アンケート郵送による悉皆調査が行われた（東京都総務局多摩島しょ対策部 1981: 1）。

国境と小笠原

【南北八〇〇キロ・東西一六〇〇キロの小笠原村】

渋谷正昭

●しぶや・まさあき　一九五七年東京都生。一九八一年、筑波大学環境科学研究科修了。小笠原村産業観光課長。

国境の変遷と島民区分

小笠原島民の間では、小笠原にいつから住んでいるかというかかわり方の違いによって「在来島民」「旧島民」「新島民」という区分がありました（敢えて過去形にしてみました）。私は一九六八（昭和四十三）年のアメリカからの返還後、一九八三（昭和五十八）年に移り住んでいますのでこの区分では新島民になります。欧米系の移住民を祖先とする島民を在来島民、戦前から小笠原に住んでいた人を旧島民と言っています。しかしながら、返還から四三年が経ち、行政執行上は一部旧島民を区別している施策もありますが、ほとんどはそのように区分することはなく、またその区分もできなくなっていますので、しばしば「在来島民は何人ですか」「旧島民は何人ですか」と聞かれますが、正確な数字では答えられない状況です。ただ、今でも村民一人一人を見たときには、在来島民系、旧島民系、新島民系の区分がつく方も多くいるのが実態です。

なぜいきなり島民の区分の話かと言いますと、このような区分が生まれた背景が小笠原の国境変遷を表しているからです。

そのことを表現した資料として、鹿児島大学・多島圏研究センターの長嶋俊介先生が作成された「小笠原の国境としての歴史的経緯」をご覧ください。

国境としての歴史的経緯

＊印は渋谷の注釈

■国境無き時代

北硫黄島には先史時代のものとみられる遺跡がある。マリアナ遺跡

また、父島でも石器が発見されているが詳細な時代は不明。

■国境紛争：領有化

一六七〇年　紀州の蜜柑船が母島に漂着

一八二七年　イギリスが領有を宣言

一八三〇年　白人五人ハワイ人二五人がハワイ・オアフ島から父島に入植し、初めての移住民

一八五七年　ペリーが寄港してハワイからの移民を首長に任命した。

一八六一年　幕府が小笠原の領有を宣言

一八七六年　日本の領有が確定。それまでの住人は日本に帰化。八丈島から移民を送る。

■植民地連続・内国透過性時代

［連続空間性の時代］　＊日本領有から戦前

トラック諸島やサイパンなどの南洋に向かう船が、半月に一度寄港していた。

小笠原では季節外れの果物や西洋野菜を栽培して本土に送り、本土でもてはやされ、住民は豊かな生活を送っていた。地域差・有利条件発揮の時代でもあった。硫黄島も含む。

［本国弱透過性：軍支配・住民強制疎開］　＊戦中

軍支配で半閉鎖時代

［本国無透過性：米軍支配・隣国逆透過性時代］　＊終戦後

グアム・米国の側にのみ開かれた時代

［住民強制疎開継続］　＊米国統治

（例外：欧米系旧島民一三五名）。

［隣国（ミクロネシア）無透過性時代］　＊米国からの返還後

事実上直接交通手段なし：国境意識より辺境意識へ

ミクロネシアとは別空間意識→新住民：「特殊・異質　東京亜熱帯島」

一九六八年四月　日米間で小笠原復帰協定締結。

一九六八年六月二十六日　日本に返還

この歴史的経緯を見て分かるように、小笠原への定住は白人・ハワイ人が最初で、その後日本人が移り住んでいます。

また、一八七六（明治九）年に「日本の領有が確定」とあります。それ以前は、国としての支配がなかったので、そもそも国境はこの小笠原にはありませんでした。日本の領土となった後、小笠原よりさらに南の南洋諸島を日本が統治した時代もあります。あえ

て国境といういい方をすれば、その時代には国境はもっともっと南でした。戦後アメリカの統治下に置かれたことで、今度は日本からいったん小笠原は外れます。一九六八（昭和四十三）年の返還後、再び日本に戻ってきますが、それまでのアメリカ統治時代は先程の区分でいう在来島民だけが住むことを許され、子供たちはアメリカの教育を受けていました。

国境の村として

日本本土から父島まで一〇〇〇キロ離れていて、かつては無人島であった小笠原諸島は、国の支配に関係なく人が住み、その後の歴史の結果として冒頭のような島民区分の用語が生まれてきました。今では新々島民という言い方をする人さえいますが、その定義は曖昧です。

このような特異な歴史を持つ小笠原の人々は、東京から船が週に一便、片道二五時間半の所要時間というアクセスの悪さから、辺境の地としての意識は高いものの、小笠原から南の島々への直接的なつながりが今では薄いせいもあり、さほど国境を意識していないだろうと思われます。

しかしながら、行政的にはこの数年で国境を意識する事柄が発生しています。「排他的経済水域」「沖ノ鳥島」「海洋資源」……。その島を中心に海域の国境線を結びその中の資源を活用する。そのような国策の動きに引っ張られて、南の島でのんびりとしていた小笠原村も、国境を意識するようになっています。小笠原諸島には、国の小笠原諸島振興特別措置法が適用されており、返還から四〇年を過ぎた現在の振興開発計画には、小笠原諸島が「国の安全上及び経済上重要な役割を担っている」ことが明記されています。

もし琉球列島と同じように、終戦後すぐに行政疎開していた島民が全員戻ってきて、アメリカの統治下とはいえ、島での生活ができていたら、小笠原村という大きな広がりを持つ自治体ではなく、父島村、母島村、硫黄島村になっていただろうと思います。

さら硫黄島は、一般住民の生活は困難との判断から、現在も自衛隊及び関係者だけが常住し、父島と母島にのみ一般人が住んでいます。また父島と母島は五〇キロ離れていることから、別の自治体になっていても不思議でないなかで、一つの自治体として様々な施設や福祉対策など、ハードもソフトも両島で整備・実施しています。

世界自然遺産に登録された小笠原諸島は、その貴重な自然を世界の宝として保全しなければなりませんし、南北に約八〇〇キロ、東西に至っては約一六〇〇キロもの広がりのある行政体として、その広がりと国境の村ということを意識しながら、それぞれの島の課題解決を引き続き実施していきます。

おがさわら丸の出航（“見送り”として、何艘もの船が「おがさわら丸」を追いかける）
（写真提供・公益財団法人東京都島しょ振興公社）

小笠原諸島の地理と歴史

延島冬生

のぶしま・ふゆお　一九四四年東京都生。専門・関心領域、小笠原学。著書に『小笠原学ことはじめ』（共著、南方新社）。

小笠原とは　北から南に細長く並ぶ聟（むこ）島（じま）列島、父島列島、母島列島を小笠原群島と言い、その西側の南方海嶺上の火山（硫黄）列島と西之島、南鳥島、沖ノ鳥島の三孤島を含め広義の小笠原諸島（以下「諸島」と言う）と呼ぶ。

首島の父島（父島列島）は東京から約一〇〇〇キロメートル南にあり、面積約二四平方キロメートル、人口約二〇〇〇人、本土との唯一の交通機関である定期船が発着し官公署が集中、諸島全域を管内とする小笠原村役場もある。父島から約五〇キロメートル南の母島（母島列島）は面積約二〇平方キロメートル、人口約四〇〇人、この二島が諸島返還（一九六八年）後一般住民が住む有人島である。

北西太平洋上の島　北緯二七度線が父島南を東経一四二度線が小笠原群島の西を走る。日本列島とは隔絶した北西太平洋上にある亜熱帯〜熱帯気候の島々である。諸島北端である聟島列島の最北端から南端の沖ノ鳥島まで約一〇〇〇キロメートル、西端でもある同島から東端の南鳥島（マーカス島）まで約一九〇〇キロメートル、村の面積は合計一〇四平方キロメートルしかないが日本一広大な村である。二〇〇海里の排他的経済水域（EEZ）では日本の約三割を占める。

国境の村　小笠原村最南端の沖ノ鳥島は日本の最南端でもある（北緯二〇度、東経一三六度）。小笠原村最東端の南鳥島は日本の最東端でもある（北緯二四度、東経一五三度）。

最南端の沖ノ鳥島に近い外国は東方にある北マリアナ連邦（米国自治領）の無人島パハロス（ウラカス）島（北緯二〇度、東経一四四度）で、沖ノ鳥島より北にある。最東端の南鳥島に近い外国は南東のウェイク（ウェーク）島（北緯一九度、東経一六六度、米国領）だが、近さでは南鳥島南西にあたるパハロス島で沖ノ鳥島と同じである。実は同島に一番近い日本の島は火山列島南端の南硫黄島（みなみいおうとう）（小笠原村）でその南東約五〇〇キロメートルにあり日本のEEZの円弧の南東端は直線で切られている。国境の村小笠原村の隣国は南も東も同じEEZが接する米国領の一つの島である。

小笠原諸島の「発見」　西洋では十六〜十七世紀、金銀島が北西太平洋にあるとされ、数々の探検が行われ命名された諸島の島もある。

十九世紀には欧米の捕鯨漁場が西太平洋に移ったため、また植民地の探索で諸島の島々を発見命名し領有宣言された島もある。洋名"Bonin Islands"「ボニンアイランド」は小笠原群島の洋名で無人島が転訛したと考えられる。

日本人による島々の発見は、一六七〇（寛文十）年、阿波国のミカン船が今の母島に漂着・帰還したのが最初の記録である。報告を受けた幕府は一六七五（延宝三）年、長崎の島谷市左衛門らに巡検させた。島谷らは今の父島、母島を主に調査し地図（海図）を作成し報告したが幕府は放置した。

ボニンアイランドへの定住　一八三〇（文政十三）年、捕鯨船の補給休息地として注目された父島にハワイから五人の欧米人と十数人のハワイ・太平洋諸島人が移住する。幕末米国のペリー提督は一八五三（嘉永六）年、日本来航に先立ち父島に立ち寄り貯炭所用地を買ったりした。しかし米国は領有の意志がなかった。

幕府は、一八六一（文久元）年、軍艦咸臨丸などを派遣し先住移民に元々日本領土であると伝え、父島・母島両列島の地図を作成、八丈島民を移住させた。しかし生麦事件など外国関係の悪化から全員引揚、開拓中止となる。

明治期再開拓後　一八七六（明治九）年、諸外国に再統治を通知し開拓が再開された。移民が本格化するとともに、一八八〇（明治十三）年、内務省から東京府に移管され、一八八二（明治十五）年、先住移民の帰化が終了する。当時の国策・殖産興業の諸施策により原生林は開墾され、有用と目された作物・樹木や草花が栽培・植林された。父島はコーヒー栽培、バナナ栽培、西洋蜜蜂による養蜂の、それぞれ日本発祥の地である。

戦争と小笠原諸島　第一次世界大戦後の一九一九（大正八）年、委任統治領となった南洋群島への中継地となり、一九二一（大正十）年、父島が要塞地帯に、その後要塞化がさらに進められた。

一九四一（昭和十六）年、太平洋戦争開戦、一九四四（昭和十九）年、島民約七〇〇〇名を本土に強制疎開させ、一九四五（昭和二十）年、硫黄島で日米両軍の地上戦が行われた。

一九四五（昭和二十）年、敗戦。米国は諸島全体を支配、翌年、欧米系島民（先住移民の子孫・家族）一二〇余名のみ帰島させ米軍下の生活が始まった。一方、帰島を許されなかった旧島民は帰島・返還運動を進めた。

沖縄返還に先立ち、一九六八（昭和四十三）年、諸島は日本に返還され、同時に諸島全域を一村とする小笠原村が法律により誕生した。

父島はコーヒー栽培、バナナ栽培、西洋蜜蜂による養蜂の、それぞれ日本発祥の地である。

生態学からみた小笠原

可知直毅

●かち・なおき　一九五三年神奈川県生。一九七八年、東京大学大学院理学系研究科修士課程修了。首都大学東京理工学研究科教授・小笠原研究委員長。専門・関心領域、植物生態学、保全生態学。著書に『植物生態学』（共著、朝倉書店）『はじめてのえころじー』（共著、裳華房）など。

二〇一一年、小笠原諸島は日本で四番目の世界自然遺産地に登録された。本稿では、生態学的な視点から小笠原諸島における自然環境保全の取組みを紹介し、人と自然の共生のあり方について考えてみたい。

小笠原諸島の自然の特徴

小笠原諸島の自然の最大の特徴は、海洋島と呼ばれる島々によって構成されていることである。海洋島とは、海底火山などにより海面上に隆起してできた、過去に大陸と陸続きになったことがない島をいう。

多くの海洋島は大陸から遠く隔たった海洋上にある。そのため、海洋島に生息する生物の祖先は、なんらかの方法で海を渡って島にたどりついたはずである。小笠原諸島の生物相は、種数が少なく特定の分類群を欠く「非調和な（disharmonic）」種組成を示す。また、隔離された生態系で独自の進化を遂げた固有種が多数存在する。たとえば、植物の四〇％、陸鳥の八〇％、陸産貝類の九〇％が固有種である（豊田 2003; 黒住 1988）。

「非調和な」種組成をもち、天敵が少ない環境で進化した固有種を多く含む海洋島の生態系は、外来生物の侵入に対して脆弱である(Loope et al. 1988)。小笠原諸島も例外ではない(Shimizu 2003; Kawakami 2008)。絶滅に瀕している、あるいは絶滅した固有種も少なくない。生態系の基盤である植生を食害する野生化したヤギ、多くの固有昆虫を餌食にするグリーンアノールトカゲ、旺盛な繁殖力により在来植生をまるごと改変してしまう樹木アカギなど、多くの侵略的な外来生物が小笠原に侵入している。現在の小笠原諸島は固有種の宝庫であると同時に外来種の宝庫でもある。

小笠原諸島の自然の価値と保全の取組み

小笠原では、大陸から隔離された海洋島という生態系の中で、固有種を含む独自の生物間の相互作用のネットワークがみられる。この特異な自然が「生物進化の見本」としてユネスコに認められ、二〇一一年六月二十九日に世界自然遺産として登録された(可知2011)。

国が小笠原諸島の世界自然遺産登録をめざすことを表明したのは二〇〇三年である。それ以後、小笠原では国や東京都などの行政が主導して、さまざまな保全事業が推進されてきた。特に、外来生物の駆除・抑制事業には多くの予算が投入された。その結果、高い自然度を保つ兄島を含む全ての無人島で野生化ヤギの根絶に成功した。その他の主要な外来生物についても、全島根絶や地域根絶・抑制をめざした保全事業が現在進行中である。

種間相互作用と順応的管理

行政による外来生物の駆除・抑制事業がすすむ中で、研究者は生物種間の相互作用に注目するようになった。島の生態系において外来生物を駆除した時、生物種間の相互作用を介して間接的に他の生物に影響を与えることがある。侵入した外来生物は、その生態系の一部として取り込まれ、在来生物とともに新たな生物種間相互作用を形成する。そのため、外来生物を含む生物種間の相互作用を把握することが、駆除・抑制後の生態系保全や管理にとって重要である(Zavaleta et al. 2001)。

例えば、野生化ヤギの食害により植生が荒廃して表土が海に流出するまでになった無人島(媒島)でヤギが駆除された。その結果、海鳥や一部の固有植物は数を増やした。ところが、別の固有植物の種子が、外来種であるクマネズミによって食害される例が観察された。これは、ヤギ駆除による草原植生の回復に伴い、クマネズミの数も増えたためではないかと推察されている。

外来生物の影響や、複雑な生物間相互作用について研究するためには、様々な分野の研究者の連携が不可欠である(大河内・牧野2009)。そこで、それぞれの専門分野に分かれて研究してきた植物学者、昆虫学者、鳥学者などが連携して、生物種間相互作用を考慮して外来生物の影響を評価し、それを管理手法に反映させ

聟　島

聟島（聟島列島）は、野生化したヤギの食害により森林生態系が壊され草原の島となっている（現在、ヤギは根絶された）。

父　島

父島（父島列島）は、やや乾燥した気候のもとで成立する乾性低木林の島である。

母　島

母島(母島列島)は､比較的標高が高くやや湿性の気候のもとで発達する湿性高木林の島である。

南硫黄島

小笠原群島からさらに南に300キロメートルほど離れた南硫黄島（火山列島）は、標高が916メートルあり人間が定住したことがない原生自然の島である。

いずれも写真提供：加藤英寿（首都大学東京・牧野標本館）

オーストラリア原産の外来樹トクサバモクマオウが優占し、在来種がほとんど生育していない森林（母島）。

る研究がはじまった。これらの研究により、複数の外来生物を含む生態系の中で起こりうる生物種間相互作用をモデル化し、外来生物の直接的な影響だけでなく、在来生物も含めた生物種間相互作用を介した間接的な効果を評価できるようになった。その結果、ある外来生物を駆除した結果、生態系の機能や生物多様性の回復がかえって阻害される場合もあることがわかってきた。

たとえば、父島の属島の西島では、クマネズミを駆除すると、在来植物の実生（芽生え）の出現など在来植生の回復傾向が見られた一方で、外来木本種トクサバモクマオウの実生も多数出現した（Abe et al. 2012）。トクサバモクマオウは、侵入した場所でリター（落葉）を厚く堆積させ、在来種がほとんど生育しないトクサバモクマオウだけが優占する単純な林を形成することがある（Hata et al. 2009）。一方、トクサバモクマオウのリターの堆積によって、リター層の下に生息する固有種の陸産貝類がクマネズミの捕食から回避できているとも考えられている（Chiba 2010）。

このように、外来生物は在来生物にとってプラスにもマイナスにも影響する可能性がある。そのため、外来生物を駆除する場合、生物どうしの相互作用を考慮してその駆除の影響を評価し、駆除後の適切な管理方法を確立することが重要である。このような管理手法を順応的管理とよび、小笠原で保全事業を実施する上での基本的な考え方（モットー）となっている。そのため、小笠原で実施されているほとんどの保全事業の中で、異なる専門の研究者により構成される有識者検討会が設置され、科学的な立場からの助言がされている。

保護思考から共生思考へ

保全すべき自然が、人間の生活域から離れた無人島にあれば、島全体を人の立ち入りを制限した保護区として管理するのが効果的であろう。しかし、希少生物の生息域が人間の生活域から離れているとは必ずしも限らない。

小笠原における唯一の在来哺乳動物であり、絶滅が危惧される希少生物でもあるオガサワラオオコウモリはその典型である（鈴木・稲葉 2010）。オガサワラオオコウモリは人間の生活域に近い場所あるいは生活域の中に生息しており、天然記念物であると同時に農家にとっては果樹などを食害する害獣でもある。地理的に隔離された無人島を保護区としてボーダーを引き、希少種を保全しようとする保護思考的な管理はオガサワラオオコウモリには通用しない。彼らは、人間の生活域を含む広い地域を餌場やねぐらとしてスポット的に利用しているため、オガサワラオオコウモリの生活域の一部を保護区にしてもその保全効果は限定的である。保全対象となる希少生物と人間が生活域を持続的に共有する世界をめざす共生思考が、文字通り人と自然の共生を実現するための鍵といえよう。

引用文献

豊田武司（2003）『小笠原植物図譜――Flora of bonin islands』（増補改訂版）、アボック社。

黒住耐二（1988）「小笠原諸島における陸産貝類の種組成とその絶滅に関与する要因」『小笠原研究』第一五巻、五九―一〇九頁。

Loope LL, Hamann O, Stone CP (1988) Comparative conservation biology of oceanic archipelagoes. *Bioscience*, 38: 272-282.

Shimizu Y (2003) The nature of Ogasawara and its conservation. *Global Environmental Research*, 7: 3-14.

Kawakami K (2008) Threats to indigenous biota from introduced species on the Bonin Islands, southern Japan. *Journal of Disaster Research*, 3: 174-186.

可知直毅（2011）「世界自然遺産・小笠原の過去、現在、未来」『科学』vol. 81（八月号）、岩波書店、七五二―七五六頁。

Zavaleta ES, Hobbs RJ, Mooney HA (2001) Viewing invasive species removal in a whole-ecosystem context. *Trends in Ecology and Evolution*, 16: 454-459

Abe T, Yasui T, Makino S. (2012) Vegetation status on Nishi-jima Island (Ogasawara) before eradication of alien herbivore mammals: rapid expansion of an invasive alien tree, *Casuarina equisetifolia* (Casuarinaceae). *Journal of Forest Research*, in press (DOI 10.1007/s10310-010-0239-0)

Hata K, Kato H, Kachi N. (2009) Community structure of saplings of native woody species under forests dominated by alien woody species, *Casuarina equisetifolia*, in Chichijima Island. *Ogasawara Researc*, 34: 33-50

Chiba S (2010) Invasive non-native species' provision of refugia for endangered native species. *Conservation Biology*, 24:1141-1147

鈴木創・稲葉慎（2010）「空飛ぶ森の守り神と島々の未来――オガサワラオオコウモリの生態と保全策」『生物の科学　遺伝』エヌ・ティー・エス、64巻、六一―六七頁。

潮目のまなざし

【ヘンドリック・セーボレー＝瀬堀信一さんの回想】

南谷奉良

●みなみたに・よしみ　一九八二年生。一橋大学博士課程・言語社会研究科。

漁師の眼

小笠原の開拓民ナサニエル・セーボレーの子孫である欧米系島民、通称「ネケさん」に会う人が最初に印象付けられるのは、その眼光の鋭さである。「私の存在が射止められている」と誰もがおもう。警察官の眼、医師の眼、画家の眼と言うように、人はその職業や性格を通じて、世界を眺める特有の目つきやまなざしを獲得するが、ネケさんのそれは刻々と変化する潮目を見抜き、海面下の魚を捉える「漁師の眼」と言える。それがあまりにも鋭く光に富んでいるために、はじめてそのまなざしに射抜かれる人は彼を厳格で、熾烈な人間であると考えるかもしれない。

だがネケさんが話すのを聞くと、そうした印象は吹き飛んでしまう。声は明るく柔和であり、話し方にはいつも人を楽しませようとするユーモアと優しさがあふれている。独特な抑揚のなかで発せられることばには、標準日本語からははずれた、独特の小笠原の音とリズムが刻み込まれている。

「もう釣りぐらい面白いものはないよ、何が面白いたって。テニスとかあんなもんどころじゃないよ。それにサッカーなんか、あんなものどうだっていいんだよ（笑）。俺さあ、サッカーのはじまりだろ。だからいっしょになって皆とやったんですよ。そうしたらさ、蹴ろうとしたら取りやがって、空蹴りしてね。関節が抜けたかと思ったよ。それからもうサッカーは逃げたよ。」

ダイグロシアの言語環境

ヘンドリック・セーボレー＝瀬堀信一さん

ネケさんは一九二〇年に教育熱心な母ミリアム・ロビンソンと非日本語話者であるダニエル・セーボレーの間に生まれた。父だけでなく、祖父であるチャールズ・ロビンソンもまた非日本語話者であったため、幼少時には家庭において英語を、学校の友人や生徒と話す際には日本語を、という典型的なダイグロシアの言語状況を生きていた。六歳から十四歳までは、父島の尋常高等小学校、次いで高等小学校に通学していたが、同時に、牧師ジョセフ・ゴンザレスが教会において日曜学校として催していた英語教室にも通っていた。そこには欧米系島民ばかりでなく、日本人の男女も四〇名ほどが参加しており、幼い頃からインターナショナルな場を経験していたのであった。

当時の言語環境を回想してネケさんは言う――「家に帰ると親が英語だからね。こっちも英語で話ししないとぶたれるんですよ。教育ママだからね。"You must speak English" って、こう言うんですよ。」また学校では日本語が不得意であったために「私だけ after school で残され」、ゴンザレスの教会のなかでは英語で答え返さなければ、"you get a big stick on your shoulder"（棒で肩を叩かれる）ということであった。愛情あふれる叱責だったとはいえ、インタビューに答えるネケさんは、今やぶたれることのない小笠原の「混合言語」で当時を振り返っている。

少年期は小笠原の自然と親しみながら生活を送っていたネケさんであったが、ちょうど二十歳を迎える頃、こうした時期も終わりを告げる。これまで英語を学んでいた教会「神さまの家」が日本軍の倉庫に変わったのだ。

日本陸軍に徴用されて

日本陸軍は当然のことながら彼にとって一つの試練の場となった。日本人兵士のなかにあっては異彩を放つその風貌も手伝って、「もう目立つどころじゃないんだよ。お前（日本語と英語の）両方できてうまいねとかなんとかって、そういうことばっかり言われていた」と彼は当時を回想している。また「ヘンドリック・セーボレー」と「瀬堀真一」という二つの名前も境界の試練を形作るものであった。

「（当時の部隊長は）いや、厳しいやつでね、目玉がギュルッとしてね。もう眉間にシワ寄せてね。まず言ったのが……何言ったか、知ってる？　教えてやろうか？「セボレーが来たから絞れ！」って（笑）。その一言だよ、何も言わない。いやもうね、色々そういう目にも逢いましたよ。だけどもうしょうがない。」

厳格な上官のシゴキにも耐えながら、ネケさんは伍長勤務上等兵として兵士の教育係に着任し、塹壕の掘削や戦闘教練、陣地づくりなどの任務を行い、結局六年間の兵役を勤め上げることになる。そして戦後にアメリカ海軍が統治する時代になってようやく父島へと帰る。すなわちふたたび戦前と同じように田畑で農作業に従事し、海で釣りや亀漁を行い、かつて睦まじく親交していた小笠原の自然へと帰還したのであった。

過酷な生を受けた人に私たちが期待する悲しみや恨みごとをネケさんは語らない——軍隊生活は「若かったからね、楽しかったよ」、「釣りぐらい面白いものはないよ」、「亀漁は面白いよ」。むしろその生を驚くほどシンプルに肯定し、あのまなざしと同じように一直線にその生きる喜びを伝えてくれるのである。二つの言語と二つの名前の間を、日本陸軍時代とアメリカ海軍時代の間を、さらには返還以後の時代を抜け、九〇年以上に及ぶ世界を見てきたそのまなざしは、境界線そのものとして現在の私たちに届くのである。

越境してきた小笠原ことば

【その複雑で豊かな言語史】

ダニエル・ロング

●Daniel Long 一九六三年生。首都大学東京（日本語教育学）教授。編著『小笠原学ことばしゃべる辞典』『小笠原ハンドブック』『南大東島の人と自然』（以上、南方新社）『日本語からたどる文化』（放送大学教育振興会）など。

国境に接する小笠原

日本はよく「島国」だと言われるが、見方を変えれば、周囲の海の存在によって多数の国との接触を招いているとも言える。小笠原村と北マリアナ諸島連邦との間にもこうした国境線が存在しており、南硫黄島（みなみいおうとう）と約五二八キロ（二八五海里）南東に離れた場所にあるウラカス島との中間には、北マリアナ諸島連邦との国境線が引かれている（Prescott & Boyes 2000: 35）。無人島の南硫黄島は東京都小笠原村に編入されているので、小笠原村は外国との国境に接していることになる。また同じく無人島にして火山島であるウラカス島は、チャモロ人とカロリン人から構成される北マリアナ諸島連邦に属しているが、現在は規約によりアメリカ合衆国との関係を有している。それゆえ小笠原村の海域はアメリカ合衆国が管理する海域にも隣接しているのである。まさに「島国」を生み出している海こそが、さまざまな言語や文化を合流させる国家の中継機能を担っているのだ。

現在でもそこへ訪れるたびに、小笠原は日本の国境に位置しているのだと実感する。筆者は一年のうちで数回しか島に渡ることはないが、その限られた機会にもかかわらず、カナダやオーストラリア、ロシアなどから入港して来た人々に出会うことがある。彼らはヨットで海を横断してきた人々で、日本への入国手続きを、成田空港ではなく、小笠原村父島の二見湾で行っているのである。

政治的や地理的な意味において小笠原は国を隔てる「国境」であるが、言語においては国同士が出会う「潮目」とでも言えるかもしれない。実に、越境して来た様々なことばが合流し、融合したのが現在の小笠原ことばなのである。本稿では二世紀近くに亘って繰り広げられている小笠原諸島の言語接触について考察してみたい。

小笠原の複雑な言語史

一八三〇年から様々な言語を話す太平洋諸島の女性と欧米諸国の男性が移住してくるまで、小笠原諸島はずっと無人であった。様々な史料から、まずは島内のコミュニティ手段として単純化された英語（言語学者が言う「ピジン英語」に当たるもの）が使われるようになった実態が浮かび上がる。島に移り住んだ一世の人は、様々な母語の影響の見られる英語を話していたと思われる。すなわち、ハワイ語を母語とする島民が話す英語にはハワイ語の特徴（なまりや文法的間違い）がみられ、ポルトガルを母語とする島民にはまた違った点で文法のミスやなまりが現れていたのであろう。しかし、これらの異質なピジン英語を聞きながら育った子供たちの間では、自然と均一性の高い言語が生まれた。これは標準英語から見れば間違いだらけの言語だったが、個人差の少ない小笠原独特な英語（言語学者が言う「準クレオール英語」）が徐々に形成されていったと考えられている（**図1**）。

一八六〇〜一八七〇年代には日本の領土となり、日本人が大量に入植してきた。日本が島で最初の学校を開設して、英語と日本語によるバイリンガル教育が開始された。増加するバイリンガリズムに伴い、もう一つの接触言語が形成される。それは日本語と英語が入り混じる「混合言語」である。

小笠原の言語史は、四つの時代に区分できる。

第一期（一八三〇—七五）は、最初の定住者が来島してから日本入植者が入ってくるまでの時代である。

第二期（一八七五—一九四五）は、日本語化が始まってから第二次世界大戦に島民が内地へ強制疎開するまで。この時代は言語状況によってさらに細区分できる。日本の領土になった直後から欧米系の日本語習得が始まったが、その時点では英語が優勢だった。二十世紀の初頭（一九一〇年代、二〇年代）から、日本語を第一言語とする欧米系が増えてくる。一九三七年ごろからは、高まる軍国主義の中で英語使用への弾圧が公私の場面を問わず厳しくなっていく。

第三期（一九四六—六八）は、諸島を統治していた米海軍が欧米系島民のみの帰島を許可し、英語優勢の社会へと戻り、子供たちが英語による教育を受けるようになった時代である。この時代は一九五二年を境に二つに細区分できる。それまで、欧米系島民だけが島に住んでいたのだが、この年を境に海軍兵とその家族が島で一緒に暮らすようになった。

第四期は、一九六八年以降の時代である。その年に小笠原諸島は日本へ返還され、日本本土での生活を余儀なくされていた「日系」の島民が四半世紀ぶりに里帰りすることができた。米軍統治時代に家庭内で使われた混合言語や公な場（学校など）で使われた英語が、返還後に段々使用されなくなってきている。

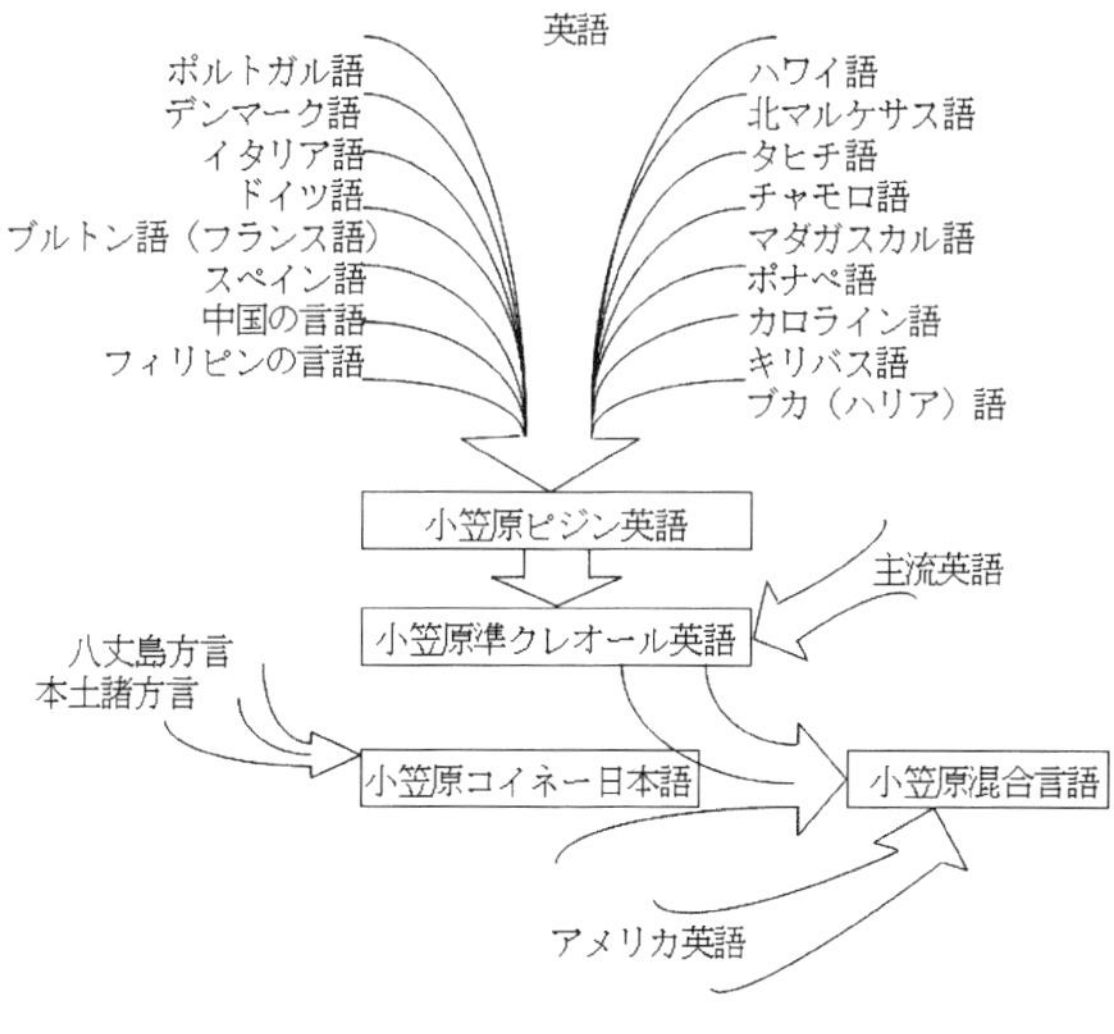

図1　19～20世紀の小笠原で形成された様々な接触言語

言語が小笠原諸島で使われた一七〇年の間、優勢言語は、英語から日本語へ変わり、そして再び英語に戻り、さらに日本語へと戻った。次にこの複雑な言語史と関わる出来事を紹介したい。

越境して来たハワイ語

小笠原には、ハワイ語起源と思われる単語や地名が数多くある。中には、島民自身がそうだとかなり意識しているものもある。今日まで残されたハワイ語起源の地名として、小港を指すプクヌイ Pukunui が挙げられる。古い地図にはプクヌヒやポコノイ、ポカニュービーチなどのバリエーションも見られるが、ハワイ語で puka nui は「大きい穴」を意味する。小港とコペペ海岸との間にある洞穴が印象的なので、これが起源ではないかと考えられている。また、アキ（またアキー、扇浦のことを言う）は、島の人の間ではハワイ語起源だと伝えられているが、その詳細は不明である。

ハワイ語起源の小笠原ことばには、物の名前（具体名詞）が多い。植物では、タマナ（テリハボク）はトマナ、トリマナとも記されており、ハワイ語の tamani（同意味）に由来する。在来島民は昔サトウキビをラハイナと呼んでいたというが、これはハワイ語で同じ意味で使われる lahaina に由来するだろう。

魚類名では、ウーフー（ブダイ）はuhu（アオブダイの仲間）に、そしてヌクモメ（シマアジ）はnuku moneʻu（カスミアジ）に由来する。小笠原で性行為をモエモエと言う。そしてそこから意味が拡大して性器を指すまでとなった。ハワイ語で眠ることを意味するmoeが語源だと思われる。ピーマカ piimaka（酢を使った魚料理）はハワイ語のpinika（酢）に由来するが、興味深いことにこのハワイ語は英語のvinegarに起源がある。

小笠原でプヒはウツボのことを指すが、ハワイ語で同じ単語（puhi）が同じ意味で使われる。この単語はプヒアイランド（兄島と父島との間にある人丸島）という地名にも見られる。また、小笠原で色彩変異によって黄化したミナミイスズミをたびたびみかけるが、これはホーレーやホーレスと呼ばれている。一説によると、初代開拓者の息子にあたるホーレス・セーボレーが好んで食べていたことからこう名づけられたが、これは民間語源説かもしれない。むしろ、ハワイ語で染料として使われる黄色い木（Ochrosia compta）を指すhōleiが真の語源であろう。この魚がよく獲れる父島の北部（釣浜とワシントンビーチとの間）にある岬が古い島民の間でホーレーポイントと呼ばれている。

タハラ（ハマフエフキ）はハワイ語に由来するとされているが（延島 1998）、ハワイ語のtāhalaは「カンパチ」を指すことばであり、かなり見た目の違う魚である。また、アリヒー（ノコギリダイ）もハワイ語起源だと言われているが（延島 1998）、ハワイ語のalaʻihiはむしろイットウダイ科という違う魚を指すことばである。更なる研究が必要であろう。

ビーデビーデと呼ばれる木（ムニンデイコ）は、小笠原の象徴として広く受け入れられている。これは一九二九年、北原白秋の散文の題として使われている。小笠原高校の学園祭の名前や学校の紀要の題目としても使われている。言語学者として興味をそそられるのは、この「ビーデビーデ」（ウリウリやウデウデとも表記されるが）がその起源とされているハワイ語のwili-wiliからどのように派生したのかということである。日本人の入植者が初めて来島した時に、そこでハワイ語が島民の間で使われていたとしても、おそらく「ウィリウィリ」としか聞こえないだろう。この語がどのようにして「ビーデビーデ」に変化したのであろうか。明治初期に日本人がビーデビーデとウリウリのように全く違う発音として認識しているのは、当時の欧米系島民がviliviliとwiliwiliの両方の発音を使っていたと判断するのが妥当である。日本の方言の多くで/d/と/r/、/e/と/i/がよく混同されるので、ウリウリとウデウデは同じことばを表わしていると思われる。

ウリウリの/u/がハワイ語のwiliwiliの/wi/から変化しているという可能性も十分考えられる。/wi/が日本語の音韻体系に存在しないために/ui/となるか、単純に/u/へと置き換えられうるからである。同様に、ハワイ語の［l］は日本語のはじき音［r］として発音されうる。島民達のことばには二十世紀になってもなお［w］と

［ｖ］との間で揺れが起きているが、この変異はハワイ語にも存在している。**図2**に以上の語源説を示した。

小笠原のタコノキはかつてルーワラと呼ばれていた。文献には様々なバリエーション（ラハロー、ラワラ、ラワラワ、ラウハラ、ロワラ、ロハラ、ラハロ、ロハヲ、ロハロなど）が見られる。ハワイ語で「タコノキの葉」を意味するlau halaが原型だと思われる。『小笠原島真景図父島之部』（坂田諸遠編、一八七四年、小笠原村教育委員会所蔵）には、タコノキの絵の横に「ラハローと唱、日本人呼びて蛸の足といふ」と書かれている（**図3**）。

タコノキの学名が*Pandanus boninensis*になっていることから分かるように、小笠原の固有種である。小笠原村の木に指定されている。たこの足のような気根をたくさんのばすことから名付けられた。葉は土産物屋で売られているタコの葉細工の材料になる。

一八六二年に小笠原を訪れた医師阿部櫟斎氏が残した絵にもハワイ語のlau halaに由来すると思われる「ロワラ」ということばが出てくる（倉田 1983: 41）。彼のノートにはタコノキに似たタコヅルという固有種が描かれている（**図4**）。島でツルダコと呼ばれているこの植物は当時、「ツルロワラ」と呼ばれていたことが分かる。

小笠原では、人名と太平洋諸島の単語が関係する興味深いケースが多くある。太平洋系の人の名前が一般名詞や地名になったケースもあれば、太平洋系の単語が島民の通称やあだ名になったケースもある。

例として、二十世紀初頭に生まれたタニ（tani）というニックネーム男性を考えよう。複数の論文に情報が部分的に出てくる。Arima（1990: 217）の聞き取り調査によれば、Taniという名は「大きい」や「丈夫」を意味するカナカ語を意味する単語とされている。津田（1988: 282）は「祖父から与えられた名前」と記録している。これはハワイ語で「男性」を意味するtāne（またはkāne）に由来すると思われる（延島 1998）。

太平洋の他の言語の影響

太平洋諸島から小笠原にやってきた人の名前が地名や魚名に使われる例がある。小笠原が日本の領土になる前に住み着いた、コペペ（Kopepe）という人物がいた。現在よく知られているのは父島西側にあるコペペ海岸であるが、これ以外にもコペペ浜（向島南西にある入り江の奥の海岸）、コペペ屋敷（コペペ浜に流れる沢の上流にある小さな平地）という地名もある。動物名にコペペカサゴ（カンモンハタ）もある。

太平洋諸言語に由来する単語は、物の名前になっている具体名詞だけにかぎらない。抽象的な概念を表す単語もある。戦前、欧米系島民の間で、「そんなコペペみたいなことをしてぇ！」のように、「野蛮人」の代名詞として批判的に使われることもあった。

実在したコペペ氏は、小笠原で魚を釣って自給自足の生活を送り、槍を持ち歩き、周囲から「野蛮人」と見なされる人物であった。彼の出身地には諸説がある。一つはキリバス諸島のノノウス(Nonouti, Kiribati)、もう一つはニューギニアのブカ島(Buka, Papua New Guinea)、そして現在のミクロネシア連邦カロリン諸島にあるナティック島(Ngatik, Caroline Islands)という説もある。最近では、ポナペ島近くのモキール環礁と思わせる情報や証言が出てきている。複数の場所に彼にちなむ地名が付いていることから推察されるように、彼は小笠原諸島内でも転々と住居を移していた。そして、彼の娘も、インタビューの中で、父を流れ者として描いているのである。

> 私らのおやじさんはちょっと変わった人で、子どもが九人もあるのに、ポッポと別な所へゆく人でしたので、土地も何もみんなとられてしまいました(瀬川 1931: 281)。

モキール語で、「コアーぺーぺ」(koahpehpe)は「流木」を意味する。もし、これが「コペペ」の本当の由来ならば、小笠原ことばに貢献した言語にモキール語も加えなければならない。なお、コペペ氏が島に住み着いたのは日本時代の前だが、彼にちなんだ地名や魚名などが広まったのはその後(日本時代になってから)のことである。

もう一つ、カロリン諸島から越境してきた小笠原ことばとして、オカヤドカリを表わすフンパがある。これはポナペ語のmpwa(同じくヤドカリの意)に由来すると思われる(延島 1997)。

小笠原には女性器を表わすキムという単語がある。モキール語でkimはシャコガイを指す。同じ単語はパラオ語など広い地域にわたって同じ意味で使われている。一見この貝と体の部位は無関係のように思われるが、実は両者が同じ単語で言い表されている例が小笠原にある。それはパテという起源不明な単語である。女性器を表わすが、複合語にパテ石(クサビライシという種類の珊瑚)やパテガイ(シャコガイ)も見られる。これらの例を考えると、小笠原においてこの生物とこの身体部位は意味論的に結ばれていることが分かる。

本稿で取り上げるほとんどの例はモノの名前(具体名詞)であるが、抽象名詞として「ラウカウ」(狂っている)が挙げられる。「ラウカウになる」のような表現がある。これは、ロトゥマ(Rotuma)島出身の父を持つ女性島民の名前に由来する(この島の詳細は不明だが、フィジー諸島にRotumaという島がある)。

パラオ語から入ったと思われる単語は「小笠原ことば」と呼べるほど一般会話で使われているわけではないが、小笠原でよく歌われる「レモン林」の歌詞に出てくるカボボということばがある。

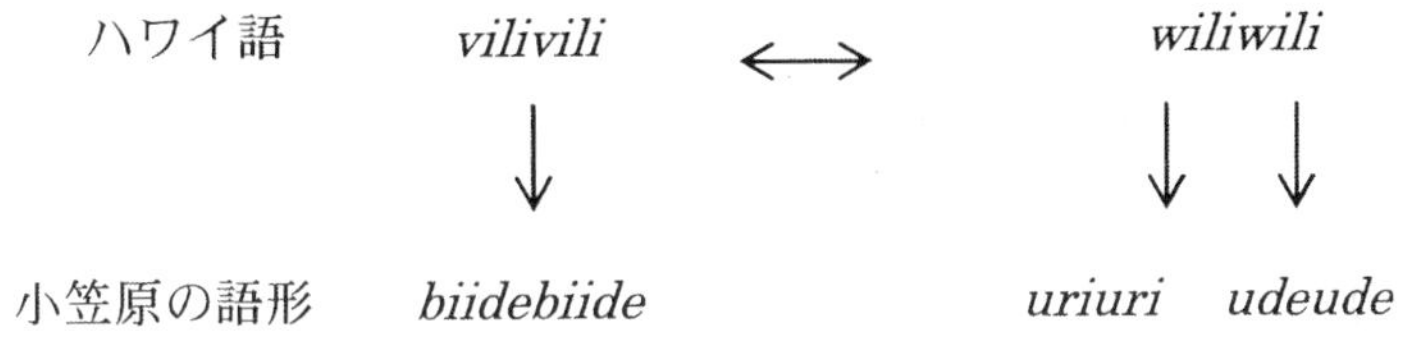

図2　「ビーデビーデ」の語源

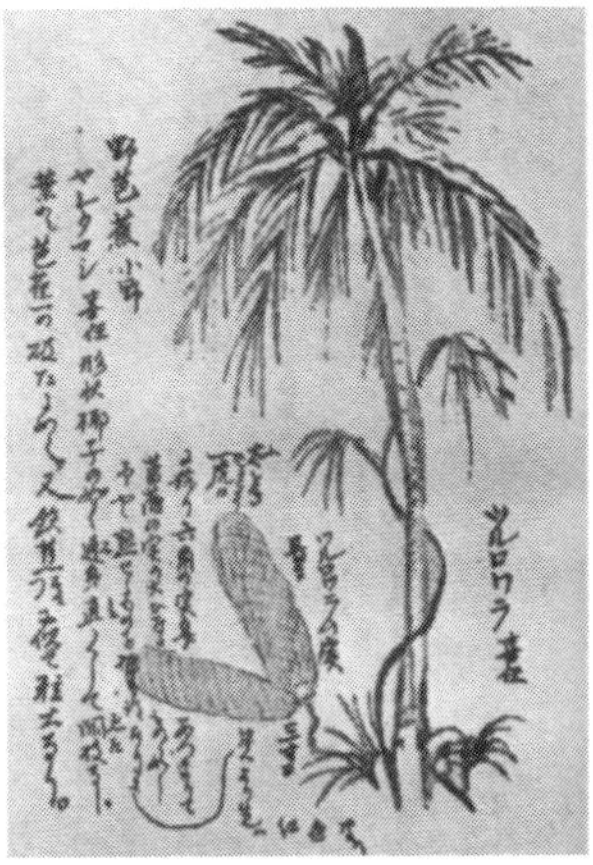

図4　ツルロワラ（タコヅル）の絵（阿部櫟斎作）

図3　ラハロー（タコノキ）の絵

「レモン林」
一、若い二人は離れているけれどでね
約束しましょう　また会う日の夜に……
二、若い二人は人目がはずかしいでね
レモン林で　かくれて話しましょう……
三、レモン林の甘い香りの中で
キッスをしたのを　お月様がみてた……
四、平和になったら二人は**カボボ**してでね（または、約束してでね）
新婚旅行は　東京へ行きましょう（または、父島へ行きましょう）

この「カボボ」という単語は小笠原で「婚約する」や「約束する」、「セックスする」などの意味だと伝えられているが、語源はパラオ語ではないともされる。語源の可能性があるのは、「結婚する」を意味する kaubúch で、もう一つは「カップルを組む」という意味の kakúb である。

小笠原諸島は日本の国境にある。隣接しているのはチャモロ語が使われるマリアナ諸島（サイパン、グアムなど）である。小笠原に近いということもあって、歴史を通してずっとチャモロ文化圏との関係が深かった。まず、日本の領土となる以前に、初代セーボレーの妻だったマリア・デロスサントスをはじめ、影響力のある複数のチャモロ語話者がいた。それに小笠原で暮らしていた西洋人も頻繁にグアム・サイパンを行き来していた。小笠原が日本の領土となった後、多くの日本人商人は小笠原を拠点に、または小笠原を経由して南洋の島々へ出かけた。チャモロ語使用地域が南洋庁の一部として正式に日本に併合されてから第二次世界大戦までの時代にも小笠原との交流が盛んであった。同じ大日本帝国であった小笠原とサイパンとの間を行き来する欧米系島民も日系島民も少なくなかった。しかし、この関係は、終戦と共に完全に幕を閉じたわけではなかった。むしろ、戦後、小笠原はサイパンやグアムと同じようにアメリカの統治下に置かれ、若者は教育のため、大人は職業訓練のためにマリアナ諸島に渡る時代であった。チャモロ語の単語を少し覚えたという欧米系島民も複数いる。

しかし、これほど長い年月にわたり、チャモロ語地域との交流があったにも関わらず、現代の小笠原ことばにはチャモロ語から入った単語が驚くほど少ない。そのほとんどは動植物の名前である。例えば、グイリー（またはグリ）はミナミイスズミのことを言うが、同じ魚のことをチャモロ語で guili と言うからこれが語源であることは、ほぼ確実である。またカンコン（水アサガオなども呼ばれている植物）はチャモロ語で kankong と言う。タガンタガン（銀合歓（ぎんねむ）とも呼ばれている木）はチャモロ語で tagantagan である。そして、シーカンバ（クズイモやナシイモとも呼ばれている蔓植物）は、チャモロ語で同じ植物を指す hikamas と英語の cucumber との混交形ではないかと考えられている。

小笠原から越境して行ったことば

小笠原が言語的な国境にあると思わせるのは、外国から入って来た単語だけではない。小笠原から外国へ渡って行った単語の例も見られる。しかも、複雑なことに一旦外国から小笠原に入って来たことばが、今度は小笠原から発信され、別の外国へと流出したというケースもある。意外に思われるかもしれないが、その伝播について考察しよう。

上に述べたように、ハワイには tamani という木がある。同じ木は小笠原とパラオの両方でタマナ（tamana）と呼ばれている。葉や実を見てもパラオで言う tamana と小笠原で言うタマナは同じ木（あるいは極めて近い種）としか思えない。

ハワイでは［k］と［t］は元々同一音素で、方言によって異なったり、あるいは同一の音素の異音として同一方言内で自由変異として表れたりするが、歴史的には［t］が古く、こうした変異的状況を経て、徐々に［k］へ変化していった。現在のハワイ語の事実上の標準では［t］ではなく［k］が使用されているので、ハワイ語では kamani として載っている。

この木の標準和名は「テリハボク」（オトギリソウ科）で、学名は Calophyllum inophyllum であり、英語圏では Alexandrian laurel, tamanu, beauty leaf, mast woodなどと呼ばれている。広域分布種であるこの木は、小笠原など太平洋に広く分布している。パラオ語はハワイ語と同じオーストロネシア語族の言語であるが、ハワイ語は東マレー・ポリネシア語派に属するのに対し、パラオ語はオーストロネシア語族という大くくりの中の孤立言語である。言ってみれば英語とアルバニア語くらいの言語的相違が大きい。従って、同語族だから同じ単語になったというわけではない。パラオ語辞典では、この木の名前はbtachesとなっている。パラオの高年齢層島民に確認したところ、「通称はタマナだが、それはパラオ語の伝統的な名前ではなく、近代になって入った言い方だと言う。何語かと尋ねると「日本語ではないかしら」と答える。

　念のために、この木の名称を太平洋地域の言語で調べた結果は次の通りである。(パラオに近い順番で)ヤップ：biyuch、グアム、北マリアナ諸島：daog, daok、トラック：rakich、ポナペ：isou、コソラエ：eet、マーシャル諸島：lueg、キリバス：te itai、クック諸島、タヒチ、マルケサス諸島：tamanu。すなわち、十九世紀から二十世紀にかけてパラオと関係の深いスペインの旧植民地や日本の旧南洋地域を見ても、現在パラオで使われているtamanaに近い言い方が見られない。類似しているのはハワイなど遠く離れ、しかも歴史的に関係の浅いポリネシア文化圏のみである。

仮説A：小笠原経由	仮説B：直接伝播
ハワイ語 k/tamani	ハワイ語 k/tamani
↓	↓
小笠原 tamana	↓
↓	↓
パラオ tamana	パラオ tamana

表1　伝播ルートの二つの可能性

　そこでハワイ語からパラオ語への伝播ルートとして小笠原経由の仮説と直接伝播の仮説が立てられる。しかし、直接伝播説には問題がある。一つは、ハワイとパラオは距離的に離れており、これまで歴史的にも関わりをもっていないこと、もう一つは、説明できない音変化(あるいは音対応)が存在することである。ハワイ語やタヒチ語はtamaniやtamanuであるが、小笠原とパラオの両方に伝わっているのはtamanaという発音である。小笠原の場合においてもなぜこの［i］→［a］の母音変化が起きたかは分からないが、起きたのは事実である。一方、必然性のないこうした音変化がパラオ語にも見られるが、これは偶然の一致とは考えにくい。やはり、パラオ語のtamanaは小笠原を経由して入ってきたものと考えるのが自然であろう。

　なお、小笠原ではタマナの当て字として「玉名」が使われたこともある。これは本当の語源ではないが、この発想から生まれた民間語源説がある。それは『小笠原ことばしゃべる辞典』の自然会話使用例にも見られる。

一　タマナの木は丸いよ実がね、まんまる。モモタマナはこう round。タマナの木は hard wood よ make table、big tree だから（JG）。

パラオではこの木の実は子供のおはじきのビー玉として利用されるので、なおさら「玉」への連想が強まる。

小笠原諸島の兄島にはタマナビーチという地名があるが、これ以外にも派生語が見られる。例えば、シクンシ科のモモタマナという木があるが、これがこの木の標準和名にもなっている（学名：*Terminalia catappa*）。小笠原ことばが標準日本語（標準和名）となった珍しい例である。日本時代以前の小笠原では、モモタマナが雌とされ、「シータマナ」と、タマナの方が雄とされ、「ヒータマナ」と呼び分けられていたのである。

小笠原から越境して行ったことば

日本の国境に位置する小笠原諸島にいち早く辿り着くのは、外国から流れて来ることばだけではない。津波もまた、日本本土より早く小笠原に到達することがある。本書の別稿には島民が語るチリ津波（一九六〇年）の回想録が含まれているが、実にそれより一〇〇年程前に、小笠原は大津波に襲われている。一九一五年にイギリスで自費出版されたライオネル・チョムリー著の『小笠原諸島史』は「小笠原諸島の入植者たちがボーラス（borras）と言っている津波について概説する」と始まり、一八七二年の秋に発生した大津波について述べているが、とりわけ気になるのは、その記述にある borras という単語である。語源に関する詳細は不明であるが、おそらくはヨーロッパから伝わったことばだと考えられる。ギリシャ神話の神ボレアス Boreas は北風の神であり、ヨーロッパ諸語では「ボレアス」やそれに起因する語が「海の嵐」を意味することが多い。例えば、十九世紀に東南アジアの船貿易で使われていたピジン英語に「北風」を意味するボラ（bora）という語があったようだが、ポルトガル語のボラスカ（borrasca）は「嵐」の意味である。

二〇一一年三月十一日の東北地方太平洋沖地震によって発生した津波は小笠原にも到達したが、幸いにして被害が甚大に及ぶことはなかった。技術的進歩の恩恵も手伝って、迅速に島民に避難指示が行なわれたことが被害の軽減につながったわけだが、それと同時に、五一年前のチリ津波を体験した人々が、当時の状況（どこの地域が危険だったか、何回波が繰り返されたかなど）を記憶し、次世代に伝えていたことも被害が少なくて済んだ理由の一つであるはずだ。

ヒトが歩んできた歴史は我々のＤＮＡに刻まれていると言うが、小笠原が歩んできた歴史も、その言語のなかに書き込まれている。だからこそ残念に思うのは、「ボーラス」という単語が現在通じなくなっていることである。「ボーラス」という一個の小笠原ことばが失われるということは、単に辞書から単語が一つなくなるだけのことなのであろうか？　そうではない。それは、歴史的に培われた貴重な生活の知恵が失われることも意味するのである。

島でアレキサンドロと呼ばれてきた木（シマシャリンバイ）がある。この名にはaxe（アックス＝斧）のhandle（ハンドル＝柄）に適した堅い木であるという重要な情報が含まれている。標準語でモンパノキとなっている植物の名を聞いても何の役に立つ木か一向に分からないが、メガネノキと聞けば、水中眼鏡に使う木だと分かる。コヤブニッケイという標準和名を聞いても何か分からないかもしれないが、オチャノキという島名を聞けば、その使用方法は瞬時に理解される。固有種のヤロードは元々yellow wood（イエローウッド＝黄色い木）であったことや、ロースド（ムニンヒメツバキ）がrose wood（ローズウッド＝バラの木）であったと聞けば、かつて英語が日常語であった小笠原の過去がよみがえってくる。ウェントルがwinter turtle（ウィンタータートル）に由来すると読み解けば、その未成熟の海亀は成熟した大きい亀と違って冬でも近海にいるために、年中捕獲できるという有益な情報を得ることができる。

多様な言語が絡み合うように形成された小笠原ことばは、人々の知恵を、その島の文化と歴史を、国境と時間を越えて物語る貴重な遺産である。もし「ボーラス」が「海の嵐」の意味ならば、かつて人の命を奪ったその出来事は、言語となり、世代を越えて伝えられることで、今度は人の命を救うものになると私は信じている。

参考文献

倉田洋二編（1983）『写真帳小笠原　発見から戦前まで』アボック社。

坂田諸遠編（1874）『小笠原島真景図　父島之部』小笠原村教育委員会所蔵。

瀬川清子（1931）『村の女たち』未来社。

津田葵（1988）「小笠原における言語変化と文化受容」*Sophia Linguistic* 23, 24: 277-285.

延島冬生（1997）「小笠原諸島先住民の言葉」『太平洋学会誌』七二—七三号、七七—八〇頁。

延島冬生（1998）「小笠原諸島に伝わる非日本語系のことば」ダニエル・ロング編『小笠原学ことはじめ』南方新社、一二九—一四八頁。

ロング・ダニエル、橋本直幸（2005）『小笠原ことばしゃべる辞典』南方新社。

Arima, Midori (1990) *An Ethnographic And Historical Study of Ogasawara/The Bonin Islands, Japan.* Stanford University Ph. D. dissertation.

Cholmondeley, Lionel Berners. 1915. *The History of the Bonin Islands.* London: Archibald Constable and Co. 日本語訳：チャムリー、バナード（国吉房奎訳）（一九八五～一九八九）「小笠原諸島史」『研究収録』（海城高等学校発行）一〇号一—一七頁、一一号六三—九一頁、一二号一—二八頁、一三号九一—一二五頁、一四号七七—九三頁。

Prescott, Victor & Grant Boyes (2000) *Undelimited Maritime Boundaries in the Pacific Ocean Excluding the Asian Rim* (Maritime Briefing vol 2, num 8). Durham, UK: International Boundaries Research Unit, 2000.

チリ地震津波の体験

【イーデス・ワシントン＝大平京子さんの回想】

今村圭介

●いまむら・けいすけ　一九八六年生。首都大学東京・博士課程在籍。論文「小笠原ドキュメンタリー『心も丸木舟に』の翻訳論上の問題」（『言語文化研究』）など。

はじめはただ波を見つめていた

太平洋諸島に通じる国境の島、小笠原諸島には、欧米や太平洋の島々に先祖を持つ、いわゆる欧米系島民が今なお居住する。その一人が大平京子さん（一九二一年生まれ、英名：イーデス・ワシントン）である。大平さんに一九六〇年五月二十四日に体験したチリ地震の津波の話をしていただいた。

小笠原にはそれまでも度々小さな津波が押し寄せ、魚が海岸に打ち上げられることもあったという。そのため、大平さんは家族と家の傍の道路で津波が押し寄せるのをただ見つめていた。しかし、津波はどんどん家の方まで押し寄せ、しまいには家の中に入ってきた。

「運を天に任せる」

「その時に息子のレンズのちいさな自転車、ジャパンから漁船の人が買ってくれたのがあったんですよ。その自転車が流れる時、押さえるんだけど、絶対押さえきれない。瀬堀五郎平さんのリーファーも流されていった。あの波の強さって初めて知ったね。」

こうした口調で語る大平さんのことばに日本とアメリカの狭間にあった当時の小笠原の姿が見えてくる。英語の名前を呼び合う欧米系島民は日本本土のことを「ジャパン」と表現し、冷蔵庫に「リーファ」という英語の船乗り用語を今も使っている。

「ほんと運を天に任せるっていう言葉がこの時こそって思ったね。だってあんた、ミシミシミシでこんな家が流れてくんだよ。」

大平さんは当時の恐怖を語る。

「ちょうどその時分、みんなジブラ（自分たち）でパンを焼いて、焼きたてのパンが蝿帳に入ってたわけ。子供って賢いね。（姪の）エスルはいつの間にかそのパンを持ち出して逃げてくれたの。」

その後、泥がたまった家に財布を取りに戻ると段々と家から潮が引いていくのが分かった。流された子供の洗濯物などを途中で拾い、裏山に逃げていった。

近年の盆踊りを楽しむイーデス・ワシントン＝大平京子さん

「地震のある度に瀬堀ケイコさんとトランジスターを持って、解除と聞くまで岩壁に居りました。」

家は浸水がひどい上に、水道管が壊れてしまっていたため、一家で避難所生活を余儀なくされた。

「小学校の上にあるコンクリのタイフーンシェルターで三日間お世話になったね。」

しかし米軍の支給物資に子供は満足できなかった。

「三日間運んでくれたけど、肉と缶詰でしょ。子供がきれいに飽きちゃって、今度ご飯が食べたいって言いだしてね。」

米軍の支援活動への感謝

津波によって流された家は岸壁の上に乗り上げていたが、どこも壊れていなかった。グアムから援助に来たシービーズ（海軍設営隊）がクレーン車でつり上げ、元の土台を高くしたものに乗せたらピッタリとはまった。

同じく津波が到達した、東北沖の都市の被害の様子は大きく報道され、記録が残っている。しかし、日本のどの地方より津波の到達が早かった小笠原は辺境の地であり、米統治下にあったため、人々に被害が知られていない。それでも、米軍からは大きな支援を受け、「当時の米軍には本当にお世話になり、感謝致しています」と、大平さんは語る。

「南洋踊り」が物語る歴史

【小笠原の越境性と多文化性】

小西潤子

●こにし・じゅんこ　一九六一年神奈川県生。一九九八年、大阪大学大学院文学研究科博士後期課程修了。静岡大学教授。専門・関心領域、音楽学。著書に『音楽文化学のすすめ』（編著、ナカニシヤ出版）。DVD解説・出演に『南洋へのまなざし』（ビクター VZBG-30）など。

♪レフト、ライト、レフト、ライト、ウワドロヒーイッヒヒイッヒッヒー……一九九〇年代初め、小笠原の「南洋踊り」をテレビ番組で見た私は目を見張った。それは、まさに旧南洋群島でマースやレープといったジャンル名称で呼ばれている「行進踊り」であったからである。しかも、その踊り歌は東京都指定文化財だというのである。[1]《ウワドロ》や《夜明け前》などの踊り歌は、当時私がフィールドとしていたヤップ島でも聴いたことがあった。

国境の島・小笠原には、一八三〇年のハワイからの入植以前から世界中の人が行き交い、さまざまなモノや情報が漂着してきた。行進踊りも、その一つである。日本列島から見れば遠い離島である小笠原は、国境から見ると外国文化との接触の最先端に位置する。ある八丈島民から、「八丈より父島の方が都会だ」と聞いたことがある。八丈が離島の風を帯びているのに対して、小笠原はコスモポリタンな開けた場所だというのである。

歴史が短いことによって、小笠原の歌や踊りについてはある程度、漂着の経緯と発展を把握できる。特筆すべきは、旧南洋群島との文化的つながりが明らかなものがあることである。現在、日本本土から観光客が小笠原に行くルートは東京からの船便しかなく、旧南洋群島のサイパンやパラオには航空機を利用するのが一般的である。それゆえ、小笠原と旧南洋群島との地理的関係に思い至るのは難しいが、地球儀では小笠原の向こうに旧南洋群島があることが確認できる。旧南洋群島に起源する歌や踊りは、海の国境を跨いで生活してきた小笠原の人々の越境性を理解するのに格好の素材である。

本稿では、まず小笠原の南洋踊りと日本語歌謡の概要および成立と伝播の経路について紹介する。その上で、小笠原と旧南洋群島両方の視点からの日本語歌謡の歌詞分析を行い、国境と文化を再考するための手がかりとしたい。

南洋踊りの概要

動作と表演の特徴

旧南洋群島の行進踊りは、基本的には一列か二列横隊に並んだ踊り手集団が自身による踊り歌に合わせて、一斉に同じ動作で踊るものである。開始部や踊り歌と踊り歌の接続部分で音頭取りが「レフト、ライト（またはレップ、ロイなど）」の掛け声を発し、踊り手が「その場足踏み」の動作を行うことに特徴がある。踊り歌は、現地語、日本語、英語もしくはそれらが混ざった有節形式の歌詞と西洋風のリズムとメロディからなる。これ自体、明らかに捕鯨船員や西洋式軍事訓練といった外来の要素の影響を受けて成立した「新しい踊り[2]」なのである。

行進踊りは、二十世紀初頭にはポーンペイ、チュークと急速に西に伝播し、地域ごとの歌や振りつけが加わり、日本統治時代には日本の流行歌や踊りの影響を受けて発展した。特に、各島の人々が集まったアンガウル島のリン鉱石採掘所では、月夜の晩に島ごとのグループが娯楽として踊りを披露しあった。人気があったのは、チュークの人々の演じた《ウアトロフィ》などの行進踊りであったと言われる。

小笠原の南洋踊りは、行進踊りの号令や足踏みの動作を踏襲したものである。おおよその動作の型は、①太ももや腰をたたいて音を出す身体打奏（ボディ・パーカッション）、②腕の旋回、③手を押し出す動き、④左右の手の交差、⑤左右の手の並行移動、⑥顔面を覆う動作、⑦前進と後退の組み合わせからなる。これらを組み合わせて、踊り歌ごとに固有の振りつけが決まっている。踊りの終結部では、音頭取りによる「アフタイラン……」という号令に合わせたその場足踏みが行われ、「オブ・ストップ」の号令で終了する。この間、基本的にもとの立ち位置を維持する。隊形としては、輪を作って旋回する盆踊りよりは、いわゆるフラダンスに近いといえる（**写真1**）。

現行の南洋踊りは、カカと呼ばれる割れ目太鼓（**写真2**）のリズム伴奏、続いて「レフト、ライト」の掛け声、その場足踏みの動作によって始まる。カカは、メラネシアの割れ目太鼓にヒントを得た小笠原在住の池田望が製作したオリジナル楽器である。一九八八年返還二〇周年記念に際して、新宿のデパートで開催され

写真１　手を押し出す動き

写真２　身体打奏とカカ

（2004年1月3日　筆者撮影）

表１《ウラメ》の歌詞

ウラーメウ　ウルリーイイウメ　エファンリーイイトゴー　オシマーアアアアー
ワンガリ　イヤウェヤウェヤウィー　イリエー　エーファンガウェニモー

た「小笠原物産展」での表演以来、導入されているが、旧南洋群島の行進踊りでは用いられていない。

南洋踊りの演目はただ一つで、その上演時間は約七分である。《ウラメ》《ウワドロ》《ギダイ》《夜明け前》《締め踊りの歌》《アフタイワン》と呼ばれる踊り歌に合わせてこの順にメドレー[3]で表演するもので、各歌の接続部分に「レフト、ライト……」の掛け声と「その場足踏み」が挿入される。踊り歌は、もともと踊り手たちが踊りながら斉唱していたが、現在では音頭取りが独唱することが多い。南洋踊りの演目が固定しているのに対して、旧南洋群島の行進踊りは従来の歌に合う動きが新たに創作されることもあれば、踊り歌が動きなしでうたわれることもある。また、歌詞やメロディの借用や替え歌の創作も盛んで、「同じようで違う」歌や踊りがいくつも伝承されている。

踊り歌の音楽的特徴

南洋踊りの踊り歌は、《ウラメ》、《ウワドロ》など外国語の歌詞からなるものと、日本語からなる《夜明け前》と《締め踊りの歌》の一部からなる。前者は、当初から意味不明のまま発音の聞き覚えで伝承されてきた。たとえば、《ウラメ》の歌詞[4]は次のようなものである（**表１**）。

踊り歌は、比較的単純な長音階による各曲固有の有節形式のメロディと二拍子系のリズムからなる。つまり、私たちにも馴染み

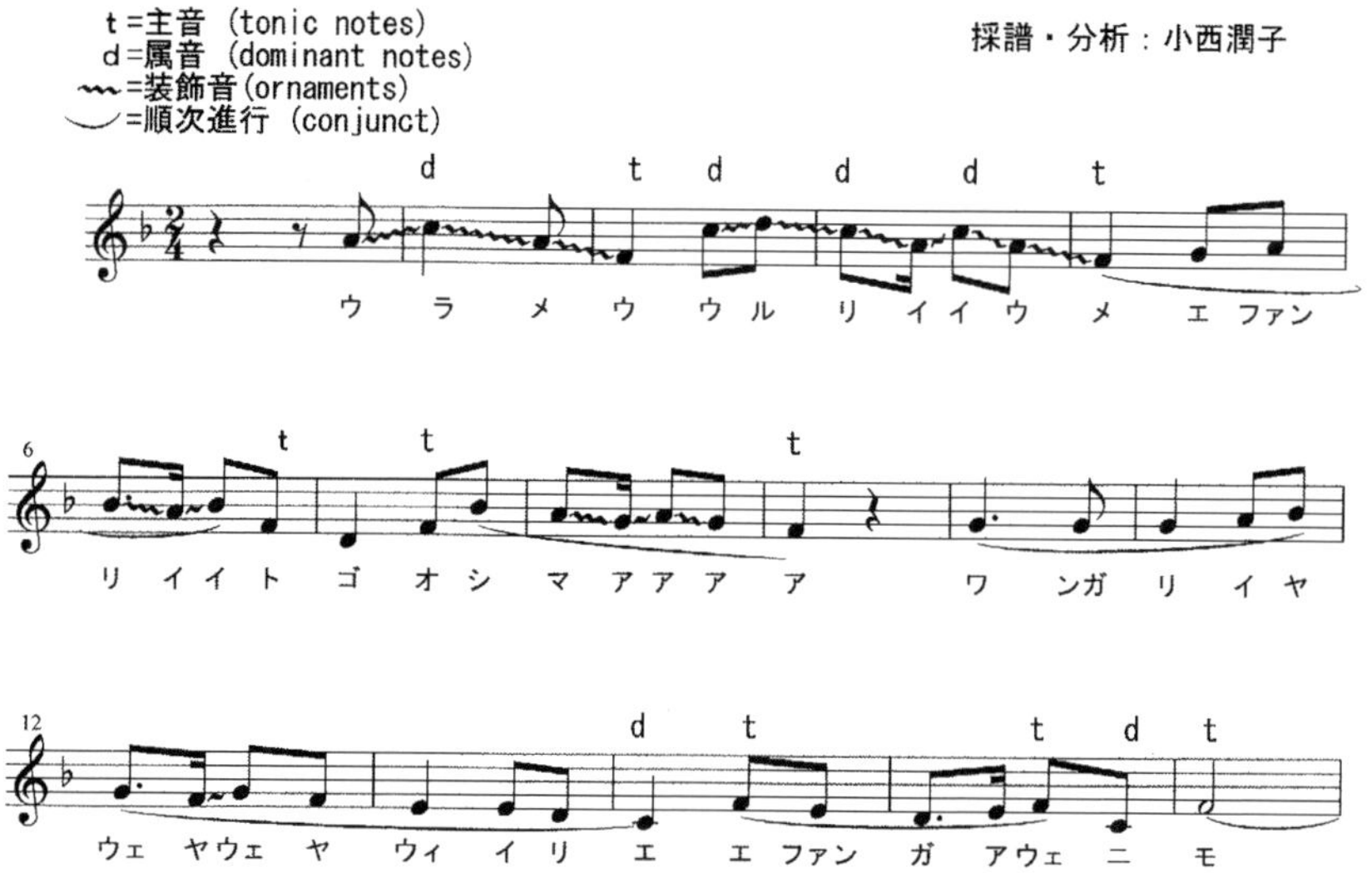
t＝主音（tonic notes）
d＝属音（dominant notes）
＝装飾音（ornaments）
＝順次進行（conjunct）
採譜・分析：小西潤子
ウ ラ メ ウ ウ ル リ イ イ ウ メ エ ファン
リ イ イ ト ゴ オ シ マ ア ア ア ア ワ ンガ リ イ ヤ
ウェ ヤウェ ヤ ウィ イ リ エ エ ファン ガ アウェ ニ モ

図1 《ウラメ》（一部）の採譜・分析例

がある西洋音楽をベースとしているのである。《ウラメ》の表演の一例を採譜し、分析したものが**図1**である。

メロディは、主音ド（t）と属音ソ（d）を中心に、装飾的な経過音（波線部分）が加わった動きからなる。主音と属音を結ぶ完全五度進行により、「波」のような音の上下が生じている。これは、賛美歌などの西洋音楽と旧南洋群島の伝統的な歌とが融合した音楽的特徴であり、日本の学校唱歌や演歌の節回しとは異なっている。

このように、親しみやすさと異国情緒性が入り混じった南洋踊りとその踊り歌には、程よい距離感を感じられる。まさに、越境的な多文化性を表した踊りだといえる。

日本語の踊り歌と南洋踊りの伝播

意味不明の《ウラメ》に対して、《夜明け前》と《締め踊りの歌》の一部は日本語の歌詞からなる。《夜明け前》の歌詞は**表2**のとおりである。

《夜明け前》は日本語からなるが、「起きると見たら」「大変つかれた」「時々飛んでゆく」「大変やせた」「死ぬかもしれません」は、日本語の表現として不自然である。すなわち、「起きると見たら」は「起きてみたら」が正しい。「大変つかれた」は間違いとはいえないが、「起きてみたら大変つかれた」と続けると時制が不一致である。したがって、「起きてみたら大変つかれていた」

表2 《夜明け前》の歌詞

1.	夜明け前に　あなたの夢見て　起きると見たら　大変つかれた
2.	もしできるなら　小鳥になって　あなたの元へ　時々飛んでゆく
3.	私の心は　あなたのために　大変やせた　死ぬかもしれません

表3 《締め踊りの歌》の日本語部分の歌詞

私はよく寝ました　昨晩夢を見ました　その時　私は大変よ　困りましたが　分かりません

が正しいであろう。「時々飛んでゆく」も間違いとはいえないが、文脈的に「時々」では切実さが感じられない。むしろ、「すぐにでも飛んでゆく」と言いたくなる。「大変やせた」も間違いとはいえないが、「心」という主語に対する述語として「やせる」は、不適切である。「心は……やせた」の類似表現には、「心細い」がある。「細い」が「やせた」と変化したと推察できようが、「心細くなって死ぬ」という状況は考えにくい。このように、《夜明け前》の歌詞には極めて不自然な日本語表現が用いられているのである。

　次に、《締め踊りの歌》の歌詞の日本語部分も、特に後半部分が不自然である（**表3**）。この日本語表現も、「大変よ」の「よ」を削除すると、「大変困りました」となって意味が通じるが、「分かりません」では不十分である。「どうしたらよいか」などの語を入れる必要がある。ただ、（寝て）夢を見たことと、その結果、「私は大変よ　困りました」というテーマが、《夜明け前》と共通していることがわかる。

　以上のように、南洋踊りの踊り歌《夜明け前》と《締め踊りの歌》は、日本語としては不自然な表現を含む歌であることがわかった。実は、これらの創作者は後述の日本語歌謡と同様、日本語を母国語としない旧南洋群島の人々であった。それが、再び国境を超えて小笠原に逆輸入されたのである。

　南洋踊りの小笠原への伝播と普及に貢献した人物の一人は、聖ジョージ教会初代牧師の長男ジョサイア・ゴンザレス（一八九九—一九三五）だとされる。その従兄弟の上部ロードリッキ（一九一三—一九九）は、サイパンを訪問した際に南洋興発に勤務していたジョサイアが、一〇〇人ほどの現地の島民の先頭で《ウワドロ》と《ギダイ》を踊っているのを見たという[5]。ちなみにロードリッキは、一九二七年から一九四五年までポーンペイに在住していた。ジョサイアは、この踊りを弟のクリストファーと共に、菊池虎彦ら小笠原島民に教えたという（北国 2002, 134-135）。その後、ジョサイアが伝えた踊りをベースにヴァリエーションが加わり、現行の南洋踊りへと変化していった。ここで注目すべきは、サイパン、ポーンペイとチャンスがあれば移動する、小笠原の人々の越境性である。彼らは、海の国境を往来してさまざまなモノや情報の運び手となったのである。

旧南洋群島と小笠原の日本語歌謡

日本語歌謡成立の背景

旧南洋群島の人々は、どのような背景のもとで日本語歌謡を創作したのであろうか。日本は、一九一四年から一九四五年まで旧南洋群島を統治支配した。一九二二年からはパラオに南洋庁が設置され、現地の子どもたちは本科三年、補習科二年からなる公学校に通い、日本語教育を受けた。また、「唱歌」[6]の時間には日本人の教師が、オルガンの伴奏で学校唱歌を指導した。その成果として、運動会や演芸会に際しては「お手てつないで」(《靴が鳴る》)などの「遊戯」や《桃太郎》の「唱歌劇」が披露された。パラオなどでは、公学校修了後の若者は「ボーイ」や家事手伝いとして働くことで、日本の民間人との交流を続けた。そして、蓄音機で日本の流行歌を聴き、日本映画の主題歌を覚えた。こうして日本語と日本の音楽文化に親しんだ旧南洋群島の人々が日本語歌謡を生み出し、地域全体に広めたのである。

その一方で、学校教育の導入は、伝統文化の継承システムの崩壊や中断を余儀なくした。のみならず、すでに十九世紀からの諸外国による植民地化によりコミュニティが変化し、キリスト教による伝統文化の弾圧や制限も生じていた。これら複合的な要因により、伝統的な歌や踊りが廃れた。その状況下で、行進踊りと日本語歌謡の表演は、支配者から許容された。西洋にルーツを持つ歌や踊りはわかりやすく、統制しやすかったからだと思われる。

日本語歌謡の本格的な創作が始まったのは、一九三〇年代半ば以降だと考えられる。その後、アメリカ信託統治時代になっても、行進踊りや日本語歌謡の新作、日本の流行歌の替え歌が生み出され、一九六〇年代までは人気を博していた。パラオでは現在に至るまで、楽器伴奏を加えてアレンジした戦前の日本語歌謡が「クラシック」として、カセットテープやCD、DVDのかたちで販売されている。

小笠原の日本語歌謡伝播の経緯

「小笠原古謡」と呼ばれている《丸木舟》《パラオの五丁目》《レモン林》《おやどのために》の四曲も、[7]旧南洋群島起源の日本語歌謡である。これらの「古謡」が小笠原に持ち込まれたのは、意外と新しい。小笠原島民は、戦中に日本本土に強制移住させられた。戦後、小笠原と旧南洋群島はアメリカ信託統治領となり、日本本土との間に国境線が引かれたが、帰島が許された「欧米系島民」は旧南洋群島の人々と交流を続けたのである。《パラオの五丁目》《レモン林》《おやどのために》は、瀬堀エーブル(一九二八―二〇〇三)が一九五〇年代前半に、出稼ぎ先のサイパンの喫茶店でパラオ人男性から伝え聞いたものとされる。わずかではあったが、戦後、小笠原を訪問した旧南洋群島の人々もいた。一九五三年鋼鉄回収に派遣されたチュークの人々が、ウクレレ伴奏で日本語歌謡をうたっていたのが目撃されている。

一方、《丸木舟》は、母島出身の旧島民・奥山孝三（一九二八―八六）が一九五〇年代初めにパラオの離島・アンガウル島で聴き、小笠原返還後の一九六九年、父島で広めたと言われる。奥山は、食料増産政策の一環としてGHQによってアンガウル島の燐鉱開発株式会社に送り込まれた日本人の一人であった（北国 2002, 150）。戦前、行進踊りのメッカであったアンガウル島で、戦後も歌の交流が行われたのは奇遇だといえる。ちなみに、アンガウル島の州法では現在でもパラオ語と日本語が公式言語とされている。帰島を許されなかった小笠原旧島民もまた、返還前に国境を越えていたのである。

小笠原古謡に代表される日本語歌謡の歌詞は、日本語としては不自然な表現を含むが、その深部には旧南洋群島の伝統や人々の思いが継承されている。次に、小笠原古謡の歌詞分析を通じて、一見単純な歌の背後にある多文化性を明らかにする。

小笠原古謡の歌詞分析

《丸木舟》

まず、《丸木舟》の歌詞は他の三曲と比べて日本語としての完成度が高い（**表4**）。

この歌はアンガウル起源だという説もあり、パラオの人もよくうたっていた（北国 2002, 149-150, 152）。確かに、パラオの日本語歌謡には、詩的な表現を含むものもある。しかし、《丸木舟》の歌詞で目を引くのは、「土人の恋の歌」という部分である。「土人」という表現は、差別意識があるかどうかにかかわらず、「外部者」の視点に立つ語である。また、「浮世を遠く見る」の「浮世」は「島」ではない。巧妙な音の動きからなるメロディも、日本の流行歌に多いヨナ抜き長音階である点が他の三曲と異なる。このことから、《丸木舟》がアンガウルで流行し小笠原に持ち込まれたのは事実であっても、日本人が創作した可能性がある。であれば、日本人が国外で創作し現地で普及したものが、小笠原にもたらされたことになる。《丸木舟》は、国境を跨いだ歌だといえる。

三―二　《パラオの五丁目》

《パラオの五丁目》は、パラオを舞台にした歌である（**表5**）。タイトルにおけるパラオという地名と、五丁目という地番の異質

表4 《丸木舟》の歌詞

1. 南の空の果て　波の花咲く島に　浮世を遠く見て　恋を語る二人よ　心も丸木舟に
2. ザボンの色の月　あのヤシの葉に登る頃　土人の恋の唄に　胸は躍る二人よ　心も丸木舟に
3. 舟は波にまかせ　この身は恋にささげ　尽きせぬ想い　語るは夢の二人よ　心も丸木舟に

表5 《パラオの五丁目》の歌詞

1. パラオの五丁目にいる　可愛いい娘さん　とても優しい笑顔で　僕らがにらむときは　ちょいと笑うふりして　なんだかはずかしい
2. ときどきあなたさまが外へ出る時　おけしょうばかりじゃないが　そのうしろ腰を見ただけでもほんとに　寝るに寝られない

な組み合わせが目を引く。この歌は、現地では《コロールの五丁目》として知られている。コロールの五丁目は、日本統治時代に実在した地名であった。

南洋庁が設置されたコロールの町は、日本時代に大繁栄した。管轄内で唯一の高等教育機関の木工徒弟養成所も設置され、管内各島で公学校補習科を終えた優秀な青年が寮生活をして、建築技術を学んでいた。そういった青年の一人が一九三八―三九年頃に創作したのが、《コロールの五丁目》である。創作者は、マーシャル人の母と日本人の父の間に生まれ、二〇〇〇年頃にチュークで没したキヨマサ・カミナガ（一九二一―九九？）という説と、キヨマサと同世代でチューク出身のエルニス・ヌティクという説がある。筆者によるチュークでの調査によると、エルニスは一九四一―四二年頃に木工徒弟所で学んだ後、一九四六年頃ウドット島に帰島したという。ただし、チュークでは替え歌も「歌の創作」と見なされる。関係者が没した現在、キヨマサとエルニスのいずれがオリジナル曲の創作者であったかは追究不可能である。だが、「かわいい娘さん」がパラオに来た島外の青年たちにとって、憧れの的だったのは間違いない。

その「かわいい娘さん」のモデルは、パラオの名門出身で「高嶺の花」であったケティ・O・G・（一九二五―）であった。当時共通語であった日本語で歌を作ったのは、母語の異なる島外の青年がパラオ人女性に気持ちを伝えるためであった。「ぼくがにら

表6《レモン林》の歌詞（ボニンの風 2008, Tr. 08 解説）

1. 若い二人は　離れているけれど　でね　やくそくしましょう　またあう日の夜に
2. 若い二人は　人目がはずかしい　でね　レモン林で　かくれてはなしましょう
3. レモン林の　甘い香りのなかで　キッスをしたのを　お月様が見てた
4. 平和になったら　二人はカボボして　でね　新婚旅行は父島へ行きましょう

む」「ちょいと笑うふりして」は、それぞれ「ぼくが見つめる」「ちょいとほほ笑むふりして」の意味だと解釈できる。こうした「はにかみ」に対して、「腰」は直接の性的表現である。旧南洋群島の伝統的な歌ではこうした性的表現が頻繁に用いられる一方、それらを歌に登場する人物の親兄弟や子弟の前でうたったり話題にしたりすることはタブーであった。実際、ケティの子弟は、長らくこの歌が母親に関する歌だと知らなかった。このように、素朴な日本語の恋の歌のように見える《パラオの五丁目》は、日本統治時代における旧南洋群島内の多文化的状況を背景として成立し、伝統的な表現や習慣を部分的に継承しつつ普及したのであった。

《レモン林》

表6は、東京都文化財指定版[8]で欠落した歌詞を補った普及版（ボニンの風 2008）《レモン林》の歌詞である。以下では、これと筆者がパラオ、チューク、ポーンペイで採集した版の《レモン林》（小西 2011）を参照し、分析解釈する。

まず、一番、二番、四番の三連目に見られる感投助詞「ね」と接続詞「で」からなる「でね」に注目したい。「で」は、前後の文脈から一番は「けれども（逆接）」、二番は「だから（理由）」、四番は「それから」の意味とそれぞれ解釈できる。したがって、一番は「離れているけれどね」、二番は「人目が恥ずかしいのでね」、四番は「カボボしてね」を意味する。意味が曖昧で「幼児ことば」のような「でね」に対して、自らを客観的に描写する表現「若い二人」（一番、二番）は不釣合いである。このことから、「若い二人」という用語法にはモデルがあると考えられる。その一つは、「あなたと呼べば　あなたと答える」から始まる《二人は若い》（サトウハチロウ作詞、古賀政男作曲、一九三五年）ではないかと思われる[9]。戦前に大流行した新婚カップルの歌《二人は若い》は、旧南洋群島の人々にも理想的なあり方として映ったはずである。ちなみに、チューク・デュブロン島の伝承者は「若い二人」ではなく「あなたとわたしは」とうたっていた。「若い二人」より「あなたとわたし」の方が平易で、「でね」とのバランスもよい。

「レモン林」という語そのものにも、異なるヴァージョンがあった。パラオとポーンペイの伝承者は、「レモングラス」とうたっていたのである。実は、レモングラスも戦前パラオで栽培されており、ポーンペイの伝承者は熱帯植物園で見たという。なお、チューク・デュブロン島の伝承者は「フナギ橋のそば」とうたっ

表7 《おやどのために》の歌詞

1.	おやどのために　こんなになった　だけれど　しかたなく　やめましょうね
2.	みなさん　わたしがわるかったら　わるく思わないで　ゆるしてね

ていた。「フナギ橋」は船着場のことで、「あなたとわたし」の別れと再会の場所である。レモン林やレモングラスにとらわれていると、この歌が本来別れの歌であったことを見落としてしまう。二人の距離がどのくらいあるのかは不明だが、「平和になったら」という表現から戦争が二人の離別の原因と推察できる。

「カボボ」はパラオでは意味不明のまま、チュークでは「国防」と伝承されていたのに対して、ポーンペイの伝承者はこれをポーンペイ語の「結婚」であると断定した。そして、この歌を創作したのはキチ村出身のマルコーという女性であり、同村に駐在していた日本人巡査のことを思った歌だと同定した。マルコーは離別した日本人男性を思い続けてこれをうたったが、日本人巡査は二度と帰ってこなかった。チュークでも、ポーンペイの女性がデュブロン島に来てうたった、と伝承されていた。新婚旅行の行き先は、パラオやチュークと同様、「内地」とされていた。

このように、《レモン林》は、明るいメロディにのせた単純な日本語の歌詞とは裏腹に、約束を果たさなかった日本人男性への「恨み歌[10]」だったのである。旧南洋群島の人々は、離別した日本人男性の裏切りに対するマルコーの嘆きに共感して、この歌を伝承してきたのである。

《おやどのために》と「恨み歌」の系譜

四曲のうちで、もっとも意味がわかりにくいのは《おやどのために》であろう（**表7**）。

私はこれを《レモン林》と同様、旧南洋群島の典型的な恨み歌だと見なしている。「おやど」はパラオの伝承者によると「親殿」であるという。パラオには、《Oyano yurusanu（親の許さぬ）》という日本語歌謡も伝承されており、《おやどのために》も家の格式を重視し恋愛結婚を認めない親への恨み歌と見なせる。恨み歌は遂げられなかった思いを託して広めるもので、死を覚悟して創作されることも多い。その脈絡から、この歌も遺書のように読み取れる。「しかたなく」は、「強い失念」を意味する。何を「やめましょう」と言っているのかも不明だが、「恋愛をあきらめる」のならまだしも、「生きるのをやめましょう」という解釈もあり得る。特に注目したいのが、「みなさん」という呼びかけである。恨み歌の創作と伝播は、極めて重い結果をもたらす。それがゆえ、いつまでも語り継がれることになる。《おやどのために》のメッセージはとても短いが、長調でのびのびとしたメロディからは想像を絶する、痛切な歌だと私は考える。

小笠原の歌や踊りの多文化性とその未来

歴史と文化を一時的に共有した小笠原と旧南洋群島の人々は、しばしば国境線を越えて交流し、その結果、多文化性を示す歌や踊りが小笠原に漂着した。しかしながら、小笠原では国境に対する意識が次第に薄れ、歌や踊りの固定化が進んでいる。南洋踊りは、演目が固定化し、新たな創作が見込めない。加えて、無形文化財の「保存修復」の観点から、正確な伝承と統一に向けての基準づくりが模索されている。そもそも、伝統的な踊りの様式や慣習から開放された旧南洋群島の行進踊りは、可変性や無数のヴァリエーションを持つ新しい踊りであった。その末裔である南洋踊りが、将来は、単一文化を象徴する「小笠原固有種」になるかも知れない。

小笠原古謡も、メディアを通じて日本各地に少しずつ普及している。私自身、一年ほど前に身近な学生が「コンピレーションアルバムを聴いて覚えた小笠原の歌」だという《レモン林》を口ずさんだのに大変驚いた[11]。伝播に伴って、歌がもとの文化的意味から切り離されることはしばしばあるが、そうなると歌が広まっても「恨み歌」としては機能しなくなる。正しい歌詞やその意味を形どおり伝えることだけが、継承とはいえない。チューク版《レモン林》のように、歌詞が全く変化してしまっても、マルコーの思いを伝える恨み歌として生き続けるものもある。

インターネットで動画を簡単に見たり投稿したりできるようになり、歌や踊りの情報が越境する速度が速まった。しかし、それは歌や踊りそのものの伝播ではないことに注意すべきである。まずは、自分の思いだけで共感するだけではなく、情報が情報にすぎないことの限界を自覚しなければならない。そして、リアルな歌や踊りの越境とそこに内在する多文化のひしめき合いを解き明かし理解すること、それに必要な知性と感性を持ち続けることが、私たちに求められるのではないだろうか。

参考文献

ボニンの風、小笠原諸島返還四〇周年実行委員会（2008）『小笠原オリジナル音楽集　Ｂｏｎｉｎの風』BONIN-40th.

段木一行（1982）「小笠原諸島の民謡――文化伝播の軌跡」『文化財の保護』14、東京都教育委員会、一四〇―一五四頁。

北国ゆう（2002）「小笠原諸島の民謡の受容と変容――そのことはじめ」ダニエル・ロング編著『小笠原学ことはじめ』南方新社、一二九―一六〇頁。

小西潤子（2011）『『涙がこぼれる』感情表現――小笠原に伝播したミクロネシアの日本語歌謡《レモン林》の解釈」『立命館言語文化研究』二二巻四号、三七―五二頁。

ロング、ダニエル　(2011)「小笠原諸島に見られる旧南洋庁地域の言語的影響」『立命館言語文化研究』二二巻四号、三一―一三頁。

Nagaoka, T. and J Konishi 2007 Western Culture Comes from the East: A Consideration of the Origin and Diffusion of the Micronesian Marching Dance. *People and Culture in Oceania* 22, 107-136.

東京都教育庁社会教育部（1987）「東京都文化財指定等議案説明書」。

山口修（1990）「水の淀みから——ベラウ文化の音楽学的研究」大阪大学博士論文。

注

（1）なお、踊り歌に加えて、南洋踊りそのものも二〇〇〇年に同指定を受けている。

（2）Nagaoka と Konishi は、西洋化が進んでいたマーシャル諸島で西洋の民俗舞踊、捕鯨船員の動作やキリスト教の聖歌、現地の伝統的な踊りの要素が融合して行進踊りの型が成立し、これにナウルでドイツ式軍事演習の足運びと号令が加わり、現行の行進踊りの基本が成立したという仮説を立てている（Nagaoka, T. and J Konishi 2007）。

（3）現在でも、サイパンでは《ウワドロフィ》が単独の演目として上演されること、「《フアドロ》、《ウラメ》だけではなじめずに、《夜明けまえ》の日本語の歌詞を作り踊れるようにした」（段木 1982, 148）という情報から、当初南洋踊りはメドレーでなかったと推察できる。

（4）以下に掲載する《レモン林》と《締め踊りの歌》以外の歌詞は、東京都教育庁（1987）から引用する。

（5）当時のサイパンでの行進踊りを知る上で、松江春次の銅像建立記念式典（一九三四年サイパン、シュガーキングパーク）において、腰みの姿の現地男性グループが行進踊りを披露している南洋興発の記録映像が参考になる（福島放送制作番組「シュガーキングと呼ばれた男」二〇〇五年十二月三十日放送）。

（6）現在の「音楽」にあたる科目。

（7）「小笠原古謡」の語は、リングリンクスのアルバム『小笠原古謡集』(1999, CXCA-1049 MIDI Creative) のタイトルから広まった。なお、一九八七年東京都指定無形民俗文化財（民俗芸能）の演目としては、南洋踊りの踊り歌は「南方から伝わったもの」と分類されたが、この四曲は「小笠原でつくられたもの」とされた（東京都教育庁 1987, 55）。

（8）東京都教育庁（1987）で所収される《レモン林》の歌詞は、「一　若い二人は　人目がはずかしいでね　レモン林でかくれて話しましょう」「二　レモン林の甘い香りのなかで　キッスをしたのを　お月様が見てた」である。

（9）「若い」の別の用例として、《パラオ恋しや》（森地一夫作詞、上原げんと作曲、一九四一年）の一節に「若いダイバーの舟唄」もある。この歌には「おしゃれ」という八丈系の語が入っている（ロング 2011, 6）。

（10）パラオの古典的歌謡には、「恋愛恨み歌」（山口 1990, 付録五）、ヤップでも「恋愛怨念歌」のサブジャンルがある。

（11）もとの録音は、Pancake『Southern Kids』（東芝 EMI TOCT-26026）所収の Ann Sally（ゲスト）の歌唱による。

医師の目からみた小笠原

【国境としての小笠原離島医療の特徴】

越村　勲

こしむら・いさお　一九六二年東京都生。元小笠原村診療所所長、順天堂大学脳神経内科助教、島津メディカルクリニック川崎診療所所長。

家族とともに住み、小笠原村診療所に長期務めた経験から小笠原の離島地域医療についての特徴を、私見をまじえ、述べさせていただく。

離島の地域医療は、人口構成、医療機関数、地域の中核医療機関へのアクセス、気候風土、地域の伝統と気風などにより、それぞれの島に特徴がある。

人口の少ない島に各科専門医を常駐させることや高度医療を行なう施設を維持することは困難であり、内地との交通手段が安価で短時間・頻回であれば僻地医療の問題も生じないが、如何せん小笠原村は、日本の中でも稀に見る遠隔地である。内地からの専門診療が来島される時以外、島の医師は全科総合診療を行なっている。私も島で診療を行なうに当たり、眼科・産婦人科・整形外科・小児科・精神科など多くの科の勉強をし直した。もちろんすべてのことが専門医レベルでできるわけではない。専門医への電話相談や、東京都の伝送システムを使っての画像相談などで多くの方々のお世話になった。大変感謝している。臨床各科以外にも学校保健、検視業務、産業医業務など多彩な仕事を行なう。人口のさほど多くない島であるが故に、患者様各々の生活や家族、仕事など様々な面を理解した上で診療を行なうことができ、また、長期に勤務することによって島の子供達の成長を追うことができるなど、自分にとって、とてもやりがいを感じる仕事であった。それに加え、離島僻地医療の重要性や楽しさを学んでもらおうと、在任期間中、日本各地からの医学生の見学実習五〇名以上、臨床研修医二六名を受け入れることができたことは大きな喜びであった。

診療所に受診された方の病状・病名からみた疾病構造は、他の離島地域と同じように整形外科疾患と生活習慣病などの内科疾患が多い。また小笠原では生産年齢人口、若年人口が多いことから、産婦人科、小児科疾患が多いことも大きな特徴である。

本稿の趣旨でもある国境地域の特徴を小笠原の医療の面から考えると、①欧米系住民、旧島民、新島民、短期・中長期赴任者が混在しているが、大都市のような混在でなく狭い地域であるために、その出自が比較的はっきり判ってしまうこと、②頻度は多くはないものの、漁船など外洋からの船舶が来島し、外国人の受診者があること、③救急搬送の場合は海上自衛隊のご協力を仰ぐことになることなどが挙げられよう。

狭い地域である住民の疾病について述べることは、不適当であり具体例を記すことは控えるが、一般的に、在来島民はアジア系日本人と体型や体質が異なり、その中でも出身地域、家系によっても違いがある。しかし、年代を経るに従って婚姻関係によってその特徴も複雑化・均一化している。

子供の頃から島に暮らし、生活拠点の変更を考えにくい在来島民・旧島民と、生まれ育ちが他の地域で移住してきた新島民では社会的もしくは心理的な違いがあり、また、新島民の中でも、移住後に定住した新島民、出張公務員・土建業のような期限付き移住者、短期・中長期アルバイトの若い住民では、社会的環境や心理的な背景が異なるために、それぞれが抱える問題点に違いが見られ、それによって精神疾患の構造も異なる。これらには、小笠原が特に遠隔地であり定期的交通手段が少なく、隔絶された地域であることなど、島の地理的要因や歴史的背景が関係している場合も見られる。これら社会的・心理的背景などの患者情報は診療を行なう上で重要な要素である。また内地へ受診をしていただく場合の船便やご家庭の事情、宿泊事情などを考慮し、コーディネイトすることも島の医師の仕事の一つである。

外国船籍の漁船などが患者発生のために寄港する際には、小笠原総合事務所内の法務省地方入国管理局や海上保安署の協力により外国人患者の診療を行なう。外国人患者の国籍としては中国や東南アジア諸国が多い。診療所勤務者には中国語が話せるスタッフがいなかったため、海上保安署職員の方や内地の医療通訳システムにお世話になることもしばしばあった。

小笠原諸島からの救急患者搬送は、海上自衛隊の協力を得て行なわれている。厚木基地から父島二見湾へ飛行艇を着水させての搬送の他、硫黄島基地とのヘリコプターの往復と航空路を使っての搬送が行なわれている。現在、母島からの搬送はすべて硫黄島経由である。極端に内地との交通アクセスが悪いこの地域の救急医療は、自衛隊の多大な協力なしには考えられない。

以上、医療の点から見た小笠原の概略を述べた。

超遠隔離島であるが故に簡単には専門医療が受けにくい小笠原では、疾病予防と早期の対処が重要であり、また長期勤務する医療者の確保が課題である。

小笠原で生活し医師として勤務できたこと、多くの方々と出会い、ご助力を戴いたことに感謝している。

長期勤務によって島の子供達の成長を追うことができるなど、とてもやりがいを感じる仕事であった。

＊本誌収録の地図や図版の多くは、北海道大学グローバルＣＯＥプログラム「境界研究の拠点形成　スラブ・ユーラシアと世界」の成果による。

表紙写真・須川英之氏撮影
「対馬から望む釜山での花火」

〔編集後記〕

▼「越境」ということが問題になって久しい。近代国家の誕生とともに、その境い目が問題になってきた。しかも、この二百年、戦争が相次ぐ中、その「国境」もたえず変動しつづけてきた。特に、この百年のヨーロッパ世界の国境の変容は目まぐるしい。

▼わが日本も、敗戦をはさんで「国境」は大きく変った。東西南北に長い現在の日本の国土もこれからまだ変るかもしれぬ。68年前後、「沖縄を返せ」が左から、「北方領土返還」が右から声高に叫ばれた。72年沖縄は返ってきたが、北方領土は依然そのまま。こういう「返せ」という世論が、いつどのようにして起ったのか。現在の国の領土は、いつからそのように定まったのか、一体、国土は、誰がどのような形で決めたのか……国土について沸々と疑問が湧いていた。

▼今、国境は、海洋資源をめぐって争奪の激しさを増している。海は誰のものか？という根源的な問題にまで行き当たる。今特集が、日本の国境について考える一つの手がかりになれば幸いである。

（亮）

別冊『環』⑲
日本の「国境問題」 現場から考える

2012年3月30日発行

編集兼発行人　藤　原　良　雄
発　行　所　株式会社　藤　原　書　店

〒162-0041　東京都新宿区早稲田鶴巻町523
電　話　03-5272-0301（代表）
ＦＡＸ　03-5272-0450
ＵＲＬ　http://www.fujiwara-shoten.co.jp/
振　替　00160-4-17013

印刷・製本　中央精版印刷株式会社

ISBN 978-4-89434-848-6